U0037726

History 04

中國宦官事略

張雲風◎編著

大地出版社

前言

張雲風

在中國漫長的奴隸制與封建制社會中，宦官是一個特殊的階層。它大約產生於夏代，春秋戰國時期，其上層頭面人物步入政治舞臺，隨後在歷朝歷代都扮演了重要的角色。直到辛亥革命推翻封建專制制度，這個階層才漸漸消亡。

宦官，又稱閹人、太監。其起源與上古時代的宮刑密切相關。早在傳說中的堯舜時期，社會上就有一種叫做「宮」的處罰。「宮者，丈夫割其勢，婦人閉於宮中。」（《周禮．秋官》司刑注）「割」，意爲閹割；「勢」，指男子的睾丸；「閉」，相當於「椓」，即用木棍敲擊女子的下身。「割勢」、「閉宮」，就是採用「割」和「閉」的手段，破壞男女的生殖器官，使之喪失性交和生育的能力。

「宮」，起初是作爲懲治一些人的「淫行」而設計的處罰方法。《書．呂刑》云：「宮，淫刑也。男子割勢，婦人幽閉。」東漢班固《白虎通》亦云：「女子淫，執置宮中不得出；

丈夫淫，割其勢也。」隨著階級和國家的產生，「宮」逐漸演變成爲一種刑罰——宮刑。宮刑一稱腐刑，其懲治已不再限於「淫行」，同時也適用於其他罪行。當時，人們普遍崇尚生殖器官，認爲它是「生命之源」、「萬物之靈」，其重要程度僅次於頭顱。因此視宮刑爲一種至爲嚴厲的刑罰。商代制定五刑：墨刑（額上刺字並染色）、劓刑（割鼻）、剕刑（斷足）、宮刑、大辟（死刑）。其中，宮刑列於第四位，再罪加一等，就該「大辟」即殺頭了。當然，在階級社會裡，法是有階級性的。宮刑作爲一種極其野蠻而殘酷的刑罰，只適用於奴隸和一般平民，而不適用於奴隸主貴族。《禮記·王世子》記載明確：「公族無宮刑，不翦其類也。」「翦」同「絕」，「不翦其類」就是不絕「公族」（奴隸主貴族）後代的意思。

受了宮刑的男子稱「刑餘之人」，生殖器官遭到破壞，性機能完全喪失。統治階級「精明」地發現了這一事實並加以利用，起用大批「刑餘之人」到宮中服役，專門侍奉帝王和后妃。因爲帝王都是一夫多妻，制度規定可以擁有「一后，三夫人，二十七世婦，八十一女御」，至於可以隨意占有的宮女則不計其數。「刑餘之人」出入宮禁，整天與美貌的后妃、嬪御、宮女們接觸，因爲沒有性欲要求，所以斷不會發生淫穢苟且之事。所有的帝王都是無恥的，他們從自私、陰暗的心理出發，放心大膽地任用「刑餘之人」，「不貴其能治，而貴其能不亂」（《明夷待訪錄·閹宦》）。於是，宦官階層便應運而生。

《周禮》記載，西周王宮中侍奉天子、后妃的內廷官員有「宮人」、「內宰」、「寺人」、「閹人」等。唐代杜佑的《通典》稱這些人「皆爲宦者也」。「宦者」一詞最早見於《史記·

廉頗藺相如列傳》：「宦者令繆賢」。說明戰國時期就有主管宦官的「宦者令」這個官職了。「宦者」變成「宦官」是在西漢初。西元前一九五年，漢惠帝劉盈登基，頒發詔令說：「宦官尚食比郎中。」（《漢書．惠帝紀》）此後，人們便用「宦者」或「宦官」來稱呼那些身處皇宮專門侍奉皇帝和后妃的「刑餘之人」。

爲什麼叫「宦者」、「宦官」呢？原來，「宦」是天上的星官名，屬天市垣，共四星，在帝星之側。《後漢書．宦者列傳》稱：「宦者四星，在皇位（帝星）之側。故《周禮》置官，亦備其數。」宦星與帝星的位置，形象地表明了宦者（宦官）與帝王的關係，一側一正，一僕一主。從「宦者」、「宦官」的名稱看，注定他們只能充當別人附庸和奴僕的角色。

秦、漢時期，宦官歸少府統領，標誌著宦官正式成爲中國封建官制系統的一個組成部分。隋、唐、宋代設內侍省，其主管均由宦官充任。唐代內侍省的長官稱「監」或「少監」，於是宦官的名稱始與「監」聯繫了起來。遼代始設「太監」的官職。明代設有十二監、四司、八局，合稱「二十四衙門」，各衙門都由宦官作掌印太監。不過，自唐及明，通常所說的太監，只是指那些具有一定品級、享有一定俸祿的宦官。到了明代，這個界限被徹底打破，所有的宦官統稱太監，其頭目總管稱總管太監或首領太監，隸屬於內務府。

宦官即太監，作爲專制制度的特殊產物，從根本上說，是一個受迫害受奴役的階層。他們肉體上受到摧殘，心靈上受到傷害，成了不男不女、半男半女的「陰陽人」。而且飽受欺凌和壓榨，幹苦活，服雜役，說話做事都得看著別人的眼色，仰承主子的鼻息。因此，凡是正人君子，對於宦官都持鄙夷和蔑視的態度，稱其爲「宦雞」、「閹雞」，甚至斥其爲「最爲下賤蟲蟻」。偉大的史學家、文學家司馬遷受了宮刑成爲宦官以後，在《報任安書》中悲憤地寫道：「禍莫憯（慘）於欲利，悲莫痛於傷心，行莫醜於辱先，詬（恥辱）莫大於宮刑。刑餘之人，無所比數（沒有人把他同等看待），非一世也，所從來遠矣。昔衛靈公與雍渠（春秋時衛國宦官）同載，孔子適陳；商鞅因景監（戰國時秦國宦官）見，趙良（戰國時秦國賢士）寒心；同子（漢文帝時宦官趙談）乘車，袁絲（漢文帝時郎中袁盎）變色；自古而恥之。夫中材之人（一般人），事有關宦豎，莫不傷氣，而況於慷慨之士乎？」這段話既勾畫了宦官的淒苦心境，又反映了社會、世人對於宦官的鄙視態度。

事物從來都是複雜的，對於中國歷史上龐大的宦官隊伍，絕不能一概而論。他們當中，曾產生過像司馬遷、李延年、蔡倫、鄭和等傑出的人物，在各個不同的領域，爲推動社會發展和歷史進步做出了巨大的貢獻。同時也出現了像趙高、張讓、李輔國、仇士良、童貫、王振、劉瑾、魏忠賢、李蓮英等奸險的惡徒，介入高層政治，玩弄權術，干預朝政，黨同伐異，甚至廢立和殺害皇帝，造成一次又一次社會危機和禍亂。尤其是東漢、唐代和明代，宦官興風作浪，先後掀起三次宦禍高潮，每次都產生了災難性的後果。鑒於此，清初思想家黃宗羲在其批判封建專制主義的專著《明夷待訪錄》中，一針見血地指出：「閹宦之如毒藥猛獸，數千年來，人盡知之矣。」

從實而論，歷代賢明的帝王對於宦官的活動總是有所防範和限制的。如唐太宗曾詔令：「內侍省不立三品官，以內侍爲之長，階第四，不任以事，唯門閤守御、廷內掃除、廩食而已。」（《新唐書．宦者列傳》）宋太祖初定天下，對待宦官甚嚴，規定：「掖庭給事不過五十人，宦寺中年方許養子爲後。……臣僚家毋私蓄閹人，民間有閹童孺爲貨鬻者死。」（《宋史．宦者列傳》）。明太祖曾製鐵牌置於宮門，警示說：「內臣（宦官）不得干預政事，預者斬。」清太祖、清太宗明確宣布：「鑒往易軌，不置宦官。」清世祖入關後，總結歷史經驗，說：「秦、漢以後，（宦官）典兵干政，流禍無窮。」敕令朝官不得與內官交接，並鑄鐵牌置於永泰殿，文曰：「以後有犯法干政，交接滿、漢官員，越分擅奏外事，上言管理賢否者，凌遲處死。」（《清史稿．職官志》）。然而，這些防範和限制在現實生活中並不起什麼作用。原因何在？概言之，在於腐朽、黑暗的奴隸制和封建制制度，在那種制度下，帝王需要宦官，宦官需要帝王，彼此就像一枚錢幣的兩面，互相利用，誰也離不開誰。

《新五代史．宦者傳》分析說：「宦者之害，非一端也。蓋其用事也近而習，其爲心也專而忍。能以小善中人之意，以小信固人之心，使人主必信而親之。待其己信，然後懼以禍福而把持之。」這番話深刻地揭示了宦官爲人、用事的規律和特點。事實正是這樣，凡禍國亂政的宦官，無一不是憑「小善小信」、阿諛逢迎之類的伎倆而竊取權柄的。他們的背後必有「人主」或后妃的支持，否則絕難形成氣候。這些人一旦專權，暴發和報復的心理異常強烈，「近而習」、「專而忍」的面目暴露無遺。結黨營私，貪贓枉法，殺人放火，窮凶極惡，顯得特別凶狠和殘暴。事情就是這樣讓人啼笑皆非：一方面，奴隸制、封建制社會的肌體生長出宦官這個毒瘤，並爲其生存和發育提供「營養」；另一方面，宦官這個毒瘤又時時在侵蝕、破壞它賴爲根本和基礎的「母體」，使其變得更加腐朽和黑暗。最後，專制統治結束，宦官制度亦隨之走進墳墓。

魯迅先生說過：中國有兩大陋習，一是女人纏足，一是宦官。這本《中國宦官事略》的主旨，就在於透過具體人和具體事，眞實地客觀地展示宦官這一「陋習」，以便讓人們了解它產生的原因，禍亂的情狀，以及造成的後果（當然對於正直善良的宦官應另當別論），進而認識和批判早已成爲陳跡的那個專制時代、專制制度。全書共寫了六十八個宦官的事蹟，篇目排列大體上按宦官活動的時間爲序。從橫向看，這是一本宦官小傳；從縱向看，這是一本宦官簡史。但願讀者閱讀本書，能夠增長知識，拓展視野，鑒古惜今，努力創造更加美好的新生活。

張雲風

二〇〇三年四月

目錄

前言 002
豎刀——中國宦官亂政第一人 013
勃鞮——演出一幕「恩仇記」 019
伊戾——僞造盟書，陷害太子 024
景監——薦舉商鞅的伯樂 028
繆賢——推薦英才，名重泰山 032
嫪毐——冒牌宦官，穢亂宮闈 038
趙高——秦王朝滅亡的「催命鬼」 044
中行說——民族敗類，千古罪人 070
李延年——傑出的音樂家和歌唱家 078
司馬遷——偉大的史學家和文學家 083
石顯——乘虛而入，怙惡橫行 088

鄭　眾——「蚍蜉」硬是撼倒了「大樹」 096
蔡　倫——發明造紙術，世界揚美名 102
孫　程——深夜擅立了漢順帝 106
單　超——漢桓帝如廁打聽到的救星 112
曹　節——讒諂媚主的「放毒人物」 116
張　讓——極度貪婪的吸血鬼 121
黃　皓——賣國求榮的內奸 131
宗　愛——半年內殺了兩個皇帝 136
趙　默——恭謹勤奮，因功封王 141
劉　騰——得志猖狂的「中山狼」 145
高力士——唐王朝鼎盛及其走向衰敗的見證人 151
楊思勖——鷹犬、爪牙和劊子手 175
李輔國——暴發顯貴，身首分離 178
程元振——專權用事，陷害忠良 186
魚朝恩——「去程得魚，去虺得虎」 191
竇文場——無名小卒成了禁軍統帥 199
劉貞亮——「永貞內禪」的導演 202

吐突承璀——不懂軍事的禁軍統領 206
劉克明——殺害唐敬宗的凶手 211
馬存亮——歷事六帝，忠謹本分 215
仇士良——「有術自將，恩禮不衰」 220
楊復光——鎮壓農民起義的劊子手 231
田令孜——挾持皇帝，顚國煽禍 238
楊復恭——視權如命的「定策國老」 249
劉季述——拒「狼」而進的「虎」 256
韓全誨——明火執仗的「劫天子賊」 264
張承業——敢忤主子的老奴才 273
張居翰——更改一字救了千餘人 279
李神祐——精明幹練的「馬前卒」 283
王繼恩——雙手沾滿人民的鮮血 287
張崇貴——經略西北，揚威邊陲 292
秦　翰——英勇善戰，威風八面 297
閻文應——陰險狡詐的角色 301
李　憲——生前有爭議，死後稱「魁傑」 306

程　昉——水利專家，人民「福星」 313
童　貫——封建肌體孕育的政治怪胎 317
梁師成——附庸風雅的「隱相」 327
李　彥——「刮」地專家，死有餘辜 332
康　履——恃寵亂政，激起兵變 335
馮　益——搖頭擺尾的可憐蟲 341
董宋臣——「大樹」底下的「乘涼客」 346
趙安仁——不失爲孝子的一片赤心 352
梁　琉——閹奴的權力超過丞相 355
宋　珪——宣、哀之際一孤忠 358
李邦寧——故宋閹人成了大元勛臣 362
樸不花——奸邪險惡，爲國大蠹 367
鄭　和——彪炳史冊的航海家和外交家 374
王　振——「土木之變」的罪魁禍首 384
曹吉祥——「奪門功臣」成爲刀下之鬼 391
汪　直——西廠提督，超級特務 398
劉　謹——儼若一個「劉皇帝」 405

馮　保——奸猾而貪婪的「大伴」 418
陳　奉——人人喊打的「過街老鼠」 425
魏忠賢——天字第一號宦禍 429
安德海——慈禧太后的大紅人 442
李蓮英——集反面宦官所有醜惡於一身 450
張蘭德——「貴敵王侯，富埒天子」 460

豎刁

中國宦官亂政第一人

春秋時期，周室衰微，諸侯爭霸，中原地區出現了許多大大小小的國家。西元前六八五年，姜小白當了齊國的國君，是爲齊桓公。齊桓公唯才是求，破格提拔大政治家管仲爲輔相，掌握國政。管仲實行「尊王攘夷」的政策，使齊國迅速強大起來，齊桓公因此成爲稱霸中原的第一個霸主。

齊桓公在位四十三年，於西元前六四三年死去。說來令人難以置信，這位聲名顯赫的霸主，竟是被一個名叫豎刁的宦官，夥同奸臣易牙，予以軟禁，以致活活餓死的。而且死後六、七日不葬，屍體腐爛生蛆，蛆蟲從屋裡直爬到屋外。

豎刁，又名爲刁、寺人貂，是一個奸詐險惡的傢伙。青年時代，他爲了追求榮華富貴，自行閹割，進入齊國王宮當了宦官（當時叫寺人），侍奉齊桓公及其后妃。因爲他卑恭謹慎，所以很快取得了齊桓公的高度信任。

齊桓公「好內，多內寵」，後宮有許多美貌的妃姬。原先的王姬、徐姬、蔡姬都沒有生子，而後他又納了六位夫人，六位夫人各生一子：大衛姬生姜無詭，小衛姬生姜元，鄭姬生姜昭，葛姬生姜潘，密姬生姜商人，宋姬生姜雍。這六個兒子中，論德行和才能，姜昭比較突出，所以齊桓公、管仲有意立姜昭爲太子，並把這個意向通知了與齊國友好的宋襄公。

大衛姬對於齊桓公和管仲的偏向很不滿意。她暗中勾結豎刀和易牙，要求他倆施加壓力和影響，讓齊桓公改變主意，立自己的兒子姜無詭爲太子。齊桓公非常寵信豎刀和易牙，果眞改變主意，口頭允諾立姜無詭爲太子。

齊桓公取得霸主地位以後，變得驕傲自大，得意忘形。不過，他對管仲還是相當尊重的，尊稱其爲「仲父」。因爲沒有管仲的運籌，也就沒有他的霸業。這一年，管仲患了重病，齊桓公親臨病榻前探視。他見管仲病得厲害，便憂心忡忡地問道：「仲父萬一有什麼不幸，那麼請問朝臣中誰可繼任相位？」

管仲想了想，誠懇地回答道：「知臣莫若君。這個問題還是陛下自己決定吧。」

齊桓公首先想到易牙，因爲易牙曾殺死親生的兒子，取其股肉烹成菜肴，以供國王「品嘗」人肉的滋味，於是問道：「易牙如何？」

管仲搖頭，說：「殺子以事君，不合人情。這樣的人太殘忍，不可爲相。」

齊桓公又想到開方，因爲開方是衛國的太子，甘願拋棄父母，到齊國來俯首稱臣，於是問道：「開方如何？」

管仲依然搖頭，說：「背離父母以事他國國君，不合人情。這樣的人不孝順，不能爲相。」

齊桓公最後想到豎刀，因爲豎刀自行閹割，侍奉國君一片忠心，於是再問道：「豎刀如何？」

管仲還是搖頭，說：「自行閹割以事君，不合人情。這樣的人連自己的身體都不愛惜，陰毒凶狠，怎會忠於國君？所以難能爲相。」

齊桓公連提三人，都被管仲否定，顯得很不高興，皺著眉頭說：「那麼，仲父何以教寡人呢？」

管仲以堅定的語氣說：「臣願陛下遠避易牙、開方、豎刀三個小人。如此，則國家幸甚，黎民幸甚！」

當時的齊桓公還是賢明的。他爲國家和霸業著想，聽從管仲的忠告，毅然疏遠、冷淡了易牙、開方和豎刀，罷黜三人，不許入朝。可是這樣一來，他覺得特別彆扭，奉承話聽不到了，荒唐事幹不成了，耳聞目睹盡是些治國方略和正經事務。他食不甘味，睡不香甜，整整三年沒有快活過。因此，他懷疑地對人說：「管仲把易牙、開方、豎刀說得那樣壞，未免太過分了吧？」

西元前六四五年，管仲病故。齊桓公非常傷心，痛哭著說：「哀哉！仲父，是天折我臂也！」

可是，埋葬了管仲以後，齊桓公完全忘記了管仲的忠告，重新把易牙、開方和豎刀召進宮中，委以重任，倚爲親信。有人提醒說：「管仲生前對這三人的定論，言猶在耳。陛下這樣做，恐怕……」

齊桓公辯解說：「這三人有益於寡人而無害於國家，重新起用，害怕什麼？」

齊桓公大錯特錯了。

易牙、開方和豎刀重新得寵以後，欺他齊桓公年事已高，精力不濟，遂狼狽爲奸，專權用事。順三人者，不貴亦富；逆三人者，不死亦逐。一時間，齊國朝政烏煙瘴氣，昔日的風光不復存在。

西元前六四三年，齊桓公患了重病。他後納的六位夫人和六個兒子立刻緊張地活動起來，眼睛瞪得溜圓，都在瞅著齊國國君的寶座。大衛姬素與易牙、豎刀關係密切，故意賣弄風騷，懇請二人鼎力相助，扶持自己的兒子姜無詭成爲嗣君。葛姬則千方百計結交開方，請他出面周旋，幫助姜潘出人頭地。其他夫人和公子也絞盡腦汁，各樹朋黨，爾虞我詐，展開了爭奪嗣君位置的角逐。

易牙和豎刀陰險狡猾，先發制人，趁齊桓公病重之機，搶先把他牢牢地控制在手中，不許任何人與之見面。進而又把齊桓公囚禁於壽宮，高築宮牆，封死宮門，內外隔絕，僅在牆角留一小洞，由其親侍隨時鑽進洞去，察看齊桓公的生死動靜。

齊桓公已經氣息奄奄。可悲的是直到此時，他還不明白發生了什麼事情。他呼喚左右，要水喝，要飯吃。可是周圍一片漆黑，無人答應。他的一個婢妾對於主子還算忠誠，一天深夜冒死翻越宮牆，跳進壽宮。齊桓公像是在大海裡撈著一根救命稻草，可憐兮兮地說：「我想喝水。」

婢妾搖頭，說：「無法覓水。」

「我想吃飯。」

「無法覓食。」

吃盡山珍海味、喝慣瓊漿玉液的齊桓公不理解地問道：「寡人身爲堂堂國君，要喝沒喝的，要吃沒吃的，這是爲什麼？」

婢妾於是眼含熱淚告訴主子說：「易牙、豎刁互相勾結，犯上作亂，築了高牆，封了宮門，隔絕內外，不許通人，賤妾無法給陛下弄到喝的和吃的……」

齊桓公聽了這番話，猶如大夢初醒，原來置他於死地的正是他平日裡最寵信的大臣和宦官！他不由想起管仲生前的忠告，後悔莫及，痛恨自己看錯了人和用錯了人。他淚流滿面，慨然嘆息說：「管仲不亦聖乎？聖人所見，豈不遠哉！寡人不明，宜有今日！」他渴極了，也餓極了，最後有氣無力地說：「寡人死後若有知，將以何面目去見管仲啊！」說罷，雙手顫動，拉著衣袂遮住臉面，慢慢地斷了氣。

婢妾見了主子最後一面，一頭撞在房柱上，腦顱開裂而亡。

齊桓公無聲無息地死了。他的夫人和兒子們爭奪君位的鬥爭趨於白熱化，易牙和豎刁則站在大衛姬一邊誅殺異己，誰也不考慮已死國君的喪事，以致齊桓公的屍體擱置太久，腐爛生蛆。

經過爭鬥，姜無詭當了國君。此後的齊國徹底亂了套，自家兄弟互相攻殺，姜昭、姜潘、姜商人、姜元相繼都當過國君。他們統統是昏庸無能之輩，成事不足，敗事有餘，使得齊桓公創建的霸業很快蕩然無存。

齊國的這場變亂是統治階級內部爲爭權奪利而產生的。宦官豎刀在其中充當了重要的角色，所以歷史上又有「豎刀亂齊」的說法。豎刀因此作爲中國宦官亂政第一人而被載入史冊，世世代代遭人唾罵。

勃鞮
演出一幕「恩仇記」

春秋時期，另一個霸主晉文公姓姬名重耳，爲逃避晉國內亂，逃亡國外十九年，直到六十二歲時才回國當了國君。他的一生富有傳奇性，宦官勃鞮（鞮，讀作敵）一度要殺他，而後又救他，演出了一幕饒有興味的「恩仇記」。

勃鞮，一名寺人披，字伯楚，蒲城（今山西石樓東南）人，晉獻公時後宮中的宦官。晉獻公原有幾房妃姬，知名者有齊姜，生子申生；大狐氏，生子重耳；小狐氏，生子夷吾。後來，晉獻公兵伐驪戎取得勝利，擄得驪氏二姐妹，一併收入後宮，納爲妃姬。不久，大驪姬生子奚齊，小驪姬生子悼子。這樣，他的妃姬及兒子們便爲爭奪嗣君的位置展開了一場長期而激烈的拼鬥。

申生是晉獻公的長子，最早被立爲太子。申生與重耳、夷吾皆有賢德的名聲，深得人望。可是，晉獻公自得大驪姬並有了兒子奚齊以後，百般寵愛，有心廢申生，改立奚齊爲太子。大驪姬矯情撒嬌，曲意逢迎，更加堅定了晉獻公廢立太子的決心。他命申生、重耳、夷吾三兄弟分別住於曲沃（今山西聞喜東北）、蒲城、屈城（今山西吉縣北），只留奚齊住於京城絳（今山西翼城東）。後來，大驪姬設計陷害申生，在申生敬獻的祭肉裡置放毒藥，誣告申生企圖毒殺父親。晉獻公受其蒙蔽，發兵捉拿申生，申生被迫自殺。大驪姬進而誣告重耳、夷吾是申生的同謀，罪大惡極。晉獻公不分青紅皀白，又發兵捉拿重耳和夷吾。率兵捉拿重耳的就是宦官勃鞮。勃鞮攻入蒲城，包圍了重耳的住宅。重耳不甘心無辜就戮，逾牆逃命。勃鞮追上前去，手起劍落，怎奈只斬得重耳的一片衣袂。重耳僥倖保住性命，翻過牆去，落荒而逃。

隨後，晉國陷入無休止的內亂之中。西元前六五一年，晉獻公死，大臣荀息擁立奚齊爲國君。另一個大臣里克內心不平，設計殺了奚齊。荀息利用權力，再立悼子爲國君。里克還是不平，又設計殺了悼子。夷吾乘虛而入，在部分大臣的擁戴下，回國奪取了政權，登上國君寶座，是爲晉惠公。

晉惠公時，宦官勃鞮深得寵信，常被委派去執行重要使命。西元前六四四年，重耳流亡在狄地母舅家，密切注視著國內動向。晉惠公擔心這個兄長會回國內爭奪自己的大位，所以特命勃鞮帶領一幫武士去狄地刺殺重耳。重耳命不該絕，提前一天去了齊國，轉而又西去秦國，被秦穆公招爲女婿。西元前六五七年，晉惠公死，其子子圉繼位。秦穆公認爲這是女婿回國奪取政權的極好機會，於是派重兵護送重耳回歸祖國，殺死子圉。重耳因此成爲晉國的國君，即爲晉文公。

晉文公立，晉惠公的兩個寵臣呂省、郤芮很不自在。他倆過去是反對重耳的，如今重耳當了人主，自己能有好果子吃嗎？二人反覆思量，暗中策劃，決定率領家丁造反，焚燒宮室，務要了結新國君的性命。他倆考慮勃鞮是晉文公的仇敵，遂召勃鞮，說以利害關係，又拉又壓，逼他入夥，並要他到時候負責打開宮門，迎候叛軍。勃鞮無奈，假裝答應，當下和呂省、郤芮歃血爲盟，約定時間，共舉大事。

勃鞮是個極有心計的宦官。他想，當初奉晉獻公和晉惠公之命，兩次去殺重耳，那是桀犬吠日，各爲其主；現在重耳已經即位，自己再幹大逆不道之事，天理難容。他經過再三思索和權衡，覺得只有向晉文公告密，才是正確的抉擇。於是他連夜來到晉文公的寢宮，請求晉文公予以接見。不想晉文公記恨於勃鞮，拒絕接見，還派內侍傳出話說：「在蒲城，你斬寡人衣袂，其衣猶在，見之寒心。在狄地，你刺殺寡人，惠公限你三日內抵達，你只用一日就趕到了，何其速也！如今，寡人榮登大位，你還有何面目前來求見？去！趕快走開！不然，寡人可就要對你用刑了！」

勃鞮聽了這些話，並沒有生氣，反而哈哈大笑說：「主公在外流亡十九年，難道還不通曉世情嗎？先君獻公和你是父子關係，惠公和你是兄弟關係。父仇其子，弟仇其兄，何爲我勃鞮呢？我是個小小的宦官，過去聽命於獻公和惠公，故而得罪了主公。現在主公已經成爲國君，難道還要抓住蒲城、狄地之事不放嗎？想當初，管仲曾爲公子姜糾射殺齊桓公，齊桓公得了江山以後並不記仇，反而重用管仲，遂霸天下。而我一個刑餘之人，因有要事前來相告，主公卻不見我，只恐怕我去了以後，主公又要大禍臨頭了！」

內侍將勃鞮的話飛快地報告晉文公。晉文公細想，勃鞮的話不是沒有道理，特別是最後兩句話耐人尋味，似乎話中有話。他一改原先的態度，立刻接見勃鞮。

勃鞮見了晉文公，沉著從容，恭敬地作了一揖，說：「恭喜主公！」

晉文公說：「寡人即位多日，你今天才來恭喜，未免太晚了吧？」

勃鞮說：「主公雖然即位，未足賀也。今得勃鞮，大位方穩，乃眞可賀也。」

晉文公立時提高了警覺，說：「愛卿的意思是……」

勃鞮不再猶豫，遂一五一十，把呂省、郤芮的密謀和盤托出。

晉文公嚇出一身冷汗。因爲他剛即位，百廢待興，侍衛隊伍尙未組建起來，呂省、郤芮果眞發動叛亂，實難對付。他不由地慌了手腳，說：「這如何是好？」

勃鞮胸有成竹，出主意說：「爲主公安全著想，主公不妨微服出宮，約會秦國國君。秦國國君能夠幫助主公歸國即位，也一定能夠幫助主公平定呂省、郤芮的叛亂。」

晉文公說：「那麼愛卿呢？你怎麼辦？」

勃鞮說：「臣必須留在這裡跟呂省和郤芮周旋，到時候臣將二賊交給主公就是了。」

晉文公無話可說，依計而行，秘密地離開王宮，前去邊境會見了秦穆公。宮中事務委託大臣子餘主持，對外宣稱國君患病，拒見所有朝臣。

呂省、郤芮準備就緒，聽說晉文公患病，以爲是天賜良機，隨即率眾起事。勃鞮按計劃打開宮門，叛軍一擁而入，放火焚燒宮室，烈焰騰騰，火光燭天。混亂之中，呂省、郤芮搜索晉文公，卻是活不見人，死不見屍。二人非常著急，問計於勃鞮。勃鞮故意說：「是啊！主公能藏到哪裡去呢？」接著又說：「我們反正是反了，開弓沒有回頭箭，只能一反到底。當務之急是要取得秦國國君的支持，否則局面難以控制。」

呂省和郤芮點頭，說：「事情確實如此。走！我們這就去見秦國國君去，且看秦國國君怎麼說。」

於是，呂省、郤芮跟著勃鞮，一起去見秦穆公。秦穆公高坐帥帳，大喝一聲：「把呂省、郤芮拿下！」

呂省和郤芮不明白是怎麼回事。晉文公早笑瞇瞇地走了出來，威嚴地說：「兩個反賊！你們沒想到寡人會在這裡吧！」

呂省和郤芮驚得目瞪口呆，說：「這……這……」

秦穆公發下令來，將呂省、郤芮斬首示眾，並盡誅其參加謀反的黨羽。

晉文公重新回到京城，重用勃鞮等智謀之士，鞏固了統治地位。其後發憤圖強，勵精圖治，終於成爲一代霸主。他的稱霸，宦官勃鞮是立下了汗馬功勞的。

伊戾

僞造盟書，陷害太子

春秋時期的宋國，建都商丘（今河南商丘），擁有今河南東部和山東、江蘇、安徽間的部分土地。西元前五七五至西元前五三一年，宋平公子成在位期間，出現了一個宦官叫伊戾，陰險狠毒，施展陰謀，構陷太子子痤（痤，讀作挫），落下千古罵名。

伊戾作爲宦官，博學多識，頭腦靈活，尤善逢迎，因此深得宋平公的寵信，被委任爲太子老師，負責教授太子的學業。這個人表面上道貌岸然，滿口仁義禮智信，實際上卻是一個僞君子，兩面三刀，陽奉陰違，專幹卑鄙齷齪的勾當。子痤和他相處久了，熟知他的德行，打心眼裡鄙夷和蔑視伊戾，因此師生之間存在著深刻的矛盾。

伊戾對於太子的情緒心知肚明，然而全然不動聲色，只在暗中盤算著主意。他的眼裡時時閃動出幽幽的綠光，惡惡地說：「哼！你看不起我，我還看不起你呢！走著瞧，早晚要叫你知道我的厲害！」

一次，楚國派遣使臣出使晉國，途中經過宋國。這位楚國使臣與子痤是極好的朋友，子痤得知他途經宋國的消息後，立即請示父親宋平公，要求到邊境去迎接好友，一敘情誼。宋平公心疼兒子，欣然同意，叮囑說：「有朋自遠方來，不亦樂乎！你去迎接好友，應當的，而且應當熱情地招待人家。」

子痤收拾行裝，正準備起程，伊戾突然提出要求，要陪同太子一起前往。子痤說：「我去邊境，是要會見好友，你陪同前去，豈不是多此一舉？」

伊戾說：「一日爲師，終身爲父。學生外出，老師放心不下，陪同你去邊境，這是我的職責所在。」

子痤見他拿出老師的派頭，越發反感，說：「我去會友，是父王同意的，你若要去，不妨請示父王，看老人家怎麼說？」

伊戾轉而請示宋平公。宋平公隱約知道伊戾和太子間的微妙關係，不予批准，說：「太子去會好友，那是他們年輕人的事，你一個半老頭子，湊什麼熱鬧？」

可是，伊戾死皮賴臉，央求宋平公，甚至流著眼淚說：「我這樣的下人侍奉太子，即使他討厭我，我也不應該疏遠他；即使他寵愛我，我也不應該過分親近他。侍奉太子是我的天職，太子走到哪裡，我就應當跟隨到哪裡，主公還是批准我去爲太子服務吧！」

宋平公猶疑地說：「這……」

伊戾進而說：「主公莫要忘記，楚國和宋國還是敵國哩！前些年，楚國攻占了我們宋國的彭城（今江蘇徐州），至今沒有歸還。這次，楚國使臣途經宋國，誰知道安的什麼心？所以，臣還是應當陪同太子前去邊境，萬一出現什麼情況，也好有個照應。」

宋平公見伊戾的態度相當誠懇，也就點頭同意了，並反覆叮嚀，要他好好侍奉太子。伊戾呢？自然是滿口應允，表示只要自己在，太子會友，自會一切順利。

子痤極不情願地帶了伊戾，不日抵達邊境，會見了楚國的那位使臣。子痤和使臣緊緊擁抱，互致問候，親熱得不得了。然後，子痤設野餐招待好友。他們在坡地上挖了一個洞穴，燃起篝火，燒烤小豬和小羊，並斟上一碗又一碗美酒，大吃大喝，痛快淋漓。

當子痤和楚國使臣開懷暢飲、訴說友情的時候，陰險的伊戾溜到一邊，奮筆疾書，偽造了一份文件，隨後快馬加鞭，直奔商丘。

伊戾求見宋平公。宋平公好生詫異，說：「你怎麼一個人回來了？太子呢？」

伊戾吞吞吐吐地說：「太子他……他……」

宋平公說：「太子怎麼啦？」

伊戾說：「主公請看看這個東西。」

宋平公接過伊戾呈上的白帛，一眼看過，臉色大變，說：「這是子痤和楚國使臣簽約的盟書，這是怎麼回事？」

伊戾說：「可不是嘛！太子去邊境會見楚國使臣，目的就在於此。他渴望早日取代主公，當上宋國的國君，所以就和楚國使臣簽定盟書，約請楚國出兵，幫助他登基即位。」接著，胡亂編造，添油加醋，說太子和楚國使臣怎麼親熱，怎麼鬼祟，怎麼……

宋平公是個昏庸糊塗的國君。他聽了伊戾的一面之詞，更重要的是有那份僞造的盟書，信以爲眞，勃然大怒，當即派兵捉拿太子，投入大獄。子痤開始不明白是怎麼回事，後來得知是伊戾誣他通敵謀反，憤恨至極，一再請求會見父親，當面說個清楚。怎奈宋平公受了伊戾的蒙蔽，拒絕聽取子痤的申訴和辯解。子痤滿腹委屈和冤屈，憤恨之餘，就在獄中上吊自殺了。

子痤之死，使宋平公非常吃驚。不久，伊戾僞造盟書、陷害太子的事被揭露出來，宋平公如夢初醒，痛不欲生，後悔冤枉了親生的兒子。他怒不可遏，下令將伊戾丟進開水鍋裡，活活烹殺了。

這段故事，史稱「伊戾禍宋」。它和「豎刀亂齊」並列，後世常把它們作爲中國宦官亂政禍國的典型之一。

景監

薦舉商鞅的伯樂

戰國時期，主要是秦、楚、齊、燕、韓、趙、魏七國爭雄的局面。西元前三六一年，二十一歲的嬴渠梁當上了秦國的國君，就是秦孝公。秦孝公爲了富國強兵，特下令「求賢」，公開宣布說：凡能出「奇計」使秦國強大起來的人，都可以得到官爵和賞賜。此令一出，著名改革家商鞅來到了秦國。

商鞅，姓公孫，名鞅，衛國人，又稱衛鞅。後來被秦孝公封於商（今陝西商州），故名商鞅。他博學多識，滿腹經綸，思想傾向於法家，具有革新的意識。曾在魏國輔佐魏惠王，因得不到重用，所以西向秦國，尋求實現宏大志向的途徑。

商鞅到了秦國，人地生疏，空有抱負才能，並沒有施展的機會。他打聽到秦孝公有個嬖臣宦官叫做景監，於是便登門拜訪，並毛遂自薦，說自己能使秦國強大起來，請求景監引他去見秦孝公。

景監雖是宦官，但獨具慧眼，一眼就看出商鞅絕非「等閒之輩」，於是爽快地把商鞅推薦給了秦孝公。

秦孝公求賢心切，當天接見商鞅，急切地詢問治國之道。商鞅四平八穩，侃侃而談「帝道」，並不急於闡述自己的法家思想。秦孝公對於「帝道」根本不感興趣，聽著聽著直打瞌睡。事後，秦孝公怒責景監說：「你薦舉的什麼賢才？寡人看來，不過是個庸人，大講什麼『帝道』，迂腐不堪，毫無新鮮之處，憑那一套能讓秦國強盛嗎？」

景監退朝，埋怨商鞅不該用迂腐之論，瀆君之聽。商鞅並不生氣，笑著說：「我勸主公奉行『帝道』，主公覺得不妥，不足爲怪。我請再見主公一次，陳說另外一種方略。」

景監重新進行聯絡和安排，秦孝公於五日後第二次接見商鞅。這一次，商鞅口若懸河，滔滔不絕，大講「王道」，無非是以仁義治天下云云。秦孝公對此同樣不感興趣，不等商鞅講完，就禮貌地將他謝退了。事後，秦孝公大發脾氣，斥責景監說：「看你薦舉的賢才，不僅是個庸人，而且是個俗人，販賣老掉牙的『王道』，不合時宜，聽了眞讓人倒胃口！」

景監退朝後又埋怨商鞅，彼此間弄得不歡而散。

商鞅碰了兩次釘子以後，堅持要求再見秦孝公一次。景監可不願再挨國君的訓斥了，推諉說：「先生兩次進言，兩拂我家主公，我還敢饒舌惹他發怒嗎？」

商鞅說：「實不相瞞，前兩次我不摸主公的心思，講說『帝道』和『王道』，只是試探性質。現在，我知道他想什麼了，再見他，陳說一種新的方略，保證成功。」

景監未置可否。他在秦孝公面前幾次想提商鞅還要求見之事，可是話到嘴邊又嚥了回去。他已挨過兩次訓斥了，假若再惹國君生氣，再挨訓斥，那麼自己還能在宮中立足嗎？

商鞅等候多日，不見動靜，心甚怏怏，只好收拾行裝，準備離開秦國，另謀出路。景監畢竟是個有頭腦有思想的宦官，堅信商鞅具有使秦國強盛起來的才幹。所以，他請商鞅寬待幾日，他要冒死進言，無論如何，也要說服秦孝公第三次接見商鞅。

景監再見秦孝公，俯伏在地，說：「奴才斗膽進言，懇請陛下再次接見商鞅。」

秦孝公老大不快，說：「寡人已經見他兩次，他所談的治國方略並無過人之處，見他也是白費時間，值得嗎？」

景監連連叩頭，說：「商鞅千里迢迢前來秦國，就是爲了響應陛下的詔令，促使秦國迅速強大起來。前兩次，他由於不明陛下意圖，所以所進方略有所保留。陛下如能再次接見，他一定會將胸中韜略和盤托出。」

秦孝公說：「是嗎？」

景監堅定地說：「奴才以身家性命擔保，商鞅絕不辜負陛下！」

鑒於景監的力諫，秦孝公第三次接見商鞅。這一次，商鞅慷慨陳詞，大講「霸道」，系統地闡述了實行改革的治國方略和變法思想，充滿眞知灼見。秦孝公聽著聽著，不由得心花怒放，情不自禁地將座位朝商鞅跟前挪了又挪，連談數日，絲毫不覺得厭倦。景監見他們二人談得十分投機，臉上露出欣喜的微笑。

秦孝公第三次接見商鞅後，決心採納商鞅的主張，實行變法，富國強兵。景監心裡一塊石頭落了地，不解地問商鞅道：「先生是怎麼說動主公的？瞧他那高興勁兒，還從來沒有見過。」

商鞅回答說：「我原先以『帝道』和『王道』說服主公，不想他說：『那種方略遙不可及，遠水難解近渴。賢明的君王急於創建功業，揚名天下，怎能碌碌無爲地等上數十年或上百年？』所以，我改用『霸道』說服主公，著力闡述法家思想。這種思想適應當前時代潮流，主公竟然接受了。」

景監恍然大悟，說：「噢！原來如此！」

此後，秦孝公任用商鞅爲左庶長，全面主持變法。變法實行十年，秦國迅速強大起來，「移風易俗，民以殷盛，國以富強，百姓樂用」，從而成爲當時最強盛的國家。

商鞅的功績名垂史冊，而薦舉他的伯樂——宦官景監，慧眼識人，同樣值得尊敬。

繆賢

推薦英才，名重泰山

京劇《將相和》和故事《完璧歸趙》的主人公藺相如，大智大勇，虛懷若谷，凡事以國家利益爲重，多次爲趙國建立功勛，因此從一個普通的舍人晉升爲上卿（相當於丞相），其人其事，千古傳爲美談。然而，當我們稱頌藺相如的時候，實在還應該稱頌一個人。他，就是發現藺相如，並將其推薦給趙惠文王的宦官繆賢。

繆賢是趙惠文王的內侍，官任宦者令，也就是宦官的頭目。一天，有個外地客人攜帶一只玉璧，登門求售。繆賢見那玉璧色澤鮮艷，光潤無瑕，遂用五百兩黃金將其買下。繆賢約請一位玉工，讓他估量一下玉璧的價值。玉工見了玉璧，大驚失色，說：「天哪！這不是和氏璧嗎？」

繆賢也很詫異，激動地說：「什麼？它就是和氏璧？」

玉工的吃驚和繆賢的詫異是有道理的。因爲和氏璧乃無價之寶，它的問世及問世以後有著一段不平凡的經歷。

還是在楚厲王時，楚國人卞和在山中意外發現一塊玉璞，像是石頭，卻又不是石頭。卞和斷定，這是一件寶貝，異常珍貴。他恭敬地將玉璞獻給楚厲王，說這塊玉璞堪做鎮國之寶。楚厲王命玉工前來辨認，不想玉工根本沒見過這種東西，一口咬定它只是一塊普通的石頭。楚厲王大怒，遂以欺君之罪，砍掉了卞和的左足。

楚厲王死後，楚武王繼位。卞和又將玉璞獻給楚武王。楚武王命玉工辨認，玉工依然認爲是普通的石頭。楚武王也是大怒，同樣以欺君之罪，砍掉了卞和的右足。

卞和兩次敬獻玉璞，卻兩次受刑，被砍掉雙足，痛苦至極。等到楚文王即位的時候，他不敢再獻玉璞，而是懷抱玉璞，痛哭於荊山（今湖北西荊山）之下，直至兩眼流血。楚文王派人問其原因，卞和說：「我悲傷的不是失去雙足，而是這個世界。世人以珍寶爲石頭，視忠貞爲誑騙，眞叫人寒心哪！」

楚文王還算開明，沒有將卞和治罪，而是命玉工取來工具，剖開玉璞。玉璞剖開，頓時，在場的人無不驚呼：原來，玉璞裡果眞藏有一塊玉璧，玲瓏剔透，光芒四射。楚文王仔細地欣賞著玉璧，笑逐顏開，說：「卞和眞忠臣也！寡人決定，這塊玉璧就用卞和的姓氏命名，稱『和氏璧』。」

光陰似箭，日月如梭。楚威王時，相國昭陽滅越敗魏，立下了赫赫功勛。楚威王興之所致，高興地將和氏璧賞賜給了昭陽。昭陽一次舉行宴會，應賓客之請，特把和氏璧供於堂上，讓人觀賞。誰知宴會之後，和氏璧卻不翼而飛。縱橫家張儀當時尚未發跡，正在昭陽門下當食客。眾人異口同聲，誣賴張儀偷竊了和氏璧。結果，張儀被抽了數百皮鞭，打得皮開肉綻，險些喪命。後來，昭陽懸出千金之賞，購求和氏璧，但杳無下落，眞正的盜璧者不敢自投羅網。

誰也沒有想到，五十多年以後，和氏璧竟然重新出現，而且完全意外地落到了繆賢手裡。繆賢的喜悅和激動是可想而知的。他請教玉工說：「請問此璧有何妙處？」

玉工回答說：「此璧置於暗處，自然有光，能卻塵埃，能辟邪魅；若置於座間，冬日溫暖，夏日涼爽，百步之內，蠅蚋不入。」

繆賢試了試，果如其言。因此，他滿心歡喜，視和氏璧爲最心愛的寶物，珍藏於家，從不示人。

世界上沒有不透風的牆。趙惠文王很快知道了這件事，便向繆賢索要和氏璧。繆賢太愛此璧了，尋找種種藉口，遲遲不肯獻出。趙惠文王勃然大怒，一天趁外出狩獵的機會，突然闖進繆賢府邸，搜得和氏璧，欣然而去。繆賢害怕極了，不但和氏璧沒有保住，而且還惹惱了堂堂國王，肯定獲罪當誅。他想了又想，三十六計走爲上策，便連夜收拾行囊，準備逃跑保命。這時，舍人藺相如出現了，詢問說：「主人意欲逃往何方？」

繆賢說：「逃到燕國去，投奔燕王。」

藺相如說：「主人何以知道燕王會收留你呢？」

繆賢說：「前年，我隨趙王在邊境上曾會見過燕王，燕王曾悄悄地拉著我的手，說：『願與閣下結交。』因此，我決定投奔燕王。」

藺相如聽後，搖頭說：「主人差矣！趙國強，燕國弱，所以燕王願與主人結交。他看中的不是主人的能耐，而是主人與趙王的特殊關係。現在，主人得罪了趙王，逃命奔燕，燕王畏懼趙王，他敢收留主人嗎？輕者，他會將主人五花大綁，送於趙王；重者，他會砍下主人腦袋，送於趙王。所以，逃奔燕國，是萬萬不可取的。」

繆賢急得抓耳撓腮，說：「那該怎麼辦？」

藺相如說：「主人實際上並無大罪，僅僅是沒有儘快獻出和氏璧而已。如今，趙王已經得了和氏璧，主人若能袒露上身，負斧請罪，我想趙王必不致再加罪於主人。」

繆賢覺得藺相如的話句句在理，便放棄了逃跑的念頭，並按照藺相如所說的去做，袒露上身，負斧請罪。趙惠文王因是奪人所愛，又見繆賢前來請罪，反倒不自在起來，當下赦免了繆賢，寵信如初。繆賢因此非常器重藺相如，相信他別有膽識，堪當大任，特待以上客之禮。

轉眼到了西元前三八三年，秦昭王得知稀世珍寶和氏璧在趙惠文王手中，垂涎三尺，意欲得之。於是便假意致書趙惠文王，謊稱願用十五座城池換取和氏璧。趙惠文王接書，感到非常爲難。因爲當時秦強趙弱，給了和氏璧，未必能得到秦國的十五座城池；不給和氏璧，秦國發兵來攻，怎麼辦？他思索再三，決定派一名智勇雙全的人持璧出使秦國，相機行事。

可是，他在朝臣中選來選去，竟然選不出這樣一個人來，未免喪氣。

這時，繆賢毅然推薦了藺相如，建議以藺相如爲趙國使臣，出使秦國必不辱王命。趙惠文王詢問理由。繆賢詳詳細細地講述了自己肉袒請罪的往事，說那完全是藺相如出的主意。趙惠文王當即召見藺相如，詢問對付秦國的辦法。藺相如畢恭畢敬地回答說：「目前的形勢是秦強趙弱，秦王求璧，不可不許。不許，趙國理虧，會給秦國進攻趙國提供藉口；許了，秦國理虧，它就沒有進攻趙國的理由。」

趙惠文王說：「現在的問題是，趙給秦璧，而秦國拒給趙國城池，怎麼辦？」

藺相如鄭重地說：「臣願充當使臣出使秦國。秦國給趙國十五座城池，璧留秦國；如若不然，臣即使捨去性命，也要使璧完好無損地回歸趙國！」

趙惠文王大喜，立刻命藺相如爲趙國使臣，攜帶和氏璧出使秦國。藺相如到達秦都咸陽（今陝西咸陽東），面對貪婪無信的秦昭王，勇敢而巧妙地與之周旋，進行了針鋒相對的鬥爭。秦昭王根本沒有以城池換取玉璧的意思，藺相如當面予以揭露和痛斥，並巧施妙計，終使「完璧歸趙」。實踐證明，繆賢慧眼識英雄，推薦藺相如，是爲趙國做了一件好事，趙惠文王由此得到了一位傑出的股肱之臣。

幾年以後，藺相如在澠池（今河南澠池西）會上再次逞勇，迫使秦昭王爲趙王擊缶（缶，讀作否，瓦盆），並將其事記載在趙國的史書裡，維護了國家的尊嚴。更可貴的是藺相如官拜上卿以後，嚴於律己，居功不傲，禮讓大將廉頗，處處表現了國家利益重於一切的品格和氣度。

司馬遷在《史記》中給予藺相如很高的評價，稱讚說：「一奮其氣，威信敵國，退而讓廉（廉頗），名重泰山，其處智勇，可謂兼之矣！」宦官繆賢能夠發現和推薦這樣一位英才爲國家效力，應該說同樣是「名重泰山」的。

嫪毐

冒牌宦官，穢亂宮闈

大千世界，無奇不有。皇帝后妃有假的，皇親國戚有假的，就連宦官也有假的。戰國末期秦國的宦官嫪毐（嫪毐，讀作烙矮）就是一個冒牌貨，假作閹割，混入王宮，與秦王生母秦太后穢亂宮闈，通姦生子，成爲千古奇聞。

此事說來話長。

西元前三世紀前半葉，統治秦國的是秦昭王。秦昭王所立太子叫嬴柱，號安國君。太子妃是一位楚國美女，稱華陽夫人。華陽夫人儘管得寵，並一直沒有生育。嬴柱另有許多愛姬，生有兒子二十餘人。其中一個姓夏的愛姬所生的兒子名叫子楚。子楚在兄弟排行中位置偏後，根本不被任何人看重。當時秦國和趙國時戰時和，一次臨時結盟，秦國需派一個王孫到趙國去當人質。於是，年約十歲的子楚被送至趙都邯鄲（今河北邯鄲），開始了當人質的生涯。

子楚在趙國一住就是多年，淪爲落拓王孫，處境極爲窘迫。恰有一個叫做呂不韋的大商人在邯鄲經商，發現了子楚。他認眞分析了當時各國的政治形勢，認爲「奇貨可居」，在子楚身上可以做一樁「定國立君」、「一本萬利」的大買賣。於是便主動結交子楚，贈送大量黃金，供其揮霍，並到秦國賄賂華陽夫人，說以利害關係，勸她及早認子楚爲嫡嗣，以鞏固自己長久榮寵的崇高地位。華陽夫人被呂不韋的花言巧語所打動，果眞鼓動太子嬴柱，將子楚立爲嫡嗣，並請呂不韋充當子楚的保護人。

呂不韋既很富有，又很風流。他寵愛一個姓趙的小妾，人稱趙姬，天生麗質，能歌善舞，而且懷了身孕。一天，子楚應邀至呂不韋住處飲宴，趙姬歌舞伺候。子楚見那趙姬，身段苗條，花容月貌，歌甜舞美，風姿綽約，不禁心蕩神馳，愛上了這個有夫之婦。子楚也就顧不得「廉恥」二字，跪地懇求呂不韋將趙姬贈給自己爲妻。呂不韋起初不甚願意，轉而一想，爲了「定國立君」的大買賣，何惜一個女人？更重要的是趙姬已有身孕，將她贈給子楚，子楚若能飛黃騰達，趙姬若能生個男孩，那麼日後……

呂不韋想到這裡，斷然忍痛割愛，答應將趙姬贈給子楚。不過，趙姬懷孕之事誰也沒有提及，那只是呂不韋和趙姬二人之間的秘密。

子楚荒淫好色，自得了趙姬以後，心滿意足，樂不可支。不久，趙姬生了個兒子，取名嬴政。這個嬴政，就是日後的秦始皇，論其血緣，實是呂不韋之子。

西元前二六二年，秦、趙兩國之間爆發了著名的長平（今山西高平西北）之戰。戰亂期間，呂不韋設謀，促使子楚、趙姬和嬴政一起回到了秦國。西元前二五一年，秦昭王駕崩，太子嬴柱繼位，是爲秦孝文王，立華陽夫人爲王后，子楚爲太子。秦孝文王在位一年病死，子楚繼位，是爲秦莊襄王，立趙姬爲王后，嬴政爲太子。三年以後，秦莊襄王又一命嗚呼，嬴政順理成章地成爲新的秦王，時年十三歲。新的秦王遵從秦莊襄王的遺囑，拜呂不韋爲相國，尊稱「仲父」；並尊生母趙姬爲太后，她就是人們通常所說的秦太后。

呂不韋「定國立君」的買賣大功告成，獲得相國和「仲父」的雙重尊位，春風得意。秦太后正値花蕊盛年，喪夫守寡，難耐宮闈寂寞。好在呂不韋是她的前夫，樂得再與勾引。呂不韋欣喜萬分，於是二人和好如初，情意綿綿。宮中宦官、侍女，統統是呂不韋和秦太后的心腹，睜一隻眼閉一隻眼，欺他秦王年少，任由「仲父」和太后尋歡作樂。

一年二年三四年，秦王嬴政漸漸長大了。呂不韋未免犯愁。一則自己年老體衰，難以滿足秦太后旺盛的性欲要求；二則秦王凶狠剛戾，一旦姦情事發，自己絕沒有好果子吃。他經過苦思冥想，終於想出一條妙計：薦人自帶，以擺脫太后的糾纏。恰有一個「大陰人」嫪毒，長得五大三粗，相貌還算英俊，床上功夫了得。呂不韋討好地把嫪毒引見給秦太后，秦太后一見傾心。接著，呂不韋和秦太后合謀，耍了一個詭計：呂不韋指使親信佯告嫪毒犯法，責令處以宮刑；秦太后則私下賄賂主刑官，讓其假施宮刑，只拔去嫪毒的所有鬍鬚。這樣，嫪毒便得以以宦官身分，名正言順地進了王宮，並負責秦太后的生活起居。從此，一個假宦官，一個淫太后，日日夜夜在錦繡宮闈宣淫縱欲，如膠似漆，快活無比。

不想，秦太后的肚子逐漸鼓起來了。孀居的太后懷孕，這事如果傳出去，豈不惹人恥笑？秦太后和嫪毐經過密商，買通卜人占卜，謊稱咸陽宮中有邪惡之氣，太后應西遷避禍。秦王不知其中詐謀，好心地請母后徙居雍城（今陝西鳳翔南）大鄭宮，嫪毐自然隨去伺候。秦太后和嫪毐徙居大鄭宮以後，避開眾人耳目，恣意淫樂，越發肆無忌憚了。不久，秦太后分娩，竟是雙胞胎，而且都是男孩。

秦太后視嫪毐爲心肝寶貝，接二連三地爲他求官求爵求賞賜。秦王敬重母后，凡有所求，一概照允。於是，嫪毐陡然暴發，成爲朝廷中的新權貴。他被封爲長信侯，食邑山陽（今河南焦作東），進而增加了太原郡（今山西太原）。他被允許插手朝廷事務，宮室、車馬、苑囿、馳獵等，事無大小，皆由其一手斷決。他的僕役達數千人，另有門客一千人，專門負責接待登門拜訪、求官的賓客。後來，他的權勢竟然發展到跟呂不韋不相上下，以致朝臣們無所適從，不知該服從誰人爲好，大發感嘆說：「與嫪氏乎？與呂氏乎？」

西元前二三八年，秦王二十二歲，按照定例前往雍城蘄年宮舉行加冕之禮，然後開始親政。這時，嫪毐勢令心迷，利令智昏，一日與幾位貴臣賭博飲酒，喝得酩酊大醉。醉後忘形失態，嗔目怒叱說：「我是何人？我是太后情夫，我是秦王假父，我是……」

貴臣們聽了這等言語，嚇得目瞪口呆，慌忙溜走，前去報告秦王。秦王血氣方剛，驀然聽到這種醜事，龍顏大怒，立即下令調查。調查結果發現，嫪毐原非閹人，長期與太后私通，已經生了兩個兒子。而且，嫪毐還與太后秘密議定，等到秦王駕崩以後，便由他們的兒子繼任秦王。

嫪毐自知酒後失言，闖下大禍，又知秦王調查，事情敗露。他爲了保住性命，索性狗急跳牆，矯借秦王和太后璽印，發兵作亂。他一面組織縣卒、衛卒、宮騎和門下舍人等，進攻蘄年宮；一面派人聯絡咸陽的黨羽，命他們在咸陽同時起事。

事態非常嚴重。秦王當機立斷，果斷地命令相國昌平君、昌文君率領皇家禁軍，嚴厲鎮壓嫪毐的叛亂。

嫪毐手下畢竟是一幫臨時組織起來的烏合之眾，一經交戰，頓時土崩瓦解。戰事由雍城轉至咸陽，禁軍和叛軍展開廝殺，叛軍潰敗，嫪毐趁亂逃跑。秦王發出懸賞令：「生擒嫪毐者，賜錢一百萬；殺死嫪毐者，賜錢五十萬。」於是，咸陽內外，形成合力打狗之勢，許多宦官也投入了擒殺嫪毐的戰鬥行列。

嫪毐丟鞋失帽，倉皇逃至好畤（今陝西乾縣）。禁軍發現了他的行蹤，一舉將他擒獲，押解咸陽。

秦王下令，把嫪毐及其主要黨羽二十餘人統統斬首，並車裂其屍，夷滅三族。參與叛亂的官吏、門客四千餘家，全部削職奪爵，沒收家產，遷徙房陵（今湖北房縣）。至於秦太后和嫪毐所生的兩個兒子，算是秦王的弟弟，秦王命裝於布囊，活活摔死。

嫪毐詐作閹割，冒充宦官，穢亂宮闈，罪及呂不韋和秦太后。秦王毫不留情，免了呂不韋的官職，削去爵號，收回封地，繼命其遷徙於蜀（今四川）。呂不韋回想自己的一生，百感交集，徹底絕望，乃飲鴆自殺。秦王對於生母也深惡痛絕，將她遷徙於雍城附近的一座簡陋宮殿，發誓永不相見。

秦太后受到兒子的嚴厲處置，又羞又愧，無地自容。朝廷中的官員卻有人向著她說話，先後有二十七人進諫，請求秦王善待太后。秦王大怒，將二十七人逐一殺害，屍體堆積於朝廷一側的廡廊下，發狠說：「再有進諫者，如此不貸！」偏有一個齊國人茅焦，冒著烹殺的危險，大膽進諫說：「陛下車裂假父（指嫪毐），有嫉妒之心；囊撲兩弟，有不慈之名；遷母居於別宮，有不孝之行；連續殺害諫士，有桀紂（指夏桀王和商紂王）之政。今天下人聞之，盡瓦解無向秦國者。臣竊恐秦亡，爲陛下危之。」

茅焦一席話打動了秦王。秦王幡然感悟，親自前往雍城，將秦太后迎回咸陽。秦太后因此非常感激茅焦，說：「安秦之社稷，使妾母子復得相會者，盡茅君之力也。」

一場由假宦官嫪毐而引起的宮闈風波終於結束了。這是一幕鬧劇和醜劇，表明戰國末期的秦國，宮闈深處多麼淫穢多麼骯髒！

趙高

秦王朝滅亡的「催命鬼」

西元前二二一年，秦王嬴政統一中國，定都咸陽，中國封建制時代由此開始，歷史揭開了嶄新的一頁。

秦王雄心勃勃，取「三皇五帝」中「皇」和「帝」二字，作爲自己的名號，稱「皇帝」，而且志高氣滿地宣布說：「朕爲始皇帝，後世以計數，二世三世至於萬世，傳之無窮。」他以爲，天下將永遠屬於嬴秦，千秋萬載，絕不會變更。

然而，歷史和秦始皇開了個天大的玩笑。他所建立的秦王朝並沒有「至於萬世」，更沒有「傳之無窮」，只不過傳承一帝一王，歷時短短的十四年便壽終正寢了。

秦王朝短命，原因是多方面的。宦官趙高在其滅亡的過程中，無疑充當了一個「催命鬼」的角色。

趙高出生於一個「世世卑賤」的小官吏家庭。其父因罪被處以宮刑，其母受到牽連入宮罰作奴婢。這個奴婢很不安分，私下與人偷情，連生幾個兒子，趙高便是其中的一個。秦制，父母獲罪，禍及兒女。因此，趙高諸兄弟皆被閹割，留於宮中服役，人稱「閹奴」。

早在秦始皇為秦王的時候，「閹奴」趙高就在秦王身邊服役。此人生性刁滑，善伺人主顏色，而且身強力壯，手腳比較勤快。同時，他還非常聰明，忙中偷閒讀了不少書籍，漸漸地精通書法和律令。正因為如此，秦王對他頗為賞識。秦王自稱皇帝以後，每天都要批閱大量奏章，遇有刑律處分事宜，難以決斷。這時，趙高總會湊上前去，說應當如此如此。秦始皇大為驚異，因為趙高的意見大多切合律令。秦始皇由此更加看重趙高，不僅提拔他當了中車府令，而且命他給小兒子胡亥教授書法，判決訟獄。趙高且驚且喜，曲意逢迎胡亥，八面玲瓏，很快得到胡亥的高度信任。他有點得意忘形了，甚至變得驕縱了，舞文弄墨，招權納賄，幹了許多壞事。

有人告發了趙高的惡劣行徑。秦始皇大怒，飭令上卿蒙毅逮捕趙高下獄，嚴加審訊，依法處治。蒙毅秉公執法，據罪定讞，判了趙高死刑。

趙高罪當斬首。可是一貫暴虐的秦始皇這回萌發了仁慈心腸，念趙高是個人才，不忍加誅，赦免其死罪，而且允許他官復原職。不想此舉鑄成大錯，竟為秦王朝的滅亡埋下了禍根。

西元前二一〇年，秦始皇最後一次巡行天下，陪同隨行的有左丞相李斯、中車府令趙高、小兒子胡亥等人。大隊車馬浩浩蕩蕩，翻山越嶺，走遍了半個中國。六月到達平原津

（今山東平原南）的時候，秦始皇因勞頓過度，突患疾病，寒熱交作，心神恍惚。隨行醫官日夜看護，診脈進藥，全不見效。李斯見皇帝病重，心急火燎，催趲人馬，儘快趕路。七月及至沙丘平臺（今河北廣宗西北大平臺），秦始皇已是氣息奄奄，生命垂危了。

秦始皇平時最忌諱一個「死」字，而且根本沒有想到自己會死，所以對諸多大事都未作安排。當死神毫不留情地向他招手的時候，他想到的第一件事就是由誰來繼承皇位。秦始皇共有十八個兒子和十個女兒。其中，長子扶蘇「剛毅而武勇，信人而奮士」，因反對焚書坑儒而遭貶斥，被派到上郡（今陝西榆林東南）蒙恬軍中任監軍。秦始皇雖然不愛扶蘇，但根據嫡長子繼承制，臨死時還是決定由扶蘇繼承皇位。他召見李斯和趙高，囑爲璽書，賜於扶蘇，命其速回咸陽，主持葬禮。

秦始皇看著李斯、趙高密封了璽書，隨後痰氣上壅，奄然長逝，死年五十歲。

說來令人難以置信：作爲秦始皇遺囑的璽書並沒有發出，接著而來的是一連串的陰謀活動。

李斯考慮，秦始皇死於巡行途中，如果立即發喪，很有可能發生什麼變故。因此他決定保守秘密，暫不發喪，悄悄將秦始皇屍體棺殮，置於輼輬車中，對外宣稱皇帝還活著，奏事、進食如故。他一面催促趙高火速發出璽書，一面指揮車馬準備兼程趕路。然而，趙高心懷鬼胎，袖藏璽書，匿而不發，眼珠子骨碌碌地轉著，陰險地打著自己的算盤。

趙高把胡亥拉到一邊，悄聲說：「皇上駕崩，沒見分封諸位皇子，獨賜璽書於扶蘇，這是何意？扶蘇一到咸陽，必然即位爲皇帝。那麼公子你呢？一無軍功，二無封地，豈不可慮？」

胡亥沒有聽出趙高話裡的意思，說：「這有什麼可慮的？古語云：知臣莫若君，知子莫若父。父皇沒有遺命分封皇子，皇子自當服從，何敢妄議？」

趙高打斷胡亥的話，說：「公子錯了！方今天下大權，全在你、我和丞相三人手中，願你早自爲謀。須知人爲我制和我爲人制，情況有天壤之別。眼前放著天大的機會，公子怎能錯過？」

胡亥聽出趙高話裡有話，勃然變色，說：「廢兄立弟是不義，不奉父詔是不孝，學薄才疏，因人求榮，是不能。不義、不孝和不能，三者都是逆道背德的醜惡行徑，如若妄行，必然天下不服，身殆傾危，社稷不得安寧。」

趙高見胡亥是個榆木疙瘩，死不開竅，不由冷笑說：「得了得了！自古以來，臣殺君、子殺父的大有人在，誰說他們不忠不孝來著？凡事大行不顧小謹，盛德不矜小讓，事貴達權，哪能墨守？顧小忘大，後必有害；狐疑猶豫，後必有悔；斷而敢行，鬼神避之，後必成功。我願公子能夠聽從我的計謀，毅然決斷，不然悔之莫及。」

這番話說得胡亥怦然心動。是啊！堂堂皇帝，至尊至貴，誰不想當呢？更何況機會就在眼前，輕易放過豈不可惜？他沉吟許久，猶疑地說：「現在大行（皇帝靈柩）未發，喪禮未終，怎能爲了皇位之事去求丞相呢？」

趙高見胡亥口風鬆動，不禁大喜，說：「時乎時乎，稍縱即逝。丞相那邊，由我去說，不勞公子費心。」

趙高於是去見李斯。李斯一見趙高，開口便問：「璽書發出去沒有？」趙高謊稱璽書還在胡亥手裡。李斯非常驚訝，說：「這是爲何？」趙高不慌不忙，說：「我正爲此事來和丞相商量哩！」

二人落座。趙高注視著李斯的眼睛，說：「皇上駕崩，賜長子扶蘇璽書，命他速回咸陽主持葬禮。這等於是立扶蘇爲太子爲嗣君。現在，璽書尚未發出，就連皇上駕崩之事，外界也無人知曉。所以到底立誰爲太子爲嗣君，全憑你、我一句話。請問丞相，你說該怎麼辦呀？」

李斯大吃一驚，心想趙高所言，不是存心要篡改皇上遺詔嗎？他斷然地說：「皇上欽定的太子和嗣君，誰敢變更？你、我作爲人臣，只能奉詔而行，豈可妄議！」

趙高預料李斯會是這種態度，不但沒有生氣，反而溫和地說：「丞相不必著急。我有五件事情，敢向丞相請教嗎？」

李斯說：「請講！」

趙高扳著手指，不緊不慢地說：「丞相不妨想一想，你與蒙恬相比：論才幹如他嗎？論功勞如他嗎？論謀略如他嗎？論天下無怨如他嗎？論與扶蘇的關係如他嗎？」

李斯想了想，說：「這五個方面，我都不如蒙恬。哎！這個時候，你將我和蒙恬相比，用意何在？」

趙高詭秘地一笑，說：「嘿！我還不是爲丞相著想嘛！想我趙高，不過是個內官廝役，幸得粗知刀筆，入侍秦宮三十餘年，所見所聞甚多。但凡丞相、功臣，有誰能夠長盛不衰？他們的兒孫多被誅殺，甚至滅家夷族。始皇帝的兒子，你都熟悉。論能耐和人緣，首推扶蘇。扶蘇如果繼承大統，肯定任命蒙恬爲丞相。那時你算什麼？還能保全印綬嗎？還能榮歸故里嗎？趙高奉詔教授胡亥多年，沒見他有什麼過失。此人仁慈篤厚，輕財重士，口才似拙，心地卻明，諸公子中無人能比。依我說，咱倆何不擁立胡亥爲太子爲嗣君，共同成就一番天大的功業呢？」

李斯聽趙高說得如此露骨和出格，非常生氣，大聲說：「不要說了！我李斯仰受主詔，上聽天命，得失利害，無暇多顧！」

趙高可不生氣，依然慢條斯理地說：「安即可危，危即可安，安危不定，何以貴聖？」

李斯想到秦始皇的知遇之恩，動情地說：「我李斯，當初僅是上蔡（今河南上蔡）的一個布衣，幸蒙皇上垂愛，擢爲丞相，封爲通侯，兒孫皆得官食祿。皇上既將國家的安危存亡囑託於我，我焉敢負心？而且忠臣不避死，孝子不憚勞，我但求自盡職守罷了。所以你不必再說昏話，致使我獲罪於先帝，獲罪於天下。」

趙高見軟的不行，便來硬的，皮笑肉不笑地說：「從來聖人無常道，無非是就便從時，見末知本，觀指睹歸。如今天下權命，掌握在胡亥手中，我已服從他的旨意，必定榮華富貴。念丞相和我相處多年，這才敢以眞情相告。丞相老成練達，應當知道其中的利害。有道是「從外制中謂之惑，從小制上謂之賊」。秋霜降，草花落，水搖動，萬物作，勢有必至，理有固然。丞相你怎麼就這樣迂腐呢？」

宮廷鬥爭誠如趙高所說，盛衰無常，榮辱難料。但李斯畢竟是丞相，曾經輔佐秦始皇統一中國，並爲新建的國家鞏固中央集權制作出了巨大貢獻。他堅決地搖頭說：「歷史上晉獻公廢立太子，三世動盪；齊桓公諸子爭位，身死爲戮；商紂王誅殺宗室和諫臣，國爲丘墟，社稷傾覆。總之，逆天行事，必遭報應。我是一個人，是人就當安分守己，豈能參與逆謀？」

趙高見李斯這樣頑固，一變笑臉爲怒容，冷冷地說：「丞相固執己見，趙高不好再說什麼。但還有幾句話，算是最後的忠告。凡事上下同心，可以長久；裡外如一，彼此都好。丞相若聽我的話，必定長封通侯，世世榮寵，壽比喬山，智如孔墨（孔子和墨子）；若決意不從，必然禍及兒孫，令人寒心。識時務者爲俊傑，理當化禍爲福，不必在一棵樹上吊死。好啦！丞相好自爲之吧！」說完，起身拱手辭行。

李斯這時進退兩難。他想，趙高和胡亥已經串通一氣，僅憑自己單槍匹馬，斷難使其改變主意。自己若和他們同流合污，實在有違本意，愧爲人臣；若和他們硬頂硬碰，那麼勢必大禍臨頭，還會殃及兒孫。在關鍵時刻，李斯受私心所驅使，屈服了，妥協了，不禁仰天長嘆，垂淚自語說：「嗟乎！我生不逢時，偏遭亂世，既不能死，何以托命？皇上啊！你不負臣，臣可要負你了！」他淚流滿面地告訴趙高說：「罷了罷了！一切就由你和胡亥安排吧！」

趙高花言巧語，軟硬兼施，說服了李斯，心裡非常高興。他立即返報胡亥，喜孜孜地說：「臣奉太子之命去見丞相，他李斯敢不從命？」

胡亥聽趙高稱自己為「太子」，而且李斯已經「從命」，樂得心花怒放，一拍雙手，說：「太好啦！」

胡亥、趙高和李斯結成陰謀集團，所幹的第一件事是篡改秦始皇的遺詔。他們先造一份偽詔，謊稱秦始皇已立胡亥為太子。接著再造一份偽詔，賜給扶蘇和蒙恬，內稱：

朕巡天下，禱祠名山、諸神，以延壽命。今扶蘇與將軍蒙恬將兵數十萬以屯邊，十有餘年矣，不能進而前，士卒多耗，無尺寸之功，反而多次上書，誹謗朕之所為，以其不得罷歸為太子，日夜怨望。扶蘇為人子不孝，今賜劍以自裁！蒙恬與扶蘇居外，不匡正，宜知其謀，為人臣不忠，今賜死！

趙高、李斯均擅長書法，同時掌握著皇帝璽印，偽造詔書不費吹灰之力。接著，胡亥以太子身分發號施令，派遣專使前往上郡，將偽詔賜給扶蘇和蒙恬。

專使出發。趙高擔心扶蘇違詔不遵，生出變故，於是立即起程，向咸陽進發。時值盛夏，天氣炎熱，秦始皇的屍體早已腐爛，發出難聞的臭味。趙高為掩人耳目，命在轀輬車上裝載數擔鮑魚。鮑魚的氣味和屍體的氣味混在一起，惹得人人掩鼻，直想嘔吐。途中，地方官吏紛紛向皇帝請安、進食。趙高裝模做樣，代傳代答，一律免見。就這樣，龐大的車隊，風馳電掣，直達咸陽。除胡亥、趙高、李斯及少數幾個內侍外，秦始皇的死訊被封鎖得嚴嚴實實，滴水不漏。

不日，前往上郡的專使也回到咸陽，報告說扶蘇已經自殺，蒙恬已經下獄。胡亥、趙高、李斯不由長長地舒了口氣，他們篡權竊國的最大障礙消除啦！

說起扶蘇自殺，實在有點窩囊。他跪接了專使送達的僞詔以後，以爲那是眞的，泣入內舍，就要自刎。蒙恬向前阻攔，說：「皇上在外，未立太子，令我將三十萬大軍駐邊戍守，令公子爲監軍，這是天下第一重任。現在僅憑一方詔書，公子便要自裁，怎知其中沒有詐謀？我說，公子不妨派人馳赴行在（皇帝所在之處），問個明白。如果情況屬實，再死不遲。」

扶蘇聽了，頓時起疑。可是，那個專使受了胡亥和趙高的密囑，一再催促，逼令扶蘇自殺。扶蘇愚忠愚孝，失聲痛哭地說：「君要臣亡，不得不亡；父要子死，不得不死。爲臣爲子，哪裡容得我再行請命啊？」說罷，取劍自刎，倒地身亡。

專使又催促蒙恬自裁。蒙恬可不願糊里糊塗地送命，願意交出兵權，自入陽周（今陝西子長北）大獄，再等聖決。

胡亥、趙高、李斯滿心歡喜，即日發喪，宣布秦始皇駕崩的消息，並立胡亥爲二世皇帝。胡亥登基，百官朝賀。大家以爲這是始皇帝的遺命，誰也沒往心裡去。李斯仍然爲丞相，保住了榮華富貴；趙高升任郎中令，開始專權用事。

趙高升官，春風得意。他升官後的第一件事是處治昔日的仇人蒙毅。蒙毅當初曾判趙高死刑，若不是秦始皇的赦免，他早已見了閻王爺。如今，他大權在握，立刻對蒙毅實行報復。然而，蒙毅出生世家，官居上卿，扳倒也不容易。趙高眼珠子一轉，想出一條妙計：何不借新皇帝胡亥之手，置蒙毅於死地？

趙高去見胡亥，信口胡編地說：「先帝在位之時，曾想立陛下爲太子。怎奈蒙毅拒不同意，一味死諫，極盡污蔑之能事。他是明知陛下賢明，故意阻撓，迷惑先帝，實爲不忠。依臣愚意，不如殺了此人，以警示其他朝臣。」

胡亥對於趙高，向來言聽計從。他果眞下令，命將蒙毅逮捕下獄，繼命御史宣布蒙毅的「罪狀」，說：「先帝欲立朕爲太子，而你居心叵測，橫加阻難，是何道理？作爲人臣不忠，應當罪及宗族。而朕心慈不忍，但賜你以死，速即奉詔！」

蒙毅無辜遭禍，大喊冤枉，反覆辯白，說始皇帝從未說及立太子之事，自己也從未就太子之事進言，根本不存在「阻難」一說。御史已受趙高叮囑，不容蒙毅辯白，喝令獄卒將蒙毅斬首。

蒙恬是蒙毅的哥哥。趙高畏懼此人，極力慫恿胡亥，下詔賜蒙恬以死。蒙恬在獄中呼天不應，叫地不靈，絕望之餘，呑藥自殺。

趙高殺了蒙氏兄弟，得洩私恨，很是欣慰。接著，他將年輕的胡亥玩弄於股掌之中，胡作非爲，恣意逞凶。

胡亥登基時二十歲，言虛行曠，好大喜功。他羨慕秦始皇巡行天下耀武揚威的盛景，一天對趙高說：「朕尙年少，甫承大統，百姓未必畏服。每思先帝巡行郡縣，表示威德，制服海內，深感敬佩。今朕若不巡行，似示軟弱，怎能撫有天下呢？」

趙高滿口逢迎說：「是啊！陛下應當效法先帝，巡行郡縣。」

於是，胡亥在趙高、李斯等人的陪同下，張揚巡行，足足過了一把癮。他們每到一地，必學秦始皇的做法，刻石立碑，甚至還寫上始皇帝「擇賢立嗣」的謊言，以蒙蔽天下視聽。

胡亥東巡歸來，根據趙高的意見，重申法令，嚴定刑禁，各項制度、律令比秦始皇時更加苛刻。他們越是宣稱秦始皇「擇賢立嗣」，越是引起了人們的懷疑。日子一長，「沙丘逆謀」漸漸顯露出了蛛絲馬跡。朝廷大臣和皇家公子紛紛議論，都說胡亥是篡奪了扶蘇的皇位，趙高和李斯是胡亥篡位的幫凶。

這種情勢使胡亥感到不安和恐懼。他與趙高密謀說：「朕初即位，大臣不服，官吏尙強，諸位公子蠢蠢欲動，如何是好？」

趙高也正爲此事犯愁，見胡亥詢問，故意躊躇，欲言又止。胡亥又催問幾次，趙高這才說：「這事，臣早想進言了，但又不便開口。」他停了停，接著說：「現在的朝中大臣，多是累世勛貴，勞苦功高。而我趙高歷來微賤，承蒙陛下稱舉，擢居高位，掌管內事。大臣們表面上哼哼哈哈，內心裡卻怏怏不樂，圖謀作亂。若不及早下手，臣死毫不足惜，陛下恐怕也難得安生。陛下如想除患求治，必須大刀闊斧，振威天下，盡行鏟除宗室勛貴，另用一幫新人，賤使驟貴，貧使巨富。這樣，他們必然感恩圖報，誓為陛下盡忠，上下一心，內外合力，陛下便可高枕無憂了。」

胡亥是個極端自私的人。爲了鞏固已經篡得的皇位，六親不認，良心泯滅。他聽了趙高的話，樂得眉開眼笑，說：「好！這事就由愛卿去辦！」

趙高奉詔，凶相畢露，完全以他的主觀意志爲標準，把視爲異己的金枝玉葉、故老遺臣、皇親國戚，一律逮捕下獄，強捏罪名，殘酷處死。在咸陽街市，一次斬殺了十二個皇子。在南郊杜地（今西安南杜城），一次凌遲了十個公主。因受株連而被殺害的官吏、侍從達數百人。

胡亥有個哥哥叫將閭，嫡胞兄弟三人，秉性忠厚，根本不想爭什麼皇位。趙高先把他們囚禁起來，接著宣布「罪狀」，最後說：「公子不臣，其罪當死，吏至法焉。」

將閭氣憤不過，說：「我們兄弟入侍闕廷，未嘗失禮；隨班廊廟，未嘗失節；受命應對，未嘗失辭。請問有什麼『不臣』？爲什麼『當死』？」

趙高冷笑說：「我說你們『不臣』，就是『不臣』；我說你們『當死』，就是『當死』。皇上有詔在此，難道你們想抗詔不成？」

將閭絕望至極，抱著兩個弟弟，哭作一團，仰天大喊三聲：「我無罪！無罪！無罪！」

然後三兄弟一起以劍自殺。

胡亥還有個哥哥叫嬴高，自料難逃一死，主動上書，說：「昔日先帝健在時，我入則賜食，出則乘輿，還受賜錦衣和寶馬。先帝駕崩，我從死不能，爲人子屬不孝，爲人臣屬不忠。不孝不忠之人，恥在人世。所以自請從死，願葬於驪山陵（今陝西臨潼秦始皇陵）之下，長伴先帝。」

胡亥閱書，疑惑地對趙高說：「這是什麼意思？他不會是另有其謀，因急生變吧？」

趙高說：「管他哩！陛下儘管滿足他的請求就是。」

於是，胡亥頒旨，允許嬴高從死，並假惺惺地答應賜錢十萬作爲喪葬費用。嬴高無可奈何，服藥自殺。

胡亥、趙高窮凶極惡，直殺得血肉橫飛，天昏地暗。秦始皇的兒女，除了胡亥外，皆被殺絕；許多元老重臣，也成了冥國冤魂。一時間，宗室振恐，百姓振恐，咸陽內外充滿血腥氣氛。

胡亥、趙高屠戮宗室、大臣，沒有遇到什麼阻力，很是得意。接著又大興土木，橫徵暴斂，築驪山陵，建阿房宮，並調五萬士卒守衛咸陽。繁重的賦稅、傜役和兵役負擔，壓得人民喘不過氣來，十室九空，家徒四壁，普天仇怨，遍地哀鴻。因此，陳勝、吳廣斬木爲兵，揭竿爲旗，中國歷史上第一次農民大起義爆發了。秦始皇滅掉的六國諸侯後裔也趁亂而起，謀反叛亂，割據稱王。頓時，秦王朝處於各方衝擊、風雨飄搖之中。

西元前二〇八年冬，陳勝、吳廣麾下大將周章統領數十萬農民起義軍攻進關中，進抵戲水（今陝西臨潼東），距離咸陽不足百里。胡亥聞報，大驚失色，連聲呼道：「奈何？奈何？」趙高也嚇得心驚肉跳，一籌莫展。少府章邯提出建議，赦免修築驪山陵的囚徒，發給兵器，抗擊周章。胡亥別無他法，即命章邯爲將軍，率領囚徒和士卒，迎戰農民起義軍。結果，周章兵敗，退回河南。不久，陳勝、吳廣領導的農民大起義失敗了，而劉邦、項梁領導的起義則方興未艾，攻郡掠縣，情勢強勁。

四方亂起，警報頻傳。胡亥猶如熱鍋上的螞蟻，惶惶不可終日。這時，他並不追究趙高恃寵弄權的罪責，反而一味責怪丞相李斯。李斯貪戀祿位，違心地迎合上意，要胡亥講求刑名，嚴行督責，說：「督責之術設，則所欲無不得矣。群臣百姓救死不及，何變之敢圖？若此則帝道備，而可謂能明君臣之術矣。」

李斯的逢迎很合胡亥的胃口。胡亥遂大申刑威，督責更厲，幾乎每天都要殺人，而且以殺人多者爲「忠臣」，以致「刑者相伴於道，而死人日積於市」。

李斯要胡亥加強督責，而趙高則要胡亥恣意淫樂。趙高裝出恭敬和虔誠的樣子，問胡亥說：「陛下貴爲天子，可知稱貴的原因嗎？」

胡亥茫然不知。趙高趁勢說：「天子所以稱貴，無非是高居尊位，但令群臣聞其聲，不令見其面。從前先帝在位日久，臣下無不敬畏，除少數幾個近侍外，從來不見任何人。所以臣下不敢爲非作歹，妄進邪說。今陛下嗣位，春秋方富，未必盡通人事，如果成天與群臣議政，倘若言語有誤，處置失當，那不是被人小看，有損威嚴嗎？臣聞天子稱『朕』，『朕』就是『朕兆』，意思是有聲無形，使人可望而不可及。因此，臣願陛下從今日起，不必再親自臨朝，但居宮禁，盡情享樂。臣及內侍等人日侍左右，待有奏報，便可從容裁決，不致誤事。這樣，大臣們見陛下處事有方，自不敢妄生議論，天下都會稱頌陛下聖明。即便堯舜轉世，也不過如此吧！」

趙高的這些話實是爲了架空皇帝，以便自己專權；同時也是爲了自我隱蔽，不讓皇帝知道自己所幹的壞事。胡亥稀里糊塗，竟視這些話爲金玉良言，樂得一頭鑽進後宮，擁妻抱妾，尋歡作樂。從此，他深居簡出，朝廷大事，統由趙高斷決，就連左丞相李斯和右丞相馮去疾等，非經趙高允許，也根本見不上皇帝了。

趙高雖然官居郎中令，且極受胡亥寵信，權勢顯赫。但他仍不滿足，渴望擁有更大的權力。他尤其忌恨李斯，因爲李斯論地位、學識、才幹等，都遠遠超過了他。當初在沙丘，他拉李斯入夥，那是權宜之計；如今目的達到了，沒有必要再讓李斯和自己分享權力。不過趙高知道，李斯位居丞相，意欲除之，絕非易事。他經過深思熟慮，故伎重演，決定還是借用胡亥之手，扳倒貌似同夥實爲政敵的李斯。

趙高精心設計圈套。一天，他登門拜訪李斯，假意說：「天下盜賊多如牛毛，警報日甚一日，而皇上深居宮禁，恣意淫樂，不理朝政，這樣下去，如何是好？我很想予以進諫，無奈人微言輕，難有作爲。君侯位居丞相，一言九鼎，怎麼不見進諫呢？」

李斯嘆了口氣，說：「唉！我倒是想進諫來著，可是皇上久不臨朝，別說進諫，就是連面也見不上啊！」

趙高裝出熱心的樣子，說：「這有何難？我來安排。等到皇上閒時，我即通知丞相，丞相儘管進諫就是了。」

李斯全當趙高一片好心，欣然同意。

幾天以後，趙高派人通知李斯，說：「皇上現在閒暇無事，丞相可以入宮進諫。」

李斯接到通知，立刻穿了朝服，趕到皇宮，求見胡亥。胡亥其時正與妃姬左擁右抱，一邊飲酒，一邊欣賞歌舞，聽得李斯求見，大覺掃興，揮手說：「朕閒時不見他來，忙時他卻來了，豈不是存心敗朕興致？去！命他回去，明日再來！」

李斯吃了閉門羹，怏怏不樂，搖頭回府。

其實，李斯被拒於門外，完全是趙高的故意安排。他專門在胡亥尋歡作樂的時候通知李斯進諫，目的在於激起胡亥對於李斯的反感。這樣的惡作劇連續玩了三次，李斯三次被叱回。胡亥可真的生氣了，恨恨地說：「這個李斯怎麼回事？總是在朕飲宴的時候前來搗亂，眞是該死！」

趙高看到火候已到，趕緊趨步向前，說：「這不是禿頭上的虱子——明擺嗎？他李斯擁立皇上，自以爲功勛蓋世，一心想要封地稱王。沒能如願，所以便和兒子李由密謀造反。近來幾次要見皇上，定有歹意，皇上可要提防哩！」

胡亥聽了，尚在沉吟。趙高又添油加醋地說：「皇上知道嗎？李斯是上蔡人，而陳勝、吳廣是陽城（今河南登封東南）和陽夏（今河南太康）人，他們距離近著哪！陳勝、吳廣橫行三川（今河南滎陽一帶）時，爲什麼那樣猖狂？因爲三川太守李由是李斯的兒子，聽說李由與陳勝、吳廣常有書信往來，誰知道他們之間搞的什麼名堂？」

胡亥眼睛睜得溜圓，說：「噢？有這種事？」

趙高進一步煽動說：「兒子私通盜賊，他李斯能不知情？沒準兒他們是父子合謀，存心算計皇上呢！」

趙高說得危言聳聽，不由胡亥不起疑心。胡亥本想拘捕李斯，但因關係重大，不好貿然行事，轉而命按察已經戰死在沙場的李由，追究其私通盜賊的罪責。

直到這個時候，李斯方知中了趙高的奸計，異常憤怒。他想，你趙高既然能詆毀我李斯，我李斯難道就不能揭露你趙高嗎？可是，李斯根本見不了胡亥，沒有辦法，只能上疏奏劾趙高，歷數其罪。奏疏中特別指出：趙高「有邪佚之志，危反之行」，「陛下不圖，恐其爲變」。

胡亥看了李斯的奏疏，覺得好笑，派一內侍告訴李斯說：「趙高不過是先朝的宦官，一貫潔身自愛，安分守己，侍奉先帝和朕，以忠得進，以信守位，何來『邪佚之志，危反之行』？朕信用他，而卿疑忌他，這是爲何？況且，朕年輕嗣位，無知無識，不習治民，左、右丞相年事已高，朕不信用趙高，又能信用何人？據朕觀察，趙高爲人清廉強幹，下知民情，上適朕意。所以，卿宜自愛，不要疑忌他人爲好。」

李斯再上奏疏，說：「趙高充其量是一閹奴，無識於理，貪婪無厭，求利不止，求欲無窮。他的權勢僅次於陛下了，實是個危險人物，陛下不可不察。」

胡亥見疏，緊鎖眉頭，說：「李斯心虛，惡人先告狀，可恨可恨！」

李斯不識時務，又邀右丞相馮去疾、將軍馮刼等人，聯名上疏，請求減輕賦稅徭役，罷建阿房宮，且劾趙高恃寵弄權，飛揚跋扈。

胡亥閱疏，更加惱怒，憤然說：「朕貴爲天子，理應肆意極欲，尚刑明法，使臣下不敢爲非，然後可制御海內。試看先帝起自諸侯，兼併天下，外攘四夷，所以邊境安寧，內築宮室，功業蓋世。今朕即位二年，丞相等不能禁遏，反要罷先帝既定的事情，既無以報答先帝，又無以爲朕盡忠。像這些無用的大臣，還有什麼臉面高居尊位呢？」

趙高假意哭喪著臉說：「李斯所患者唯趙高一人。臣請陛下賜臣一死，這樣李斯便可爲所欲爲了。」

胡亥心目中只有趙高堪可信用，其他無一中意者，於是毅然頒詔：免去李斯、馮去疾、馮刼的官職，囚繫獄中審訊。

趙高沒想到事態的發展如此順利，樂得渾身舒坦。馮去疾、馮刼下獄，不忍受辱，憤然自殺。李斯心存幻想，不肯遽死，招致了更大的屈辱和痛苦。

負責審訊李斯的正是趙高。仇家相見，分外眼紅。李斯起初還以丞相自居，不當回事。

趙高凶神惡煞，喝令獄吏用刑，李斯頓時皮開肉綻，鮮血淋漓，幾次暈死。趙高命用涼水潑面，待其甦醒過來，再行鞭笞。李斯死到臨頭，還對胡亥抱有幻想，忍痛作疏，自敘前功，請求從輕發落。趙高冷笑一聲，惡惡地說：「囚犯哪有資格給皇上上疏？」他一把將李斯的奏疏撕得粉碎，命令獄吏重重用刑，說：「罪犯就是鐵嘴銅牙，也要叫他招供認罪！」

李斯徹底絕望了。這時，他對胡亥、趙高算是有了比較清醒的認識，仰天嘆道：「嗟乎，悲夫！不道之君，何可為計哉！」他自比歷史上的關龍逄、比干、伍子胥，而將胡亥比作夏桀王、商紂王和吳王夫差，說：「今行逆於昆弟，不顧其咎；侵殺忠臣，不思其殃；大為宮室，厚賦百姓，不愛其費：三者已行，天下紛擾。而以趙高為佐，我必見寇至咸陽，麋鹿遊於朝也。」他實在忍受不了皮肉之苦，最後完全按照趙高的意圖，一一招供，認罪請死。

李斯招供認罪。趙高笑逐顏開，立即奏告胡亥。胡亥嘻笑瞇瞇，說：「若非趙高，朕險被李斯所蒙蔽！」接著按察李由的御史報告說，李由生前私通陳勝、吳廣，情況屬實。就這樣，一件無中生有的天大冤案形成了。胡亥下令：處李斯五刑，夷滅三族。

趙高窮凶極惡，立命將李斯及幾個兒子五花大綁，押赴刑場。李斯想到自己的一生，前期輔佐秦始皇，幹了一番轟轟烈烈的大事業，官拜丞相，諸子多娶秦公主，諸女多嫁秦公子，滿門顯貴，風光無限；後期因利祿薰心，竟在趙高的唆使下，參與篡改皇詔，立胡亥為皇帝，到頭來苟且偷生都不能，還連累了兒女和三族老少。他感到憤怒，同時感到羞愧，面對幾個兒子，熱淚縱橫，嗚咽著說：「我想同你們牽著黃犬，出上蔡東門，驅趕狡兔，過普通人的生活，這已不能再得了。我，眞是……」

趙高容不得李斯多活一時一刻，立命行刑。劊子手向前，先在李斯臉上刺字，次割鼻，次斷足，次割下身，最後砍了腦袋。這就是「五刑」，手段極爲殘忍。李斯的家人及三族成員全被殺害，無一倖免。

趙高殺了李斯，心裡要多痛快有多痛快。接著，胡亥任命他爲丞相，軍國大事，由他包攬決斷。宦官出任丞相者，趙高爲中國歷史上的第一人。

趙高成爲一人之下、萬人之上的丞相，權勢更加薰灼。其時，秦將章邯、王離正統兵抵禦劉邦、項梁領導的起義軍，連吃敗仗。不久，項梁戰死，侄兒項羽繼任首領，威勢更甚。趙高打著胡亥的旗號，一再責備章邯、王離，斥責他們用兵無方，作戰不力。章邯特派長史司馬欣到咸陽，向胡亥和趙高彙報前線的形勢。趙高心中有鬼，害怕胡亥知道眞實情況，於己不利，所以命司馬欣住於驛館，遲遲不予召見，甚至想殺司馬欣滅口。司馬欣倉皇逃歸，報告章邯說：「現在趙高把持朝政，一手遮天。我等在前線打仗，打勝了，趙高嫉妒你的功勞；打敗了，趙高詆毀你無能。反正都是一死，還請將軍自圖良策。」

章邯正在疑難，忽接友人陳餘書信，書信中說：「趙高素諛日久，今形勢吃緊，恐皇上誅之，故欲以法殺將軍，以搪塞罪責，並欲以別人更代將軍，以脫其禍。將軍與其束手待斃，不如反戈擊秦，或許能分王其地，南面稱孤。」

章邯迫不得已，果眞率部數十萬人投降了項羽。章邯當時統率著秦軍的主力。他的投降給了秦王朝以致命的打擊。

胡亥對前方戰事一無所知，照樣深居宮禁，燈紅酒綠，醉生夢死。趙高大權在握，胡亥不過是個傀儡而已。趙高陰險奸詐，眼見胡亥昏庸荒淫，漸漸產生了野心，萌發出取而代之的念頭。他想，篡秦自立，胡亥極易對付，難以對付的倒是一幫剛直的大臣。他們是什麼態度呢？趙高眼珠子轉了轉，突然想出一條妙計，用此妙計，可以檢驗出大臣們的思想傾向。

一天，趙高請胡亥臨朝，自己要向皇上敬獻寶馬。胡亥端坐於殿上。趙高命人牽來一隻梅花鹿，說：「臣近得一匹寶馬，不敢占爲己有，特來敬獻給皇上。」

胡亥左看右看，說：「這不是鹿嗎？丞相怎說是馬呢？」

趙高滿臉正經，說：「這是馬呀！」

胡亥笑著說：「丞相錯了，你把鹿當作馬了。」

趙高堅持說：「這就是馬呀！」

胡亥感到莫名其妙，命大臣們上前辨認，說：「你們看看，到底是鹿還是馬？」大臣們不知道趙高葫蘆裡裝的什麼藥，面面相覷，不敢輕易表態。胡亥一再詰問，這才回答，有人說是鹿，有人說是馬，有人搖頭不置可否。

這就是歷史上著名的「指鹿爲馬」的鬧劇。透過這場鬧劇，趙高劃分出了朝臣中的敵人和朋友。事後，他把那些膽敢違背自己意志，實話實說，認鹿爲鹿的大臣，全部逮捕下獄，胡亂定個罪名，有的處以斬首，有的處以流放。這樣一來，朝廷上下，人人畏憚趙高。太歲頭上動土，那可是自己找死啊！

西元前二〇七年農曆八月，劉邦領導的起義軍攻陷武關（今陝西丹鳳東南），浩浩蕩蕩地向咸陽進發。警報傳來，趙高惶急，苦思冥想，沒有擺脫困境的辦法。長期以來，他一直封鎖著消息，欺騙胡亥說：「天下安寧，形勢大好。」如今，突然大軍壓境，兵臨城下，倘若胡亥得知眞實情況，豈能饒過他這個欺上瞞下的丞相？趙高越想越怕，直冒冷汗。作爲權宜之計，他決定慌稱有病，數日不朝。胡亥平時全仰仗趙高出謀劃策，斷決政務，沒有趙高，等於失去左膀右臂，不知所措。他的心神大亂，以致無休無止地做著各種惡夢。胡亥命卜師占卜。卜師已受趙高指使，胡謅說：「陛下惡夢乃涇水所致，必須御駕親祭水神，方可禳災免禍。」胡亥信以爲眞，隨即前往涇水之畔的望夷宮（今陝西涇陽境），齋戒祭神。這時，有人告訴他說：「天下早已大亂，劉邦大軍不日可達咸陽。」胡亥聽後嚇得魂飛魄散，氣極敗壞地說：「怎麼會是這樣？怎麼會是這樣？」此時此刻，他仍然拿出皇帝的派頭，命人轉告趙高，火速調集兵馬，剿滅造反的盜賊。

趙高玩弄陰謀詭計是行家裡手，至於調兵遣將則是一竅不通。黔驢計窮，他走了一著險棋和狠棋：殺胡亥，立新主，藉以與劉邦講和。

趙高的弟弟趙成任郎中令，養女女婿閻樂任咸陽令。他找來趙成和閻樂密謀，周密地制定了誅殺胡亥的計劃。他擔心閻樂中途變卦，特將閻樂的母親劫持，扣爲人質。閻樂別無選擇，率領士兵一千人，直撲望夷宮。

望夷宮被包圍起來。閻樂以追殺盜賊爲名，率兵強行入宮。守衛宮門的禁軍出面阻攔，雙方發生戰鬥。不一時，禁軍盡被斬殺。

閻樂手持利劍，昂然進入內殿。胡亥身邊的內侍爭相逃命，誰也沒想去護衛皇帝。胡亥瞪著一雙驚恐的眼睛，結結巴巴地說：「你……你……」

閻樂跨前一步，手指胡亥斥責說：「足下驕恣，誅殺無道，天下已共叛足下，請足下速自爲之！」

「速自爲之」就是「趕快自裁」的意思。胡亥一聽，猶如五雷轟頂，嚇得三魂丟了兩魂。他定了定神，哆嗦著說：「請問將軍受何人遣使？」

閻樂說：「丞相。」

胡亥簡直不敢相信，自己絕對寵信並視爲股肱忠臣的趙高，竟會派人殺害皇上。他抱著僥幸的心理，說：「丞相可得一見嗎？」閻樂說：「不可。」

胡亥不甘就此喪命，說：「我不當皇帝，欲得一郡爲王，可以嗎？」

閻樂說：「不可。」

胡亥又說：「願爲萬戶侯，可以嗎？」

閻樂回答還是兩個字：「不可。」

胡亥再說：「那麼，我願和妻子當個平民百姓，去過普通人的生活，大概總可以吧？」

閻樂嗔目厲聲，怒喝道：「少廢話！我奉命丞相，爲天下誅足下，足下多言無益！」他揮了揮手，示意士兵斬殺胡亥。

胡亥上天無路，入地無門，臉色煞白，連連後退，哆哆嗦嗦地說：「別！慢！唉！還……還是我……我自己來吧！」說罷，自取短劍，刺進胸膛，算是落了個全屍。

趙高殺了胡亥，本想自己稱帝。可是，劉邦大軍正步步進逼咸陽，他又不敢貿然行事。他思來想去，決定還是擁立一個傀儡爲好，以此作爲緩衝，再作後圖。胡亥的哥哥早被斬盡殺絕，選來選去，只能在秦宗室成員中選了一個叫做子嬰的公子。這天，他召集起文武大臣，宣布說：「二世皇帝恣行暴虐，天下共叛，已經自殺了。公子子嬰仁慈儉厚，深得眾望，宜立爲嗣君。」

文武大臣不敢有異議。趙高接著說：「唯我大秦，本是一個諸侯國，始皇帝統馭天下，方稱皇帝。現在六國復興，海內分裂，秦地變得狹小了，不應空襲帝號，還是恢復過去的規矩，稱王爲宜。」

趙高獨斷專行，憑他一句話，子嬰齋戒受璽，準備登基即秦王位。趙高老奸巨滑，就在安排子嬰即位的同時，還暗地裡派人去見劉邦，聲稱願與劉邦達成協議，瓜分關中，裂地稱王。劉邦不屑與趙高交往，斷然拒絕。趙高討了個沒趣，硬著頭皮主持子嬰即位事宜。

按照傳統，新王登基，要齋戒五日，入廟祭祖，禮成才算開元。子嬰雖被推立爲王，但他太熟悉趙高的爲人了。當初趙高無辜殺害蒙毅、蒙恬的時候，他曾設法營救，可惜沒有成功。現在趙高又殺了胡亥，實在是大逆不道。子嬰意識到，趙高不除，禍莫大焉。趙高之所以擁立自己爲秦王，完全是形勢所逼。趙高的本意在於篡秦自立，一旦條件成熟，他會毫不猶豫地將自己殺掉。子嬰決意先發制人，苦於無人計謀，只得關起門來和兩個兒子密議說：「趙高敢殺二世，豈畏我哉？他假裝立我爲王，實是幌子。聽說他正與劉邦聯絡，相約滅秦宗室，分王關中。我若不殺他，他必殺我。」

子嬰父子正在密議，心腹韓談搶入報告說，趙高確實派人聯絡了劉邦。子嬰父子當即和韓談商定：入廟祭祖之日，稱病不行，誘使趙高前來，擒而殺之。

子嬰齋戒五日期滿，趙高先至廟中，準備主持新王祭祖的儀式。誰知等候多時，子嬰竟未到場。趙高顯得非常焦躁，派人催促子嬰。那人回報說，子嬰病了，不能親臨祭祖。趙高一聽，肺都要氣炸了，咆哮著說：「今天是什麼日子？新王不來能行嗎？」他百密一疏，竟然自往齋宮，去催促子嬰。趙高下馬，逕入宮門，但見子嬰伏案假寐，便高聲斥責說：「公子今已爲王，宜速入廟祭祖，即使天大的病，也要支撐著前去一趟。」

說時遲，那時快，預先埋伏在齋宮裡的韓談等人，手持利刃，一躍而出，不由分說，將趙高按倒在地。子嬰的兩個兒子猛撲上去，「嚓嚓」一陣亂刀，三下五除二，結束了趙高的性命。

子嬰殺死趙高，人人拍手稱快。有人趁機指出，趙高作惡多年，死有餘辜，應當夷滅三族。子嬰點頭稱是，立命擒拿趙高三族成員，包括趙成、閻樂等人，統統推出市曹，斬首示眾。

趙高，這個由閹奴爬上丞相高位的奸佞，這個罪大惡極的野心家和陰謀家，逞凶多時，顯貴數年，終於落得個可恥的下場。

趙高死後，子嬰僅僅當了四十六天秦王，便草帶繫頸，白馬素車，手捧傳國玉璽，乖乖地投降了劉邦。秦始皇締造的秦王朝，至此宣告滅亡。

中行說

民族敗類，千古罪人

秦王朝滅亡以後，劉邦和項羽爭奪天下，進行了三年多的楚漢戰爭，最後劉邦打敗了項羽，即皇帝位，定國號爲漢，奠都長安（今陝西西安），是爲漢高祖。

秦、漢之際，北方少數民族匈奴日見強大，冒頓單于（冒頓，讀作莫獨；單于，讀作蟬於，匈奴首領名號）統一各部，其勢更盛，統治了大漠南北的地區。漢朝開國後，匈奴屢屢南下，侵擾漢境。西元前二〇〇年初，漢高祖曾率三十二萬大軍北擊匈奴，由於情況不明，同時犯了孤軍深入的錯誤，因此被匈奴圍困於平城白登山（今山西大同東北），遭受了嚴重挫折。從那以後，漢朝皇帝自知國力不強，難以征服匈奴，所以採取積極防禦政策，改用「和親」的辦法，以緩和彼此間的矛盾和衝突。西元前一八〇年，漢文帝劉恆即位後，匈奴冒頓單于死，其子稽粥立，是爲老上單于。

老上單于新立，繼續要求漢朝嫁女和親。漢文帝沿用前制，在劉氏宗室成員中挑選一女子，封做公主，嫁給老上單于爲閼氏（閼氏，讀作焉支，匈奴單于正妻名號）。按照傳統的規矩，漢女和親，必由一名宦官陪侍。漢文帝這次挑選的宦官複姓中行（中行，讀作中航），單名説（説，讀作稅），叫做中行説。漢文帝給他規定的任務非常明確：充當漢朝的使臣，負責料理公主的所有事務。

中行説的祖先是燕國人。漢高祖在位時，曾封好友盧綰爲燕王，中行説便是盧綰後宮裡的一名宦官。後來，盧綰謀反敗死，中行説被掠至長安，仍在宮中服役。當時，長安是中國政治、經濟、文化中心，城市規模宏大，人口眾多，市井繁華，尤其是長樂宮和未央宮兩大宮殿群，雕樑畫棟，金碧輝煌。中行説到了長安宮中，像是進了天堂，心裡美滋滋的，決意在這裡安心當差，老死終生。

不想幾年過後，漢朝公主和親，偏偏選中了中行説陪侍前往匈奴。雖説名義上是漢朝使臣，但歸根結底還是個供人驅使的下人。他自小在臨近匈奴的燕國度過，熟知匈奴的偏遠和荒涼，自己到那裡去，豈不是從天堂掉進了地獄？

中行説迷戀長安皇宮，害怕到漠北去過艱苦的生活。他根本不想前去匈奴，可是聖命難違，不去也得去。這時，作爲宦官，他的畸形心理占了上風，直想發洩和報復，惡狠狠地發誓説：「去就去！去了，非要成爲漢朝禍患不可，也讓你們知道我的厲害！」

中行説極不情願地離開長安，去到匈奴。放眼望去，都是沙漠和溝壑，荒無人煙，朔風凜冽。唯有匈奴單于居住的宮掖還像樣子，但也不過是一片簡陋的茅房和雜亂的帳篷而已。

匈奴單于和漢朝公主完婚，露天擺設酒宴，又是唱歌，又是跳舞，還比賽跑馬和射箭，非常熱鬧。匈奴人熱情友好，眞誠地邀請中行說大碗喝酒，大塊吃肉，興之所致，還拉著他到舞場上舉臂扭臀，隨意舞蹈了一番。中行說不由地受到了感染，心想匈奴這個地方還不錯嘛，起碼沒有漢朝宮廷裡那麼多的規矩，活得倒也瀟灑自由。

老上單于對於中行說是尊敬的。一來他是漢朝的使臣，二來他是閹氏的內侍，所以一直稱他爲「中行先生」，客客氣氣，沒有任何輕視或鄙夷的意思。在那裡，他單獨住一帳篷，家具珍玩齊全，自己無需幹活，還有奴僕照料生活起居。因此，他感到滿足，感到愜意，完全忘記了國格和人格，一頭拜倒在老上單于的腳下，變節投降，充當了匈奴侵犯漢朝的幫凶。

中行說適應能力很強，很快習慣了匈奴人的生活，而且學會了一口流利的匈奴語。老上單于對於這個投降的奴才很感興趣，少不了給予他很多賞賜，每遇與漢朝交往中的疑難問題，也都虛心地徵詢他的意見。中行說頓時覺得自己成了個人物，立刻神氣活現起來。他牢記「爲漢朝禍患」的誓言，居心叵測地站在匈奴人的立場上，竭力爲老上單于出謀劃策，儘量挑動匈奴與漢朝的仇恨和紛爭。

匈奴人長期過著遊蕩無定的遊牧生活，非常仰慕漢朝的絲綢、衣服和食品。老上單于在一次談話中，主張改變匈奴人的生活習俗，實行定居，並學穿漢人的衣服，學吃漢人的食品。中行說不以爲然，陰險地說：「匈奴人論人數，不及漢朝的一個郡。但是它很驍勇和強悍，爲什麼呢？主要原因就在於衣服、食品有異於漢人和不依賴漢人。現在單于要移風易俗，改用漢人衣食，這樣下去，匈奴人就會被『同化』，漢朝只需把十分之一的器物輸入匈奴，匈奴的版圖便會歸爲漢朝所有。漢人的絲綢、衣服有什麼好的？雖說漂亮，但不結實，穿著它馳騁於大漠、草叢之中，沙石一碰，荊棘一劃，很快便會破裂，遠不如皮革衣服經久耐用。再者，漢人的食品無非是糧食、蔬菜、水果之類，這些東西哪有匈奴人的牛肉、羊肉、馬肉和奶好吃？匈奴人體格健壯，不都是因爲吃肉吃奶所致嗎？」

老上單于聽了這一番話，立即打消了改變匈奴人生活習俗的想法，由此更加寵信中行說，並按中行說的主張，派人到各地調查，統計和登記居民數目和牲畜數目，爲侵犯漢朝邊境積蓄力量。

這期間，漢朝和匈奴之間尚未發生大的戰事，雙方經常互派使臣，通問友好。漢朝使臣攜帶漢文帝致老上單于的書牘，通常牘長一尺一寸，開頭寫道：「漢皇帝敬問匈奴大單于無恙。」中行說唆使老上單于回覆漢文帝書牘，總是牘長一尺二寸，開頭寫道：「天地所生日月所置匈奴大單于敬問漢皇帝無恙。」而且，牘封、印鑒皆比漢朝的長大，以示匈奴單于比漢朝皇帝還要尊貴。有時，中行說還以匈奴權貴的身分，與漢朝使臣爭辯，極力貶斥漢人，抬高匈奴人。

一次，漢朝使臣隨便地說：「匈奴習俗有一點不好，就是輕賤老人，有失孝道。」

中行說聽了很不高興，反駁說：「這是從何說起？漢人年輕子弟從軍戍邊，臨行之時，他們的父母總要備下好酒好菜，爲之送行。匈奴人也是一樣的，年輕人從軍打仗，父母必把最好的食物讓給兒子吃。所不同的是漢人父母希望兒子平平安安，能夠毫髮無損地歸來就好；而匈奴人注重征戰，並視此爲頭等大事，父母希望兒子能夠在戰場上建功立業，保家衛國。漢族的年輕人尊敬老人，只是唯唯諾諾；而匈奴的年輕人尊敬老人，是用勇敢的行動，是用獻身精神以保衛老人們的安寧。這怎能說是有失孝道，又有什麼可以挑剔的呢？」

又一次，漢朝使臣說：「匈奴人全家同睡一個帳篷，父死，子妻其母；兄死，弟妻其嫂；弟死，兄妻其媳。全然沒有人倫觀念和闕廷之禮。」

中行說反駁說：「匈奴人的習俗，人吃畜肉，飲其血，衣其皮，爲了牲畜吃草飲水，總是隨著節令遷徙住地。緊危之時，人人練習騎射；閒暇之時，人人樂而無事。他們沒有什麼拖累，極易行動。君臣之間也沒有什麼繁瑣的禮儀，一國之政就是單于一人。至於父子兄弟死後，家人可娶其妻爲妻，這確是一種不良習俗。然而正是這一習俗，匈奴人才得以生存繁衍，長久不衰。你們中原的漢人，雖然不娶父兄之妻爲妻，道貌岸然，但親屬之間略有疏遠，必相殺戮，導致多少人遠走他鄉，改名換姓，以逃劫難！這種習俗與匈奴人的習俗，從本質上說，又有什麼兩樣呢？況且，你們漢人的禮儀弊端不少，等級森嚴，上下結怨，人居華屋，貪圖安逸，種莊稼以求衣食，築城郭以爲自備。所以，老百姓在危急時才練習攻戰，閒暇時則什麼事情也不幹。可嘆呀，漢人！雖然衣冠楚楚，伶牙俐口，可是這又有什麼用呢？」

中行說的這番「高論」固然說出了漢人的弱點，但他口口聲聲「你們漢人」、「我們匈奴人」，並把匈奴人凌駕於漢人之上，顯然是荒謬的，表明他是一個十足的民族敗類。

漢朝使臣譏諷地說：「中行先生如此貶低漢人，且莫忘記，你也是漢人呀！」

中行說恬不知恥地說：「我曾經是漢人，但現在是匈奴人。」

漢朝使臣還想譏諷幾句，怎奈中行說擺出一副盛氣凌人的架勢，傲慢地說：「什麼也別說了！回去告訴你們漢皇帝：每年輸送給匈奴的絲綢、布帛、糧食，必須保質保量，盡善盡美。保質保量，盡善盡美，萬事便罷；如若不然，別怪我們不客氣。待到秋高馬肥之時，匈奴鐵騎必將踏遍中原大地！」

這是赤裸裸的威脅和挑釁，話語中透露出凶狠的殺機。爲了煽動民族仇恨，中行說一而再再而三地挑唆老上單于，要他厲兵秣馬，隨時準備向漢朝發動攻擊。

西元前一六六年，老上單于在中行說的慫恿下，率領精銳騎兵十四萬大舉侵漢。這支鐵騎從塞北南下，突破蕭關（今寧夏固原東南），進抵彭陽（今甘肅鎭原東南），焚燒了歧州的回中宮（今陝西隴縣境），其偵察兵甚至到達了雍州的甘泉宮（今陝西淳化境），一路擄掠，殺人無數。

匈奴入侵，警報頻傳。漢文帝採取緊急措施，令中尉周舍、郎中令張武爲將軍，發車千乘，集兵十萬，駐守京師長安周圍，嚴陣以待。同時拜盧卿、魏敕、周灶、張相如、董赤等爲將軍，率兵佯裝進攻匈奴的大本營。經過一個多月的戰鬥，老上單于退至塞外。漢軍乘勢追擊，因此匈奴精銳也受到了重創。

其後幾年，匈奴幾乎年年都要侵犯漢朝，燒殺搶掠，給漢朝邊地人民造成了痛苦和災難。

漢文帝深以匈奴爲患，但限於國力，無法在軍事上與匈奴相抗衡，迫不得已，只好忍氣吞聲，致書老上單于，願意再次透過和親，以換取邊境的安寧。中行說極力阻撓，主張全力進攻漢朝。老上單于覺得戰爭總不是個辦法，所以不顧中行說的反對，同意與漢朝和親，重結友好。

西元前一六二年，漢文帝派遣特使，攜帶長篇書牘，去見老上單于。書牘回顧了漢朝和匈奴交往的歷史以及睦鄰相處的重要性，針對中行說挑撥民族矛盾的險惡用心，特別寫道：「今聞渫（渫，讀作屑，污濁的意思）惡民貪降其進取之利，背義絕約，忘萬民之命，離兩主之歡，然其事已在前矣。……謀臣失計，皆不足以離兄弟之歡。」

老上單于閱了書牘，很受感動，由此看清了中行說的「渫惡民」嘴臉，逐漸疏遠了他，並回書漢文帝，申明和親友好的信念。漢文帝非常高興，專門頒發詔書說：「匈奴大單于遺朕書，言和親已定。從此，匈奴人不入塞，漢人不出塞，違犯者定斬不赦！其布告天下，使民知之。」

中行說失去了老上單于的寵信，驚恐不安。轉而又巴結老上單于的兒子軍臣，極盡阿諛逢迎之能事。四年以後，老上單于死，軍臣繼位爲單于。中行說再度得寵，惡心不改，依然挑唆軍臣單于仇恨漢朝，擯棄和親，大舉南侵。軍臣單于年輕氣盛，聽任中行說的擺布，不斷發兵騷擾漢境，戰爭連年升級，烽火達於長安。這種情況一直延續到漢景帝時，漢人和匈奴人都蒙受了巨大的損失和深重的災難。

中行說，這個無恥的宦官，叛國投敵，公報私仇，爲洩己憤，甘「爲漢朝禍患」，導致漢朝和匈奴之間無休無止的戰爭，可惡可憎。這個人後來不知所終，但作爲民族敗類和千古罪人，他的名字被永遠地釘在歷史的恥辱柱上。

李延年

傑出的音樂家和歌唱家

漢王朝經過六十多年的發展，歷漢高祖劉邦、漢惠帝劉盈、高后呂雉、漢文帝劉恆、漢景帝劉啓，到了漢武帝劉徹的時候，經濟繁榮，國力強大，中國封建社會進入第一個鼎盛時期。

漢武帝雄才大略，對內實行政治、經濟改革，對外發動征伐匈奴的戰爭，有力地加強了中央集權制統治。他打破傳統的門閥觀念，破格提拔人才，取得了極好的效果。同時寵信佞臣，以爲自己縱情聲色、追求享樂提供完美無瑕的服務。他所寵信的佞臣中，有一位宦官最值得稱道，那就是漢朝傑出的音樂家和歌唱家李延年。

李延年，中山（今河北定縣）人，出生於一個梨園世家，父母、兄弟、姐妹俱爲藝人，能歌善舞，以藝爲生。李延年自小受到音樂的薰陶，精通各種樂器，能唱很多歌曲，加之長相俊秀，歌喉清亮，所以很快出類拔萃，聲名遠播。漢武帝酷愛歌舞，聽說了李延年其人，遂將他召至長安，安排在皇家樂隊，充當一名琴師和歌手。

李延年初進皇宮，不諳宮廷的規矩和禮儀，一次犯了過失，因而被處以宮刑，成了宦官。作爲處罰，他失去了琴師和歌手的位置，被分派到狗監服役，負責給皇帝養狗和馴狗。不過，他畢竟具有很高的音樂天賦，很快又得到重用，重新回到皇家樂隊。由於他精通音律，擅長唱歌，而且經常推陳出新，表演新歌新曲，所以極受漢武帝的賞識。

一次，漢武帝舉行宴會，皇家樂隊演奏悠揚悅耳的樂曲。李延年和著樂曲的旋律，演唱了一首新創作的歌曲：

北方有佳人，絕世而獨立。
一顧傾人城，再顧傾人國。
寧不知傾城與傾國，佳人難再得！

樂曲美妙，歌詞動聽。李延年連唱數遍，一遍一種情調。漢武帝聽著聽著，彷彿進入輕靈縹緲的境界，完完全全地陶醉了。尤其是歌詞中的那個「佳人」，更使漢武帝想入非非，心蕩神搖。漢武帝貪戀女色，後宮粉黛數以千計，她們美則美矣，但遠沒達到「傾國」與「傾城」的地步。漢武帝想到這裡，不由輕輕嘆了口氣，說：「唉！世界上哪裡有這樣傾國傾城的『佳人』呢？」

漢武帝的姐姐平陽公主熟知弟弟的風流秉性，悄聲打趣說：「李延年有個妹妹，國色天香，就是這樣的『佳人』。」

漢武帝眼睛一亮，說：「得是？」

平陽公主說：「李延年的妹妹，我是見過的，論容貌，的確是傾國傾城，沒錯！」

漢武帝滿心歡喜，立命李延年回家，陪侍妹妹進宮。李延年不敢怠慢，回家將妹妹打扮一番，然後進宮見駕。漢武帝一見，端的是天生尤物，姿容艷美，光彩照人，而且性情溫柔，亦嬌亦羞，足以奪人魂魄。漢武帝一下子被迷住了，當夜留其在宮中侍寢，男歡女愛，酣暢淋漓。第二天，漢武帝即封李延年的妹妹為夫人。

李延年的妹妹得寵，他就成了國舅，驟然顯貴，身價倍增。一年後，李夫人生了個兒子，取名劉髆，封昌邑王。李延年因此更加顯貴，被擢為協律都尉，佩戴二千石印綬。漢武帝對這位宦官國舅很是器重，視他為貼身親信，有時還允許他陪伴自己同桌吃飯，同床睡眠。這簡直是天大的榮寵！當時，漢武帝最寵信的佞臣叫韓嫣，李延年位列第二，受寵程度僅次於韓嫣。

大凡外戚，一旦得到皇帝寵信，多半會因寵而驕，熱衷於攬權弄勢。李延年卻不是這樣，一門心思放在協律都尉的職事上，盡力獻身於他所熱愛的音樂事業。協律都尉是朝廷音樂官署——樂府的行政長官，執掌皇家朝會、慶典、祭祀、飲宴時的禮樂事項，兼採民間詩歌和樂曲。李延年在這方面恪盡職守，花費了所有的精力。他非常推崇司馬相如等辭賦大家的文才，經常聘請他們寫詩作賦，自己爲之譜曲，以供演唱和演奏。漢武帝時產生的《郊祭歌》十九章，其樂曲均出自李延年之手。每當重大祭日，李延年親自指揮，數百名樂工演奏各種樂器，上百名青年男女引吭高歌，氣象莊嚴肅穆，場景蔚爲壯觀。漢武帝時還出現了一種新的詩歌形式——樂府，並產生了許多來自民間、膾炙人口的樂府詩，李延年在其中也有一份功勞。

李延年的妹妹李夫人承恩受寵，可惜不久患病，生命垂危。漢武帝親臨探視，她藉口病毀容顏，以被蒙頭，不肯露面，只是叮囑皇帝，要求關照兒子劉髆及諸位兄長。漢武帝必欲見她一面，她緊緊地蒙著頭，婉詞拒絕。漢武帝離開後，侍女不解地詢問李夫人說：「夫人爲何不見皇帝，當面託他關照你的兒子和哥哥呢？」李夫人回答說：「凡以色事人者，色衰而愛弛，愛弛則恩絕。皇帝之所以愛幸我，是因爲我的姿色美艷。現在久病在床，面黃肌瘦，皇帝見了必然噁心，那麼他還能憑原先的美好印象，關照我的兒子和兄長嗎？」

李夫人死了，漢武帝非常悲痛，命用皇后禮予以安葬。他遵其所囑，精心照料劉髆，依然寵信李延年，並提拔李延年的弟弟李廣利爲貳師將軍，李季爲侍郎。

漢武帝思念李夫人，常致夢中恍惚。他夢見李夫人贈予鮮花，醒後尚有遺香，因此命名臥室爲「遺芳夢室」。他命畫工繪了李夫人的芳容，懸掛於甘泉宮，早晚凝視，回憶他們一起恩愛的時光。有個術士揣摩漢武帝的心理，聲稱能施法術，攝取李夫人的魂魄來見。漢武帝准行。術士遂讓一名宮女扮作李夫人的模樣，輕盈漫步在昏弱的燭光下，請漢武帝從遠處隔著帷幔凝望。漢武帝望那宮女，娉娉婷婷，恰似李夫人，只是可望而不可及，越發傷感，隨口吟道：「是邪？非邪？立而望之，偏何姍姍而來遲！」李延年奉命當場譜曲，樂工隨即演奏歌唱，詞哀曲婉，催人淚下。事後，漢武帝又爲李夫人寫了一篇長賦《秋風辭》，那是一支情深意切的悲歌和戀歌。

李延年畢生從事於音樂事業，稱得上是一位傑出的音樂家和歌唱家。然而他的弟弟李廣利卻是個華而不實、貪圖虛榮的角色。李廣利受封貳師將軍，不學無術，徒有虛名，出征匈奴，屢打敗仗，最後竟然無恥地叛國投敵。李延年的另一個弟弟李季也不爭氣，利用侍郎身分私通宮女，聲名狼藉。漢武帝大怒，逮捕李氏家族，滿門抄斬。不過，漢武帝對李延年還是寬容的，命其死後陪葬茂陵（今陝西興平東北），享受他應該享受的榮譽。

司馬遷
偉大的史學家和文學家

說起司馬遷，人們都知道他是《史記》的作者，偉大的史學家和文學家。至於說司馬遷曾是宦官，知道的人恐怕就很少了，因爲歷代典籍從未將他劃入宦官的行列。

司馬遷，大約生於西元前一四五年（一說西元前一三五年），字子長，夏陽（今陝西韓城南）人。他的父親叫司馬談，具有廣博的學問修養，曾「學天官於唐都，受易於楊何，習道論於黃子」，著文爲「論六家之要旨」，批評儒、墨、名、法和陰陽五家，稱頌道家，思想傾向非常明顯。漢武帝時，司馬談出任朝廷的太史令，掌管文獻、史籍、曆法等事項，舉家徙居長安。

司馬遷的童年時代是在夏陽度過的，「耕牧河山之陽」，從事過農業勞動。同時刻苦學習，能夠流利地誦讀先秦的各類古文。隨父到長安以後，師從經學大師董仲舒學習《春秋》，孔安國學習《尚書》，學業大進。二十歲的時候，開始遊歷生活，足跡遍及長江南北和黃河流域。遊歷使他鍛鍊了意志，開闊了眼界，並了解了各地的風土人情，採集了大量的民間傳說。這爲他後來的寫作奠定了堅實的基礎。

遊歷歸來，司馬遷亦到朝廷任職，「仕爲郎中」。期間，曾奉命出使西南，遠至昆明（今雲南昆明）。元封元年（西元前一一〇年），司馬談隨漢武帝東巡，封禪泰山，途中因病留在洛陽。司馬遷火速趕到洛陽，父親已經生命垂危。司馬談拉著兒子的手，叮囑說：「我死以後，你肯定會繼任太史令。若此，千萬別忘記我終生都想寫的那本史書。」司馬遷俯首流涕說：「小子不敏，請悉論先人所次舊聞，弗敢闕！」表示一定不負囑託，堅決完成父親未竟的事業。

三年後，司馬遷果眞繼承父職，出任太史令。此時，他以極大的熱情報效於朝廷，「絕賓客之知，忘室家之業，日夜思竭其不肖之才力，一心營職以求親媚於主上」。並開始在「金匱之室」即國家藏書處閱讀、整理歷史資料，爲寫一部史書做準備。

太初元年（西元前一〇四年），司馬遷與唐都、落下閎等共訂《太初曆》，改秦曆爲夏曆。隨後便全力以赴地投入寫作，實踐父親論載天下之文的宏偉遺志。

這是一部宏篇巨製，記事起於傳說中的黃帝，迄於漢武帝，時間跨度約爲三千年。要撰寫這樣一部史著，需要花費多少心血和精力啊！司馬遷志向高遠，毅力堅強，根據典籍記載，結合考察的實際，孜孜不倦地伏案疾書，決心爲世人留下一筆寶貴的財富。

正當司馬遷專心著述的時候，一場災難突然降臨到他的頭上。天漢二年（西元前九九年），名將李陵以騎都尉軍職，率領步兵五千人，深入匈奴境作戰，遭到匈奴騎兵八萬人的包圍，因爲矢盡道絕，援軍不至，被迫投降。消息傳到長安，舉國震驚。漢武帝大怒，下令殺了李陵的全家人。司馬遷出於愛國惜才之心，替李陵說了一些公道話，認爲李陵出身名門，歷來作戰英勇，愛護士卒，兵敗投降乃迫不得已之舉，相信他會尋找機會，殺敵大將，回歸祖國。司馬遷的本意是想說明李陵的爲人，用來寬慰皇帝，以堵塞一些朝臣趁機詆毀李陵的不實之辭。不想漢武帝作了完全錯誤的理解，認爲司馬遷是爲李陵遊說，並有意影射和打擊貳師將軍李廣利。司馬遷因此獲罪，竟被打入「蠶室」，處以宮刑。

宮刑是一種最恥辱的刑罰。司馬遷身體受到摧殘，心靈受到傷害，人格受到侮辱，愁腸百轉，痛不欲生。他想一死了之，可是又想到自己尚未完成的史書，怎麼也不甘心就此結束生命。這時，漢武帝反而提拔司馬遷任中書令，「尊寵任職」。漢武帝東巡泰山及到雍州（今陝西鳳翔南）祭祀，司馬遷都作爲從官隨行。這說明受了宮刑的司馬遷，兼有宦官和中書令的雙重身分，因其博學多才而受到「尊寵」。對此，司馬遷本人並不忌諱，他一再聲稱自己是「刑餘之人」、「掃除之隸」、「閨閤之臣」。這些稱謂實際上就是宦官的代名詞。

司馬遷當了宦官以後，心情是極其矛盾的。他有個朋友叫任安，歷任郎中、益州刺史、中書謁者令、北軍使者護軍，後獲罪被腰斬。任安生前曾寫信給司馬遷，勸其「推賢進士」，以爲朝廷薦舉人才。司馬遷回覆一信，那就是著名的《報任安書》。信中，司馬遷懷著蒙受奇恥大辱的無限悲憤，傾訴了自己已是「刑餘之人」，有辱先祖，不足以「推賢進士」

的理由，敘述了因李陵事件而被處以宮刑的始末，以及作為宦官的種種艱辛。他痛楚地寫道：「人固有一死，或重於泰山，或輕於鴻毛。」「我這樣忍辱偷生，幽禁在污泥濁壤中而甘心受辱，原因是恨理想未能實現，庸碌無聞，終結一生，而文章著述不能流傳於後世。」「如果我真能寫成這部書，藏在名山之中，傳給志同道合的人，傳播到通都大邑，那麼我就償還了受辱的孽債，即使殺我一萬次，也不後悔！」

司馬遷忍辱負重，苟且偷生，從「西伯（周文王）拘而演《周易》，仲尼（孔子）厄而作《春秋》，屈原放逐，而賦《離騷》，左丘（左思明）失明，厥有《國語》」等先聖先賢的遭遇中看到自己的出路，因此「就極刑而無慍色」，決心「隱忍苟活」，以完成寫一部史書的宏願。但是，受刑的經歷常常喚起他被損害被侮辱的痛苦回憶，「每念斯此，汗未嘗不發背沾衣」。當然，他的著述事業也從這裡得到了力量，憤怒之情和不平之聲每每流於筆端。

經過十餘年的艱苦寫作，約在征和二年（西元前九一年），司馬遷終於完成了不朽的著作——《太史公書》。全書共一百三十篇，五十二萬六千五百字。體裁分為「本紀」、「表」、「書」、「世家」、「列傳」等。本紀十二篇，是以朝代或帝王為主，按年月記其大事，為全書的總綱。表十篇，是把重要的歷史大事或歷史人物，按年代或時期用表格的方式顯示出來，以簡馭繁，一目了然。書八篇，專記典章制度方面的興衰沿革。世家三十四篇，專記諸侯世系的活動。其中，包括孔子和陳勝。孔子是儒學的創始人，漢武帝時儒學已發展到「獨尊」的地位，所以孔子被列入世家。陳勝是秦末農民起義軍領袖，一直被封建統治階級視為

「盜賊」，司馬遷將他列入世家，表現出了非凡的膽識和巨大的勇氣。列傳七十篇，記載帝王以外的各種歷史人物，有單傳、合傳、類傳。其中，最後一篇爲《太史公自序》，司馬遷敘述了自己的身世以及寫作的艱辛過程。

《太史公書》內容十分豐富，除寫了眾多的歷史人物和歷史事件外，還寫了天文、地理、曆法、禮制、音樂、財政、經濟、水利等等。既寫了中原地區的情況，也記載了邊遠地區少數民族的活動。名爲史書，實際上更是一部具有一定規模的中國古代百科全書。作者寫作的態度十分嚴謹，班固的《漢書》評價說：「善序事理，辨而不華，質而不俚，其文直，其事核，不虛美，不隱惡，故謂之實錄。」

《太史公書》後來被稱爲《史記》，開啓了中國紀傳體史書的先河。它不僅是偉大的史學著作，而且是偉大的文學著作。尤其是「列傳」部分，文筆簡約流暢，寫人物，繪聲繪色，栩栩如生；寫事件，繁簡得當，始末詳明；寫戰爭，波瀾壯闊，氣勢磅礴；寫故事，娓娓動聽，扣人心弦。魯迅先生讚譽《史記》是「史家之絕唱，無韻之《離騷》」，這是再恰當不過的。

司馬遷在完成他的偉大著作以後不久就去世了，死年與死因不詳。書稿由其女兒保存。漢昭帝時，司馬遷女兒嫁給丞相楊敞，生子楊惲。楊惲成人後，「祖述其書，遂宣播焉」。楊惲將外祖父用整個生命寫成的著作「宣播」於世，這是對司馬遷在天之靈的最好告慰。

司馬遷在世的時候受盡屈辱，死後獲得了崇高的榮譽。人們尊稱他爲「史聖」，並用各種方式歌頌他和紀念他。他的名字光照千古，永垂不朽。

石顯 乘虛而入，怙惡橫行

西元前四九年，漢宣帝劉詢駕崩，皇太子劉奭繼位，是爲漢元帝。

漢宣帝希望國家能夠長治久安，兒子能夠大有作爲，死前精心作了人事安排，任命侍中史高爲大司馬兼車騎將軍，太子太傅蕭望之爲前將軍光祿勛，太子少傅周堪爲光祿大夫。遺詔由此三人共同輔政，幫助新皇帝成爲一代明君。

史高是漢元帝的舅舅，蕭望之和周堪是漢元帝的老師。他們三人牢記先皇帝的囑託，共同輔政，整個朝政井然有序。蕭望之又薦舉劉更生爲給事中，與侍中金敞並爲左右拾遺。劉、金二人忠心進諫，匡正斥弊，更給有序的朝政增添了幾分「民主化」的色彩。

開元伊始，事事順利，漢元帝自是歡喜。可是這位皇帝身體多病，且好女色，尤嗜歌舞，懶得過問軍政大事。於是，宦官石顯乘虛而入，挑撥離間，結黨營私，由此生出一系列的事端來。

石顯，字君房，濟南（今山東濟南）人。他青年時因過失獲罪，被處以宮刑，隨後進入皇宮當了宦官。漢宣帝時任中黃門、中書官，掌管傳遞奏牘和宣召大臣等事項，並無什麼實權。由於他能說會道，巧佞刁滑，善伺人主顏色，慣於見風使舵，所以很快被漢元帝視為親信，破格提拔為中書僕射（僕射，讀作撲業，首長的意思）。石顯與另一個宦官弘恭約為知己，弘恭被擢為中書令以後，二人狼狽為奸，心照不宣，盤踞宮掖，興風作浪，使得許多元老勛臣遭到了迫害和打擊。

國舅史高官居首輔，權力最大。但他不學無術，昏庸無能，對於蕭望之和周堪的精明幹練相當忌恨。石顯存心攬權，摸準史高的心理，立刻與史高秘密往來，企圖結納外援，盜弄權柄。史高見石顯深得皇帝寵信，樂得與之交通，表裡為奸，彼此利用。這樣一來就形成了外戚和宦官互相勾結的局面，危害程度可想而知。

這種情況引起了蕭望之的關注和警惕。他從社稷安危考慮，特向漢元帝進諫說：「尚書乃百官之本，國家機樞，宜選公正廉明的人充當其職。《禮》曰：『刑人不在君側。』所以，皇上親近閹奴，有違古代遺訓。」

漢元帝正寵石顯和弘恭，使喚起來得心應手，當然聽不進蕭望之的意見。石顯和弘恭得知蕭望之進諫斥閹，大為惱火，恨恨地說：「虎不傷人，人倒有傷虎之意了。是可忍，孰不可忍！」他倆立即去和史高密議，決意先發制人，儘快除去蕭望之。

恰有鄭朋和華龍兩個小人，熱望升官發財，尋情鑽眼投靠蕭望之和周堪，遭到一頓痛斥。鄭、華罵罵咧咧，轉而攀附石顯和弘恭，無中生有，胡說蕭望之曾用最惡毒的言語辱罵外戚和宦官，並正在與人謀劃，意欲罷免史高，獨自專權云云。

石顯、弘恭聽了鄭朋、華龍的話，如獲至寶。他倆唆使鄭、華將所說的情況寫成奏章，趁蕭望之休假的時候，進呈給漢元帝。漢元帝看罷奏章，未置可否，交付給石顯和弘恭，說：「你倆不妨查問一下，看到底是怎麼回事？」

石顯、弘恭奉了聖命，神氣活現地找到蕭望之，嚴詞厲色地進行「查問」。蕭望之面對兩個他所鄙夷的閹豎，凜然回答說：「外戚在位，勾結宦官，驕奢不法。老夫要匡正國家，容不得他們為非作歹。這就是我的立場和態度！」

石顯、弘恭沒有查問出什麼，回報漢元帝，添油加醋，造謠說：「蕭望之和周堪、劉更生私結朋黨，互相稱舉，多次誹謗大臣，詆毀貴戚，妄圖專擅權勢。他們還誣罵皇上荒淫無道，只會貪圖享樂。三人身為人臣，不忠不仁，應當招致廷尉，查個水落石出。」

「招致廷尉」就是逮捕下獄、嚴刑審訊的意思。漢元帝正沉浸在頭天夜裡的歌舞之中，有點心不在焉，隨口說了一個字：「可。」石顯、弘恭喜不自勝，馬上帶領士兵，將蕭望之、周堪、劉更生三人緝拿下獄，嚴刑拷問。

多少天以後，漢元帝有事要問周堪和劉更生，派遣內侍相召。內侍回答說：「周堪和劉更生，還有蕭望之，正在獄中，焉能入宮？」

漢元帝大驚，忙問：「怎麼？誰如此大膽，敢將他們三人下獄？」

石顯、弘恭趕緊跪地，說：「前時蒙皇上准奏，臣等遵旨而行，皇上難道忘了嗎？」

漢元帝想了想，說：「你們當時只是說『招致廷尉』，並未說要下獄呀！」

石顯、弘恭見皇帝居然不明白「招致廷尉」的意思，卻也哭笑不得，只好叩頭謝罪。漢元帝覺得誤會實是自己造成的，並不怪罪石顯和弘恭，說：「算了，趕快讓他們出獄視事吧！」

石顯心想，讓蕭望之等出獄可以，視事不行。他們重新視事，豈不等於前功盡棄？他和弘恭出得宮來，直趨大司馬府，與史高交頭接耳，密謀多時，終於商定出一個辦法：由史高出面，奏請免去蕭望之、周堪和劉更生的官職。

次日，史高入見漢元帝，說：「陛下新即大位，便將老師等人下獄拷問。現在讓他們出獄供職，說明他們無罪。這樣反而顯得陛下決事魯莽，容易引起非議。依臣愚見，不若將他們暫時免官，如此，別人就不會說陛下出爾反爾了。」

漢元帝沉思，覺得史高的話不無道理。大臣的官職算得什麼？最要緊的還是皇帝的臉面和尊嚴。因此詔令：罷蕭望之、周堪、劉更生官職，貶爲庶人。

時過一個月，隴西發生地震，接著又出現彗星。頻繁的災異和天象使漢元帝感到驚惶，他以爲自己無辜黜逐老師和忠臣，所以觸怒天帝，因此受到懲罰。爲了彌補罪衍，他特賜蕭望之爲關內侯，食邑六百戶，朔望朝請，位次將軍。同時召周堪、劉更生入朝，準備授官諫大夫。

石顯、弘恭見蕭望之等重被起用，心慌意亂，忙又進讒，說欲用周堪和劉更生，只可任爲中郎，不可任爲諫大夫。漢元帝缺少主見，果然改變初衷，任命周堪和劉更生爲中郎。漢元帝歷來是敬重蕭望之的，一來他曾是自己的老師，二來他博學多才，因此很想任用他爲丞相。石顯、弘恭揣摩漢元帝的心思，急得像熱鍋上的螞蟻，上躥下跳，千方百計阻止這一任命。

恰逢劉更生多事，一心指望蕭望之得以高升，自己也好跟著沾光。他暗裡鼓動一個親戚上書奏言，請求皇上貶黜石顯和弘恭，重用蕭望之。石顯和弘恭料定上書人的背後是劉更生主謀，因而懇請皇帝從嚴究治，調查上書人的背景。漢元帝准奏。石顯和弘恭使出手段，三拷六問，上書人果然供出劉更生。這樣，劉更生獲晙使罪，再次被貶爲庶人。蕭望之擔心受到株連，指令兒子蕭伋上書，一面爲劉更生辯解，一面宣稱蕭望之以前蒙受不白之冤，應予平反昭雪。誰知這又叫石顯和弘恭抓住了把柄，他倆在漢元帝跟前絮絮叨叨，反覆進讒，說什麼蕭望之「教子上書，失大臣禮」呀，「深懷怨望，歸非於上」呀，「以師自託，老大不敬」呀，等等。並建議將蕭望之逮捕下獄，從嚴治罪。

漢元帝受到讒言蒙蔽，昏頭昏腦，竟也懷疑蕭望之有罪。他思索良久，說：「太傅性情剛烈，怎肯就吏受辱？」

石顯說：「人命至重！蕭望之所犯的只是言語輕薄之罪，陛下何必自戕？」

漢元帝唯石顯的話是聽，想了想，便派內侍宣召蕭望之進宮，意在規勸和訓誡，並非眞要治罪。沒料想石顯狐假虎威，竟調動皇家禁軍，把蕭望之府第重重包圍，聲稱奉旨捉拿罪犯。蕭望之沒想到事情會變得如此嚴重，長吁短嘆，便欲自盡。他的夫人出面制止，說沒準兒這不是皇帝的旨意。門人朱雲素負氣節，說：「皇上既然不相信大人，大人被捉，必受凌辱。」蕭望之不由仰天長嘆，說：「想我蕭某備位宰相，年逾六旬，還要再入牢獄，苟求生活。這到底是怎麼回事啊？與其下獄受辱，不如一死了之！」說罷，命朱雲取來鴆酒，一口飲盡，命喪黃泉。

一位德高望重的大臣，就這樣不明不白地死了。

內侍還報漢元帝，說蕭望之飲鴆自殺。漢元帝正在進膳，輟食流涕，說：「朕原知太傅剛直不阿，不肯就獄，今果如此。」他停了停，又說：「殺我賢師，可惜可恨！」他命召來石顯和弘恭，當面責問殺師的緣由。石顯、弘恭佯作驚慌，免冠叩頭。漢元帝想到這兩個閹奴平日裡的許多好處，不忍加罪，寵信如故。作爲一種補償，他命蕭望之的兒子蕭伋承襲父爵，並擢周堪爲光祿勛，擢周堪弟子張猛爲給事中。

蕭望之死後不久，弘恭也一命嗚呼。石顯升任尙書令，專權霸道，怙惡橫行，大有順者昌、逆者亡之勢。給事中張猛、魏郡太守京房、御史中丞陳咸、待詔賈捐之、鄭縣令蘇建等，皆因得罪了石顯，或被殺，或自殺，或貶官，結局都很悲慘。中書僕射牢梁、少府五鹿充宗，因爲投靠石顯，阿諛逢迎，俱升高官。時有民謠曰：「牢（牢梁）邪石（石顯）邪，五鹿（五鹿充宗）客邪！印（官印）何壘壘，綬（綬帶）若若邪！」

漢元帝寵信石顯，熱度有增無減。其時左將軍馮奉世父子並列公卿，馮奉世的女兒是漢元帝的婕妤，進拜昭儀，寵冠後宮。石顯見馮氏滿門貴盛，有意巴結，特推薦馮昭儀的哥哥馮逡為侍中，入侍皇帝。漢元帝召見馮逡，詢問民情。馮逡滔滔不絕，所言盡是石顯如何專權如何誤國的罪行。漢元帝偏愛石顯，聽罷大怒，立命將馮逡降為郎官。

石顯原想栽花得利，誰知卻栽了刺扎了手。他好生氣惱，由此遷恨於馮氏父子，變援引為排擠。馮逡有個兄長叫馮野王，品行端正，許多人薦舉他為御史大夫。漢元帝徵求石顯的意見。石顯卻說：「論德論才，朝中大臣沒有幾人能勝過馮野王的。但是，他是馮昭儀的哥哥，若得重用，臣恐怕後世會說陛下私心太重，專挑皇親國戚為三公（漢時三公指丞相、太尉、御史大夫）。」漢元帝一聽，說：「是啊！朕怎麼沒有想到這層利害關係呢？」因此，馮野王儘管有德有才，但始終沒有得到重用。

石顯專權弄政，作惡多端，自覺心虛。他不相信任何人，尤怕皇帝另有新寵，導致自己失勢。他為了取得皇帝的絕對信任，一次耍了個花招，密奏說：「宮中規矩，夜間宮門緊閉，嚴禁出入。臣居宮外，若有緊急情況，不能及時奏陳，豈不誤事？」

漢元帝以為石顯是為國事著想，當即批准，石顯可以隨時進宮，不受規矩約束。石顯獲此特殊待遇，常常夜間招搖過市，自由出入宮禁。有的大臣不明底細，上書奏劾石顯，說他矯詔不法，假託聖命，破壞皇宮的禮法。漢元帝將書遞給石顯，說：「有人奏劾你哩！」石顯趁機跪地，說：「陛下過寵小臣，特加重任，群下無不嫉忌，爭謀相害。幸賴陛下聖明，不予怪罪。臣出身微賤，難以己身稱快萬眾，讓人人滿意。今後，願仍歸舊職，專備後宮掃除，免得他人側目，臣死亦無恨了。」

石顯的表演十分精彩。漢元帝對之更加寵愛，好言撫慰，賞賜的錢財超過一億緡。其後，凡有奏劾石顯罪行的，漢元帝一概置之不理，任其飛揚跋扈，爲所欲爲。

漢元帝早立王皇后所生的兒子劉驁爲太子。後來偏愛馮昭儀生的兒子劉康，意欲變易太子。石顯當然順從皇帝的意志，積極主張立劉康爲太子。駙馬都尉史丹極力反對廢嫡立庶，經過一番抗爭，劉驁保住了太子的名號。西元前三三年，漢元帝駕崩，劉驁繼位，是爲漢成帝。石顯失掉了靠山，接著而來的必然是失權失勢。漢成帝重用母舅王鳳，王鳳容不得石顯繼續吆五喝六。於是，石顯被降爲長信中太僕，數月後又因奸刁罪被免官，勒令回籍。石顯一落千丈，憂憤不食，於回籍途中病死。他的黨羽牢梁、五鹿充宗等盡被免官左遷，時人咒罵他們一錢不值。

石顯是漢朝一個最陰險最狡猾的宦官。他沒有眞才實學，卻在政治舞臺上叱咤了十餘年。他的事蹟表明，封建皇帝是宦官專權的後臺老闆。沒有皇帝的寵信、庇護和支持，宦官斷難形成氣候，禍國殃民。

鄭衆

「蚍蜉」硬是撼倒了「大樹」

西元二五年，劉氏宗室成員劉秀奪取了赤眉軍和綠林軍農民起義的勝利果實，重建漢朝，定都洛陽。為示區別，歷史上通常稱劉邦建立的漢朝為西漢或前漢，劉秀建立的漢朝為東漢或後漢。東漢中期和後期，宦官和外戚的勢力都很強大，二者之間或單獨專權，或聯合專權，充滿了激烈的矛盾和鬥爭。

東漢宦官用事的第一人叫鄭眾，竭力輔佐幼主，誅滅竇氏外戚，很有豪壯色彩。鄭眾，字季產，南陽（今河南南陽）人。漢明帝劉莊在位時，他被閹割成為宦官，並以其謹慎機敏成為皇太子劉炟的管家。西元七五年，劉炟即帝位，是為漢章帝。漢章帝增加宮中宦官人數，置小黃門十人，中常侍四人。鄭眾由於忠誠和勤奮，所以初拜小黃門，繼遷中常侍。中常侍是皇帝的近臣，鄭眾得以不離漢章帝左右，負責傳送奏章、宣布聖命等事項。

西元八八年，漢章帝死，皇太子劉肇繼位，是為漢和帝。鄭眾因是先皇帝的近臣，升任鈎盾令，掌管皇家禁軍的鈎、盾等兵器。漢和帝即位時年僅十歲，竇太后臨朝決事。竇太后並非漢和帝的生母，所以太后和皇帝之間沒有共同的語言。后妃干政，必靠外戚。竇太后以兄長竇憲爲侍中，內斡機密，出宣誥命。竇憲弟弟竇篤、竇景、竇環分任虎賁中郎將和中常侍，外掌兵權，內管宮禁。其他竇氏外戚如竇融任太尉，竇熹任太傅，並錄尚書事。竇氏外戚完全把持了朝政，權勢顯赫，傾動京師。就連他們家的家丁、奴僕，也是狗仗人勢，驕縱不法，殺人越貨，幹盡了壞事。以致「商賈閉塞，如避寇仇；有司畏懦，莫敢舉奏」。正直的朝臣，無辜遭受迫害和貶斥的不計其數。

竇氏外戚併竊威權，阿諛逢迎者附炎趨勢，紛紛投靠在竇氏門下。鄭眾爲人正直，一心侍奉漢和帝，不攀豪黨，遠拒勛戚。當時，漢和帝被限制在深宮裡活動，基本上與外界隔絕，能夠信任和依賴的只有鄭眾，以及鄭眾所管轄的幾名宦官。漢和帝和鄭眾相依爲命，冷眼靜觀飛揚跋扈的竇氏外戚，暗地裡經常商量一些極其機密的大事。

永元元年（西元八九年），竇憲以車騎將軍名義，率兵北擊匈奴，大獲全勝，更加不可一世。竇太后命封竇憲爲舞陽侯，升任大將軍，食邑二萬戶。竇篤進位特進，竇景官執金吾，竇環爲光祿勛，其他爪牙、親信無不升遷，一時出現了「朝臣震懾，望風承旨」的局面。

永元四年（西元九二年），漢和帝十四歲了。竇憲北擊匈奴尚未還朝，但時時在考慮著朝中的大事。他認爲皇帝長大必定親政，親政必疏外戚，這對於竇氏大大不利。因此，他多次派人到洛陽和兄弟們秘密策劃，準備殺害漢和帝，另立一個小皇帝。唯其皇帝年幼，外戚才能嚴加控制，長久專權。

鄭眾隱約聽到風聲，把情況報告給漢和帝。漢和帝憤憤地說：「他們這是幹什麼？當舅舅的竟然要殺外甥皇帝，親情何在？」

鄭眾說：「政治鬥爭歷來殘酷，爲了私利，哪講什麼親情？」

漢和帝可憐兮兮，說：「朕才十四歲，難道就要做刀下之鬼魂？」

鄭眾說：「未必。陛下要想坐穩皇位，必須先發制人。」

漢和帝說：「這怎麼講？」

鄭眾堅定地說：「鏟除竇氏外戚！」

漢和帝說：「朕一個孤家寡人，哪有這個能力呢？」

鄭眾說：「對付竇氏，關鍵要有兵權。有了兵權，就有了力量。」

漢和帝說：「兵權不全在竇氏手裡嗎？」

鄭眾說：「不！還有北軍可以利用。北軍是皇家禁軍，按說應該服從皇上的號令。臣這就去聯絡北軍將士，鼓動他們爲皇上效力。」

漢和帝說：「眞是難爲你了。」

鄭眾說：「忠於皇上，這是做臣子的本分。」

從這以後，鄭眾經常以鈎盾令的合法身分，頻頻到北軍活動，表面上是詢問兵器的餘缺情況，實際上是結交北軍的將士，遊說他們忠於皇上，為誅滅竇氏外戚建功立業。經過一段交往，北軍的許多將士表示堅定地站在皇帝一邊，隨時服從號令，鏟除竇氏。

鄭眾的活動引起了竇氏兄弟的注意。竇氏兄弟大權在握，根本不把鄭眾放在眼裡，輕蔑地說：「朝廷是竇氏的朝廷，天下是竇氏的天下。他一個鄭眾，小小宦官，豈能扳倒竇氏？這應了一句俗話，叫做：『蚍蜉撼大樹，可笑不自量。』」無知的狂傲和輕敵，使得竇氏兄弟疏於防範，毫不介意「蚍蜉」。

四月，大將軍竇憲統率北擊匈奴的勝利之師返回洛陽。鄭眾告訴漢和帝說：「這是翦滅竇氏的最好機會，絕不能讓竇憲跨進洛陽城門。」

漢和帝說：「朕是六神無主，一切由你調度就是了。」

鄭眾倒也果斷。他透過皇帝，首先派大鴻臚持節到郊外迎接竇憲，擺下酒宴，犒勞軍士；然後陪同漢和帝駕幸北軍，命令北軍將士全體出動，封鎖皇宮，關閉洛陽城門，拘捕竇憲的黨羽鄧疊、鄧磊、郭璜、郭舉等人，不問什麼理由，即捕即斬，其家屬遷徙外地。這樣做是一種釜底抽薪的策略，迅即解除了竇氏在洛陽城內的武裝力量。竇氏兄弟自顧在郊外飲酒，喝得酩酊大罪，全然不知城內的情況。鄭眾又派出謁者僕射，至竇憲軍中收取了大將軍印信。這實際上是削去了竇憲的兵權。竇憲尚沒反應過來，又有聖旨下達，宣布竇憲、竇篤、竇景、竇環統統免官，即刻動身回到各自的封地去，不得延誤。竇氏兄弟完全懵了，雖然極不情願，但是面對聖命，卻也不敢違抗，只好硬著頭皮上路。鄭眾趁勢派出信得過的北軍將領，接管了竇憲所統率的部隊。

竇憲兄弟四人，滿腔怨恨，剛剛到達各自的封地。新的聖旨接踵而至，說：「竇憲、竇篤、竇景，以外戚之重，盜弄權柄，結黨營私，圖謀不軌，罪大惡極，著令自裁。念竇環平日注意修身，爲惡較少，著令遷徙邊地，無詔不准擅離！」

竇氏兄弟原先是何等驕縱和張揚，到這個時候，恰如霜打的秋葉，徹底蔫了，只能奉詔行事，三死一遷。至此，竇氏外戚集團的勢力基本被消滅。

這中間，宦官鄭眾運籌帷幄，利用皇權，依靠禁軍，憑「蚍蜉」之力，硬是撼倒了「大樹」，表現出了一定的智慧和勇氣。整個行動一環套著一環，環環相扣，步步進逼，根本不給竇憲以片刻喘息的機會，終於獲得成功。鄭眾因此聲名大振，因功升任大長秋，負責宣達皇后旨意，管理皇宮中的大小事務。同時，他又是漢和帝的近侍，漢和帝有事，必與鄭眾商量。漢和帝還給鄭眾許多賞賜，但鄭眾並不貪婪，接受的賞賜很少，僅滿足於家用富裕而已。

竇憲兄弟死的死，遷的遷，竇太后臨朝也就沒有了本錢，被迫將朝政交還給漢和帝，於永元九年（西元九七年）死去。

永元十四年（西元一〇二年），長大了的漢和帝還念念不忘鄭眾在翦滅竇氏外戚中的功勛，破例封他爲鄛鄉侯，食邑一千五百戶。漢和帝死後，皇后鄧綏又給他增加食邑三百戶。鄭眾晚年居於鄛鄉（今河南南陽南），收了個養子叫鄭閎，過著安分守己的侯爵生活，於元初元年（西元一一四年）病故。

鄭眾是東漢宦官用事的發端。繼他之後，許多宦官登臺亮相，演出了一幕幕高潮迭起的有趣史劇。

蔡倫

發明造紙術，世界揚美名

指南針、造紙術、火藥、印刷術，向被稱為中國古代的「四大發明」，對於人類社會和世界文明的進步作出了巨大的貢獻。可是你知道嗎？「四大發明」之一——造紙術，竟是東漢宦官蔡倫發明的。此舉說明，中國宦官階層也是藏龍臥虎，其中不乏出類拔萃的赫赫偉人。

蔡倫，字敬仲，桂陽（今湖南郴州）人。可能家境貧寒的緣故，蔡倫少年時代就閹割淨身，於漢明帝永平末年進宮當了宦官。漢章帝建初年間，出任小黃門，負責管理皇帝的雜務。漢和帝劉肇即位後，他升任中常侍，得以經常接近皇帝，參與一些機密事宜。

蔡倫求知欲望強烈，酷愛學習。他在皇宮多年，見多識廣，滿肚子學問，其他人望塵莫及。加之，他任職盡心，辦事謹慎，公正秉直，多次犯顏極諫，匡弼得失，因此很受漢和帝的器重，漸漸官至尚書令，主管製造御用器物，專為皇家服務。蔡倫是個勤動腦、愛思索的人。每當休假的時候，他總是閉門謝客，把自己關在房裡，閱讀典籍，思考問題。有時還到郊外的田野裡，赤裸著上身，仰臥在綠茵茵的草地上，盡情地享受陽光浴。別人以爲這是「怪癖」，其實這是他鍛鍊身體的一種方法。大自然的恩賜和薰陶，使他身心健康，精力旺盛。況且，那蔚藍的天空，飄飛的雲朵，能夠使他產生豐富的遐想，激發出種種奇妙的靈感。

永元九年（西元九七年），蔡倫以尚方令身分，監製各種御用器械，什麼刀呀，劍呀，瓶呀，鼎呀，壺呀，等等。凡他監製的器物，無不精巧細緻，美觀大方，看起來賞心悅目，用起來得心應手。因此說，蔡倫實是一位傑出的工藝家，他監製器物的技術和方法，多麼後世所仿效。

當然，蔡倫最偉大的成就還是發明了造紙術。中國先秦時代的典籍浩如煙海，彌足珍貴。但是，最早的典籍是刻在龜甲和獸骨上的，那種文字叫做「甲骨文」。西周時期，有把文字刻在泥範上鑄於鐘鼎內外的，那種文字叫做「金文」或「鐘鼎文」。春秋戰國時期，人們開始在竹片和木片上刻字，那些竹片和木片用繩子編串在一起，稱作「簡」或「牘」。簡和牘製作困難，分量很重，既不便於閱讀，更不便於攜帶和收藏。典故「學富五車」和「汗牛充棟」，生動而形象地說明了竹簡木牘時代的情況。當時也有所謂的「紙」，那是用縑帛（絲綢的一種）製成的，故而現在的「紙」字偏旁從「絲」，表明它的由來源於絲綢。縑帛非常貴重，普通的文化人是買不起和用不起的，這嚴重影響了思想、文化和知識的傳播。

到了西漢中期，民間漸漸有了用麻質纖維製作的原始紙。二十世紀六十年代，陝西省西安市東面的灞橋附近，出土了數張層疊著的黃色殘片。經考古學家化驗鑒定，它的主要原料是大麻纖維，間有少數苧麻，其纖維長度平均一毫米左右，絕大多數纖維作不規則異向排列，明顯經歷了簡單的切割、蒸煮、舂搗及抄造等處理過程。日本專家用最先進的科學手段測定認爲：這就是紙！產生於西漢中期。其後，這種紙被命名爲「灞橋紙」。

灞橋紙還是一種原始形態的紙，相當粗糙，難於作爲書寫材料。蔡倫認眞研究了西漢古紙，總結經驗，改進方法，採用樹皮、麻頭、破布、舊魚網等做原料，經過粉碎、漚煮、化漿、定形、乾燥等工序，造出了一種又輕又薄、細膩並可以用於書寫的紙。元興元年（西元一〇五年），他把新造的紙敬獻給漢和帝，頓時引起轟動。從皇帝到朝臣，人人欽佩蔡倫的聰明才智，交口稱讚他做了一件天大的好事。

漢安帝劉祜元初元年（西元一一四年），蔡倫因爲發明造紙術而被封爲龍亭侯，食邑三百戶。新的造紙方法迅速推廣，所造出的紙張被廣泛運用，天下咸稱「蔡侯紙」。蔡倫繼任長樂太僕。元初四年（西元一一七年），漢安帝挑選劉珍、良史等一批儒生，訂正典籍，檢校圖書。蔡倫負責監典其事，爲文化典籍校勘事業做出了貢獻。

還在漢和帝即位初期，竇太后臨朝決事，竇氏外戚專權，蔡倫上當受騙，不自覺地參與了宮廷內部的傾軋和鬥爭。他曾秉承竇太后的旨意，和其他人一起詆毀漢安帝的祖母宋貴人，致使宋貴人冤屈而死。漢安帝延光年間，有人翻出了這筆老帳，蔡倫遭到打擊報復，被勒令接受廷尉審訊。他剛直清正，不甘受辱，於是沐浴整裝，飲鴆自殺。

蔡倫之死，具有一種悲劇色彩。然而，他發明造紙術，造福世人，功德無量。中國的造紙術後來傳遍世界，對於推動人類社會進步、加快歷史發展進程起了難以估量的巨大作用。正因爲如此，世界會永遠記住一個中國人的名字，他就是：蔡倫。

孫程
深夜擅立了漢順帝

西元一〇六年，漢安帝劉祜登基即位，時年十三歲，朝政大權掌握在鄧太后手裡。鄧太后命其兄鄧騭為大將軍輔政，另外三個兄弟鄧悝、鄧弘、鄧閶皆封列侯，參與帷幄。這樣，東漢再次出現了外戚擅權的局面。

漢安帝漸漸長大，大權旁落的情況使他難堪。但是，鄧太后兄妹在朝中的勢力根深蒂固，漢安帝雖然不滿，卻也沒有任何辦法。建光元年（西元一二一年），鄧太后病死，漢安帝親政，這才有了力量來對付鄧氏外戚。他指使自己的乳母王聖和宦官李閏、江京等人，上書誣告鄧悝兄弟曾經密謀廢立皇帝。接著借題發揮，大做文章，一舉鏟除了鄧氏外戚。李閏和江京因功分別封雍鄉侯和都鄉侯，同時升任中常侍，成為漢安帝的近臣。李閏、江京一時發跡，勾結同夥樊豐、劉安、陳達等人，內外煽動，競為侈虐，形成一股新的強大勢力。漢安帝為了防止這股勢力惡性膨脹，不可收拾，決定起用母舅耿寶和妻兄閻顯等外戚，讓宦官和外戚共掌朝政，以起互相牽制和制約的作用。

可是這種局面很快就被打破了。漢安帝皇后閻氏野心很大，唆使漢安帝重用閻氏外戚。於是，她的兄弟閻顯、閻景、閻耀、閻晏俱爲朝官，並任卿校，掌握了皇家禁軍的領導權。閻氏兄妹忌恨漢安帝所立的皇太子劉保，千方百計予以攻擊和陷害。他們意識到部分宦官是可以利用的力量，於是就竭力拉攏江京和樊豐等人，雙方結成同盟，窮凶極惡地誣陷皇太子。漢安帝受了蒙蔽，糊里糊塗地將劉保廢爲濟陰王。

延光四年（西元一二四年），漢安帝死於巡遊途中。閻皇后、閻顯、江京、樊豐達成默契，秘不發喪，匆忙趕回京師，派兵控制了朝廷的各個要害部門，然後才公布皇帝的死訊。他們經過緊張的策劃，決定擁立幼童劉懿爲皇帝，閻皇后以太后身分臨朝聽政。閻顯升任車騎將軍儀同三司，閻景、閻耀、閻晏俱任高官要職，「兄弟權要，威福自由」。閻氏外戚頓時顯赫起來。閻氏外戚迅速飛黃騰達，激起了另一部分宦官的反對。這部分宦官以孫程爲首，在皇宮裡有比較廣泛的群眾基礎。孫程，字稚卿，涿郡（今河北涿縣）人。時爲中黃門，服役於長樂宮。此人深沉持重，對於朝廷裡發生的重大事件，一直冷眼靜觀，絕少參與。劉懿在位三個多月，一命嗚呼。閻太后、閻顯、江京相當懊惱，密謀另立一個小皇帝，以達到繼續專權攬政的目的。

這時，孫程出於義憤，拍案而起，積極聯絡正直的宦官和劉保的屬吏，決心發動宮廷政變，翦滅閻氏外戚。他登門拜訪劉保，說明了自己的意圖。劉保的屬吏興渠懷疑孫程的能力，說：「你們能行嗎？」

孫程激昂地說：「濟陰王是先皇帝的嫡子，原無失德之處，偏遭讒陷，致被廢了太子名號。現在，閻氏外戚準備另立新帝，其意在於長久專權。誅滅醜類，匡扶皇室，這是我的責任。醜類方面，一是閻顯，一是江京，只要先將這二人除去，大事準成！」

劉保急於當皇帝，自然支持孫程的行動。

中黃門王康、長樂宮丞王國等人，素來同情劉保，仇恨閻氏。孫程與他們聯絡，他們欣然同意參加政變，擁立劉保。

這年十一月二日，孫程、王康、王國等十九名宦官，在宮內一口大鐘旁邊，割衣結盟，發誓同生死，共患難，滅外戚，立劉保。四日深夜，他們秘密地將劉保接進皇宮，然後手持兵器，首先殺了江京，抓獲了李閏。考慮到李閏對其下屬宦官具有一定的影響力和號召力，他們並不急於殺他，而是將刀架在他的脖子上，威脅說：「你必須同意擁立濟陰王爲帝，不得動搖！」

李閏嚇得渾身哆嗦，說：「是！是！不得動搖，不得動搖！」孫程命李閏召集宮中各類人員，聚到那口大鐘下；又將劉保按坐在黃綢覆蓋的圓杌上，命眾人磕頭，高呼萬歲。這就算爲劉保舉行了即位儀式，從這一刻起，劉保就是事實上的皇帝了，是爲漢順帝。接著，孫程命召尚書令等文武百官進宮朝拜漢順帝，同時派兵嚴密守衛皇宮，以防發生意外。

次日，閻顯聽說孫程擅立了個皇帝，而這個皇帝恰是濟陰王劉保！他氣極敗壞，暴跳如雷，吼叫著說：「反了！反了！這不是故意跟我們閻家過不去嗎？」

閻顯的謀士樊登說：「大將軍應當趕快調集軍隊擒殺劉保，否則生米做成熟飯，事情就難辦了。」

閻顯說：「確應如此！」於是，他立即以閻太后的名義，詔命越騎校尉馮詩、虎賁中郎將閻崇，率兵屯駐朔平門。閻太后還親自接見馮詩，授予討逆詔書，並懸出高額賞格：凡能擒得濟陰王劉保者封萬戶侯，擒得孫程、李閏者封五千戶侯。

頓時，洛陽城裡人吼馬嘶，刀光劍影，氣氛極其緊張。首先是閻顯和馮詩之間發生內訌，馮詩殺了閻顯派去監視自己的密探樊登；接著是孫程下令，收捕閻顯的弟弟閻景。閻景負隅頑抗，被尚書郭鎮活捉，送至監獄，當夜殺之。翌日，孫程又傳漢順帝詔令，收捕閻顯、閻耀、閻晏、閻崇及其黨羽，下獄後立即誅殺。同時將閻太后遷於郊外的離宮軟禁起來。這樣，以孫程爲首的宦官完全控制了局面，使漢順帝劉保坐穩了皇位。

漢順帝對孫程等十九個宦官感激涕零，視他們爲定國安邦的功臣。他專門頒布聖旨說：「表功錄善，古今通義。閻氏兄弟夥同江京之輩，謀議惡逆，傾亂天下；孫程諸公懷忠奮發，戮力協謀，掃滅元惡，以定皇室。」根據「無言不仇，無德不報」的原則，決定封孫程爲浮陽侯，食邑一萬戶；王康封華容侯，王國封酈侯，各食邑九千戶；黃龍封湘南侯，食邑五千戶；彭愷封西平昌侯，孟叔封中廬侯，李建封復陽侯，各食邑四千二百戶；王成封廣宗侯，張賢封祝阿侯，史汎封臨沮侯，馬國封廣平侯，王道封范陽侯，李元封褒信侯，楊佗封山都侯，陳予封下雋侯，趙封封析縣侯，李剛封枝江侯，各食邑四千戶；魏猛封夷陵侯，食邑二千戶；苗光封東阿侯，食邑一千戶。漢順帝爲了報答宦官，同時封十九人爲列侯，加賜車馬、金銀、錢帛無數。這在歷史上是絕無僅有的。那個李閏，先有罪，後有功，沒有封侯，依舊當他的小黃門。

孫程在十九個列侯中名列首位，不久又被擢爲騎都尉。永建元年（西元一二六年），漢順帝聽信中常侍張防的讒言，將參與誅滅閻氏外戚的司隸校尉虞栩逮捕下獄。孫程、張賢、孟叔、馬國等人合力營救虞栩。孫程誠懇地對漢順帝說：「陛下當初與臣等謀誅閻顯，常恨奸臣誤國，痛心疾首。現在登了大位，卻改變初衷，這是爲什麼？司隸校尉虞栩曾爲陛下盡忠，反被拘繫；而中常侍張防構陷忠良，罪不容赦。請陛下主持正義和公道，分清善惡，莫做親者痛仇者快的事情。」

這時，張防正站在漢順帝的身旁，神里神氣。孫程厲聲喝道：「奸臣張防！還不趕快下殿！」

張防依仗皇帝寵信，雖然驕縱，但在孫程面前，卻也不敢放肆。他受了孫程的呵斥，只好乖乖地走下殿來，站立一邊。不想漢順帝卻不願意了，認爲孫程當面呵斥張防，是對自己的不敬。他因此變了臉色，命免除孫程等十九侯的官職，前往各自的封地去，非經宣召，不許擅入京師。爲了抑煞孫程氣焰，漢順帝改封他爲宜城侯。

孫程到了宜城（今湖北宜城），心甚怏怏，且怨且恨。他原封不動地封還宜城侯印綬，私下回至洛陽，隱姓埋名，暗暗活動，準備再次發動政變，推翻他所擁立的漢順帝。漢順帝擔心生出變故，爲求安穩，仍封孫程爲浮陽侯，並加賜車馬和衣物。孫程見皇帝態度有所改變，打消了原先的念頭，去當浮陽侯，過那食邑萬戶的侯爵生活。

漢順帝還算是有良心的皇帝，認識到沒有孫程等人，他就不可能登上皇位。永建三年（西元一二八年），他又想起了孫程，想起了十九侯，頒詔將他們一起召還京師，仍拜孫程爲騎都尉，其他各侯悉奉朝請。陽嘉元年（西元一三二年），孫程患了重病，漢順帝擢升他爲奉車都尉，位特進。孫程臨終時遺言上書，請求關照弟弟孫美和養子孫壽。漢順帝准其所請，把孫程的封地一分爲二，一半給孫美，一半給孫壽，由孫壽襲爵浮陽侯。孫程死後，漢順帝追贈他爲車騎將軍，賜謚剛侯。一個「剛」字，表達了漢順帝對於孫程的評價，含有深深的敬重和緬懷之情。

單超

漢桓帝如廁打聽到的救星

漢順帝是依靠宦官集團的鼎力扶持才坐上皇帝寶座的。可是宦官勢力過分強大，他又深感不安，於是就又培植外戚勢力，相繼拜梁皇后的父親梁高及其子梁冀爲大將軍，掌握軍權，使宦官和外戚平起平坐，互相牽制，防止失衡。

建康四年（西元一四四年），漢順帝駕崩。在其後的兩年內，梁皇后和梁冀先後立了三個小皇帝：漢沖帝劉炳、漢質帝劉纘、漢桓帝劉志。其中，漢質帝劉纘因不滿梁冀的專橫跋扈，說了一句「此跋扈將軍也」，年僅九歲就被梁冀鴆殺。漢桓帝劉志登基後，立梁太后和梁冀的妹妹梁女瑩爲皇后。這樣，梁氏兄妹占了皇太后、皇后、大將軍的位置，氣焰薰天。史載，梁冀專權近二十年，梁氏一門先後有七人封侯，三人爲皇后，六人爲貴人，二人爲大將軍，三人爲駙馬，五十七人擔任軍中要職，宗親姻戚充斥朝廷和郡縣，劉氏天下幾乎成了梁氏天下。尤其是梁冀，極其貪婪和凶狠，在洛陽附近修建私人苑囿，綿延千里，豪華奢麗，擅定苛刻禁令，不許百姓觸動一草一木。有人在苑中誤殺一兔，竟有十餘人被牽連處死！他還規定，所有官吏升遷調動，必須先到梁府謝恩，貢獻禮物。他還在漢桓帝身邊安插了眾多的耳目，嚴密監視皇帝的言行舉止，隨時向他通風報信。漢桓帝在梁冀的淫威下生活，整日提心吊膽，如履薄冰，稍有不慎，沒準兒就會遭來殺身之禍。

和平元年（西元一五〇年），梁太后死。延熹二年（西元一五九年），梁皇后亦死。受壓多年的漢桓帝感到一陣輕鬆，認爲這是從梁冀手中奪回皇權的最好機會。可是他的前後左右盡是梁冀的心腹爪牙，奪回皇權談何容易？

漢桓帝能夠信任的只有左悺、唐衡兩個近侍。這兩個近侍都是宦官，任小黃門，地位低下，身分微賤。漢桓帝雖然不能指望他倆分憂解難，卻可以和他倆說些悄悄話。一天飯後，漢桓帝如廁，故意喚進唐衡近前伺候。漢桓帝確信左右再無別人，趕緊低聲問唐衡說：「你們宦官裡頭誰最仇恨梁冀？」

唐衡想了想，說：「單超。」

漢桓帝說：「還有誰？」

唐衡說：「還有徐璜、具瑗、左悺。我們幾個經常在一起議論梁冀，罵他是烏龜王八蛋，不得好死。」

單超、徐璜、具瑗時任中常侍，負責傳達詔令和掌管文書，具有一定的權力。漢桓帝從唐衡口中知道了他們的思想傾向，心中暗喜。他要利用他們來做一件生死攸關的大事。

幾天以後，漢桓帝避開眾人，命唐衡秘密宣召單超進入密室。單超給漢桓帝磕頭。漢桓帝開門見山地說：「好愛卿！朕總算打聽到了你這個救星！」

單超愕然，說：「陛下何出此言？微臣承受不起。」

漢桓帝說：「梁氏外戚專固朝廷，迫脅內外，公卿以下百官無不仰承其鼻息，禍國殃民。現在，朕想誅滅梁氏外戚，苦於無人替朕出這口惡氣。前日如廁，方才打聽到愛卿忠肝義膽，堪當大任。」

單超歷來老成穩重，說：「梁冀確是奸賊，早該誅殺。只是臣等位賤力弱，恐有負聖恩。」

漢桓帝說：「愛卿位賤力弱不假，即便是朕，又何嘗有什麼力量？眼下，唯請愛卿為國家社稷著想，設法秘密圖之。」

單超說：「圖之不難，只恐怕陛下腹中狐疑，決事不果。」

漢桓帝斷然說：「奸臣脅國，當伏其罪，朕哪來的狐疑？」他為了表示自己的決心，又命召來徐璜、具瑗、左悺、唐衡，共同議定梁冀的罪行。最後，他親口咬破單超的手臂，與五個宦官歃血結盟，發誓說：「君臣一體，共滅外戚，若有二心，天誅地滅！」

事情進行得機密而又順利。這一天，漢桓帝和單超坐鎮指揮，命具瑗率領宮廷衛士千餘人，與司隸校尉張彪的兵馬一起，突然出動，重重包圍了梁冀的府第。接著聖旨下，命梁冀交出大將軍印信，立即自裁。梁冀自知作惡多端，在劫難逃，遂與其妻孫壽一道自殺。漢桓帝和單超又命拘捕梁冀宗親、黨羽，連及公卿、刺史、郡守等，共數十人，全部處死。同時抄沒梁冀家產，累計價值達三十億緡。朝臣中凡與梁冀有牽連的一律罷官，以致「朝廷爲空」，稀稀落落，冷冷清清。

漢桓帝依靠單超等宦官的支持，一舉誅滅了梁氏外戚集團，幹得非常漂亮。他爲了報答宦官們所建立的功勛，特封單超爲新豐侯，食邑二萬戶。這個封賞高出以前所有的宦官。徐璜封武原侯，具瑗封東武陽侯，各食邑一萬五千戶；左悺封上蔡侯，唐衡封汝陽侯，升任中常侍，各食邑一萬三千戶。這五個宦官因是同日封侯，故人稱「五侯」。此外，小黃門劉普、趙忠等人也立了功，被封爲鄉侯。

前門拒虎，後門進狼。漢桓帝鏟除了外戚集團的勢力，宦官的勢力卻又膨脹起來。宦官比起外戚，擅權弄政，爲非作歹，危害程度有過之而無不及。梁冀死後不久，單超就患了重病。漢桓帝敬重這位救星，提拔他爲車騎將軍。次年，單超病故，漢桓帝贈以侯將軍印綬，並爲之舉行了隆重的葬禮。

從這以後，徐璜、具瑗、左悺、唐衡四侯，「手握王爵，口含天憲」，權勢達於極點。他們在洛陽城裡競起第宅，樓觀壯麗，窮極技巧。強取良家美女爲名義上的妻妾，珍飾華侈，猶如宮人。他們的兄弟、親戚臨州宰郡，殺人越貨，屠害百姓，與盜賊無異。時有民謠諷刺說：「左回天，具獨坐，徐臥虎，唐兩墮。」這是說，左悺具有回天之力，具瑗驕橫天下無雙，徐璜凶惡形如猛虎，唐衡爲所欲爲不受任何約束。後世有人將宦官專權比做毒藥猛獸，這是千眞萬確的。

曹節

讒諂媚主的「放毒人物」

西元一六七年，漢桓帝劉志駕崩，無子，竇皇后以太后身分臨朝，迎立十二歲的解犢侯劉宏爲皇帝，是爲漢靈帝。

奉命迎接劉宏並陪之進宮的是宦官曹節。曹節，字漢豐，南陽新野（今河南新野）人。出生於官宦世家，漢順帝時家境衰敗，他自行閹割，進入長安皇宮當了宦官。初爲西園騎，負責養馬；繼遷小黃門，得以接近皇帝；再升遷中常侍、奉車都尉，獲取了一定的權力。漢靈帝即位後，曹節因有定策之功，被封爲長安鄉侯，食邑六百戶，逐漸受到寵信。

漢靈帝年幼，不懂政事。竇太后以父親竇武爲大將軍，以名士陳蕃爲太傅，由二人共同輔政。竇武、陳蕃汲取以前的教訓，痛恨宦官專權，輔政以後的第一件事就是密謀誅殺宦官。然而，他倆對於宦官的情況知之甚少，於是便將長樂尙書鄭颯逮捕下獄，嚴刑逼供，要其供出宦官的隱私罪惡，然後採取行動。鄭颯不堪酷刑，被迫供出一長串宦官的名單，其中包括曹節。竇武、陳蕃如獲至寶，立刻把鄭颯的供詞寫成奏章，進呈漢靈帝。誰知這時宦官集團怙勢日久，盤根錯節，充塞於朝廷內外。竇武、陳蕃的奏章首先落到了長樂五官史朱瑀手裡。朱瑀私閱奏章，得知其中的內容，趕緊把情況報告曹節。曹節爲了固身自保，憤然而起，火速召集朱瑀、王甫、張亮、王尊、騰是等十七名宦官商討對策。商討的結果是必須先發制人，以眼還眼，以牙還牙，動用一切力量，和竇武、陳蕃拼個你死我活。

宦官遍布皇宮，活動的能量總是很大的。朱瑀手中搖動竇武和陳蕃的奏章，一邊在皇宮裡跑著，一邊大聲喊道：「不好啦！不好啦！竇武和陳蕃要廢掉皇帝啦！這簡直是無法無天，大逆不道啊！」

皇宮裡的人不明事實眞相，頓時議論紛紛，秩序大亂。曹節、王甫等人趁亂劫持了竇太后和漢靈帝，並矯詔調動皇家禁軍數千人，前去拘捕竇武和陳蕃。竇武看到情況突變，拒不奉詔，飛馬馳進北軍，約會其兄步兵校尉竇紹，調集北軍士兵數千人，前往皇宮捉拿宦官。雙方途中相遇，陳兵對峙，劍拔弩張。

這時，曹節手中握有竇太后和漢靈帝兩張王牌，假傳聖旨，命令北軍士兵放下武器，莫爲奸人利用。普通士兵還是忠於皇上的，聽了聖旨，誰也不願替竇武和竇紹賣命，隊伍不戰自潰。竇武兄弟見勢不妙，奪路而逃。曹節指揮皇家禁軍，窮追不捨。竇武、竇紹走投無路，拔劍自刎。曹節命將二人首級砍下，懸街示眾三日。陳蕃在混戰中被俘，繼被斬首。

竇武、陳蕃謀誅宦官不成，反而自遭殺身之禍。事後，曹節升任長樂衛尉，封育陽侯，食邑三千六百戶。朱瑀封都鄉侯，食邑一千五百戶。王甫遷中常侍，其他宦官皆封關內侯，歲食租賦二千斛。

這以後，朝政完全控制在宦官手裡。建寧二年（西元一六九年），曹節患了重病，漢靈帝以爲他就要離開人世，特拜他爲車騎將軍。不想曹節病又痊癒，罷車騎將軍之職，進位特進，繼遷大長秋，秩祿二千石。

熹平元年（西元一七二年），竇太后病故。治喪期間，有人在洛陽朱雀樓上張貼了一封匿名信。信中說：「曹節、王甫幽殺太后，導致天下大亂。公卿大臣尸位素餐，無有忠言者。」一時，群情洶洶，人們明裡不說，暗裡無不咬牙切齒，異口同聲指斥宦官的罪行。

曹節、王甫將情況報告給漢靈帝，要求追查和搜捕寫匿名信的人。漢靈帝屈服於宦官的壓力，將這個任務交給司隸校尉劉猛。劉猛爲人比較正直，認爲匿名信所言內容基本屬實，在很大程度上反應了民心民意，所以追查和搜捕很不積極，一個多月沒有任何效果。曹節非常惱怒，唆使漢靈帝將劉猛貶職，改由御史中丞段熲負責追查和搜捕寫匿名信的人。段熲心毒手狠，把目標定在太學院裡，恣意凌辱太學諸生，無辜殺害了千餘人。曹節欣賞段熲的手段，又命他上書奏劾劉猛無能，致使劉猛再次被貶職。

曹節、王甫等把持朝政，一手遮天，飛揚跋扈。漢桓帝的弟弟渤海王劉悝因爲反對宦官專權，曹節、王甫便誣陷他蓄意謀反，殘酷地予以殺害。曹節因此食邑增至七千六百戶，王甫升封冠軍侯。一人得道，雞犬升天。曹節、王甫、朱瑀的父子兄弟，皆爲公卿列侯、牧守令長，心腹黨羽，布滿天下。這些人無德無才，一旦飛黃騰達，只會魚肉百姓。曹節的弟弟曹破石，官越騎校尉。其一部將妻子姿容美貌，曹破石意欲霸占爲妾。部將不從，曹破石竟然派人去搶，迫使部將妻子自殺身亡。

曹節、王甫、朱瑀一夥的罪惡激起了天怒人怨。光和二年（西元一七九年），司隸校尉陽球毅然上書，奏劾王甫及其養子王盟、王吉的罪行，並將他們逮捕下獄。曹節、朱瑀多方營救，怎奈王甫父子罪大惡極，陽球拒不寬貸，硬把他們處死於獄中。接著，郎中審忠又上了一道長篇奏章，彈劾曹節、王甫、朱瑀宦官集團的罪行。奏章中說：「曹節、王甫、朱瑀之輩，父子兄弟被蒙尊榮，素所親厚布在州郡，或登九列，或據三司。不唯祿重位尊之責，而苟營私門，多蓄財貨，繕修第舍，連里竟巷。盜取御水以作魚釣，車馬服玩擬於天家（皇家）。群公卿士杜口吞聲，莫敢有言。州牧郡守承順風旨，辟召選舉，釋賢取愚。故蟲蝗爲之生，夷寇爲之起，天意憤盈，積十餘年。……宦官之所爲，誠皇天所不復赦。願陛下留刻漏之聽，裁審臣表，掃滅醜類，以答天怒。」可惜這道奏章被曹節截留，根本沒有呈給皇帝，所以事情不了了之。

曹節又升官了，兼領尙書令。光和四年（西元一八一年），曹節病死。漢靈帝敬重這個宦官，追贈他爲車騎將軍，並命其養子承襲他的官爵。

曹節死後，有個清正剛直的宦官——中常侍呂強上疏漢靈帝，指出：曹節一夥，「宦官佑薄，品卑人賤，讒諂媚主，佞邪邀寵，放毒人物，嫉妒忠良，有趙高之禍，未被轘裂之誅，掩朝廷之明，成私樹之黨。而陛下不悟，妄授茅土，開國承家，小人是用。又並及家人，重金兼紫，相繼爲蕃輔。受國重恩，不念爾祖，述修缺德，而交結邪黨，下比群佞。陛下或其瑣才，特蒙恩澤，又授位乖越，賢才不升，素餐私佞，必加榮擢。陰陽乖剌，稼穡荒蔬，人用不康，罔（無）不由茲（此）。」

呂強的這篇奏疏，對於曹節的認識和評價，深刻而又精采。而且，他還直接批評了皇帝，表現出了非凡的勇氣。漢靈帝的統治地位是依靠宦官集團來維持的，所以根本接受不了呂強的意見。新崛起的宦官張讓、趙忠等仇恨呂強這個同類，大罵他是「叛徒」，進而誣衊他私通「黨人」，惡意攻擊皇上和朝廷，應予嚴懲。呂強氣憤不過，飲鴆自殺。

呂強死了，但他的奏疏被載進《後漢書》，成爲一篇聲討、鞭笞宦官罪惡的犀利檄文。

張讓
極度貪婪的吸血鬼

漢靈帝劉宏在位二十二年，寵信的宦官除曹節、王甫、朱瑀外，還有張讓和趙忠等。這些宦官，一個比一個凶狠，一個比一個貪婪，集中反應了封建專制制度的醜惡和腐朽。

張讓，穎川（今河南禹縣）人。趙忠，安平（今山東益都西北）人。這兩人很小的時候就被閹割，進入皇宮服役，漢桓帝時並為小黃門。漢桓帝依靠單超等人誅滅梁氏外戚，趙忠積極參與並且立功，被封爲都鄉侯，繼遷關內侯。張讓發跡稍遲，漢靈帝登基後才封列侯，但騰達很快，不久就和趙忠官階一樣，同爲中常侍。當時，宦官中最顯貴的人物是曹節和王甫。張讓和趙忠受命於曹節和王甫，互爲表裡，結黨營私，沆瀣一氣，無惡不作。曹節和王甫死後，張讓和趙忠取代了他們的位置，牢牢地把漢靈帝控制在手裡，拉大旗作虎皮，交通賄貨，威形烜赫，在東漢宦官專權亂政的舞臺上進行了最充分的表演。

張讓是個貪得無厭的傢伙。他中飽私囊，斂財的手段相當高明。扶風（今陝西扶風）有個富豪叫做孟陀，家有良田千頃，資財億貫。孟陀富豪當膩了，有心再到官場上混混，嘗嘗做官的滋味。

孟陀於是來到洛陽，尋情鑽眼，結交了張讓的管家，傾給饋問，無所遺愛。張讓的管家接受了孟陀的大量金錢，心知肚明，詢問說：「君所何欲？但請直言，我當盡力幫忙。」

孟陀說：「只請恩公幫我引見你家主人，如此而已。」

這時張讓正紅得發紫，賓客求見者車馬塡道，門庭若市。經過管家的精心安排，張讓很快同意接見孟陀。接見之日，管家特意命張府男傭女僕迎拜於路，並與孟陀一起乘車進入大門。這樣一來，孟陀的身價陡然大增，其他賓客傾心羨慕，嘆爲觀止。孟陀進見張讓，獻上無數金銀珠寶，曲盡阿諛逢迎之態。張讓笑逐顏開，連聲誇獎孟陀說：「孟公豪爽通達，堪稱盛世賢人。」

孟陀和張讓拉上了關係，惹得許多人眼紅不已。那些人轉而爭向孟陀賄賂各種珍玩，求他引見張讓，並向他討教攀登豪門之術。孟陀非常乖巧，把接受的一半賄賂再獻給張讓，以示誠心。張讓因此大喜，奏明皇帝，拜孟陀爲涼州刺史。孟陀求官如願以償，賄賂張讓越發殷勤。張讓足不出戶，立馬就成了百萬富翁。

當時以張讓和趙忠爲首，共有十二個宦官同爲中常侍。另十人是夏惲、郭勝、孫璋、畢嵐、栗嵩、段珪、高望、張恭、韓悝、宋典。這些中常侍結成一個嚴密的宦官集團，封侯貴寵，把持著朝廷的各個要害部門。他們的父兄子弟，布州列郡，所在貪殘，爲人蠹害，弄得到處烏煙瘴氣。流亡的農民走投無路，群起造反，因而爆發了全國規模的農民大起義——黃巾起義。

黃巾起義的領袖叫張角，他所領導的起義軍人人頭裹黃巾，所以稱作「黃巾軍」。這位張角，曾經「窺入京師，覘視朝廷」，而且還與一些宦官密切聯繫，利用他們通報朝廷消息。農民起義軍的熊熊烈火，燒得封建統治階級驚慌失措，惶惶不可終日。郎中張鈞緊急給漢靈帝上疏，懇請嚴厲處治張讓、趙忠等十二個中常侍，「懸頭南郊，以謝百姓」。誰知漢靈帝荒淫昏聵，竟把張鈞的奏疏交給張讓處理。張讓假惺惺地痛哭流涕，跪地磕頭，一面大喊冤枉，一面表示願意獻出部分家財，以助軍需。漢靈帝答應不予追究。張讓破涕為笑，諂媚地說：「皇上聖明！皇上聖明！」張鈞再次上疏。張讓一夥乾脆扣壓不報。接著，張讓指使廷尉誣告張鈞私通黃巾「亂賊」，圖謀不軌。漢靈帝稀里糊塗，詔命將張鈞收捕下獄。張讓得到報復的機會，立即命人將張鈞活活地打死。

其實，眞正私通黃巾軍的倒是張讓等人。他們為給自己留條後路，腳踩兩隻船，經常和張角的部下明來暗去，討價還價。宦官封胥、徐奉就是因為私通黃巾軍而被斬首的。這樣一來，漢靈帝生氣了，責問張讓說：「你們常說這個人存心不良，那個人欲為不軌，皆令禁錮，或者殺戮。如今別人皆為國效力，而你們宦官卻與張角勾勾搭搭，這怎麼解釋？」

張讓狡詐陰險，把責任全推到已死的宦官王甫、侯覽身上，說：「封胥、徐奉所為，是受了王甫、侯覽的指使，臣等全不知情。」

漢靈帝畢竟是寵信張讓的。張讓這樣說，他完全相信，不再追問宦官私通黃巾軍的情節。

張讓、趙忠爲了討得歡心，橫徵暴斂，大肆修建宮室園林，竭力滿足漢靈帝享樂生活的需要。他們打著皇帝的旗號，強令天下每畝田地增稅十錢，並令各州郡貢獻名木名石，送至京師。所有宦官勾結郡守和縣吏，趁機巧立名目，敲詐勒索，賤買貴賣，牟取黑利，攪得民不聊生，天下騷然。巨鹿太守司馬直素有清名，恥與宦官同流合污，悵然而嘆，說：「爲民父母，反而割剝百姓，我不忍心。」他要求辭去太守之職，不被批准，沒有辦法，只好吞藥自殺。

以張讓、趙忠爲首的宦官集團，假公濟私，掠奪了無數錢財。進而紛紛購置田產，大起第宅，豪華奢麗，猶如皇宮。漢靈帝有登高遠眺的愛好，常愛登上高處，欣賞洛陽城的全景，以及富麗堂皇的南宮和北宮。張讓擔心皇帝登高會發現自己及其他宦官新建的第宅，派人進諫說：「陛下貴爲天子，不宜登高。登高有損龍體，而且容易脫離民眾。」漢靈帝聽了這種怪論，再也不敢登高遠眺了。

漢靈帝出身於侯家，原來的家境很不富裕。他當了皇帝以後，雖說尊貴無比，但每想到昔日的苦況，常常發出感嘆。出於一種貪婪自私的心理，他也學會了積攢私房錢，稱作「私藏」。天長日久，他的私藏多達數千萬緡，由專門的小黃門保管。這麼多的錢從哪裡來的呢？主要是宦官們幫他聚斂的。因此，他常心安理得地說：「張常侍（張讓）是我父，趙常侍（趙忠）是我母。」這時，他把君臣、主僕的關係徹底顛倒了，表明張讓、趙忠一幫極度貪婪的吸血鬼，在政治上和經濟上完全地控制了和左右著皇帝。

中平六年（西元一八九年），漢靈帝患了重病，快去見閻王了。張讓召來統領宮廷禁軍的宦官、上校軍尉蹇碩，緊急磋商形勢。他們認爲，漢靈帝死後，必然由太子劉辯繼承皇位。劉辯是何皇后親生，何皇后之兄何進官拜大將軍，執掌朝政大權。那時將是何氏外戚的天下，對於宦官肯定不利。他們磋商來磋商去，決定趁漢靈帝還有一口氣的時候，由蹇碩出面上疏，要求廢太子劉辯，改立王貴人所生的皇子劉協爲太子。可是，事情未及進行，漢靈帝突然斷氣了。局面一下子變得嚴峻起來。

張讓立時改變主意，決定秘不發喪。他說：「當務之急是要對付大將軍何進。現在，我們不妨假傳聖旨，誑騙何進入宮，先殺了他再說。」

蹇碩說：「對！何進是何氏外戚的頂樑柱，除去此人，必然房倒屋塌。」

不想隔牆有耳。漢靈帝駕崩，以及張讓和蹇碩密謀的情況，早被何進安插在皇宮裡面的奸細打探到了。奸細飛快地報告何進。何進咬著牙說：「這夥閹奴，眞是狗膽包天，惡毒至極！」

張讓派人拿著漢靈帝的聖旨，宣召何進進宮。何進假裝接旨，答應幾個時辰以後即去皇宮，用以麻痹張讓。一轉身，他透過自己的渠道，悄悄進入太后寢宮，見到妹妹何皇后。兄妹二人密商多時，迅速讓太子劉辯登基即位，是爲漢少帝。漢少帝時年十七歲，由何皇后以太后身分臨朝，大將軍何進、太傅袁隗並爲尚書，共決政事。

時局的發展如此之快，大出張讓和蹇碩的意外。他倆又氣又惱，說：「外戚和世家掌權，必拿宦官開刀，我們還有好日子過嗎？與其束手待斃，不如搶先下手，拚個魚死網破！」這時，張讓想到了已經升任車騎將軍的鐵杆宦官趙忠，命蹇碩立即寫信給趙忠，讓趙忠火速發兵，裡應外合，共同誅殺何進。

何進的部下嚴密守衛著皇宮，活捉送信人，搜出了蹇碩的信。何進閱信，勃然大怒，立即召集中軍校尉袁紹、下軍校尉鮑鳴、典軍校尉曹操等會商，並迅疾動手，捕殺了蹇碩和趙忠。

何進殺了蹇碩和趙忠，提拔袁紹爲司隸校尉，王允爲河南尹，準備誅殺所有的宦官。張讓頓時慌了手腳，深感勢孤力弱，不是何進的對手。張讓畢竟老謀深算，善於窺測氣候，眼珠子一轉，想出一條妙計：改變策略，賄賂外戚，分化瓦解何進的勢力。他指使手下的大小宦官，一起給何進的母親舞陽君和弟弟何苗進獻禮物，金銀珠寶珍玩，數量越多越好。張讓多年來搜刮的財富不計其數，這些財富現在派上了用場。舞陽君和何苗接受了宦官的大量禮物，自然向著宦官說話。他倆一是何太后的母親，一是何太后的弟弟，在何太后跟前說話很有分量。舞陽君說：「凡事不能做絕。何進已經殺了蹇碩和趙忠，這就得了，爲何還要殺害其他的宦官？」何苗說：「就是！何進執意殺害宦官，目的在於專權，這樣對於江山社稷有害無益。」

何太后常年生活在深宮大院，閱歷甚淺，哪知世事的複雜？她聽了母親和弟弟的話，頓生憐憫之心，不僅同情宦官，而且還百般袒護他們。何進幾次提出要殺張讓。何太后總是阻撓，說：「別急！殺人太多不好，那樣人家會指著脊樑骨罵我們何家的。」

事情並未就此了結。何進轉而和袁紹商量，準備瞞過何太后，迅速誅滅宦官集團。不想風聲走漏，張讓得到了密報。張讓爲保自己性命，竟然不顧廉恥地向兒媳磕頭求救。張讓的兒媳何氏不是別人，正是舞陽君的女兒，何進和何太后的妹妹。何氏從婆家的利益考慮，連夜進宮，向姐姐何太后稟報了何進與袁紹的計謀。何太后再次干預，召來何進，反覆叮囑說，非經允許，不可殺害張讓及其他宦官。

何進又是生氣又是著急。數日以後，他獨自進宮，面見妹妹何太后，陳述誅殺宦官的理由和緊迫性。張讓早就派人監視何進的舉動，何進進宮及其與何太后的談話，他知道得清清楚楚。他立即叫來心腹宦官段珪，說：「外戚與宦官，勢如水火，兩相對立，非死即活。現在，何進一人進宮，正是我們下手的最好機會。快！趕快布置，叫他何進進得來，出不去！」

段珪心領神會，趕緊調集數十名精通拳腳功夫的宦官，手持兵器，埋伏於宮門兩側。何進從何太后處出來，大搖大擺地回家，及至宮門的時候，段珪帶領宦官猛然跳出，將他團團圍住。何進大驚，說：「你們要幹什麼？我是大將軍，你們想造反不成？」

張讓從一邊踱了出來，手指何進的鼻子，怒氣沖沖地說：「你，狗屁大將軍！我們宦官，和你們外戚本不相干，而你卻三番五次地要置我們於死地，這是爲何？你，欺人太甚，天理不容，今日落到我們手裡，也算是罪有應得！」

何進孤身一人，身上又沒帶任何兵器，乾著急沒辦法，僞裝出笑臉說：「凡事好商量好商量，何必要動刀動劍的？」

張讓朝何進唾了一口，說：「呸！商量什麼？只怕商量商量，我們的人頭早就落地了。」接著把手一揮，說：「夥計們！還愣著幹什麼？下手呀！」

宦官們齊聲說：「好哩！」於是，你一刀，他一劍，一齊向何進砍去刺去。何進立時倒地，渾身冒血，命歸西天。

何進斃命。張讓、段珪嚴密封鎖消息，矯詔頒旨，任命太尉樊陵爲司隸校尉，少府許相爲河南尹。

尙書省的官員看到這個任命，感到莫名其妙：因爲袁紹和王允並未免職，突然之間，豈不是有了兩個司隸校尉兩個河南尹？他們困惑不解，請求面見何進問個明白。張讓命令緊閉宮門，把何進鮮血淋漓的腦袋扔出來，大聲說：「何進謀反，已經伏誅，他的任命能算數嗎？」

朝臣們聽說大將軍何進被殺，一片嘩然，群情激憤。其中，袁紹最爲慷慨激昂，罵道：「這夥閹賊，爲非作歹，禍亂朝綱，十惡不赦！」他命從弟、虎賁中郎將袁術率領禁軍，包圍南宮，捉拿宦官。張讓指揮宦官，守住宮門，拼死抵抗。袁紹久攻宮門不下，眼都急紅了，下令放火，焚燒南宮。頓時，烈焰四起，火光沖天。張讓見勢不好，急忙帶領宦官，挾持著何太后、漢少帝和劉協，通過複道逃奔北宮。途中遇到尚書盧植的攔截。張讓焦頭爛額，急急地丟下何太后，只挾持著漢少帝和劉協，狼狽不堪地逃到了北宮。這時，他的同夥，死的死，傷的傷，基本上失去了戰鬥力。

袁紹、袁術不容宦官有片刻喘息的機會。他們率領禁軍強行攻進北宮，誅殺宦官。何進的弟弟何苗爲了自我表現，前來幫助袁氏兄弟。可是袁紹知道此人曾和何太后一起，接受宦官的賄賂，開脫宦官的罪責，命人向前，一刀結束了何苗的性命。袁紹、袁術下令，關閉北宮宮門，宣布凡是沒有鬍鬚的，必是宦官，不論老少，盡行誅殺。一時間，整個北宮刀揮劍舞，屍積如山，血流成河，被殺害的多達二千餘人。其中，有些人並非宦官，只是年少沒長鬍鬚，也被誤殺，成了恨鬼冤魂。

袁氏兄弟大開殺戒，盡誅北宮宦官，偏偏不見張讓、段珪及漢少帝、劉協等人。經過仔細搜索，仍然不見蹤影。這是爲什麼呢？原來，張讓、段珪非常狡詐，進了北宮以後，命令其他宦官抵抗禁軍，他倆則脅迫漢少帝和劉協，趁亂又逃出北宮，夜奔黃河邊上的小平津（今河南洛陽北）而去。袁紹得到報告，急命盧植率兵追擊。半夜時分，盧植追上了張讓和段珪，他們正打算北渡黃河，以避鋒芒。張讓和段珪面對氣勢洶洶的禁軍，嚇得渾身發抖，面如死灰。他倆已經到了山窮水盡的地步，沒奈何，只得撇下漢少帝和劉協，眼睛一閉，縱身跳進波濤洶湧的黃河，投水而死。

張讓、段珪之死，標誌著東漢的宦官集團遭受滅頂之災，徹底傷了元氣。此後不久，河西軍閥董卓統率大軍進入洛陽，廢了漢少帝，逼殺何太后，擁立劉協為皇帝，是為漢獻帝。漢獻帝在位期間，豪強紛起，天下大亂，國家由統一走向分裂。西元二二〇年，東漢滅亡，歷史進入三國時期。

黃皓
賣國求榮的內奸

中國歷史上的三國時期，指東漢以後魏國、蜀國、吳國三個地方政權鼎立的時期。其中，蜀國國名本爲「漢」，爲與西漢、東漢相區別，所以史學家習慣地將它稱作「蜀」或「蜀漢」。經過東漢末年的誅殺，三國時期的宦官勢力相對處於低潮。魏國和吳國未見有宦官亂政的事例，蜀國倒有一人，那就是黃皓。

蜀國是昭烈帝劉備於西元二二一年建立的，定都成都（今四川成都），占有以四川盆地爲中心的廣大地區。劉備在位的時候，依靠丞相諸葛亮的竭誠輔佐，實行聯吳抗魏的國策，形勢相當不錯，從而與魏國、吳國一起，形成了三國鼎立的局面。可是，劉備稱帝不滿三年就死了，十七歲的太子劉禪繼位，是爲蜀後主。劉禪小名阿斗，昏庸而又荒淫，所謂「扶不起的阿斗」的典故，即由此人而來。劉禪登基以後，諸葛亮依然堅持「鞠躬盡瘁，死而後已」的精神，運用卓越的智慧和才幹，輔佐弱主，北伐魏國，力圖統一中原。但因種種條件的限制，諸葛亮沒能成功，於西元二三四年含恨死於五丈原（今陝西岐山南）。諸葛亮死後，劉禪寵信宦官黃皓，致使蜀國每況愈下，風光不再，一步一步走向滅亡。

黃皓起初只是個小黃門，負責照料劉禪的飲食起居。他的性格特點是「便辟佞慧，欲自容入」，也就是奸佞乖巧，愛走歪門邪道，渴望飛黃騰達的意思。諸葛亮在世的時候，他就誘導劉禪迷戀犬馬聲色，追求燈紅酒綠的生活，因而受到寵信。但是，他當時還不敢過於張揚和放肆，因爲心裡畏懼兩個人：一是諸葛亮，二是董允。諸葛亮時任丞相，手握軍政大權，一旦發現宦官亂政，肯定會嚴懲不貸。董允時任侍中，領虎賁中郎將，統領宿衛親兵。諸葛亮北伐魏國，特別叮囑劉禪說：「宮中之事，事無大小，悉以咨之，必能裨補缺漏，有所廣益。」董允留守成都，也確實沒有辜負諸葛亮的信任，「上則正色匡主（劉禪），下則數責於皓（黃皓）」。因此，黃皓儘管「便辟佞慧」，卻也「不敢爲非」，只能夾著尾巴，謹慎服役，混了多年，才勉強當了個黃門丞。

問題出在諸葛亮和董允死了以後。劉禪以陳祗爲侍中，接替了董允的職務。這個陳祗爲人勢利，心術不正，很快和黃皓勾結在一起，互爲表裡，大幹壞事。突然之間，黃皓升官了，出任中常侍，兼奉車都尉。從此，他有了一定的權力，利用成天接近皇帝的機會，干預政事，爲非作歹。

黃皓最可恥之處是賣國求榮，在蜀、魏兩國的戰爭中，充當了內奸的角色。

諸葛亮死後，姜維成爲蜀國的軍事統帥。姜維胸懷大志，也想統一中原，爲此一次又一次地率兵進攻魏國。景耀元年（西元二五八年），姜維攻魏，大敗魏軍將領鄧艾，並將鄧艾圍困，形勢一派大好。

在這關鍵時刻，鄧艾部將司馬望獻計說：「近聞蜀主劉禪，寵信中貴黃皓，日夜以酒色爲樂。我們不如實施反間計，此圍可解。」

鄧艾大喜，立即派人潛入成都，用重金賄賂黃皓，讓他散布流言，誣陷姜維怨望天子，不久將叛國降魏。黃皓受賄照辦，一時間流言傳遍成都，眾口一詞，都說姜維懷有異心，蜀國前景不妙。黃皓裝出憂心國事的樣子，把情況報告劉禪。劉禪頗爲驚慌，說：「這如何是好？」

黃皓說：「皇上可將姜維召回來呀！」

劉禪糊里糊塗，星夜派人前往前線，宣召姜維立刻班師回京。

姜維奉命回到成都，詢問劉禪召還的原因。劉禪支支吾吾，說不出個所以然來，許久才說：「朕因卿在邊庭，久不還師，恐勞軍士，所以召卿回朝，略表慰問，別無他意。」

姜維氣憤地說：「陛下中了奸人的反間計了！」

劉禪愕然，沉默不語。姜維搖頭長嘆，自回軍營。

景耀五年（西元二六二年），姜維再次率兵攻魏。戰事正在激烈地進行，卻一日接到三道聖旨，宣召他即刻回京。姜維無奈，只得奉命，快快撤軍。姜維回到成都，一打聽，原來又是黃皓搞的鬼。時有小人閻宇，無德無能，只因阿附黃皓，竟然被封爲右將軍。閻宇小人得志，進而產生了野心，一心想取代姜維，當上大將軍。他給黃皓饋贈了大量的珠寶珍玩，央求幫忙。黃皓滿口答應，入奏劉禪說：「姜維出任大將軍多年，屢戰無功，空耗軍餉。皇上應當考慮換換統帥了。」

劉禪說：「大將軍之職，不是人人都能當的。換了姜維，誰能勝任呢？」

黃皓說：「右將軍閻宇忠於皇上，善於用兵，出任大將軍，定能百戰百勝。」

劉禪哪裡知道黃皓和閻宇之間的交易？於是便一日三道聖旨，宣召姜維回京。姜維回到成都，得知前因後果，滿腔義憤，面見劉禪，恨恨地說：「黃皓奸巧誤國，與漢靈帝時的那些中常侍無異。陛下近應鑒於張讓，遠應鑒於趙高，早殺此人，朝廷自然清平，中原方可收復。」

然而，劉禪極度寵信黃皓，怎會聽得進姜維的話呢？他尷尬地一笑，說：「黃皓不過一個趨走小臣，縱使專權，亦無能爲。過去董允對他切齒痛恨，朕常嫌其多事。卿又何必學那董允，跟一個宦官過不去呢？」

姜維見劉禪執迷不悟，連連叩頭，說：「陛下不殺黃皓，禍不遠矣。」

誰知劉禪卻說：「俗話說：『愛之欲其生，惡之欲其死。』卿爲朝廷重臣，爲何容不得一個閹奴？」說罷，劉禪叫來黃皓，命他給姜維賠個不是。黃皓伏地流涕，假惺惺地說：「我黃皓只是早晚趨侍皇上而已，不敢干預國政。將軍休聽外人言語，欲殺我也。我的性命繫於將軍，唯望將軍憐之。」

姜維看到眼前的一幕，皇帝是昏庸的皇帝，宦官是奸詐的宦官，直覺得噁心，一甩手出了朝廷。其後，他自請到沓中（今甘肅舟曲南）墾荒屯兵，再不回成都。

劉禪在黃皓的擺布下，溺於酒色，不理國事，賢才盡退，奸佞日進，朝政腐敗不堪。炎興元年（西元二六三年），魏軍圍攻成都，黃皓力勸劉禪投降。劉禪爲保性命，手捧璽印圖籍，乖乖地投降了魏軍統帥鄧艾。劉備苦心經營的蜀國至此滅亡。

鄧艾鄙視和厭惡黃皓的爲人，將其逮捕下獄，準備斬首示眾。可是，這個黃皓平時掠取了巨額財寶，他用這些財寶賄賂鄧艾的將士，竟然得以苟活，免於一死。一個死到臨頭的宦官，能有這樣的神通，越見其奸猾和佞慧，絕非常人可比。

可悲的是蜀後主劉禪，作爲亡國之君，被押解到魏都洛陽，降封爲安樂縣公。晉王司馬昭曾宴請劉禪，故意安排演出蜀國的音樂歌舞。劉禪的隨從感嘆國破家亡，噓唏流淚，而劉禪卻談笑自如，樂不可支。司馬昭詢問劉禪說：「頗思蜀否？」劉禪飲了一口美酒，無恥地說：「此間樂，不思蜀。」由此，產生了一個「樂不思蜀」的成語，專門諷刺那些樂而忘返或樂而忘本的人。

宗愛

半年內殺了兩個皇帝

東晉孝武帝司馬曜太元十一年，也就是西元三八六年，鮮卑人拓拔珪在中國北方建立了一個地方政權，史稱北魏，又稱後魏或拓拔魏。北魏原先建都牛川（今內蒙古呼和浩特東），十二年後遷都大同（今山西大同），占有黃河以北廣大地區。北魏的第三個皇帝是太武帝拓拔燾，在位二十八年，最後被宦官宗愛殺害，可悲可嘆。

宗愛的家世、籍貫等情況，史無記載，無從考證。只知他從小就被閹割，入宮當了宦官，先是普通的侍役，後來步步升遷，到了太武帝時，已經成了中常侍，出入宮廷，侍奉皇帝。太武帝對宗愛非常寵信，正平元年（西元四五一年）在封賞群臣的時候，特別封他為秦郡公。古代爵位分為五個等級：公、侯、伯、子、男。宗愛受封為第一個等級——公，足見他在太武帝心目中的尊寵地位。

太武帝經常率兵外出打仗，每次外出均由太子拓拔晃留在京師監國。拓拔晃精明能幹，凡事都要身體力行，親自過問。他在監國期間，發現宗愛生性凶惡，居心叵測，所作所為，違法亂制，陰險殘暴。因此，拓拔晃十分厭惡宗愛，經常告誡東宮的官員說：「這個傢伙遲早是個禍害，我們得多提防點！」

宗愛不是傻瓜，知道太子對於自己抱有成見。他表面上不動聲色，內心裡時時都在盤算，發誓要讓拓拔晃嘗嘗自己的厲害。

拓拔晃器重東宮的兩個官員：一是給事中侯道盛，一是侍郎任平城。他們對於宗愛的認識是一致的，所以湊在一起，談論的話題總離不開宗愛。宗愛結交了哪些同類，宗愛接受了多少賄賂，宗愛恃寵弄權，殘酷殺害異己等，他們一樁一樁記得清楚，並搜集了不少證據。

宗愛在東宮裡安插有親信，拓拔晃和侯道盛、任平城的活動及談話，他當天就能得到密報，盡在掌握之中。他咬牙切齒地說：「虎不傷人，人倒有傷虎之意了，眞是豈有此理！」於是，他利用中常侍的特殊身分，惡人先告狀，反覆向太武帝進讒說：「侯道盛、任平城很不地道，整天勾引太子，飲酒作樂，有時還到宮外去尋花問柳，夜不歸宿，全然不顧皇家的體面。」

太武帝是絕對信任宗愛的。他聽了讒言，不辨眞偽，一怒之下，命將侯道盛、任平城押往街市，斬首示眾。

拓拔晃嚇壞了。他不明白事情發生的原因，經過打聽，方才知道是宗愛告的黑狀。他請求面見父皇，申辯自己的清白。可是太武帝根本不准，派人傳話說：「叫他回去，閉門思過，好好做人！」

拓拔晃好生氣惱。他百思不得其解：英明睿智的父皇，爲什麼偏信一個宦官的讒言，冤殺無辜的官員？爲什麼不肯接見兒子，聽一聽自己的申辯？他悶悶不樂，心情鬱結，不久，竟然憂鬱而死。

太子英年早逝，給了太武帝一個沉重的打擊。他清點太子的遺物，發現一本帳冊，上面記載的都是宗愛的罪行，一件一件，讓人觸目驚心。此時此刻，太武帝恍然大悟，原來宗愛是個無惡不作的傢伙，自己偏信其無中生有的讒言，這才導致了拓拔晃和侯道盛、任平城含冤而死。他勃然大怒，轉而遷恨於宗愛，準備將他處以極刑。

可惜他下手遲了。宗愛透過親信，及時得知太武帝的態度，嚇得魂不附體。關鍵時刻，這個閹奴爲了自保性命，根本不顧什麼君臣大義，搶先下手。正平元年（西元四五二年）三月，他指使黨羽尚書左僕射蘭延、侍中和疋（疋，讀作雅）、太原公薛提等人，趁太武帝不防備的時候，在酒中下毒，鴆殺了皇帝。

這事做得神不知鬼不覺，滴水不漏。事後，宗愛一夥秘不發喪，嚴密封鎖了消息。他們聚於密室，緊急磋商：到底立誰爲皇帝才對自己有利呢？

太武帝共有十一個兒子。太子拓拔晃已死，按照嫡長子繼承制的傳統，應立太武帝的長孫亦即拓拔晃的兒子爲皇帝。可是，宗愛心地詭詐，認定拓拔晃是自己的仇家，怎麼也不會立仇家的兒子爲皇帝。蘭延、和疋主張立太武帝的第三個兒子拓拔翰，並悄悄與之接觸，討價還價，商談有關事宜。薛提另有打算，認為還是立拓拔晃的兒子為好，這樣才名正言順。宗愛心目中也有一個人選，那就是太武帝的小兒子拓拔餘。原先，拓拔晃視宗愛為奸佞，百般仇恨，但是拓拔餘不以為然，堅持和自己結為摯友。因此，他要報答拓拔餘，決心擁立拓拔餘登上皇位。

四個人三種想法，各懷鬼胎，南轅北轍。宗愛畢竟老奸巨猾，機謀、手段遠遠勝過蘭延等人。他密召拓拔餘入宮，將其扶坐在內殿的御座上；同時召集心腹宦官三〇餘人，持杖侍立，逐一布置了任務。宦官們齊聲說：「遵命無誤！」

宗愛布置妥當，然後假傳皇后敕令，宣召蘭延、和疋、薛提入內議事。蘭延、和疋、薛提哪知其中蹊蹺？三人聽得宣召，一起來到內殿。說時遲，那時快，宗愛一聲令下，三十餘名宦官如狼似虎地撲向前去，把三人按倒在地，縛上繩索，繼不容分說，就地斬首。這三個人，受宗愛指使，毒殺了太武帝，一轉眼，自己亦身首分離，豈不是報應？接著，宗愛又派出宦官，捉拿拓拔翰，先予囚禁，再予殺害。

這實際上是一場宮廷政變。在宗愛的策劃下，拓拔餘當了皇帝，改元承平。作為回報，拓拔餘封宗愛為大司馬、大將軍、太師、領中書監，都督中外諸軍事，並封馮翊王（馮翊，讀作平易）。宦官封王，宗愛是中國歷史上的第一人。他一時之間，位極人臣，尊崇無比，舉國上下，只知有宗愛，而不知有皇帝。

宗愛殺了一個皇帝，立了一個皇帝，位居元輔，大權在握，頤指氣使，得意忘形。他把誰都不放在眼裡，專權恣勢，順昌逆亡，致使人人畏懼，內外憚之。朝廷有識之士，無不切齒痛恨，認爲他是趙高一類貨色，如不鏟除，禍害無窮。朝臣們的議論必然傳到拓拔餘的耳中，拓拔餘頓起疑忌，暗暗籌劃，準備削奪宗愛的部分權力。

宗愛何等狡猾！他發覺拓拔餘疑忌自己，異常憤怒，說：「不是我宗愛，你當得了皇帝嗎？你當了皇帝，恩將仇報，天理不容！」他的爪牙遍布皇宮，有的是能量，立即指使小黃門賈周，趁皇帝夜間熟睡的時候，一刀結束了拓拔餘的性命。這時是承平元年（西元四五二年）十月，拓拔餘在位僅僅半年。

宗愛在半年內殺死兩個皇帝，罪大惡極，世所罕見。接著，拓拔濬成爲皇帝，就是文成帝。拓拔濬熟知宗愛的爲人，即位後立刻逮捕宗愛和賈周，處以五刑，夷滅三族。宗愛被殺，人心大快。然而，封建制度不可能從根本上消除宦官這個毒瘤。此後的北魏又出現了許多宦官，照樣興風作浪，禍國殃民。

趙默
恭謹勤奮，因功封王

歷史典籍記載的北魏宦官中，多數是奸佞邪惡之徒。但也有例外，個別是公正賢明者。獻文帝拓拔弘時的趙默，以恭謹勤奮著稱，因功封王，頗受好評。

趙默，初名海，字文靜，祖籍河內溫縣（今河南溫縣）。五世祖趙術在晉代末年曾為西夷校尉，安家酒泉（今甘肅酒泉）。北魏時酒泉屬於涼州（今甘肅武威一帶）管轄，所以人們通常認為趙默是涼州人。趙默少年時代即被閹割，後來進入皇宮，當了一名宦官。

趙默身材魁偉，相貌堂堂，唇紅齒白，一表人才，在宮中稱得上是個美男子。他在皇帝身邊服役，恭謹勤奮，說話辦事很有分寸。所以，上上下下眾口一詞，竭力誇獎他的為人。拓拔弘欣賞這個宦官，屢加擢用，使之得以從一個普通的宦官，步步高升為選部尚書，並封睢陽侯。

選部尚書的任務是為朝廷考察、挑選官員，量才錄用。趙默擔任此職，傾心悉力，出以公心，唯才是舉，提拔了很多賢能之士。拓拔弘爲了褒獎其功績，又給他加了侍中的職銜，賜爵關內公。

當時，拓拔弘最信任的朝臣叫李欣，官居宰相，「參決軍國大議，兼典選舉，權傾內外，百僚莫不曲折以事之」。李欣在「兼典選舉」的過程中，選拔任用了不少官員，大多是老關係老相識，卻無眞才實學，屬平庸無能之輩。如中書侍郎崔鑒、尙書主書郎公孫處顯、選部監公孫邃三人，爲官多年，碌碌無爲，沒有任何政績，只會巴結逢迎李欣。李欣利用權勢，大筆一揮，將三人分別任命爲東徐州、荊州和幽州的刺史，相當於現在省長的職務。

趙默看不慣李欣「虧亂選禮」的行爲，在朝廷上公開向李欣發炮，抨擊說：「以功授官，因爵與祿，此乃國家之常典。中書侍郎、尙書主書郎、諸位曹監，勛能俱佳者，到地方任職，最高只能當個郡守。而李欣違背常典，任人唯親，將崔鑒等三人一下子提拔爲州刺史，我實在感到疑惑不解，這是依據什麼章法？」

李欣尊爲百官之首，大紅大紫，豈能容得趙默這樣的批評？他奏請拓拔弘，恨恨地將趙默貶爲管理府庫的藏監，繼又貶爲看管宮門的門監。

趙默從選部尙書到藏監到門監，地位可以說是一落千丈。但是，他不埋怨，也不氣餒，而是抱著一顆平常心，看管府庫和宮門，忠於職守，仍像以前一樣，恭謹勤奮。一個月後，拓拔弘受到感動，又起用趙默，任命他爲侍郎、散騎常侍、侍中、尙書左僕射，同時兼任選部尙書。

皇興五年（西元四七一年），拓拔弘因與馮太后關係緊張，決定遜位。他已立了皇太子拓拔宏，這時嫌其年幼，卻想禪位於叔父、京兆王拓拔子推。在朝會上，他徵詢大臣們的意見，眾人唯唯諾諾，不敢輕易表態。太尉賀源義慷慨激昂地說：「陛下既然決定遜位，理應由皇太子繼承大統。現在臨時改變主意，竟要禪位於京兆王，於情於理，難以服眾。恕臣不能奉命！」

拓拔弘大為惱火，滿臉怒色，指明要趙默表態。趙默堅定地說：「賀太尉所言極是，臣以死奉戴皇太子！」

拓拔弘見賀源義和趙默的態度如此堅決，意識到自己的想法是錯誤的，於是於八月巳酉日禪位於皇太子拓拔宏，自稱太上皇，移居崇光宮。

趙默在拓拔弘禪位問題上起了決定性的作用。拓拔宏（後改名元宏）即位後，非常看重他。承明元年（西元四七六年），時任相州刺史的李欣，貪贓枉法，被朝廷查實，判處死刑。李欣為了求生，告發了尚書李敷、李奕兄弟長期和馮太后通姦的醜事。拓拔宏大怒，處死了李敷和李奕。李欣得以免死，出任鎮南將軍兼徐州刺史，於次年企圖叛國投敵。趙默鄙視、痛恨這個叛徒，收集了足夠的證據，將李欣逮捕下獄，處以死刑。其後，趙默食甘寢安，志於職事，忠心耿耿地為朝廷效力。

拓拔宏敬重趙默的為人，先後任命他為儀同三司、定州刺史和冀州刺史，進而封他為王。趙默是漢族人，在鮮卑族王朝裡能夠封王，很不簡單。趙默位高權重，但他始終保持固有的品格，克己清儉，事濟公私，難能可貴。他後來死在冀州任上，被追贈爲司空，諡號曰「康」。《謚法解》稱：「淵源流通曰康，安樂撫民曰康。」顯然，宦官趙默爲北魏「淵源流通」和「安樂撫民」是作出了巨大貢獻的。

劉騰

得志猖狂的「中山狼」

《北史》曾經評價一個宦官說：「（北）魏初以來，權閹存亡之盛，莫及焉。」這個「權閹」叫做劉騰，是北魏宦官中很有代表性的人物。

劉騰，字青龍，祖籍平原（今山東平原），後遷居兗州譙郡（今安徽亳縣）。北魏孝文帝元宏（原名拓拔宏）時，劉騰坐事遭受宮刑，刑後當了宦官。他爲人刁鑽圓滑，四面討好，八面玲瓏，先任小黃門，繼任中黃門，恭敬小心地在皇宮中服役。

孝文帝元宏，是中國南北朝時期傑出的皇帝之一。他親政以後，深知要使北魏富強，必須實行改革，尤其要拋棄民族偏見，接受漢族的先進文化，加強與南方漢族的聯繫。因此，他決定遷都洛陽，改鮮卑姓爲漢姓（拓拔改爲元），統一使用漢語，穿著漢人衣服，重新制作禮樂，制裁守舊勢力。這些改革措施，有力地促進了北方各民族的融合，具有積極的意義。史學家給予元宏充分的肯定，大多稱讚他爲「文治」的楷模。然而，元宏的個人生活非常不幸，具有某種悲劇色彩。

元宏五歲時繼承了父親的皇位，由其生母馮太后執政。馮太后的弟弟馮熙官任太師，握有一定的權力。馮熙有三個女兒，姿色都很出眾。元宏長大，馮太后一手包辦，將馮氏三姐妹選入宮中，妹妹馮媛成爲皇后，姐姐馮妙蓮和馮青蓮成爲嬪妃。馮氏三姐妹都是厲害角色，爭風吃醋，爭寵奪愛，攪得後宮天昏地暗。尤其是馮妙蓮，使出手段，迷惑元宏，迫使馮媛失寵，改由她登上皇后的寶座。這個馮妙蓮，生性放蕩，舉止輕浮，成爲皇后後，竟然穢亂宮闈，與一個叫做高菩薩的人私通。馮青蓮氣憤不過，斷然揭發了馮妙蓮的淫行。元宏起初不大相信皇后會幹出醜事，悄悄向劉騰詢問情況。劉騰據實回奏，把馮皇后的隱私和盤托出。元宏怒不可遏，果斷地廢了馮妙蓮，將其打入冷宮。劉騰因爲實話實說，所以受到元宏的信任，升任冗從僕射。接著，劉騰奉命爲元宏選美，很是盡力，因而又被提升爲中給事。

太和二十三年（西元四九九年），元宏在位二十八年後駕崩，死前下令殺了廢后馮妙蓮。皇太子元恪繼位，是爲宣武帝。元恪在位十六年駕崩，皇太子元詡繼位，是爲孝明帝。元詡登基時年僅六歲，其母胡太后臨朝聽政。劉騰在宮中窺伺數十年，直到此時才有了嶄露頭角的機會。

女人聽政，必用宦官。很快，劉騰成爲胡太后最寵信的心腹之一。他由中給事升爲太僕，又加侍中職銜，並封長樂縣公。他雖是宦官，卻享有娶妻的特權，其妻魏氏也被封爲巨鹿郡君，幾乎天天進宮陪侍胡太后，所得賞賜無數，僅次於皇家公主和外戚。劉騰還收養了兩個兒子，一個官郡守，一個官尚書郎。果眞是滿門顯貴，飛黃騰達。

劉騰自小在宮中服役，大字不識一個。後來漸漸識得幾個字，並能歪歪扭扭地書寫自己的名字。他憑什麼一下子出人頭地呢？全部秘密就在八個字：「奸謀有餘，善射人意」。他對胡太后盡量表示忠誠，巴結逢迎，投其所好，胡太后放個屁，他也會說是香的。胡太后樂意使喚這樣的奴才，凡有機密事宜，統統交給他辦。他呢？自然是傾心竭力，孜孜不倦，努力把事情辦好，以讓主子滿意。因此，胡太后和劉騰之間，主子寵信奴僕，奴僕忠於主子，互相利用，相得益彰。

這一年，劉騰突然患了重病，生命垂危。胡太后以為他無救了，特意授他為衛將軍、儀同三司。誰知出現了奇蹟，劉騰起死回生，卻又康復了。胡太后好生歡喜，除衛將軍、儀同三司照授外，還恩准他在洛陽修建一座豪華的府第。劉騰因病得福，雙喜臨門，更加感激胡太后。

然而，胡太后和劉騰的關係，說到底是互相利用的關係。這種關係極其脆弱，經不起時間和實踐的考驗。不久，這對主僕鬧翻了，而且反目成仇，勢若水火，到了你死我活的地步。

事情是由清河王元懌引起的。胡太后年輕守寡，春心蕩漾，難耐宮闈寂寞，少不了要做些風流韻事。最早她與大臣楊白花私通，鬧得滿城風雨。繼又愛上官居太尉的皇叔元懌，誘其就範，情如夫妻。胡太后風流淫蕩，劉騰一概盡知，有些機會還是他親手安排的。爲了討得主子的歡心，他什麼事不能幹呢？

劉騰有個弟弟叫劉飛。劉飛一心想當郡守，央求哥哥幫忙打通關節。劉騰本可以直接稟告胡太后，憑著胡太后一句話，事就辦了。但他卻繞了個彎子，指使一位相好的大臣，上了一份奏表，推薦劉飛出任郡守。奏表呈送元懌。元懌認爲劉飛無德無才，根本不是當郡守的材料，所以扣押了奏表，拒不上報。劉飛郡守沒有當成，怨恨哥哥劉騰，那話要多難聽有多難聽。

劉騰臉上掛不住了。他從宦官的陰暗心理出發，切齒痛恨元懌，進而移恨於胡太后，由此引發出一場天大的變故來。

正光元年（西元五二〇年），劉騰有意結交侍中、領軍將軍元乂，二人稱兄道弟，打得火熱。一次，酒足飯飽以後，劉騰一五一十，將胡太后和元懌的姦情告訴了元乂。元乂恰是元懌的政敵，聽後樂得大笑，說：「哈哈！這下子有好戲看啦！」

劉騰和元乂當即達成默契，決定通力合作，以「歸政遜位」爲理由，逼迫胡太后下臺，誅殺元懌。元乂掌握著統領禁軍的大權，劉騰在宮內也有一定的力量，他倆合作，實現圖謀並不困難。這一天，劉騰和元乂將行動計劃提前通知了孝明帝元詡，然後矯胡太后詔，宣布從即日起「歸政遜位」。接著，元乂派出禁軍，強行將胡太后押赴宣光殿，予以囚禁。同時，以謀逆和淫亂罪，逮捕元懌，不容分說，就地斬首。

這是一起突兀而來的宮廷政變。政變後，元詡名義上親政了，實際大權掌握在元叉和劉騰手裡。劉騰升任司空，親自負責幽禁胡太后。他命宣光殿的大門晝夜關閉，內外斷絕，就連皇帝元詡，也不許與胡太后見面。他還假托聖旨，聲稱必須嚴加「防察」，胡太后不得離開宣光殿半步。當初，他對胡太后奴顏卑膝，畢恭畢敬；如今，他翻臉無情，凶相畢露，命人每天供應胡太后少許飲食，僅夠活命而已。

一個元叉，一個劉騰，權臣和宦官，完全把持了北魏的朝政。《北史》是這樣記述當時的情況的：「表裡擅權，共相樹置，（元）叉爲外禦，（劉）騰爲內防，迭直禁闥，共裁刑賞。……四年之中，生殺之威，決於（元）叉、（劉）騰之手。」

子係中山狼，得志便猖狂。元叉的驕愎之狀姑且不說，這裡單說劉騰。他自爲司空以後，主管刑獄，執掌生殺大權，八面威風，不可一世。凡朝廷任命分赴各地的官員，必須先到他的府第拜訪，察言觀色，領會其意圖，否則就不能保住烏紗帽。造訪的官員排隊等候他的訓示，有的等候數日也難得見面。大小官員來見劉騰，必須先送厚禮，以致劉騰府中，金銀珠寶，車載船裝，絲綢布帛，堆積如山，整個家產以巨億計。他雖是宦官，卻有幾十房妻妾，別人贈送美女、器物，他來者不拒，一概笑納。他一再擴建府第，並奪左鄰右舍的地基和房產，使得數百戶平民家破人亡，淪爲流民和乞丐。

多行不義必自斃。就在劉騰大興土木修建府第的時候，死神突然降臨，劉騰嗚呼哀哉。兔死狐悲。元叉對於這個同夥之死哀傷不已，命令宦官四十餘人爲之守靈，並脅迫元詡追贈他爲太尉和冀州刺史。元叉主持，爲劉騰舉行了葬禮，出殯之時，宮中所有宦官披麻戴孝，「朝貴皆從，軒蓋塡塞，相屬郊野」，風光至極。

可是好景不常。孝昌元年（西元五二五年），胡太后依靠宰相元雍的支持，得以解除幽禁，回到皇宮，重新臨朝聽政。元叉先被削了兵權，繼被賜死。胡太后恨透了劉騰，決心報復已死的「中山狼」。她命追削劉騰所有的官爵稱號，並挖掘其墓，將屍骨暴露於荒野，任憑狼叼狗吃。又抄沒劉騰的家產，將其家人處以流放，暗中派人將他們全部殺害。

劉騰生前得志猖狂，顯赫一時，死後不久，卻被掘墓暴屍，還殃及了家人。按照古人的思想觀念，掘墓暴屍是一種最嚴厲最殘酷的懲罰。胡太后對劉騰實施這種懲罰，旨在發洩報復。在她的心目中，即使將仇人掘墓暴屍，恐怕也難消心頭之恨。

高力士
唐玄宗的忠實奴才

高力士這個名字，人們並不陌生。他生活在中國封建社會的鼎盛時期，見證了唐王朝高度繁榮以及轉向衰敗的全過程。他在唐玄宗與楊貴妃那段艷絕人寰的浪漫史裡，更是一個重要的角色。

高力士本姓馮，叫做馮力士。他的曾祖馮盎在唐高祖時官上柱國將軍、高州總管，封越國公。馮盎又是北燕國王馮弘的裔孫，馮弘為鮮卑族人。所以，《舊唐書》和《新唐書》為馮盎立傳，將其列在「諸夷蕃將」的篇目之內。

馮力士生父的事蹟無從考證，生母麥氏肯定是漢族人。麥氏的曾祖麥鐵杖，以驍勇、善跑出名，《北史》本傳誇張地形容他「日行五百里，走及奔馬」，比現在的馬拉松賽冠軍厲害得多。麥鐵杖一生戰功顯赫，隋煬帝時官至右屯衛大將軍。

馮力士出生於唐中宗嗣聖元年（西元六八四年），出生地在潘州（今廣東茂名北）。他自小長得臉圓面白，聰明伶俐，尤其是胸前生有七顆黑痣，很引人注目。一些相面的術士據痣斷言：這小子天生福相，日後必定大貴。

馮力士長到十歲的時候，爲了追求「大貴」，決定外出闖蕩世面，自謀生路。麥氏捨不得兒子小小年紀就離開母親，緊緊地將他摟在懷裡，痛哭不已。母子分別之時，麥氏抽泣著說：「今日一別，再見無期。兒呀！你胸前七顆黑痣，別人說它預示著大貴。娘若不死，你我相見即以它爲憑證。還有，娘平日戴的這對手鐲，你總愛拿著玩耍。娘要好好保存它，日後見面也是一個憑證。這些話，兒要切記切記！」

馮力士含淚辭別母親，獨自踏上了茫茫難測的謀生路程。

武則天聖曆元年（西元六九八年），嶺南討擊使李千里向長安（今陝西西安）皇宮進獻兩個閹割了的少年，其中一個便是馮力士。顯然，他是在謀生的途中，落到了李千里的手裡，或許是自願，或許是無奈，被閹割，進而被當作「貢物」，獻進了皇宮。

其時，武則天當皇帝，改國號爲周，已經八年。馮力士作爲宦官，初進皇宮，耳聞目睹了女皇帝政治上的精明幹練和生活上的奢侈腐化。這個時候，他還沒有資格接近皇帝，只是在宮中做些跑腿、掃除之類的雜役罷了。

不久，馮力士犯了什麼過錯，被驅逐出皇宮。他流落街頭，舉目無親，生活無著。幸虧宦官高延福見他可憐，收留了他作爲養子。從此，馮力士隨養父姓高，改叫高力士。天長日久，他原來的姓氏，漸漸地被人遺忘了。

武則天稱帝期間，重用武氏子侄，武承嗣、武三思等權勢顯赫，炙手可熱。高延福憑著自己的關係，將高力士安排在武三思家服役，反覆叮囑，務要謹慎小心，不可魯莽造次。高力士頭腦靈活，手腳勤快，很快受到武三思的賞識。一年以後，經過武三思的推薦，高力士得以重新回到皇宮，負責伺候皇帝的飲食。武則天見他眉清目秀，恭謹唯諾，很是喜歡，提拔他當了宮闈丞。宮闈丞算是宦官的小頭目，職責是在皇帝的寢宮裡服務。武則天晚年迷戀男色，變愛內寵張易之、張昌宗等，是很需要一些忠誠可靠的宦官，以供使喚的。

年復一年，高力士長成大人了。高高的身材，壯壯的體魄，相貌堂堂。他記取上次被逐的教訓，變得乖巧和圓滑了，尤善揣摩皇帝的意圖，盡力投其所好。宦官的差事就是伺候人的。因此，他只能以主人的思想爲思想，以主人的意志爲意志，老實本分地充當奴才，僅此而已。

神龍元年（西元七〇五年）正月，宰相張柬之等發動宮廷政變，逼使武則天遜位，擁立唐中宗李顯復位。唐中宗在唐高宗死後曾當皇帝，三個月後被武則天所廢，放逐外地，飽經磨難。唐中宗復位後，恢復唐的國號，沈緬享樂生活。韋皇后、安樂公主和武三思勾結在一起，把持朝政，爲所欲爲，激起天怒人怨。

唐中宗的侄兒李隆基初封楚王，進封臨淄郡王，青年英武，氣度不凡。高力士認定此人大有出息，前景不可限量。他經過愼重考慮，遂傾心附結，屢屢前去通報宮中消息，因而得到李隆基的信任。李隆基與姑母太平公主（武則天女兒）結成聯盟，等待時機，隨時準備發動政變，奪取國家的最高權力。

景龍四年（西元七一〇年）五月，韋皇后毒殺了唐中宗，立了一個小皇帝李重茂，自己臨朝稱制，進而想效法武則天，自當女皇，號令天下。六月，李隆基和太平公主聯手，發動羽林軍攻進皇宮，誅殺了韋皇后和安樂公主等，並幾乎殺盡了韋氏和武氏集團中人。然後由太平公主出面，擁立唐睿宗復位。唐睿宗即李隆基之父，先前也曾當過七個月皇帝，繼被武則天所廢，改爲皇嗣，賜姓武。唐睿宗二次爲帝，立了李隆基爲皇太子。

高力士在這次政變中是有功勞的。功勞得到報賞，他被擢爲內給事。內給事主掌承旨勞問，宣召百官。皇帝透過這個環節，得以與臣屬們保持密切的聯繫。

先天元年（西元七一二年），唐睿宗禪位於皇太子。李隆基登上皇帝寶座，是爲唐玄宗。次年，太平公主企圖毒殺唐玄宗，沒有得逞，接著準備發動兵變，推翻侄兒皇帝。唐玄宗得到密報，先發制人，誅殺了太平公主及其心腹黨羽。在這次至關重要的宮廷鬥爭中，高力士堅定地站在唐玄宗一邊，通風報信，出謀劃策，表現出了絕對的忠誠。唐玄宗熟知高力士的爲人，破格提拔他爲右監門衛將軍，並知內侍省事，官從三品。

高力士受寵若驚。因爲唐太宗李世民當初曾明確規定，內侍省不立三品官，宦官不任以事，只管門閣守御、廷內掃除、傳呼進膳等事項。唐中宗時，內侍增多，但宦官官階最高者只能從七品。而今，高力士一步登天，不僅封爲衛將軍，而且主管內侍省，官從三品，穿戴紅色和紫色官服，躋身於權貴行列。如此，他怎能不吃驚呢？

高力士飛黃騰達，果眞大貴了。

高力士這位三品高官，職責概括起來就是一句話：忠實地爲唐玄宗服務。皇帝臨朝，他站在殿頭供奉，持節傳命；皇帝外出，他緊隨左右，時刻聽從使喚。夜間，皇帝睡覺，他手持長戟，守護在寢殿門前，以防發生意外。由於高力士忠心耿耿，善伺上意，所以唐玄宗對之一百個放心。一次，唐玄宗笑著跟人說：「高力士當值，朕夜間睡覺，最覺得安穩。」

唐玄宗即位以後，雄才大略，勵精圖治，先後任用姚崇、宋璟、張嘉貞、張說（說，讀作稅）、李元域、杜暹（暹，讀作先）、韓休、張九齡等爲宰相，鼓勵生產，革除時弊，安定社會秩序，從而使唐王朝政治清明，經濟繁榮，文化發達，人民安居樂業，中國封建社會進入鼎盛時期，史稱「開元盛世」。高力士作爲唐玄宗的貼身宦官，爲「開元盛世」的出現，無疑是作出了貢獻的。

唐玄宗取得成就以後，以爲天下太平了，進取心漸漸消失，變得驕傲懶惰起來。開元二十四年（西元七三六年），不學無術的李林甫爲宰相，標誌著「盛世」已經到了盡頭，各種潛伏的危機開始顯露出來。

李林甫的高升，高力士有著不可推卸的責任。高力士整日伺候在唐玄宗的身邊，消息靈通，權勢薰灼。四方奏事，必須首先打通他的關節，否則奏章根本就到不了皇帝手裡。小事，高力士自己就決斷了；大事，他要報告皇帝，那怕唐玄宗正在沐浴、睡覺，他也能直出直入，當面奏陳，請旨定奪。所以，唐玄宗在位期間的大小事情，大至宰相人選的確定，小至嬪妃爭寵的調解，高力士的作用和影響無時不有，無處不在。李林甫正是鑽了這個空隙，透過高力士，才爬上宰相高位的。

李林甫起初只是個千牛直長的小吏，後靠舅父姜皎的提攜，官遷太子中允；再投靠宇文融，升任吏部侍郎。李林甫生性風流，私通侍中裴光庭妻子武氏。而這個武氏恰是武三思的女兒。高力士當初曾在武三思家服役，認識武家的這位千金小姐。憑著這層轉彎抹角的關係，武氏在丈夫死後，特託高力士幫忙，請他極力薦舉情夫李林甫，最好能讓李林甫當上宰相。高力士滿口應允，說：「這事不難。不過得容我想想辦法，切莫做得太露，以免引起疑忌。」

高力士左思右想，決定造訪武惠妃。武惠妃是恆安王武攸止的女兒，也是武三思的侄女，正得唐玄宗的專寵，貴冠後宮。武惠妃一心想當皇后，沒能如願，轉而想讓親生的兒子壽王李瑁爲太子。母以子貴。只要李瑁能當太子，她就還有可能戴上皇后的鳳冠。其時，唐玄宗已經立了太子李瑛。武惠妃迫切需要大臣出面說話，勸諫唐玄宗改立皇儲。高力士利用武惠妃的這種心理，告訴她說，吏部侍郎李林甫願意幫助李瑁成爲太子，前提是她要先在唐玄宗跟前吹風，使李林甫成爲宰相。

恰巧，韓休薦舉李林甫，聲稱此人具有宰相才能。武惠妃趁機鼓噪，誇獎李林甫如何精明，如何幹練。唐玄宗並不十分了解李林甫，徵詢高力士的意見。高力士當然表示贊同，說：「李林甫言語甜蜜，廣有人緣，想來堪當大任。」就這樣，口蜜腹劍的李林甫當上了中書令，進而同中書門下三品，成了一人之下、萬人之上的宰相。

李林甫得意洋洋，笑逐顏開。他爲了報答高力士和武惠妃，派人觀察、收集李瑛及其親從的過失，以便進讒。李瑛與鄂王李瑤、光王李琚關係親密，三人均因生母失寵，常在一起大發牢騷，互訴怨情。李林甫掌握了這一情況，馬上向武惠妃報告。武惠妃轉而在唐玄宗跟前忸怩撒嬌，跪地嗚咽，說：「臣妾乞請退居閒室，以免遭人忌恨。」

唐玄宗心疼愛妃，說：「這話從何說起？」

武惠妃淚流滿面，抽抽泣泣地說：「太子李瑛，陰結黨羽，將殺臣妾母子，而且怨恨陛下。太子久已正位，關係國本。既然臣妾母子的存在，會使太子感到不安，陛下不如早日將臣妾母子廢置，免得累及陛下。」

唐玄宗聽了愛妃這一番話，忍不住拍案大怒，說：「豈有此理！李瑛原非嫡出，明日便當廢去！」

武惠妃暗暗偷笑，說：「鄂王、光王實與太子同黨，陛下若廢太子，二王必定生變。」

唐玄宗說：「生變？反了不成？二子不孝，當一併廢去！」

次日早朝，唐玄宗口諭，擬廢太子及鄂王、光王。另一位宰相張九齡切諫，拒不奉詔，惹得唐玄宗老大不快。李林甫低聲對高力士嘟囔說：「天子家事，外人何必摻和？」高力士笑而不答。事後，李林甫和高力士密謀，合力詆毀張九齡。張九齡被迫罷相，貶徙外地。這樣一來，李林甫獨自專權，更加飛揚跋扈了。

開元二十五年（西元七三七年），又有人讒構太子和鄂王、光王心蓄異謀。這次，武惠妃耍了個花招，詐稱宮中有賊，一面派人去召太子和鄂王、光王，命他們率兵進宮捉賊；一面急匆匆地跑至唐玄宗跟前，說：「太子、二王謀反，正帶甲兵而來，請陛下快快躲避。」

唐玄宗派人察看，果如其言。他勃然大怒，問計於李林甫說：「怎麼辦？」

李林甫陰陽怪氣地說：「陛下家事，非臣所宜參與。」

高力士插話說：「太子、二王未奉聖旨，擅發甲兵，罪不容赦！」

唐玄宗全然不察事情眞僞，當即頒詔，宣布說：「太子瑛、鄂王瑤、光王琚，同惡均罪，並廢爲庶人。」接著又頒詔，將三人殺害。李瑛、李瑤、李琚無辜被殺，天下冤之，合稱他們爲「三庶人」。

武惠妃依靠高力士、李林甫的幫助，除去太子，心中歡喜。可是，由於她心術不正，自覺理虧，常做惡夢，夢見冤鬼索命，所以半年後就死了。她一死，兒子李瑁也就難以成爲太子。李林甫倒是想報答武惠妃的，明裡暗裡說了李瑁的不少好話。但唐玄宗考慮，活著的皇子裡面，第三個兒子李亨居長，廢長立幼，不合規矩。爲此，他主意難定，寢食不安。一天，他又不吃飯了。高力士惶恐地說：「陛下不進飲食，是嫌飯菜不合口味吧？」

唐玄宗搖頭，嘆氣說：「唉！你是朕的老奴，難道猜不著朕的心思嗎？」

高力士最摸皇帝的秉性和脾氣，試探著說：「奴才想，皇上大概是儲君未定，以致煩惱。」

唐玄宗點頭，說：「這算是一件事！」

高力士原本是想薦舉李瑁爲太子的。然而武惠妃死了，他也就沒有必要去落那個沒人領的人情了。他順著唐玄宗的心意，說：「皇上不必如此勞心，儘管推長而立，何人敢有爭言？」

唐玄宗眼睛一亮，說：「你說得很對！朕意決了！」

高力士眞是一言千金，憑他一句話，唐玄宗決定立李亨爲太子。

高力士在唐玄宗心目中的地位，由此可見一斑。唐玄宗對於高力士從不直呼其名，大多稱爲「將軍」。太子李亨稱他爲「二兄」，諸王和公主稱他爲「阿翁」，駙馬等則稱他爲「爺」。至於王公貴戚和文武大臣，在高力士面前，也都是巴結逢迎，畢恭畢敬。所有人都清楚這樣一個事實：高力士是唐玄宗最寵信最親近的宦官，他說一句話，可以使人顯貴，也可以使人潦倒。所謂「皇帝家奴，人見人怵」，這是千眞萬確的道理。

高力士發跡以後，沒有忘記離別多年的母親麥氏。他請嶺南節度史打聽麥氏的下落，歷經數載，終於在瀧州（今廣東羅定）找到了。高力士派人將麥氏接到長安，母子分離三十多年，見面時彼此都不認識了。許久，麥氏說：「我兒胸前那七顆黑痣還在嗎？」

高力士解衣袒胸，露出黑痣，說：「在！」他停了停，說：「娘手裡也有一物，不知還在嗎？」

麥氏取出一對手鐲，說：「這對手鐲，兒小時經常摸著它玩耍。娘一直珍藏著，盼著和兒見面。蒼天保佑，你我終能……」

母子相認，抱頭慟哭，情景感人。唐玄宗得知高力士母子團圓，非常高興，破例冊封麥氏爲越國夫人，追贈其亡夫爲廣州大都督。高力士的養父高延福也得到朝廷的供奉，享受和麥氏同樣的待遇。高力士在長安城裡有兩處府邸，一在興寧坊，一在翊善坊。麥氏和高延福住在那裡，度過了無憂無慮的晚年。按照常規，宦官是不能娶妻的，但少數顯貴者例外，不僅可以娶妻，還可以有三房四妾。河間（今河北河間）人呂玄晤在京師衙署當差，多年爲刀筆小吏。他有一個女兒，頗有幾分姿色，託人說合，嫁給高力士爲妻。高力士娶了妻子，呂玄晤跟著沾光，陡然升任少卿。呂玄晤的子弟，也由高力士安排，分別混上了官職。高力士的岳母去世，朝廷官員爭相贈禮弔唁，出殯之日，官員前往送葬的車馬，從呂府一直延伸到墓地，綿延不絕。後來，高力士的生母麥氏去世時，葬禮更是風光。金吾大將軍程伯獻拜高力士爲兄長，自願爲麥氏披麻戴孝，充當「孝子」。

高力士侍奉唐玄宗，極善察言觀色，審時度勢。有時，他還能如實反映情況，誠懇地說出自己的意見。

一次早朝，唐玄宗說：「這些年來，朕經常往來於兩都（長安和洛陽）之間，甚覺勞弊，今欲長住關內（關中地區），其可致焉？」

大臣們說：「關內人多糧少，江淮漕運轉輸極難，臣等愚蒙，未知爲計。」

唐玄宗聽後很不高興。後來，李林甫、牛仙客採取徵稅、和糴（糴，讀作敵，買進糧食）

等措施，暫時解決了長安糧食緊張的問題。對此，唐玄宗深感滿意。一天在大同殿，他悄聲對高力士說：「朕想長住關內，願望能夠實現了。現在俗阜人安，中外無事，高止黃屋，吐故納新。朕欲將軍國之謀，委以李林甫，卿以爲如何？」

高力士想了想，說：「李林甫、牛仙客之策，足堪救弊，未可長行。國無旬月之蓄，人懷饑饉之憂，棄本逐末，其遠乎哉？但順動以時，不逾古制；徵稅有典，自合恆規。則人不告勞，物無虛費。軍國之柄，未可假人，威權之聲，振於中外，得失之議，誰敢興言？」

高力士表達如此見解，使唐玄宗非常驚訝。他說：「卿近十年來，不多言事，今所敷奏，未會朕心。」

高力士趕緊跪地叩頭，說：「臣生於夷狄之國，長自升平之代，一承恩渥，三十餘年，嘗願粉身碎骨以裨玄化，竭誠盡節，上答皇慈。怎奈受風疾所侵，遂使言辭舛（舛，讀作喘，錯亂）謬。剛才所言，不稱天心，合當萬死。死罪！死罪！」

唐玄宗大笑，扶起高力士，說：「朕與卿休戚共同，卿何須憂慮？」接著命左右置酒，飲酒爲樂，消除高力士的惶恐心情。

高力士又升官加爵了，加累驃騎大將軍，封渤海郡公。後來，又加開府儀同三司（設置府署，按照三公規格自選僚屬，是爲文散官員的第一階），封越國公。他出錢資助，在來庭坊建了一座佛寺，在興寧坊建了一座道觀。佛寺和道觀裡高樓華殿，奇玩無數。佛寺裡新鑄一口大鐘，鐘成，高力士宴請王公大臣，並讓他們扣鐘，規定每扣鐘一響，捐錢十萬緡。權貴們爲了取悅於高力士，爭相扣鐘，最多的扣二十響，使佛寺一天的收入達數千萬緡。高力士自家擁有不少產業，主要是澧河岸邊的碾坊，每日平均收入糧食三百斛左右。朝廷和地方官員還經常給高力士送禮。宇文融、李林甫、蓋加運、韋堅、楊愼矜、楊國忠、安祿山、安思順、高仙芝等，都曾賄賂過高力士。作爲回報，高力士在唐玄宗跟前盡力爲他們美言，使之各有所得，獲利甚多。

高力士作爲唐玄宗的貼身宦官，負責料理皇帝個人生活的各個方面。早在開元十四年（西元七二六年），高力士奉命使閩（今福建）選美，選得一位才貌雙絕的十六歲少女江采蘋，帶回長安。江采蘋天生麗質，姿色美艷，同時熟讀詩書，能歌善舞，極得唐玄宗的愛幸。江采蘋性愛梅花，所居之處，養梅植梅，花色絢麗，芳香濃郁，並作有《蕭蘭》《梨園》《梅花》《鳳笛》《玻杯》《剪刀》《綺窗》七賦，每篇賦中都寫到梅花。唐玄宗興之所致，親書「梅亭」二字，作爲她寢殿的名稱，以其所好，隨口稱呼她爲「梅妃」。《梅妃傳》記載當時唐玄宗愛幸梅妃的情況：「長安大內、大明、興三宮，東都大內、上陽兩宮，幾四萬人，自得妃，視如塵土。」

唐玄宗是有名的風流皇帝。典籍中記錄他的后妃有王皇后、武惠妃、劉華妃、趙麗妃、楊貴嬪、錢妃、皇甫妃、劉才人、高婕妤、郭順儀、柳婕妤、虞美人、閻才人、王美人、陳才人、鄭才人、武賢儀等。而今又得到江梅妃，按說應該滿足了。但是，封建皇帝的私欲是沒有止境的，時間一長，他對梅妃的感情也就淡薄了。開元二十五年（西元七三七年），他所寵愛的武惠妃死了以後，他深感寂寞，包括梅妃在內的所有嬪妃，沒有一人能讓他享受到生活的樂趣。

唐玄宗悶悶不樂，高力士看在眼裡，急在心裡。一天，高力士去壽王李瑁府中辦事，無意間發現壽王妃楊玉環天姿國色，絕世無雙。他立刻回宮報告唐玄宗，繪聲繪色地講述了楊玉環如何如何美貌，並說此女宜充掖庭，侍奉皇帝。

唐玄宗怦然心動，急命高力士宣召楊玉環入宮，他要當面看個究竟。楊玉環應召而來。唐玄宗注目凝視，頓時驚呆了。但見她肌態豐艷，骨肉婷勻，眉不描而黛，髮不漆而黑，頰不脂而紅，唇不塗而朱，果然沉魚落雁，閉月羞花，傾國傾城。唐玄宗又命楊玉環表演歌舞。楊玉環邊歌邊舞，端的是歌如黃鶯，舞似飛天。唐玄宗如癡如醉，全然不顧公媳名分，當夜留楊玉環侍寢。楊玉環羞羞答答，嬌嬌滴滴，曲意承旨，把個唐玄宗侍奉得骨酥肉麻，歡暢無比。

這一年，唐玄宗五十五歲，楊玉環二十一歲。

楊玉環，蒲州永樂（今山西永濟）人，生於開元七年（西元七一九年）。父親楊玄琰早逝，她從小寄養在叔父楊玄珪家，受到良好的教育，悟性很強，通曉音律，善歌善舞。十六歲時嫁給壽王李瑁爲妃，夫妻感情篤厚。不想公公唐玄宗賞識她的美貌，從而由此改變了她的人生軌跡。

唐玄宗意外得到楊玉環，精神煥發，樂不可支。公公強占兒媳，實是一件醜聞，有悖於倫理。唐玄宗有的是辦法，先將楊玉環度爲道士，賜號「太眞」。然後於天寶四年（西元七四五年），公然冊封楊玉環爲貴妃。對於兒子李瑁，則命另娶左衛侍郎韋昭訓之女爲妃，算是一種「補償」。

唐玄宗和楊貴妃，老夫少妻，恩愛無限，尋歡作樂，賽過神仙。誠如大詩人白居易在《長恨歌》中描寫的那樣：「雲鬢花顏金步搖，芙蓉帳暖度春宵。春宵苦短日高起，從此君王不早朝。承歡侍寢無閒暇，春從春遊夜轉夜。後宮佳麗三千人，三千寵愛在一身。」

唐玄宗說：「朕得楊貴妃，如得至寶也。」爲此，曾自作一首樂曲，樂曲的名字就叫《得寶子》。當時，後宮沒有皇后，楊貴妃就是事實上的皇后。後宮裡，專爲她縫製衣服的宮女有七百人，雕鏤器物的工匠有四五百人。一女得寵，全家顯貴。楊貴妃的亡父楊玄琰被追贈爲太尉、齊國公，生母被封爲涼國夫人，叔父楊玄珪升官光祿卿，兩個堂兄楊銛和楊錡分別升官鴻臚卿和侍御史。楊貴妃還有三個姐姐，均有姿色，分別被封爲韓國夫人、虢國夫人和秦國夫人。愛屋及烏。唐玄宗因爲寵愛楊貴妃，同時也愛這三位皇姨，賞賜無數，僅脂粉錢，每人每月就賞十萬緡。

楊貴妃如此得寵，引起了梅妃江采蘋的忌恨。梅妃嘲笑楊貴妃過於肥胖，楊貴妃則譏誚梅妃過於清瘦。起初只是姿色上的批評，後來竟發展到互相讒謗，水火不容，避路而行。唐玄宗冷落了梅妃，自覺過意不去。天寶五年（西元七四六年），一天，他忽生眷戀之情，前往梅亭，並在那裡歇宿。不想楊貴妃醋勁大發，找上門去，破口大罵「梅精」，弄得唐玄宗十分尷尬。唐玄宗大怒，命高力士將楊貴妃送還楊銛家，從此不准回宮。

事情發生得非常突然。楊貴妃出宮僅僅一天，唐玄宗卻像過了一年似的，他感到空虛，感到寂寞，長吁短嘆，煩躁不安，不吃不喝，直想發脾氣，鞭笞左右。高力士心領神會，當晚給楊銛府中送去衣物酒菜百餘車，第二天便將楊貴妃接了回來。楊貴妃猛地出現在唐玄宗面前，唐玄宗且驚且喜，從內心裡感激最摸自己心思的高力士。

楊貴妃回宮，遭殃的是梅妃。她被趕出梅亭，遷居長陽東宮，實際上是被打入冷宮了。梅妃非常傷感，想起漢武帝皇后陳阿嬌的故事，自取千金送給高力士，請他幫忙找個司馬相如那樣的文人，寫一篇《長門賦》那樣的文章，諫勸皇帝能回心轉意。

處事圓滑的高力士感到左右爲難。梅妃是他選美選進皇宮的，按說自己應該幫忙。可是現在楊貴妃得寵，如日中天，自己若幫梅妃，豈不是自討沒趣？因此，他沒有接受梅妃的千金，推脫說：「老奴無能，實在找不到司馬相如那樣的文人。」

梅妃無奈，自恨命苦，憂鬱哀傷，作賦自悼，最後死於「安史之亂」之中。

高力士侍奉楊貴妃，像侍奉唐玄宗一樣，周到而又精心。楊貴妃乘輦外出，他必親自執鞭扶輦，侯於左右。楊貴妃遇到煩心事，他必竭力周旋，爲之排解。天寶九年（西元七五〇年），唐玄宗避過楊貴妃，偷偷地和虢國夫人調情。楊貴妃發現後，又發醋勁，出言不遜。唐玄宗傷了臉面，一怒之下，又命將楊貴妃送回楊銛府中。這場風波鬧得驚天動地。楊氏兄妹誠惶誠恐，派人到宮中說情。唐玄宗心裡空落，坐立不安。楊貴妃隨手剪下一縷青絲，交給宦官張韜光，嗚咽著說：「勞你代奏皇上：妾罪合萬死。妾平生所有，皆聖恩所賜。唯髮膚是父母所生。今當即死，謹以一縷青絲獻給皇上。」

張韜光據實回奏。唐玄宗嚇壞了，急命高力士說：「快！快去把貴妃接回來！」

高力士忠實地執行任務，從而使唐玄宗和楊貴妃和好如初。

楊貴妃大見寵幸之時，「詩聖」李白正在長安，任翰林供奉。李白素來蔑視權貴，一次醉酒，奉命作文，高力士曾爲之脫靴。高力士對此耿耿於懷，以爲是一生的恥辱。又一年春天，唐玄宗和楊貴妃在興慶宮沉香亭觀賞牡丹，命召李白寫詩助興。李白略加思索，揮毫寫下三首《清平調詞》。詩中寫花寫人，將花、人融爲一體，即寫楊貴妃的美貌。其中第二首寫道：

一枝紅艷露凝香，
雲雨巫山枉斷腸。
借問漢宮誰得似？
可憐飛燕倚新妝。

全詩語語濃艷，字字流葩。楊貴妃滿心歡喜，笑上眉稍。誰知事後，高力士雞蛋裡挑骨頭，說：「李白將貴妃娘娘比做『漢宮飛燕』，那就是漢成帝皇后趙飛燕，賤之甚矣！」

楊貴妃聽了不由不怒，遂與高力士一起，合力詆毀李白，阻止唐玄宗授給李白更高的官職。李白搖頭苦笑，一跺腳離開長安，樂得去過逍遙自在、狂放不羈的生活。

唐玄宗寵幸楊貴妃，縱情聲色，越來越怠於政事。一次又對高力士說：「朕年事漸高，心力有限，朝廷細務，委以宰臣，蕃戎不懾，付以邊將，自然無事，日益寬閒，卿謂如何？」

高力士看了看皇帝，說：「皇上久在內宅，不知時議。臣近於閣門外聽諸道奏事人說，雲南頻有喪律，陛下何以禦之？北兵近甚精強，陛下何以制之？但以皇威遠震，聖澤旁流，足以呑食鯨鯢，翦滅封豕，諸餘纖介，曾何足云！臣恐久無備於不虞，卒有成於滋蔓，然後禁止，不亦難乎？」

高力士的這段話，既有頌揚皇帝「皇威」的成分，又有擔心時局「滋蔓」的成分。唐玄宗正陶醉在歌舞升平的氣象當中，根本不把雲南「喪律」、北兵「精強」的危機當回事。

天寶七年（西元七四八年），楊貴妃的另一個堂兄楊釗出任京兆尹，即長安的行政長官。這個楊釗據說是武則天男寵張易之之子，其母改嫁楊氏，他便改姓爲楊。他原是蜀郡（今四川）的一個小吏，生性狡詐，工於算計，依仗是楊貴妃的堂兄，來到京城，巴結李林甫和高力士，初任判度支事，分管財政稅務事項。此人極善僞裝，逐漸得到賞識。唐玄宗特地賜名「國忠」，意在表明他是「國家忠良」。天寶十一年（西元七五二年），楊國忠加官御史大夫。同年，李林甫死，楊國忠扶搖直上，當上了宰相兼吏部尚書。其後，唐玄宗一頭鑽在後宮，軍政大事統由楊國忠決斷。楊國忠相繼兼領四十餘職，招降納叛，結黨營私，權傾內外，好生了得。

楊國忠爲相期間，遇事報喜不報憂，專門欺騙唐玄宗。一年秋天，關中連續兩個月大雨，災荒嚴重。楊國忠不知從什麼地方弄來一支碩大的穀穗，告訴唐玄宗說：「今年雖然有災，收成還好，瞧這穀穗，多麼喜人！」

朝臣們明知這是假話，但懼於楊國忠的權勢，全都沈默不語。事後，唐玄宗問高力士說：「今年這麼大的澇災，收成能好嗎？將軍不妨如實地告訴朕，情況到底怎樣？」

高力士嘆了口氣，說：「自從陛下把朝政大權委任給宰相以後，陰陽失度，法令不行，天下怎麼可能安寧呢？臣自知說了無用，所以只好鉗口，免得惹陛下煩惱。」

這說明，高力士對於唐玄宗極度信任和重用楊國忠，是有看法的。只是因爲宦官身分的限制，他不便說三道四罷了。

皇帝昏聵，貴妃專寵，奸相專權，朝政腐敗，天下還能安寧嗎？天寶十四年（西元七五五年），范陽、平盧、河東三鎮節度使安祿山及其部將史思明，突然舉兵反唐，率領十五萬大軍，浩浩蕩蕩地殺向長安。歷史上著名的「安史之亂」爆發了。

高力士數年前曾提醒唐玄宗說：「北兵近甚精強，陛下何以制之？」可惜，唐玄宗只顧縱情聲色，根本沒把提醒放在心上。相反，正是他，一再給統領「北兵」的安祿山升官晉爵，終於釀成了禍患。

安祿山是個只知其母不知其父的雜種胡人，本姓康，名叫軋犖山（犖，讀作絡）。其母爲巫師，改嫁突厥人安延偃。他遂改姓改名，叫做安祿山。此人陰險詭詐，善測人意，野心勃勃，一直覬覦著大唐江山。他被封爲將軍後，多次到長安晉見唐玄宗，實際上是爲了打探朝廷的虛實。他想方設法討好唐玄宗和楊貴妃，竟然無恥地認楊貴妃爲母，自己稱兒，每次入朝，總是先拜楊貴妃，然後才拜唐玄宗。唐玄宗偏愛安祿山，不僅任命爲三鎭節度使，封爲東平郡王，還在長安爲他修建了豪華的府邸。安祿山和楊氏兄妹混得很熟，傳說他與楊貴妃之間還存在苟且私情，史無記載，難以悶定。

安祿山原計劃在唐玄宗死後反唐，然而是楊國忠促使他提前採取了行動。楊國忠出於一種忌恨心理，曾派兵搜查安祿山在長安的府邸，殺害了安祿山派遣的兩個奸細。因此，安祿山痛恨楊國忠，「以誅國忠爲名，且指言妃（楊貴妃）及諸姨（韓國夫人、虢國夫人、秦國夫人）罪」，扯起了反唐的旗號。

「安史之亂」爆發的時候，唐玄宗、楊貴妃及楊氏兄妹等，正在驪山華清宮花天酒地，尋歡作樂。警報傳來，眾人嚇得目瞪口呆，誰也不信這是眞實的消息。安史叛軍一路殺來，勢如破竹，很快攻占洛陽，攻克潼關（今陝西潼關）。年邁的唐玄宗陡生英武氣概，意欲御駕親征。這時，「諸楊大懼，痛哭於廷」，楊國忠入告楊貴妃，「妃銜袂請死，帝意沮，乃止」。親征不成，只有逃命。天寶十五年（西元七五六年）六月，唐玄宗帶領楊貴妃等，倉皇西逃，高力士隨行，右龍武將軍陳玄禮率領禁軍護衛。他們剛剛離開長安，安史叛軍隨即攻進城內，燒殺搶掠，繁華帝都陷入血火之中。

唐玄宗一行人逃至馬嵬坡（今陝西興平馬嵬坡），烈日暴曬，又餓又渴。陳玄禮仇恨楊國忠，趁機發動兵變，鼓動禁軍們說：「今天下崩離，萬乘震盪，豈不由楊國忠割剝甿庶（甿，讀作萌，古代農村居民），以至於此？若不誅之，何以謝天下？」

禁軍們吶喊說：「念之久矣！」

陳玄禮勒兵不前，奏告唐玄宗說：「逆胡安祿山反叛，以誅楊國忠爲名，然中外群情，莫不嫌怨。今國步艱阻，乘輿震盪，陛下宜徇群情，爲社稷大計，楊國忠之徒，可置於法。」

唐玄宗尚在猶豫，恰有吐蕃（蕃，讀作波）使者纏住楊國忠，訴說逃難苦況。禁軍們借題發揮，說：「楊國忠正與吐蕃人謀反！」於是，一起圍上前去，一陣亂刀亂劍，將楊國忠及其兒子楊暄剁成了肉泥。

禁軍們殺死楊國忠，仍然不肯行軍，鼓噪說：「禍本尚在！」陳玄禮手執兵器，再次奏告說：「楊國忠父子既誅，太眞（楊貴妃）不合供奉！」

唐玄宗聽了這話，臉色暗淡，呆若木雞。京兆府司錄參軍韋諤叩頭流血，說：「臣聞以計勝色者昌，以色勝計者亡。今宗廟震驚，陛下奪神器，奔草莽，唯有割恩以安社稷。」

唐玄宗那樣寵愛楊貴妃，怎能捨得「割恩」呢？他注視高力士，意在徵詢意見。高力士非常清楚當時的情勢：姑息楊貴妃，禁軍們絕對不會答應，弄得不好，甚至可能危及唐玄宗的性命。他想了想，說：「楊國忠負罪，諸將誅之。貴妃乃楊國忠之妹，猶在陛下左右，群臣能無憂怖？伏乞聖慮裁斷。」高力士對於唐玄宗和楊貴妃同樣忠誠，而在這時，他只能向著皇帝而捨棄貴妃了。這是迫不得已的無奈選擇。

唐玄宗畢竟是自私的。爲了自保，他不得不忍痛割愛，見了楊貴妃最後一面，然後賜楊貴妃死。賜死的任務交給高力士執行。這是一項讓人難堪的差事，高力士硬著頭皮奉旨。在一株結滿青果的梨樹下，他略加布置，伺候著悲悲切切的楊貴妃投繯自縊。他面無表情，只能默默地祈禱說：「貴妃娘娘！黃泉路上，請走好！」

楊貴妃死時三十七歲。她的三個姐姐，相繼被殺害。

兵變終於平息，唐玄宗等逃亡至成都（今四川成都）。太子李亨擅自在靈武（今寧夏寧武西南）即皇帝位，是爲唐肅宗，改元至德，遙尊唐玄宗爲太上皇。

唐玄宗陡然成爲太上皇，意味著就此失去了至高無上的皇權。他哭笑不得，聊以自慰地說：「我兒嗣位，應天順人，改元至德，孝乎唯孝。卿之與朕，亦有何憂？」

高力士伏地說：「陛下躬親庶務，享有天下四十餘年，歌舞升平。而今兩京（長安和洛陽）失守，萬姓流亡，西蜀、朔方，皆爲警蹕（蹕，讀作畢，帝王車駕）之地，河南、漢北，盡爲征戰之場。天下之臣，莫不增痛。陛下剛才說『卿之與朕，亦有何憂？』臣不敢苟同。臣聞主憂臣辱，主辱臣死，死辱之義，職臣之由。臣不孝不忠，尚存餘喘。親蒙曉諭，戰懼伏深。」這番話表明高力士對時局有著比較清醒的認識，同時表明他忠於唐玄宗，矢志不渝。

唐肅宗移駕鳳翔（今陝西鳳翔），指揮平叛戰事。唐玄宗在成都，飲酒爲樂，別無他圖。唐玄宗說：「皇帝（指唐肅宗）久在鳳翔，兵威大震，凶徒逆黨，即應殄滅（殄，讀作舔，滅絕）。」

高力士說：「逆賊背天地之恩，恣豺狼之性，更相魚肉，其可久乎？」

至德二年（西元七五七年）十月，唐將郭子儀收復了長安和洛陽。十二月，唐玄宗和高力士等回到長安，仍住興慶宮。這時的唐玄宗已經不是皇帝，儀仗被撤消，侍從被減少，生活待遇大大降低。好在高力士仍在他的身邊，盡心盡力地爲他服務。

唐肅宗及其皇后張氏，看好興慶宮的旖旎風光。上元元年（西元七六〇年）七月，他們指使寵信的宦官李輔國率領禁軍，強行將唐玄宗遷居殘破的太極宮。遷居過程中，李輔國態度蠻橫，全無人臣之禮。高力士非常氣憤，竭力保護主子，方使唐玄宗免受凌辱。事後，唐玄宗拉著高力士的手，感激地說：「若非將軍，朕且爲兵死鬼矣！」這時，唐玄宗七十五歲，高力士七十六歲。兩個古稀老人淚眼相望，哽咽無語。

李輔國原是高力士的下屬，發跡以後忌恨高力士大紅大紫的榮耀。就在唐玄宗遷居太極宮後的第十天，他鼓動唐肅宗頒詔說，高力士私通逆黨，心懷異志，本當就戮，念其久侍幃幄，免其一死，著除籍，長流巫州（今湖南黔陽西南）。

其時，高力士正患瘧疾，抱病臥床。李輔國前來宣詔，高力士勉強起身，哆嗦著說：

「臣合死已久，聖恩含忍容至今日。皇詔說臣私通逆黨，實是冤枉。伏願親辭太上皇聖顏，復受戮，死亦無恨。」

李輔國凶神惡煞，不予同意，並令高力士立刻動身，離開長安。高力士老淚縱橫，向著唐玄宗的住處磕了三個響頭，隨後被人押解著，踏上了流放的路途。

巫州地理偏僻，荒無人煙。高力士在那裡苦度光陰，飽受艱辛。一天，他意外見到被貶黜的本道觀察使第五國珍，就像見到了親人，邀之同飲。幾杯酒下肚，他突然吟出兩句詩來：「涙薰眼落膜，瘴染面朱虞。」接著又自我解嘲地說：「宰相尙且如此，更何況他人？」第五國珍見高力士瘋瘋癲癲的樣子，不禁心酸落涙。

巫州一帶有一種薺菜，高力士經常採來製作羹湯，味道鮮美。他由此引起傷感，賦詩吟道：「兩京秤斤買，五溪無人採。夷夏雖有殊，氣味應不改。」末句隱寓著他忠於朝廷和皇上，心志和節操永不改變。

寶應元年（西元七六二年），朝廷頒布大赦令：流放人員全部赦免。接著，高力士得知，唐玄宗和唐肅宗相繼駕崩。他不由呼天叩地，哭得死去活來，堅持要為「二聖」持喪，「禮過常度，每一號慟，數回氣絕，晝夜無時」。七月，高力士離開巫州，準備返回長安。八月行至朗州（今湖南常德），由於悲傷和勞頓，他病倒了。他自知死限已到，乃對隨從說：「我虛年七十九歲，可謂長壽了；官至開府儀同三司，可謂顯貴了。既壽且貴，死有何恨？遺憾的是『二聖』仙逝，我竟無緣一睹聖容。我死後，成了孤苦遊魂，到何處去尋找依靠呢？」說罷，淚如雨下，口中盡是鮮血。八月十八日，高力士死於開元寺西院。

高力士被除籍流放，是他一生中的插曲。唐代宗李豫時，死後的高力士又恢復了所有的官爵，並被追贈爲廣州大都督，獲准陪葬於唐玄宗泰陵（今陝西蒲城東北金粟山）。

高力士的一生，是充當唐玄宗忠實奴才的一生。他的最大長處是乖巧，圓滑，恭敬，謹愼，極善調節和斡旋各種地位、各種人物之間的矛盾和關係。《新唐書》評價說：「（高）力士善揣事勢侯相上下，雖親昵，至當覆敗，不肯爲效力，故生平無顯顯大過。」「善揣事勢侯相上下」，「無顯顯大過」，這就是高力士的特點和爲人。

楊思勖
鷹犬、爪牙和劊子手

唐玄宗李隆基在位期間，除高力士外，還有一個宦官非常得寵，就是楊思勖。高力士的職事主要在內廷，為唐玄宗及其后妃們服務；而楊思勖的職事在外地，統兵打仗，為唐王朝鎭壓百姓和搜刮財富效力。

楊思勖，羅州石城（今雲南曲靖）人。他本姓蘇，家世衰敗，父母雙亡，被一姓楊的人家收養，故改姓楊。他十幾歲的時候，流落到京師長安，因生活無著，自願閹割淨身，入宮充當宦官，後來成了內侍省的一個小頭目。

楊思勖和高力士一樣，早與太子李隆基拉上了關係。李隆基先後誅殺韋皇后和太平公主，楊思勖積極參加，建立了功勛。李隆基即帝位後，高力士被擢為右監門衛將軍，楊思勖則被擢為左監門衛將軍，一左一右，同為皇帝的親信宦官。

楊思勖生性狠毒而殘忍。內給事牛仙童也是一個宦官，一次向朝臣張守珪索要賄賂，事情敗露，詔令處死。楊思勖負責行刑。他將牛仙童五花大綁，吊在木柱上，先用皮鞭抽打，直打得皮開肉綻，鮮血淋漓；而後用刀子剖腹，剜出五臟六腑，截手斷足，剔肉以食。慘狀令人目不忍睹。

唐玄宗欣賞楊思勖的忠誠和凶狠，經常委以重任，派他去執行別人難以完成的使命。

開元年間，中原一帶社會繁榮，歌舞升平，但邊遠地區動亂不斷，沒有一天安寧。開元初年，安南（今越南北部）少數民族首領梅叔鸞，勾結林邑（今越南中部）、眞臘（今柬埔寨）等國家，舉兵反唐，自稱「黑帝」，割據三十二個州，部眾號稱四十萬人。警報傳至長安，楊思勖主動請命率兵討伐，獲得批准。他臨時招募士兵十萬人，與安南大都護光楚客會合，沿著漢代伏波將軍馬援征服安南的行軍路線，出其不意，攻其不備，突然出現在梅叔鸞的大本營前。梅叔鸞根本沒想到唐軍來得這樣神速，倉促應戰，結果大敗。楊思勖劫獲無數，班師凱旋，受到唐玄宗的褒獎和賞賜。

開元十二年（西元七二四年），溪州（今湖南西部）人覃行章不滿朝廷的重賦，鼓動農民起義反唐。唐玄宗任命楊思勖爲黔中招討使，統領六萬兵馬前往鎭壓。楊思勖生擒了覃行章，處以極刑，並殘酷地斬殺了三萬農民。唐玄宗深感欣慰，提拔楊思勖爲輔國大將軍，勛階列正二品。接著，楊思勖隨唐玄宗封禪泰山，進位驃騎大將軍，封虢國公。

不久，邕州（今廣西南寧）少數民族首領梁大海又率眾造反，連陷賓州和橫州（今廣西南部）等地，當地農民紛起響應，聲勢浩大。楊思勖又奉命征討，生擒以梁大海爲首的三千人，全部殺害，進而攻擊各支小股起義軍，見人齊殺，面目猙獰。

一波未平，一波又起。瀧州（今貴州中部）少數民族首領陳行範發動了更大規模的農民起義。陳行範自稱天子，部屬何游魯號定國大將軍，馮璘號南越王，攻州掠縣，其勢銳不可擋。這時，楊思勖鎮壓梁大海尚未班師，唐玄宗命他再去鎮壓陳行範，同時緊急調兵十萬前往支援。楊思勖奉命，還是採用擅長的戰法，急速行軍，長驅直入，突然襲擊，很快斬殺了何游魯和馮璘。陳行範見事不濟，率部逃跑。楊思勖窮追不捨，終於將陳行範抓獲，就地斬首；同時俘獲陳行範部屬六萬人，楊思勖窮凶極惡，命將他們全部坑殺，一時間屍積如山，血流成河，天昏地暗，風雲變色。其情其景，常人難以想像。這次戰事中，繳獲了數以巨萬計的馬匹和金銀，統統運送長安，盡入皇家國庫。

楊思勖治軍，以「鷙忍」著稱，敢於攻擊和殺戮。對於臨陣逃脫的士兵和捉到的俘虜，必當眾剝皮、劈腦、褫髮（褫，讀作齒，削去）。因此，將士憚服，莫敢仰視，除了死心踏地地爲他賣命外，別無道路可走。

楊思勖活了八十多歲方才死去。他所指揮的幾次戰事，征伐梅叔鸞屬於平叛性質，其餘均爲鎮壓農民起義。他殺人不眨眼，雙手沾滿人民鮮血，實是唐玄宗忠實的鷹犬、爪牙和劊子手。

李輔國
暴發顯貴，身首分離

一朝天子一朝臣。唐玄宗朝寵信宦官高力士和楊思勖，唐肅宗朝則寵信宦官李輔國。李輔國暴發顯貴，最後落得個身首分離的下場。

李輔國原名靜忠，從小爲閹奴，在馬廄裡養馬，長相醜陋，略通書計。直到四十多歲的時候，才被高力士看中，升爲馬廄的主管。他具有一套養馬的技術，所養馬匹膘肥體壯。太子李亨聽說其人，很感興趣。高力士隨即將他推薦給太子，他由此成爲李亨的親信宦官。

天寶十五年（西元七五六年），唐玄宗爲避「安史之亂」，逃亡蜀郡。陳玄禮在馬嵬坡發動兵變，誅殺楊國忠，逼殺楊貴妃。李輔國參加兵變，起了推波助瀾的作用。這時，他給李亨出了一條計策：不必隨駕西逃，分統部分兵馬，抗擊安史叛軍，獨自建功立業。李亨聽從其謀，率兵至靈武（今寧夏寧武西南），並在那裡即皇帝位，由原先的「配角」變成「主角」。

李亨當了皇帝，是爲唐肅宗。他感激李輔國出的計策，將他擢爲家令，判元帥府行軍司馬。當時，唐肅宗雖是皇帝，但文武臣屬寥寥無幾。李輔國因此得勢，先改名爲護國，再改名爲輔國，整日侍候在皇帝身邊。凡四方奏章、軍符、禁寶等，皆由他一人掌握。他利用這個機會，通曉了朝廷的所有機密。

李輔國生性狡猾，懂得獲取皇帝信任的訣竅，僞裝隨和謹密，內心藏奸而表面不露。爲此，他終生吃素，愛做善事，因而獲得「柔良」的美譽，從沒有人想到應當疑忌和提防這樣一個好人。

至德二年（西元七五七年），唐肅宗依靠郭子儀、李光弼等將士的浴血奮戰，收復了長安和洛陽。唐肅宗回到京師，恢復正統的統治秩序。李輔國頓時神氣了，官拜殿中監、閑廄、五坊、宮苑、營田、栽接總監使，兼隴右群牧使、京畿鑄錢使、長春宮使，並主官少府監和殿中監，封成國公。一個宦官，身兼這麼多的職務，世所罕見。

職務意味著權勢。李輔國一身兼任多職，權勢漸漸大了起來。特別是殿中監之職，它是朝臣和皇帝聯繫的樞紐，至關重要。所以，包括宰相在內的文武大臣，凡是要面見皇帝奏事的，必須先打通李輔國的關節，他讓見就能見，他不讓見就不能見。李輔國憑藉此職，上蔽唐肅宗，下壓文武官，開始了擅權專政的惡劣行徑。

唐肅宗的皇后姓張，是唐肅宗的妹妹常芬公主的女兒。舅甥婚配，也是唐宮中的一大醜聞。當時，長安城內有三大宮殿群，即太極宮、大明宮和興慶宮。其中，興慶宮最爲豪華，宮內有碧波蕩漾的湖泊，有鬱鬱葱葱的樹木，有爭奇鬥艷的花草，更有飛檐翹角的興慶殿、大同殿、南薰殿、沉香殿、勤政務本樓、花萼相輝樓等建築，景色優美，風光宜人。唐玄宗在位期間，一直住在這裡。唐玄宗從蜀郡返回長安以後，仍然住在這裡，緬懷往事，會見舊友，飲宴聚歡，欣賞歌舞，怡然自樂。唐肅宗和張皇后住大明宮，那裡的環境遠不如興慶宮。張皇后是個爭強好勝的女人，一心想住進如詩如畫的興慶宮。爲此，她命李輔國設法，務要將外祖父加公公的太上皇趕出興慶宮，騰出地方，以便自己入住。

李輔國滿口答應。他見唐肅宗，危言聳聽地說：「太上皇居於近市，交通外臣，陳玄禮、高力士等整天和他泡在一起，說長道短。這樣下去，恐對陛下不利，六軍功臣亦不自安。」

唐肅宗說：「那該怎麼辦？」

李輔國說：「陛下可讓太上皇遷居太極宮。」

「這……」唐肅宗頗爲猶豫，未置可否。然而在李輔國看來，皇帝的猶豫就是表態，等於默認同意遷居太上皇。於是，他立即採取了行動。

唐玄宗平生愛馬，在興慶宮裡養有名馬三百匹。李輔國假托唐肅宗聖旨，一次取走二百九十四，只給唐玄宗留下十四。唐玄宗不知內情，非常傷感，搖頭嘆氣地對高力士說：「我兒用李輔國計謀，不得終孝矣。」

恰在這時，唐玄宗感染風寒，身體不適。李輔國認爲這是強行遷居唐玄宗的絕好機會，便又假托聖旨，說：「皇帝（指唐肅宗）聽說太上皇御體有恙，詔請太上皇去大明宮散步解悶。」

唐玄宗信以為真，遂由高力士陪同，騎馬前往大明宮。不想走至途中，突然看到五百名禁軍持刀執劍，當道而立，橫眉怒目，殺氣騰騰。唐玄宗見此陣勢，嚇得幾乎墜馬，說：「你們……你們要幹什麼？」

李輔國命一士兵向前答話，說：「皇帝陛下有旨，說興慶宮簡陋潮濕，特派臣等奉迎太上皇，遷居太極宮。」

唐玄宗沒有任何思想準備，一時六神無主。高力士倒還鎮靜，厲聲呵斥那個士兵說：「太上皇是五十年的太平天子，長住興慶宮，誰敢命他遷居？去！把李輔國給我叫來，我要問問他，到底想幹什麼？」

遠處的李輔國看到高力士這樣厲害，暗暗罵道：「老東西！眞不識抬舉！」他走向前來，當著唐玄宗的面，氣沖沖地殺了那個士兵。高力士見李輔國根本不把唐玄宗放在眼裡，怒不可遏，高聲喊話說：「禁軍們！太上皇問各位將士安好！」

禁軍們還是懾服於唐玄宗的，紛紛收起刀劍，跪地叩拜，齊呼：「太上皇萬歲！」

高力士轉而命李輔國說：「李輔國！快給太上皇牽馬！」

李輔國不敢過於囂張，硬著頭皮撒謊說：「皇帝陛下確有旨意，讓太上皇遷居太極宮。」

唐玄宗神情黯然，說：「既然皇帝有旨，那就遷居太極宮吧！」

接著，李輔國極不情願地和高力士一左一右，牽著轡繩，護送唐玄宗住進了太極宮。太極宮的條件比興慶宮差遠了，殿房不整，設施破舊，衛士和僕役不過數十人，而且多是老弱病殘。唐玄宗驚魂未定，拉著高力士的手，說：「若非將軍，朕且爲刀兵鬼矣！」繼又自我解嘲地說：「興慶宮是朕故宮，幾次欲給我兒。今日遷居此地，亦是朕的志願呢！」

唐玄宗遷居太極宮以後，高力士受到李輔國的誣陷，被流放巫州。其後，唐肅宗因張皇后和李輔國的制約，極少前來看望他的父親。唐玄宗孤苦伶仃，生活淒涼，直至上元二年（西元七六二年）抑鬱而死。

張皇后如願以償，住進了興慶宮。李輔國更加神氣了，慫恿唐肅宗，把唐玄宗交往的近臣王承恩、魏銳、如仙媛等，全部流放邊地。就連唐玄宗的妹妹玉眞公主，也被趕至玉眞觀當了道士。

李輔國的手下養有幾十名密探，專門偵察各級官吏的隱私過失，一旦發現言行不規者，立即抓來，嚴刑拷問。接著，他又插手州縣地方事務，許多獄訟涉及到捕人、判刑、處治等事項，皆以「聖上旨意」爲名，擅自斷決。好些事情，李輔國已經處理過了，方有詔書下達，皇帝聖旨成了毫無價値的「馬後炮」。

李輔國作威作福，生命顯得更加貴重。他每外出，常有三百名武士爲儀衛，前呼後擁，派頭十足。普通的人不敢直呼他的名字，只能尊稱他爲「五郎」。禮部侍郎李揆厚顏無恥，自願做他的兒子，稱其爲「五父」。唐肅宗視李輔國爲股肱重臣，特意爲這個宦官娶了元擢的女兒為妻子，元擢因此被提拔為梁州刺史。

李輔國官運亨通，升任兵部尚書，權勢越發薰灼。他外出視事，武士戎裝夾道，百騎為之前驅，御府設食，太常備樂，大小官員侍候左右，唯唯諾諾。但是，他並不以此為滿足，進而渴望能當宰相，總攬朝綱。

唐肅宗雖然寵信李輔國，但還沒有昏瞶，模稜兩可地說：「憑卿的勛力，擔任任何職務都是可以的。唯獨宰相一職，朝臣們意見不一，你說該怎麼辦呀？」

李輔國於是私下活動，暗示宰相裴冕聯絡朝臣，共薦他為宰相。唐肅宗得知其中情由，悄悄派人告訴裴冕說：「莫做蠢事！」李輔國的宰相夢終於胎死腹中。

李輔國和張皇后長期互相依靠，互相利用，彼此的關係非同尋常。張皇后嚮往前代的武則天和韋皇后，一心想在政治上有所表現，希望李輔國能夠竭力相助。不想李輔國暴發以後，忘恩負義，只顧自己攫取權力，全然冷落了女主人。張皇后十分惱火，「數疾其顓」，即在唐肅宗跟前吹風告狀，多次說他心蓄異志，不可不防。唐肅宗心知肚明，說：「我心中有數。」

上元三年（西元七六二年），唐肅宗患了重病，皇太子李豫監國。張皇后密召李豫，命他立刻誅殺李輔國和另一個宦官程元振。張皇后並非李豫的生母，李豫拒不從命。張皇后氣極敗壞，轉召越王李系、袞王李閒，命他們統領禁軍誅殺李輔國和程元振，並允諾事成之後，改立李系為皇太子，以取代李豫。

後宮裡到處都有密探。李輔國及時得到密報，完全掌握了張皇后的意圖和動向。他立刻作了布置，先發制人，一面派兵保護李豫，一面派兵捉拿張皇后、李系、李閒。四月，唐肅宗駕崩，李輔國出面擁立李豫繼位，是爲唐代宗。唐代宗登基後，即殺張皇后、李系、李閒及其同謀朱輝光、馬英俊等人。

李輔國因爲擁立了唐代宗，自以爲有定策功勛，更加得意忘形。一天，他狂妄地對唐代宗說：「陛下儘管安坐宮中，外事聽由老奴處決。」

唐代宗討厭這個狂傲自負的「老奴」，但又心存畏懼。因爲李輔國握有兵權，他一變臉，別說皇位，就連性命也難保住。唐代宗卻也聰明，採取欲擒故縱的策略，尊稱李輔國爲「尚父」，事無大小，均和尚父商量，並特別關照朝臣們說：「爾等入宮奏事，須先徵得尚父的同意。」接著，又任命李輔國爲司空兼尚書令，行使宰相職權，食邑增至八百戶。

唐代宗這樣做，目的在於痲痹李輔國。李輔國利令智昏，以爲皇帝高度信任自己，心安理得，歡喜不盡。他一如既往，發號施令，飛揚跋扈。突然有一天，唐代宗頒布聖旨，決定罷免李輔國行使宰相的權力，他原來兼領的眾多職務，改由左武衛大將軍彭禮盈和右武衛大將軍藥子昂擔任。此舉意味著李輔國被罷官了，再不能像以前那樣耀武揚威了。朝野人等聽到這個消息，歡呼雀躍，奔相走告，都說：「雨過天晴，萬惡的閹奴終於失勢了！」

李輔國猶如不防挨了一記悶棍，茫然不知所措。他假裝上表請求解官，試探唐代宗的態度。唐代宗卻裝出和氣的樣子，進封他爲博陸郡王，仍爲司空、尚父，允許其朔、望之日入朝拜謁。李輔國前往曾經坐鎮過的中書省作表謝恩。可是門衛持戟阻攔，不客氣地說：「尚父已罷宰相，不可進入中書省！」

李輔國聽了這話，氣得渾身發抖，許久，才喃喃自語地說：「老奴死罪，侍奉不了郎君（指唐代宗），只有到九泉之下侍奉先帝了。」

李輔國顯赫多年，惡跡斑斑，唐代宗是一清二楚的。唐代宗本想公開誅殺這個宦官，但想到那樣會給自己帶來負面的影響。他思來想去，終於想到一個絕佳的方法：派遣一名刺客，夜間潛入李輔國的住所，將其刺殺。刺客割了李輔國的頭顱和右臂，統統扔進茅房裡。

李輔國被刺殺，引起一時轟動。唐代宗卻毫不張揚，命人刻了一具木質頭顱，連同李輔國的無頭屍首，草草埋葬。事後，追贈李輔國爲太傅，做了一回表面文章。

李輔國活了五十九歲，生前是個暴發戶，貴幸無比；死後身首分離，遭人唾罵。他走過一條微賤——發跡——顯貴——失勢的道路，這在很大程度上概括了一部分宦官的人生歷程。

程元振

專權用事，陷害忠良

當唐代宗罷免李輔國各項官職的時候，曾經任命藥子昂判元帥行軍司馬。可是，藥子昂時任右武衛大將軍，不願兼職。唐代宗一時找不到合適的人選，便讓宦官程元振擔任了這一重要職務，負責皇帝和軍界的聯絡事項。

程元振，京兆三原（今陝西三原）人。他在少年時代就閹割淨身，入宮當了宦官。先在內侍省服役，繼遷內射生使和飛龍廄副使，負責皇家狩獵和養馬等雜事，地位不高。

唐肅宗在位期間，已立長子李豫爲皇太子。上元三年（西元七六二年），唐肅宗患病。張皇后先想利用李豫，誅殺宦官李輔國。李豫沒有答應。張皇后轉而與越王李系等密謀，準備發動政變，許諾政變成功後，擁立李系爲皇帝。在這關鍵時刻，程元振發現了張皇后和李系的謀劃，飛快地將情況報告李輔國。李輔國於是搶先動手，矯皇太子令，捉拿張皇后、李系及其黨羽。唐肅宗受驚駕崩，李輔國趁勢讓李豫繼位，是爲唐代宗。唐代宗登基，程元振因有定策之功，平步青雲，升任右監門監軍，知內侍省。後來，李輔國失勢，程元振判元帥行軍司馬，封保定縣侯。不久又升任驃騎大將軍，封邠國公，統領皇家禁軍。從判元帥行軍司馬到驃騎大將軍，不滿一年時間，程元振便權傾天下，地位尊崇，決事凶暴，遠遠超過李輔國。就像李輔國稱「五郎」一樣，禁軍們也不敢直呼程元振的姓名，只能尊稱他爲「十郎」。

程元振專權，奉行一條原則：順者昌，逆者亡。爲此，他招降納叛，結黨營私，排斥異己，陷害忠良，心狠手辣。淮西節度使王仲升，在一次戰爭中打了敗仗，當了俘虜，獲釋後尋情鑽眼投靠程元振。程元振積極向唐代宗薦舉，使王仲升立刻成爲右羽林大將軍兼御史大夫。唐代，文官和武官歷來分設。王仲升卻是將軍兼大夫，武職和文職集於一身，前所未有。此舉表明，程元振手眼通天，他想做的事情，別人很難阻擋。

程元振最拿手的本事是陷害忠良。裴冕是唐玄宗朝的侍御史，唐肅宗朝的宰相，封冀國公，德高望重。程元振嫌其政見不合自己的口味，反覆進讒。唐代宗聽從程元振的讒言，只好將裴冕降爲施州刺史。來瑱在平定「安史之亂」中赫赫有名，號稱「來嚼鐵」，後來官拜兵部尙書、同中書門下平章事，充山林使。程元振求過來瑱辦事，來瑱嚴詞拒絕。程元振大怒，遂和王仲升一起，捏造罪名，誣陷來瑱「通敵」。唐代宗不辨眞僞，削去來瑱的官職，處以流放，進而賜死。還有傑出將領李光弼，在平定「安史之亂」中戰功顯赫，與郭子儀齊名，世稱「李郭」。唐代宗朝，官拜太尉兼侍中，封臨淮郡王，名藏太廟，畫像於凌煙閣。

程元振嫉妒李光弼的功勛和榮耀，採取造謠惑眾、惡意中傷的卑劣手法，一再煽動唐代宗疑忌、疏遠李光弼。致使李光弼心灰意冷，抑鬱消沈，不再過問政事。同華節度使李懷讓，因爲受到程元振的讒害，無法辯解，憤然自殺。

程元振把持朝政，興風作浪，弄得上下畏懼，人人寒心。文武大臣無法相信朝廷和皇帝，離心離德，各打各的算盤。廣德元年（西元七六三年）十月，吐蕃、黨項族大舉入侵，攻襲長安，形勢危急。唐代宗詔集天下兵馬勤王保駕，然而竟無一兵一卒響應，足見皇帝號令分文不值。吐蕃、黨項族軍隊兵臨城下，唐代宗無可奈何，只得倉皇棄城逃命，東逃至陝郡（今河南陝縣）。吐蕃、黨項族軍隊攻進長安，立李承弘爲僞帝，大肆剽掠府庫，焚燒民居，偌大京師，蕭然一空。

異族入侵，皇帝逃亡，激起了許多正直大臣的激烈憤慨。太常博士、翰林待詔柳伉，滿懷義憤，上了一道長篇奏章，痛斥唐代宗的昏庸和程元振的罪行。柳伉在奏章裡說：

犬戎（指吐蕃、黨項族）以數萬眾犯關度隴（今甘肅），歷秦、渭（今甘肅東部），掠邠、涇（今陝西北部），不血刃而入京師，謀臣不奮一言，武士不力一戰，提卒叫呼，劫宮闈，焚陵寢，此將帥叛陛下也。

自朝義（史朝義，「安史之亂」首領之一史思明之子，曾殺父自稱大燕皇帝）之滅，陛下以爲智力所能，故疏元功，委近習，日引月長以成大禍，群臣在廷無一犯顏回慮者，此公卿叛陛下也。

陛下始出都，百姓塡然奪府庫，相殺戮，此三輔（今陝西關中）叛陛下也。

自十月朔召諸道兵，儘四十日，無只輪入關者，此四方叛陛下也。

內外離叛，雖一魚朝恩以陝郡戮力，陛下獨能以此守社稷乎？陛下以今日勢爲安耶？危耶？若以爲危，豈得高枕不爲天下計？

臣聞良醫療疾，當病飲藥，藥不當疾，猶無益也。陛下視今日病何由至此乎？天下之心，乃恨陛下遠賢良，任宦豎，離間將相而幾於亡。必欲存社稷宗廟，獨斬程元振首，馳告天下，悉出內使（宦官）隸諸州，獨留魚朝恩備左右，陛下持神策兵付大臣，然後削尊號，下詔引咎，率德勵行，摒嬪妃，任將相。若曰『天下其許朕自新改過乎，宜即募士西與朝廷會；若以朕惡未悛耶，則帝王大器，敢妨聖賢，其聽天下所往』。如此而兵不至，人不感，天下不服，請赤（凌遲）臣族以謝。

柳伉的這篇奏章，義正詞嚴，字字鏗鏘，擲地有聲。唐代宗一面覺得柳伉所言在理，一面又捨不得將程元振斬首。考慮再三，決定採用一個折衷的辦法：削去程元振的官爵，放歸田里。

最後，還是老將郭子儀出馬，統兵力戰，打敗吐蕃、黨項族軍隊，收復了長安。唐代宗重新回到京城，面對一片廢墟，感慨繫之。程元振不甘心閒居田里，喬裝打扮成一個婦人，悄悄潛入長安，藏身於親信陳景詮家，窺測方向，以求一逞，企圖東山再起，恢復昔日的風光。他的行蹤被人發現，官府將其抓獲。御史經過審訊，給他定了個圖謀不軌之罪，按律判處死刑。然而，唐代宗眷戀這個寵閹，詔令處以流放。程元振在流放途中行至江陵（今湖北江陵），憂悶而死。

魚朝恩

「去程得魚，去虺得虎」

唐代宗李豫為避吐蕃、黨項族入侵長安，逃亡陝郡的時候，太常博士、翰林待詔柳伉憤然上書，建議殺宦官程元振，「獨留魚朝恩備左右」。這個魚朝恩也是宦官，柳伉主張「獨留」此人，實是大錯特錯。因為魚朝恩專權以後，凶惡如虎，比起程元振來，那是有過之而無不及。

魚朝恩，瀘州瀘川（今四川瀘州）人。唐玄宗天寶末年，他就入宮當了宦官，任黃門給事。由於性格陰黠，善於鑽營，所以經常擔當宣布詔令的差事。「安史之亂」爆發以後，魚朝恩追隨唐肅宗，逐漸得到寵信。至德初年，出任唐將李光進的監軍。郭子儀等收復兩京，唐肅宗回到長安，魚朝恩頓時發跡，升為三宮（太極宮、大明宮、興慶宮）檢責使、左監門衛將軍，知內侍省事。就是說，這時的魚朝恩，已是整個皇宮的總管了。

當時，安史叛軍的殘餘勢力還很強大。九鎮節度使服從號令，圍殲安祿山之子安慶緒於相州（今河南安陽），唐肅宗以魚朝恩為觀軍容、宣慰、處置使。這是監視出征將帥的最高軍職，權力很大。宦官擔當這樣重要的職務，魚朝恩是第一人。

然而，魚朝恩根本不懂軍事，結果導致了圍殲的失敗，史思明重新攻占了洛陽。魚朝恩見勢不妙，自顧帶領護衛部隊神策軍退守陝郡（今河南陝縣），徘徊觀望。史思明驅兵西進，企圖再攻長安。唐肅宗慌忙調集十萬大軍，駐守渭河兩岸，阻擊敵人。魚朝恩部將衛伯玉抗擊史思明部將康文景，略有小勝，挫動了史思明西進的銳氣。接著，唐軍第二次收復洛陽，魚朝恩趁勢徙屯汴州（今河南開封）。唐肅宗認為，魚朝恩在這次阻擊戰中是有功勞的，因而恩准他開府儀同三司，並封馮翊郡公。

唐代宗在位期間，宦官程元振專權誤國，上下離心，朝政混亂。吐蕃、黨項族攻襲長安，唐代宗棄城東逃，狼狽不堪。魚朝恩發現這是自我表現的極好機會，於是率領本部神策軍，奉迎唐代宗於華陰（今陝西華陰），然後東幸於陝郡。唐代宗由衷地感激和賞識魚朝恩的忠誠，因此任命他為天下觀軍容、宣慰、處置使，專領神策軍。這樣一來，魚朝恩實際上成了全國各地軍隊的總監軍，而且直接控制了皇家禁軍——神策軍。

魚朝恩軍權在握，恃寵自傲，肆無忌憚。他出於宦官的陰暗心理，非常忌恨傑出將領郭子儀，「醜為詆讒」。郭子儀在平定「安史之亂」中，建立了卓越的功勛。繼又率兵打敗吐蕃、黨項族軍隊，這才使唐代宗得以重返長安。時人公認，郭子儀具有定天下之功，位居「人臣第一」。因此，儘管魚朝恩百般詆毀，卻很難損害郭子儀的崇高威望。

魚朝恩居心叵測，以防止吐蕃、黨項族再次入侵爲由，極力鼓動唐代宗捨棄長安，遷都洛陽，妄圖「挾天子以令諸侯」。這天朝會，唐代宗正與朝臣們議事。魚朝恩突然帶領十餘名禁軍，手執兵器，闖進大殿，惡惡地說：「戎狄數犯京畿，應當遷都洛陽，如何？」

這個提議非常突兀，眾人不知如何應對。一位大臣見魚朝恩及禁軍攜帶兵器進殿，怒不可遏，厲聲說：「敕使想要造反嗎？朝廷屯兵，足以捍寇。而你危言聳聽，要挾皇上，棄宗廟，捨京師，該當何罪？」

魚朝恩意識到自己的唐突和莽撞，喝退禁軍，丟了兵器，沮喪地說：「臣一時魯莽，懇望陛下恕罪。」

唐代宗猶猶疑疑，徵詢郭子儀的意見，說：「遷都洛陽之事，卿以爲如何？」

郭子儀說：「雍州（今陝西關中一帶）古稱天府，右隴蜀（甘肅、四川），左崤函（崤山、函谷關），襟憑終南（終南山）、太華（華山）之險，背負渭（渭河）、河（黃河）之固，地方數千里，帶甲十餘萬，兵強將勇，眞用武之國，秦、漢所以成帝業也。」

郭子儀這樣讚美關中的地理形勝，等於駁斥了魚朝恩遷都洛陽的提議，從而堅定了唐代宗的信心，遂罷遷都之議。

魚朝恩因此更加痛恨郭子儀。大曆二年（西元七六七年），他爲了進一步討得唐代宗的歡心，上表請求捐獻自家的一座府邸，建造佛寺，以紀念唐代宗死去的生母章敬太后。唐代宗表示同意，批准新建的佛寺取名爲章敬寺。魚朝恩藉機大興土木，揮霍鋪張，把佛寺建得富麗堂皇，蔚爲壯觀。他嫌佛寺占地狹小，便假托聖命，侵占附近的土地，即使是百司官署、將相府第，也統統拆除，夷爲平地。郭子儀家的祖墳也在侵占的地域之內。魚朝恩窮凶極惡，暗中派人將郭子儀家的祖墳給挖了，激起郭子儀兒孫們的強烈憤慨。郭子儀鄙視魚朝恩這樣的奸佞，忍氣吞聲，制止兒孫們的過激行動，這才沒有引起公開的衝突。

章敬寺竣工了，魚朝恩又升官了，判國子監使、鴻臚禮賓使，加內侍監，繼又兼檢校國子監。國子監是全國的最高學府，相當於後世的國立大學。魚朝恩不學無術，怎麼會主持國子監的事務呢？原來，此人雖是監軍，卻好故作儒雅，門下集有一幫酸腐文人，常在一起舞文弄墨，講經論籍。他自我吹噓「才兼文武」，每次去國子監時，都要讓皇帝頒旨，文武百官穿戴整齊，排隊等候，聽其「講學」。他還常到國子監視察，數百名禁軍前呼後擁，爲之護衛。京兆尹負責招待，管吃管喝，每頓飯都要花錢數十萬緡。儘管如此，魚朝恩還嫌花錢太少，不足以顯示他及禁軍們的威風和氣派。

魚朝恩既掌軍權，又掌文權，吆五喝六，神氣活現。每當朝會之時，他總會擺出一副百官之師的架勢，忽兒訓文臣，忽兒斥武將，就連宰相王縉、元載也屏聲斂氣，不敢大聲說話。偏有禮部郎中相里造、殿中侍郎李衎（衎，讀作看），厭惡魚朝恩的德性，敢於與之爭辯。魚朝恩因此懷恨二人，恨恨地說：「哼！你們膽敢跟我作對，那就走著瞧！」

魚朝恩爲了震懾朝臣，決定拿宰相王縉和元載開刀，意欲罷免二人的宰相職務。一天，他召集百官，訓斥兩位宰相說：「作爲宰相，應當調和陰陽元氣，綏撫黎民百姓。可是現在天道不濟，非澇即旱，連京城數十萬屯兵的給養都供應不上。皇上爲此食不甘味，臥不安席。你們宰相是怎麼當的？我看應該退避賢路，還死死地賴在朝廷裡幹什麼？」

王縉和元載低頭不語，百官相顧失色。相里造猛地站起，反駁說：「陰陽不和，糧價躍貴，都是你觀軍容使造成的，這與宰相何干？軍旅不散，天降之沴（沴，讀作麗，災害）。現在，京城無事，六軍可相維鎮。而你卻在京城屯兵數十萬，致使供應緊張，百官俸祿也難以爲繼。這都是你觀軍容使決定的，宰相只是發布文告執行而已，何罪之有？」

李衎也站出來說話，仗義執言，爲王縉和元載辯護。魚朝恩弄巧成拙，由原告變成被告，惱羞成怒，拂袖而去，邊走邊說：「哼！你們結成朋黨，專門害我！」後來，他胡捏罪名，硬是將相里造和李衎罷了官。

魚朝恩並不死心，繼續謀劃罷黜宰相。一次，他給百官講解《易經》，當將到「鼎折足」爻辭的時候，故意影射說：「寶鼎斷足，意味著什麼？這可是宰相不祥的徵兆啊！」

王縉聽了這話，滿臉怒色。元載聽了這話，神態怡然。魚朝恩看到兩個宰相的不同反應，說：「怒者常情，笑者不可測也。」意思是說，元載比王縉有心計，更難對付。

魚朝恩手下有一幫鐵杆心腹，狗仗人勢，狐假虎威。兵馬使王駕鶴事事仰承魚朝恩的鼻息，封徐國公。都虞侯劉希暹最愛拍魚朝恩的馬屁，封交河郡王。劉希暹鼓動在神策軍中私設監獄，暗中唆使地痞流氓隨意抓捕富商，嚴刑拷打，亂栽罪名，抄沒家產，以供軍中需用。一時，誣服冤死者無數，時人號之爲「入地牢」。萬年縣小吏賈明觀，投靠魚朝恩，

「捕摶恣行，積財巨萬，人無敢發其奸」。魚朝恩養子魚令徽，十四五歲，在宮中當內給使，穿綠色五品朝服。魚令徽一次與人發生口角，回家埋怨魚朝恩，嫌自己官位太低，經常受人欺侮。魚朝恩說：「這有何難？」次日入朝，奏告唐代宗說：「臣養子魚令徽官位低下，他想穿金色和紫色朝服，位列同僚之上。」唐代宗未及回答，有司忙將紫色三品朝服奉上。魚令徽當場穿戴起來，跪地謝恩。唐代宗心中老大不快，臉上還是露出笑容，說：「小兒如此穿戴，倒是非常合體好看。」

魚朝恩專斷朝政，胃口越來越大。朝廷決事，如果他不知情，他會勃然大怒，說：「天下事有不由我乎？」唐代宗由此意識到，魚朝恩威權過重，長久下去，必成禍患。

宰相元載敏銳地感覺到了皇帝對於魚朝恩的不滿。他私下進言，建議唐代宗及早鏟除魚朝恩，否則後果不堪設想。唐代宗未置可否。元載便悄悄採取了行動，命左散騎常侍、京兆尹崔昭通過賄賂，結交魚朝恩的黨羽皇甫溫和周皓，從中掌握了魚朝恩大量的反逆言行。他把魚朝恩的言行報告唐代宗。唐代宗這才下定決心鏟除魚朝恩，但又有幾分疑慮，說：「辦事務要周密，切莫打虎不成，反受其害。」

元載說：「陛下儘管放心，臣自會竭盡全力，不負聖望！」

魚朝恩一夥做賊心虛，特別是劉希暹，隱約覺察到了什麼。他提醒魚朝恩說：「最近的氣氛好像不大對勁，大人得多提防著。」

魚朝恩也感到有點緊張，但見皇帝對待自己，態度和神情並無異樣，也就放下心來，只是在暗中預作準備，密謀發動叛亂。爲了防止發生意外，他特地加強了侍衛力量，每此入朝，必帶武士百人，由皇甫溫和周皓統領，全副武裝地守候在殿外，嚴陣以待。

元載老謀深算，內緊外鬆地進行著部署。他一面奏請皇帝，給魚朝恩升官晉爵；一面以重用爲名，調動皇甫溫代理鳳翔節度使。這時，郭子儀秘密通知元載說：「魚朝恩曾經聯絡周智光爲外應，陰謀作亂，不早圖之，麻煩可就大了！」元載於是採取了一個大膽的步驟：策動周皓倒戈，密約共誅魚朝恩。周皓良心未泯，欣然同意站在朝廷一邊，鏟除奸佞。一切準備就緒，元載把情況報告唐代宗。唐代宗還是那句話：「善圖之，勿反受禍。」

大曆五年（西元七七〇年）寒食節，唐代宗依例在內殿設宴，招待文武百官。宴會結束，魚朝恩準備回歸軍營。突然有詔，命魚朝恩速到中書省議事。魚朝恩身體肥胖，平時出入中書省都坐小車，老遠就能聽到車輪滾地的聲響。唐代宗提前到了中書省，聽到聲響，趕緊正襟危坐，元載侍立，心情都很緊張。

魚朝恩下車跨進大門，見皇帝也在這裡，好生惶恐。他正要跪地叩頭，唐代宗聲嚴色厲，斥責魚朝恩久蓄異志，圖謀不軌。魚朝恩沒有思想準備，先是支支吾吾，詞不達意，極力爲自己辯解，說著說著，嗓門高了起來，公然頂撞皇帝，悖傲不馴。元載使了一個眼色，早已埋伏待命的周皓及皇帝侍衛猛地衝將出來，一擁而上，把魚朝恩按倒在地，當場用繩子勒死。

魚朝恩死年四十九歲。唐代宗和元載擔心魚朝恩的部下尋釁鬧事，暫時封鎖了魚朝恩的死訊。在採取了一些防範措施以後，唐代宗命將魚朝恩的屍體送回其家，由他的家屬埋葬，並賜錢六百萬緡作爲埋葬費用。

民間傳言，說魚朝恩是「奉詔投縊」而死的。殊不知他的死是元載精心謀劃，唐代宗親自到場，由其昔日黨羽周皓等執刑的。「多行不義必自斃」。魚朝恩恃寵弄權，作惡多端，終難逃脫身敗名裂的下場。

唐代宗李豫朝，先後有宦官李輔國、程元振、魚朝恩三人迭相勃興，形成唐朝宦官專權的第一個高潮。歷史學家評說當時的情況是：「去程（程元振）得魚（魚朝恩），所謂去虺（虺，讀作毀，毒蛇）得虎。」這具體地說明專權亂政的宦官，本質上是一樣的，非「虺」即「虎」，屬於一丘之貉。

竇文場
無名小卒成了禁軍統帥

大曆十四年（西元七七九年），唐代宗李豫駕崩，皇太子李適繼位，是爲唐德宗。唐德宗汲取了前兩朝宦官掌握軍權爲害甚烈的教訓，禁止宦官統領皇家禁軍。可是後來一次事變使他改變了態度，他重新把統領皇家禁軍的大權交給了宦官竇文場和霍仙鳴。

竇文場和霍仙鳴，唐代宗時在東宮服役，負責看門、掃除等雜事，地位低下，沒有任何名氣。唐德宗登基後，二人成爲皇帝的近侍，也只是無名小卒，前後左右跑腿傳呼而已。當時，唐德宗把禁軍的統轄權委任給白志貞，而這個白志貞根本不懂軍事，且貪贓枉法，視錢如命。他統領禁軍以後，發現了一條生財之道：大量招募富家子弟充當禁軍，只要交足一定數量的錢財，便取得軍籍，而人可以不在軍中服務。白志貞一方面從富家子弟身上撈取油水，一方面從朝廷府庫裡面照領軍餉，實際上，禁軍的缺額很大，沒有任何戰鬥力。

建中四年（西元七八三年），淮西節度使李希烈發動叛亂，涇原節度使姚令言奉旨，率兵前往征討。涇原兵途經長安，京兆尹王翃負責犒勞接待。怎奈涇原兵多是兵痞一類貨色，嫌王翃的犒勞接待過於簡慢，頓時群情激憤，怒而造反，攻打皇宮，燒殺搶掠。唐德宗忙命白志貞的禁軍平叛。不曾想禁軍都是吃空餉的，有其名而無其實，危急之時，竟無一人出面爲朝廷效力，局面好不尷尬。

這時候，竇文場、霍仙鳴出於奴才對於主子的忠心，臨時召集百餘名宦官，加上各親王的隨從，緊緊保護著皇帝及其后妃，倉皇逃出皇宮，前往奉天（今陝西乾縣）避難。唐德宗前腳走，涇原兵後腳進，富麗堂皇的皇宮，立刻被洗劫一空。涇原節度使朱泚見有機可趁，乾脆自己做起了天子，稱「大秦皇帝」，改元「應天」。隨後勾結少數民族回紇的軍隊，把唐德宗圍困在奉天，企圖顛覆大唐的江山。

這一事變，史稱「涇原兵變」。

唐德宗被圍困在奉天，形勢岌岌可危。十個月後，神策河北行營節度使李晟率兵前來解圍，擊退叛軍，收復了長安。唐德宗回歸京師，立刻將白志貞處以流放，重用宦官竇文場等人，任命他們爲神策軍的監軍。不久，竇文場成爲左神策軍護軍中尉，霍仙鳴成爲右神策軍護軍中尉。這樣一來，宦官就又掌握了皇家禁軍的領導權。

竇文場、霍仙鳴從無名小卒登上禁軍統帥的高位，軍權在握，威振朝廷。不僅各地節度使皆由他倆從禁軍中委派，而且朝廷官員也競相趨附二人，謀取榮華富貴。禁軍衛士朱華，僅僅給竇文場和霍仙鳴做過幾次按摩，立刻大受寵信，被提拔爲將軍。其後，朱華倚權仗勢，大肆索賄受賄，強逼藩鎮送禮，其家產總額很快達到一百多萬緡。朱華官大了，錢多了，顯露出暴發戶的本相，橫行不法，敲詐勒索，掠人妻女，無所忌憚。人們滿懷義憤，紛紛告發朱華的罪行。唐德宗迫於民情，不得不將朱華斬首示眾。從朱華身上可以看出竇文場和霍仙鳴的爲人，他們招降納叛，魚肉百姓，非常不得人心。

唐德宗卻視竇文場和霍仙鳴爲功臣。一次，霍仙鳴生病，唐德宗賜給駿馬十匹，並令長安各寺院舉行法會，爲之祈福消禍。霍仙鳴病情略有好轉，可是卻又暴死了。唐德宗懷疑有人進毒陷害，逮捕有關侍役，拷問追查，接連誅殺十餘人，也沒查出結果。唐德宗追贈霍仙鳴開府儀同三司，並爲之舉行隆重的葬禮，權作報答和紀念。

竇文場再次升遷，擢累驃騎大將軍，權勢更加薰灼。監察御史崔遠一次到神策軍執行公務，軍吏設宴款待。崔遠貪杯，不知不覺喝得酩酊大醉。竇文場憑著這一點，奏劾崔遠，使之永遠地流放邊地。

竇文場後來以年老致仕，死於家中。他在唐朝宦官中是個承先啓後的人物。在他以前，宦官多是竊取皇帝的權力，並利用皇帝的寵信來施展招數，所作所爲還受控於皇帝。在他以後，宦官的勢力更加強大，既執掌神策軍，又充任樞密使，皇帝則完全受控於宦官，成了別人股掌中的玩物和傀儡。

劉貞亮

「永貞內禪」的導演

唐德宗以後，宦官掌握軍權，不僅危害了國家政治，而且損害了朝官們的利益。因此，宦官和朝官之間的矛盾和鬥爭日益激化。唐順宗朝，這種矛盾和鬥爭演變爲你死我活的對抗行動。

唐德宗登基以後，即立長子李誦爲皇太子。貞元二十一年（西元八〇五年）正月，李誦中風口啞。唐德宗急得要死，病發駕崩。李誦隨即繼位，是爲唐順宗，改元永貞。唐順宗頗有政治抱負，早在當太子的時候，就想誅滅宦官，廓清朝政，常和伴讀王叔文、王伾（伾，讀作披）等人策劃改革事項，留意物色人才。繼位以後，雖然身體多病，但仍任用王叔文、王伾爲翰林學士，領導改革。王叔文、王伾聯合韓泰、韓曄、柳宗元、劉禹錫、陳諫、凌准、程異、韋執誼等革新派人士，貶斥貪官京兆尹李實，罷去掠民擾民的「宮市」，停止鹽鐵使的月進錢和地方進貢，一時「人情大悅」。這一改革，史稱「永貞革新」。

隨著改革的深入進行，王叔文等準備抑制宦官的勢力，尤其要從宦官手中奪回禁軍的領導權。這是提高封建中央權力，改變宦官專權局面的關鍵之所在。爲此，王叔文等透過唐順宗，任命老將范希朝爲京西神策諸軍節度使，韓泰爲神策營行軍司馬，先掌握部分禁軍，待條件成熟後，再奪回整個禁軍的領導權。

當時，朝廷中最有權勢的宦官叫劉貞亮。劉貞亮，本姓俱，名文珍。自小在宮中服役，認一姓劉的宦官爲養父，故改姓改名，稱劉貞亮。唐德宗時，劉貞亮以「性忠強，識義理」而受到寵信，先在大將渾瑊（瑊，讀作尖）軍中任職，繼爲宣武軍監軍。爲監軍期間，自置親兵千餘人，負責侍衛。此人深知掌握軍權的重要性，極力維護宦官集團的利益。因此，神策軍各部宦官將領無不歸附，願意聽從號令，服從指揮。

當王叔文等推行改革的時候，唐順宗一直患著風疾病，很少臨朝聽政。他與王叔文等的聯繫，主要以牛美人和宦官李忠言爲媒介，上傳下達，內外溝通。而這個李忠言，恰恰是劉貞亮安插在皇帝身邊的奸細，透過其人，劉貞亮把王叔文和唐順宗之間的秘密瞭解得清清楚楚。

范希朝和韓泰被委派到神策軍中任職，劉貞亮開始並未引起重視，以爲那只是正常的人事安排。李忠言密告劉貞亮說：「這裡面名堂大著哩！他們說，下一步要解除所有宦官的軍權呢！」劉貞亮這才恍然大悟，說：「是啊！他們的謀劃如果成功，那麼我等不就死無葬身之地了嗎？」他立即密令神策軍各部將領：不管出現任何情況，一律不得交出軍權。所以，當范希朝和韓泰到神策軍中的時候，神策軍將領沒有一人理會，沒有一人交權，致使新任命的節度使和行軍司馬成爲「空頭司令」，有其名無其實。

王叔文等謀奪禁軍領導權的計劃完全擱淺，相反卻起了打草驚蛇的作用。劉貞亮指使宦官劉光琦、薛文珍、尙衍、解玉、呂如全等人，利用各自的權力，徹底隔絕了唐順宗和革新派之間的聯繫。這時，唐順宗所患的風疾病越來越重，口啞失聲，終日臥床，不能理事。劉貞亮抓住機會，連勸帶逼，迫使唐順宗同意，立廣陵王李純爲太子，並由太子監國。八月，劉貞亮進而勾結朝中守舊勢力，強迫唐順宗退位，當太上皇，改由李純繼位，是爲唐憲宗。這一幕，史稱「永貞內禪」。所謂「內禪」，純粹是一種騙人的鬼話。「內禪」的背後，隱藏著機謀和詭詐。而劉貞亮，正是這幕「內禪」的導演。

唐憲宗登基後，朝政大權和禁軍大權盡入宦官之手。王叔文、柳宗元、劉禹錫等革新派人士全部被放逐，貶遷外地。唐順宗遭幽禁，三個月後被劉貞亮毒殺，死年四十六歲。

劉貞亮因爲擁立唐憲宗，成爲元勛式的人物，顯赫至極。元和元年（西元八〇六年），左神策行營節度使高崇文率兵討伐叛將劉辟，劉貞亮再次出任監軍。劉辟屢戰屢敗，迫不得已，只好求和，還將原先捉到的東川節度使劉康釋放，以表達求和的誠意。劉康回歸唐營，慚愧請罪。劉貞亮蠻橫霸道，斥責劉康膽小怕死，拒敵不力，命令將其斬首。堂堂一個節度使，劉貞亮說殺就殺，足見他的專悍和凶殘。

接著，劉貞亮升任右衛大將軍，知內侍省事。元和八年（西元八一三年）病死。唐憲宗感激這個宦官幫助自己登上了皇位，特意追贈他為開府儀同三司。

劉貞亮身為宦官，一手扼殺了「永貞革新」，導演了「永貞內禪」，並開了唐朝歷史上宦官廢立皇帝、殺害皇帝的先例。此後，唐朝的十個皇帝，除個別人外，絕大多數都是由宦官擁立和被宦官殺害的。宦官主宰著國家的最高權力，天下還會太平，人民還會安寧嗎？

吐突承璀

不懂軍事的禁軍首領

唐憲宗李純在位期間，宦官的勢力強大，先有劉貞亮，繼有吐突承璀，後有王守澄、陳弘志、梁守謙等，相繼怙勢弄權，至高無上的皇帝不過是他們手中的傀儡和玩物而已。

吐突承璀，字仁貞，閩地（今福建）人。唐德宗、唐順宗朝，閩地每年都要向朝廷進貢一批閹割了的少年，號稱「私白」。吐突承璀便是「私白」中的一員，十幾歲的時候被送至長安，在皇宮裡服役。唐順宗時，他服役於皇太子李純所住的東宮，為小黃門，因察察有才，受到賞識，很快被擢為掖廷局博士。劉貞亮導演「永貞內禪」，李純當了皇帝，是為唐憲宗。吐突承璀立刻飛黃騰達，升任左監門將軍、左神策護軍中尉、左街功德使，封薊國公。

唐憲宗繼位之初，很想有所作為，尤其希望削平藩鎮割據，恢復中央集權統治。元和四年（西元八〇九年），成德軍節度使王承宗反叛朝廷。吐突承璀揣摩皇帝的心思，自告奮勇，願意率兵征討。唐憲宗出於一種偏愛，欣然同意，特任命他爲行營招討處置使，以左右神策軍及河南、浙西、宣歙諸道兵馬，悉聽調遣。並任命宋惟澄、曹進玉爲館驛使，劉國珍、馬朝江爲糧料使，全力以赴爲吐突承璀提供後勤服務。

唐憲宗這樣器重吐突承璀，使許多大臣感到不安。諫官李墉、許孟容、李元素、白居易等反覆奏言，說自古以來，沒有見過宦官擔任大軍統帥的，任命吐突承璀爲行營招討處置使，勢必會引起各方的嗤笑。唐憲宗迫於衆議，不得不把招討處置使改爲招討宣慰使，然其實質還是一樣的，吐突承璀依然是大軍的統帥。

吐突承璀出師之日，唐憲宗親自到通化門爲之送行，禮儀極爲隆重。然而，吐突承璀根本不懂軍事，師出一年，毫無建樹，還損兵折將，空耗了無數軍餉。唐憲宗非常失望，詔令吐突承璀班師，免去招討宣慰使的職銜，仍任左神策護軍中尉。

事情並未就此了結。大臣平仲憤然上書，奏劾吐突承璀輕謀弊賦，有損國威，不斬首不足以謝天下。可是，唐憲宗怎會殺害心目中的功臣和恩人呢？作爲權宜之計，他先將吐突承璀罷爲軍器莊宅使，但很快又提拔爲左衛上將軍，知內侍省。

這時朝廷中發生一件醜聞：羽林大將軍孫沭用二十萬緡錢賄賂宦官劉希光，求爲方鎮節度使。醜聞敗露，劉希光被賜死。進而追查，劉希光的後臺竟然是吐突承璀。文武官員群情激憤，要求嚴厲處治吐突承璀。唐憲宗迫於形勢，只好讓吐突承璀出監淮南軍。

吐突承璀的宦官心腹極多，其中一人叫李涉，官任太子通事舍人。吐突承璀示意李涉，讓他悄悄寫了一封匿名信遞到唐憲宗手裡。信中稱，吐突承璀是完全清白的，貶官實屬一大冤案。唐憲宗寵信吐突承璀，立命大臣孔戣（戣，讀作葵）審理其事。孔戣經過調查，確認吐突承璀奸佞貪利，正是劉希光收受賄賂的幕後主謀，建議將其再次貶黜。唐憲宗態度曖昧，頗爲猶豫。怎奈宰相李絳痛恨宦官，堅持原則，極言吐突承璀的種種罪惡。唐憲宗無話可說，只得命將吐突承璀貶爲峽州司庫參軍。

然而，唐憲宗對於吐突承璀總有一種難棄難捨的深厚情結，一心要將其召還長安，供自己使喚。爲此，他不惜免去李絳的宰相職務，強行召回吐突承璀，任爲內弓箭庫使，接著又任爲左神策護軍中尉，統領禁軍如故。對此，大臣們議論紛紛。唐憲宗卻說：「吐突承璀不過是朕的一個家奴，不管給他多大的權力，朕要除掉他，還不是像拔掉一根汗毛那樣輕而易舉？」皇帝一意孤行，大臣們只能忍氣吞聲，不再進言。

元和十年（西元八一四年），彰義軍節度使吳元濟發動叛亂。唐憲宗毅然發兵平叛，取得勝利，其他藩鎮相繼降服。面對勝利，唐憲宗以爲自己建立了蓋世功勛，頓時飄飄然昏昏然了。從此，他一心仿效秦始皇和漢武帝，迷信神仙巫術，渴望長生不老，奢想一百年一千年都當皇帝。他大量服食方士煉成的丹藥，性情變得異常暴躁，動輒發怒，隨意殺人，以致左右惶恐，上下離心，誰也沒有安全感，一個個愁眉苦臉，提心吊膽。

吐突承璀也不例外。元和十五年（西元八二〇年），吐突承璀從自己的前程考慮，謀立澧王李惲爲太子，這樣，李惲登基以後，自己依然有靠山。可是，唐憲宗只想自己長久地當皇帝，根本不同意立什麼太子，狠狠地訓斥了吐突承璀。吐突承璀和唐憲宗之間第一次意見不合，由此產生了隔閡和矛盾。吐突承璀大為不滿，進而懷恨，對於唐憲宗也就不那麼恭敬和服從了。吐突承璀家中有一間密室，密室中藏有唐憲宗賜給他的全部諭旨。因為陰暗潮濕，密室的地面和牆壁發黴長毛，氣味難聞，讓人感到窒息和噁心。吐突承璀原先是把皇帝的諭旨當作寶貝的，這時卻視它們一錢不值。他命人將密室裡的東西全部搬出，摻進一些糞便，挖了一個大坑，統統埋了。

宦官並非鐵板一塊。內常侍王守澄和陳弘志一直忌恨吐突承璀的權勢，時時窺測動向，決意等待時機，取而代之。這時，唐憲宗服食丹藥，走火入魔，脾氣更加暴躁，殺人越來越多。受害者首當其衝的是他身邊的宦官，稍有不慎，便莫名其妙的人頭落地。宦官們忍無可忍，不約而同地串通一氣，採取了行動。正月庚子日夜間，王守澄和陳弘志領頭，利用可以自由出入寢宮的機會，神不知鬼不覺地將唐憲宗殺害了。然後封鎖寢宮，謊稱皇上「誤服丹藥，毒發暴崩」，同時假傳遺詔，命唐憲宗的第三個兒子李恆繼位。

變故來得非常突然，文武大臣萬分驚駭。尤其是吐突承璀，握有禁軍大權，卻不知如何應對。王守澄和陳弘志懂得先下手為強的道理，趁機告發說，吐突承璀曾經謀立李惲為太子，並用骯髒手段埋了先皇帝的諭旨，犯了「大不敬」之罪。李恆畏懼吐突承璀手中的軍權，不敢和他發生正面衝突，思量再三，遂指使王守澄和陳弘志雇用刺客，在一個月黑風高的夜晚，乾淨俐落地將吐突承璀刺殺了。

吐突承璀死了，王守澄和陳弘志等擁立李恆爲皇帝，是爲唐穆宗。這時，宦官勢力有增無減，本來就很衰落的唐王朝更加衰落了。

劉克明
殺害唐敬宗的凶手

唐穆宗登基以後，生活奢侈，嬉戲無度，在位僅僅四年就病死了。繼由太子李湛承襲皇位，是爲唐敬宗。唐敬宗在位兩年，又被宦官劉克明等殺害，死時只有十八歲。

劉克明，籍貫不詳，以其善於逢迎而得到唐敬宗的寵信。唐敬宗承襲皇位的時候不滿十六歲，年輕好玩，行爲放縱，根本不把朝政當回事，就連每天形式上的朝會也嫌麻煩，經常遲到，害得文武大臣們苦苦等待，一等待就是幾個時辰。朝會結束，他立刻帶領宦官去玩打馬球和徒手格鬥的遊戲，盡情盡性，樂不可支。

劉克明竭力投其所好，在神策軍軍士裡和社會無賴中挑選了一批身強力壯的大漢，專門陪侍皇帝打馬球和格鬥。像陶元皓、靳遂良、趙士則、李公定、蘇佐明、石定寬等，都是劉克明挑選的人，被分別安排在宣徽院和教坊任職，成爲唐敬宗的「職業玩手」。唐敬宗和這些職業玩手狎昵無間，終日在宮中戲樂飲宴，快活無比。州郡官吏得知皇帝所喜所好，爭向朝廷進獻力士。劉克明假托聖旨，來者全收。一時間，皇宮大院裡到處可見膀大腰圓、敞胸袒臂的豪勇之人。

唐敬宗身邊聚集了眾多的格鬥高手，常令他們互相較量，比試輸贏。格鬥就在朝殿上舉行。大力士們爲了得到重賞，無不拼死相爭，各不謙讓，以致有鼻青臉腫的，有斷胳膊斷腿的，鮮血淋漓，遍地狼藉。每當這時，唐敬宗總會樂得拍手大笑，高聲喊道：「好！好！」隨即宣布給予獲勝者以極爲豐厚的賞賜。

唐敬宗性格乖戾，喜怒無常，高興的時候和顏悅色，發怒的時候暴跳如雷。左右侍從只能按照他的意志行事，稍有過失，便會受到嚴厲的懲罰，輕則流放，重則斬首，甚至家屬連坐，滿門獲罪。因此，宦官們誠惶誠恐，滿腔怨恨，常在劉克明跟前發洩不滿和牢騷。劉克明也覺得唐敬宗缺少人主風範，漸漸地產生了謀逆之心。

唐敬宗縱欲行樂，毫無節制。他又有了新的嗜好，就是夜晚外出捉狐狸，謂之「打夜狐」。在「打夜狐」的過程中，他又懲罰了宦官侍從許遂振、李少端、魚志弘等人，將他們打得皮開肉綻，死去活來，並削秩減俸，罰做苦役。此舉極大地激化了宦官們的仇恨。寶曆二年（西元八二六年）十二月辛丑日深夜，唐敬宗「打夜狐」回宮，興猶未盡，遂與宦官劉克明、田務澄、許文端和擊球將軍蘇佐明、王嘉憲、石定寬、王惟直等二十八人張燈飲酒。他的興致很高，一杯接著一杯，一會兒便喝得酩酊大醉。這時，劉克明根據事先的安排，向蘇佐明、石定寬努嘴示意。蘇佐明、石定寬會意，假裝扶唐敬宗進內室更衣。忽然，大殿裡的燈燭熄滅，一片漆黑。蘇佐明、石定寬不費吹灰之力，便將唐敬宗殺死在內室裡。

劉克明主謀殺死唐敬宗，矯詔召翰林學士路隋入宮，謊稱皇帝暴病駕崩，逼他僞作詔書，命唐憲宗之子絳王李悟領軍國事。次日，再作僞詔，由李悟即皇帝位。劉克明自恃擁立新帝有功，洋洋得意，準備援引黨羽，占據要職，安享榮華富貴。不曾想美夢只做了兩天，一切就灰飛煙滅了。

那個參與殺害唐憲宗的宦官王守澄老謀深算，這兩年來一直深居簡出，鋒芒不露。在當時的宦官圈裡，王守澄是個元老級的人物，論資格，論機謀，遠非劉克明之流所能相比。王守澄看到，劉克明利令智昏，擅殺一帝，擅立一帝，大有一種專政攬權、捨我其誰的架勢，這是不能接受和不能容忍的。因此，他再度出山，主動聯絡宰相裴度和中尉宦官劉守謙、魏從簡，彼此間結成聯盟，達成默契。他們利用各自的權力和影響，打出「討逆」的旗號，迅速組織起部分左、右神策軍和飛龍兵，猛烈地進攻皇宮。劉克明雖然蓄有野心，並沒有掌握兵權，無力抵抗。王守澄等指揮神策軍和飛龍兵攻進皇宮，殺死李悟，搜捕劉克明。劉克明自知罪孽深重，難逃一死，絕望之餘，投井自盡。王守澄命人將劉克明的屍體撈出，亂刀戮之。劉克明的同夥田務澄、蘇佐明、石定寬等數十人俱被擒獲，斬首以徇。接著，王守澄和裴度主持，立了唐憲宗的次子李昂爲皇帝，他就是唐文宗。

劉克明窮凶極惡，殺了唐敬宗，自己也死於非命，實屬罪有應得。他的母親雖是婦道人家，卻很通情達理。當初，劉克明萌發謀逆之心的時候，劉母曾告誡說：「爲人務要安分，千萬別做傷天害理的事情。」可惜劉克明根本不聽，終致敗死。唐文宗即位後，欣賞劉母的淳樸敦厚，賜錢一千緡、絹五百匹，另賜奴婢二人。

馮存亮
歷事六帝，忠謹本分

唐敬宗李湛朝，宦官中既有奸佞不法之徒，也有忠謹本分之人。馮存亮便是這後類人物中的一個，其人其事，在當時那種情況下，稱得上是鳳毛麟角。

馮存亮。字季明，河中（今山西永濟）人。早在唐德宗的時候，他就被閹割，進入皇宮服役，不慕功名，不貪利祿，長期沒沒無聞。唐憲宗元和年間，他的忠誠和厚道得到回報，升任左神策軍副使、左監門衛將軍，知內侍省事，進而升任左神策軍中尉，成爲皇家禁軍的統帥之一。馮存亮地位提高了，權力增大了，但是仍然保持忠謹安分的本色，一不專權，二不干政，一心治理軍務，服從朝廷號令。當時，宦官吐突承瓘、王守澄、梁守謙、劉克明等，窮凶極惡，爲非作歹。馮存亮潔身自好，拒不參加他們的行列。他掌管的禁軍具有正式軍籍的約有十萬人，由於治理有方，所以「伍無罷士，部無冗員」，各項事務顯得有條不紊，秩序井然。

唐敬宗登基以後，奢侈放縱，荒於政務，只知以擊球、格鬥、「打夜狐」爲樂，以致百官離心，諸事鬆懈，從朝廷大臣到宮署雜役，人人不思進取，個個心生雜念，由此引發出一場天大的變故來。

宮廷染坊有個染工叫做張韶，平時和巫師蘇玄明交往密切，大碗喝酒，大塊吃肉，好得就像一個人。這天酒足飯飽之後，蘇玄明突然開玩笑地說：「哎！張韶兄弟！我近日占得一卜，結果是你和我都會到御殿用膳，這意味著什麼？」

張韶當然明白，到御殿用膳就是意味著當皇帝。他聽了這話，眼睛瞪得溜圓，不知所措地說：「這……這……」

蘇玄明故弄玄虛，朝左右看了看，然後悄聲說：「我聽說皇上荒淫無度，白天在宮中擊球、格鬥，夜晚外出捉狐狸，這正是個極好的機會，我們何不……」

一番話說得張韶心血來潮，使他果眞做起了皇帝夢。然而，他只是一個普通的染工，怎樣才能把夢想變成現實呢？

蘇玄明說：「你是染工，經常給宮中送染好的衣物，和宮門侍衛很熟不是？我們可以聯絡其他染工，攜帶兵器，混進宮門，趁機殺向御殿，那樣不就大功告成了嗎？」

張韶急於想到御殿用膳，當即點頭同意。於是，他秘密聯絡其他染工百餘人，預作準備，決意起事。

這天傍晚，張韶和蘇玄明扮作車夫的模樣，率領一支車隊前往皇宮。車上滿裝染好的衣物及柴草，衣物和柴草下面隱藏著眾多手執兵器的染工。車隊行至銀臺門，宮門侍衛向前查問。張韶說是給宮中送衣物和柴草的，侍衛見是熟人，准予放行。車隊進了銀臺門，幾名侍衛發現車輛異常沈重，頓時起疑，命令車隊停止前進，接受檢查。張韶和蘇玄明發一個暗號，隱藏的染工踴躍而出，刀砍劍刺，殺死阻擋的侍衛。然後大聲呼喊，一起殺向宮中……

這時，唐敬宗正在清思殿擊球，玩得興高采烈。他聽到張韶等殺進皇宮的消息，嚇得心驚肉跳，渾身哆嗦，傳令速到右神策軍中避難。有人說：「賊人入宮，來勢凶猛，去右神策軍路程太遠，不如就近去左神策軍避亂。」唐敬宗說：「不管哪裡，快走呀！」於是，一夥人簇擁著皇帝，急急匆匆地逃往左神策軍。

左神策軍中尉正是馮存亮。馮存亮聽說皇帝因爲避亂而逃至自己軍中，慌忙出迎，跪在地上，抱著唐敬宗的雙腳放聲大哭，說：「皇上受辱，臣之罪也。」他親自把唐敬宗背進軍帳，隨即派出五百名禁軍，火速趕赴皇宮，接出皇太后等人，以免落入張韶、蘇玄明之手。

張韶和蘇玄明指揮染工一路攻殺，已經入據清思殿。張韶神氣活現地坐上皇帝的寶座，想到的第一件事便是在御殿用膳。片刻，豐盛的山珍海味擺了出來，張韶、蘇玄明及其他染工大吃大喝，不亦樂乎。張韶眉飛色舞地說：「蘇玄明兄弟！你占卜說咱倆要在御殿用膳，果不其然。靈驗，靈驗，眞是靈驗哪！」

蘇玄明哈哈大笑，說：「這算什麼？小菜一碟罷了。咱倆已在御殿用膳，但不能就此滿足，還要想到坐皇位臥龍床，弄個眞龍天子當當，那才過癮哩！」

張韶喜形於色，說：「那是！那是！那麼我們下一步該如何行動呢？」

蘇玄明說：「攻打弓箭庫，奪取更多的兵器。」

張韶於是下令說：「夥計們！我等已經攻占了皇宮的一部分，這裡的金銀珠寶、綾羅綢緞，你們看中的，隨便取，任意拿，儘管朝口袋裡裝就是了。但現在，我們要去攻打弓箭庫，奪取兵器，武裝自己。好啦！出發！」

染工們發出歡呼，前去攻打弓箭庫。弓箭庫守衛森嚴，他們豈能得手？不一時，張韶、蘇玄明等敗退清思殿，垂頭喪氣，一籌莫展。

這期間，馮存亮坐鎮指揮，迅速部署了平亂事宜。他派左神策大將軍康藝全，將軍何文哲、宋叔夜、孟文亮，右神策大將軍康志睦，將軍李泳、尙國忠等，率領數千名禁軍包圍了皇宮。張韶、蘇玄明手下只有一百多人，且是臨時聚集起來的烏合之眾，無法抗禦禁軍。經過一陣厮殺，很快，張韶、蘇玄明和所有染工全被殺死，無一倖免。

風雲乍起的一場變亂平定了。唐敬宗鑾駕回宮。文武大臣心有餘悸，只有十分之一的人到延英門迎接皇帝。唐敬宗升座，馬上神氣起來，命將那些守衛不力的宮門衛士處以杖擊，直把他們打得死去活來。接著論功行賞，馮存亮功居第一，封戶二百。唐敬宗意欲提拔馮存亮擔任更高的官職，然而馮存亮不貪權勢，婉言拒絕，自請出監淮南軍。不久還朝，任內飛龍使。唐文宗時，馮存亮一度任右領軍衛上將軍，權力很大。但這時候，他卻激流勇退了，請求致仕。唐文宗予以批准，封他爲岐國公。

馮存亮一生，歷事唐德宗、唐順宗、唐憲宗、唐穆宗、唐敬宗、唐文宗六位皇帝，擁有權力卻不濫用權力，堅持操守，報效朝廷，善於訓導士卒，不謀私利。因此，當他致仕之時，部下將士無不揮淚相送，依依惜別。他死後，唐文宗命追贈爲揚州大都督，以彰揚其忠謹本分的品格。

仇士良

「有術自將，恩禮不衰」

唐敬宗李湛被劉克明殺害以後，宦官王守澄、梁守謙等擁立唐敬宗之弟、江王李昂爲皇帝，是爲唐文宗。王守澄因策立之功，進拜驃騎大將軍，驕橫無比，宦官勢力愈盛。朝官們不甘沉淪，群起反抗，意欲奪回權力。於是，雙方圍繞一個「權」字，你死我活，鬥爭趨於白熱化。在這場鬥爭中，宦官仇士良是個關鍵的人物。

仇士良，字匡美，循州興寧（今廣東興寧）人。早在唐順宗時，他就閹割入宮，侍奉太子李純。唐憲宗時，他遷內給事，多次出任監軍，成爲皇帝的得力幫手。仇士良生性驕悍暴躁，曾爲一件小事，竟然打傷御史元稹，隨後又惡人先告狀，致使元稹被貶官。此後，他多次出任內外五坊使，到京畿各地爲皇帝購買獵狗獵鷹之類，供皇帝消遣享樂。他每外出，必以「欽差大臣」自居，要挾官吏，敲詐勒索，「暴甚盜寇」。因此，地方員和廣大百姓對之深惡痛絕。

唐文宗初即位時，仇士良還只是個五坊使，地位不算太高，權力也不算太大。可是朝官和宦官拼死爭鬥，這給他帶來了機遇，使之陡然升爲左神策軍中尉兼左街功德使，成爲禁軍的統帥之一。

原來，唐文宗的祖輩、父輩乃至兄長唐敬宗，統統受制於宦官，他們的生死廢立完全掌握在宦官手中。他登基以後，王守澄又把持著禁軍，飛揚跋扈，爲所欲爲，威脅極大。因此，他對宦官懷有強烈的憎恨情緒，一心想要翦滅宦官的勢力。爲此，他任用宋申錫爲宰相，密囑宋申錫聯絡朝官，組織力量，積極爲誅滅宦官做準備。可是，這個宋申錫行事不慎，過於張揚，王守澄及其親信鄭注、李訓覺察到了他的意圖。於是，王、鄭、李三人先發制人，誣告宋申錫謀立唐文宗之弟、漳王李湊爲皇帝，犯了謀逆之罪。唐文宗忌恨李湊，偏信讒言，立命把宋申錫逮捕下獄，繼將其貶爲開州司馬，非經允許，不准擅自回京。

大和八年（西元八三四年），唐文宗因中風而臥病在床，非常痛苦。鄭注精通醫術，經王守澄推薦，去給唐文宗診治，使其病情大爲好轉。鄭注因此受到唐文宗的寵信，升任御史大夫。接著王守澄又推薦李訓，此人是個江湖騙子，擅長誇誇其談，無邊無際。不想唐文宗竟視他爲「奇士」，大加賞識，倚爲心腹。這樣一來，王守澄、鄭注、李訓就完全控制皇帝和朝政。三人當中，王守澄又是主角，他左右著鄭注和李訓的一言一行。

唐文宗並不知道王守澄和鄭注、李訓之間的親密關係。他利用宋申錫誅滅宦官沒有成功，這時又把希望寄託在鄭注和李訓身上。一天，他趁王守澄不在身邊之時，悄悄地把心事告訴鄭注和李訓，叮囑二人聯絡朝官，設計誅殺以王守澄爲首的宦官。鄭注和李訓原是王守澄的親信，二人發跡也是王守澄一手提攜的，這時受到皇帝的重託，遂產生政治投機心理，決定站在皇帝一邊，聽命於皇帝，效忠於皇帝，這樣更能飛黃騰達，享受榮華富貴。於是，二人答應唐文宗，表示要以誅滅宦官爲己任，肝腦塗地，在所不惜。作爲第一步，他倆建議利用宦官之間的矛盾，提拔重用仇士良，掌管部分禁軍，以削弱王守澄的兵權。唐文宗同意，仇士良因此得以成爲左神策軍中尉兼左街功德使。

鄭注、李訓依仗皇帝作爲後盾，迅速在朝廷結幫組派，排斥異己，培植親信。他們捏造罪名，先後把宰相李德裕、李宗閔罷職貶遷，並以「朋黨」爲由，清洗了一大批正直的文武官員。隨後，他們把自己的爪牙安插到各個重要崗位上，李訓升任宰相，鄭注兼任鳳翔節度使，朝權在握，聲勢顯赫。

然而，禁軍大權仍然控制在宦官手裡。鄭注、李訓經過密謀，決定擒賊先擒王，買通王守澄的部下，神不知鬼不覺地毒殺了王守澄，對外則宣稱王守澄「暴死」。唐文宗裝模做樣，追贈王守澄爲揚州大都督，還頒詔宣布要爲王守澄舉行隆重的葬禮，以表彰他的忠誠和功績。

唐文宗對鄭注、李訓毒殺王守澄深感滿意。他和鄭、李進一步密商誅滅整個宦官集團的方案，最後確定由鄭注趕赴鳳翔（今陝西鳳翔），調集精兵三萬人，速來長安，趁王守澄葬禮之日，抓住宦官前往送葬的機會，出其不意地圍而殲之。

李訓是這個方案的主要策劃者，可是鄭注去了鳳翔之後，他卻突然變卦。他不想把功勞歸於鄭注，尤其不想讓鄭注分享權力，所以臨時改變主意：自己獨力誅殺宦官，然後排斥鄭注，以便實現大權獨攬。

李訓再度和唐文宗密商，精心設計了一個並不嚴密甚至說是相當拙劣的圈套。大和九年（西元八三五年）十一月，李訓預先在金吾衛衙中埋伏重兵，然後派人向皇帝報告說：「金吾衛衙大廳後面的石榴樹上夜降甘露，晶瑩瑰奇，美麗無比。」

唐文宗龍心大悅，說：「天降甘露乃一大瑞兆，這是千載難逢呀！朕要前去觀看。」

李訓率領文武百官向皇帝表示祝賀，並自請先去金吾衛衙中察看，弄清情況，然後再奉聖駕前往。李訓去了很長時間，返回來報告說：「石榴樹上確有很多水珠，但好像不是甘露。」

唐文宗故作驚訝，說：「是嗎？怎麼會呢？」轉而命左、右神策軍中尉仇士良和魚志弘說：「你倆帶領宦官再去察看，看到底是怎麼回事，速速回報！」

仇士良、魚志弘對於圈套一無所知，當即帶領宦官們前去金吾衛衙。金吾衛將軍韓約按照李訓的布置，迎接仇士良和魚志弘進入衙署的大廳，因為心情緊張，神色慌亂，汗流浹背。仇士良好生奇怪，說：「韓將軍怎麼啦？」

韓約支支吾吾，說：「我……我……」

仇士良越發疑惑。恰在這時，一陣風起，吹開大廳帷幔的一角，但見帷幔後面密密麻痲，埋伏著許多士兵，同時聽到刀劍撞擊的響聲。仇士良立刻意識到，所謂天降甘露，實是一個陰謀，意在誅殺宦官集團。他不由高聲喊道：「上當了！快撤快撤！」

韓約指揮士兵關閉廳門。仇士良和魚志弘大喝一聲，殺死幾個士兵，宦官們呼喇喇奪門而出，毫髮無損。接著，仇、魚二人率領宦官直撲唐文宗所在的含元殿。因爲他倆明白，關鍵時刻，必須把皇帝搶在自己手裡，這樣才能控制局勢，取得制勝的主動權。

含元殿裡，李訓見宦官洶湧而來，知道情況不妙。他急忙嚷道：「快！保護皇上，必有重賞，必有重賞！」唐文宗身邊的侍衛說：「形勢危急，請皇上速回內宮！」

唐文宗尚未反應過來，仇士良和魚志弘早搶上大殿，架了唐文宗，塞進一乘肩輿，命人抬起就走。李訓見皇帝被劫持，心急如火，攀著肩輿不肯鬆手，說：「皇……皇上不……不可……。」

這時，金吾衛士和宦官展開激烈的廝殺，雙方死亡數十人。宦官抬著唐文宗急步前行，眼看接近內宮，李訓攀著肩輿，還是不肯鬆手。唐文宗只想到自己活命，怒斥李訓，命他鬆手。宦官郗志榮怒不可遏，猛擊一拳，將李訓擊倒在地。肩輿前進的速度大大加快，很快進了內宮，內宮的大門隨即關閉。宦官們知道暫時安全了，高興得齊呼「萬歲」，人人喜形於色。

李訓見圈套破滅，慌亂之中，剝了一個小吏的綠衫，化裝逃出京城。

仇士良慶幸自己及宦官們逃過一場劫難，轉而發洩憤恨，指著唐文宗的鼻子，嚴詞訓斥，聲色俱厲。唐文宗懦弱畏懼，滿面羞愧，不敢還口。仇士良由此非常痛恨皇帝乃至所有的朝官，調集左、右神策軍千餘人，包圍中書省和門下省，但見穿朝服的官員和穿軍服的金吾衛士，不問青紅皀白，橫加殺戮，一日之內，殺死七八百人。殺戮株及無辜的小吏和平民，又有兩千多人喪生。諸司衙門被攪得天翻地覆，宰相王涯、舒元輿等被五花大綁，披枷戴鐐，施以酷刑。仇士良又縱兵搶掠百姓，市井無賴趁機起鬨，渾水摸魚，從而使得偌大京師，到處屍橫血流，一片烏煙瘴氣。事過之後，官署幾乎空竭，街坊蕭條冷落，民戶緊閉，商賈不市。

李訓化裝逃命，一口氣逃到終南山，懇請一個僧人收留，遭到拒絕。他再西逃，想到鳳翔去投奔鄭注。仇士良已經布下天羅地網，一舉將李訓抓獲，就地砍了腦袋。鄭注本來領兵前來長安，途中聞變，趕緊退回鳳翔。宦官監軍張仲清接到仇士良的命令，殺了鄭注，將其首級送至長安。仇士良爲解心頭之恨，命禁軍三百餘人，用竹竿挑著李訓和鄭注的頭顱，押著王涯、舒元輿及其他朝官賈餗、李孝本、羅立言、王璠、郭行餘、魏逢等，遊街示眾，進而將王涯、舒元輿爲首的朝官們全部斬首。

這場變亂，史稱「甘露之變」。其後，宦官掌握了所有大權，左右朝政，勢力達到無以復加的程度。仇士良升任特進、左驍衛大將軍，魚志弘升任爲右驍衛大將軍兼中尉，另一個宦官宋守義升任爲右領軍衛上將軍。唐文宗完全處於這三人的控制和監視之下，實際上是被軟禁起來，失去了自由。他無所事事，鬱鬱不樂，飲酒求醉，賦詩遣愁，感嘆自己好比周赧王和漢獻帝，受制於家奴，百無聊賴，生不如死。

仇士良擅攬軍政大權，尊貴顯赫，威勢薰天。新任宰相李石「稜稜有風岸」，很有幾分膽識。一次，仇士良在公開場合破口大罵李訓和鄭注，藉以折辱朝官。李石看了一眼仇士良，不慌不忙地說：「李訓和鄭注確實很壞，可是他倆不正是宦官王守澄推薦給皇上的嗎？要罵，首先應罵王守澄。」

仇士良聽了這話，一時語塞，無言以對。從這以後，仇士良和李石之間多次發生爭執，每次都是以仇士良理屈詞窮而收場。因此，仇士良對李石切齒痛恨，文的不行就來武的：派遣刺客刺殺李石。刺殺沒有成功，李石卻受了驚嚇，再三請求辭職，交出宰相大印。仇士良巴不得，另擇宰相，爲非作歹越發肆無忌憚。

正當仇士良氣焰薰灼之時，昭義軍節度使劉從諫上書唐文宗，憤怒聲討宦官的罪行，指出：「宦人根黨蔓延在內，臣欲面陳，恐橫遭戮害，謹修封疆，繕甲兵，以爲陛下腹心。如奸臣難制，誓以死清君側。」劉從諫同時還揭露仇士良包藏禍心，引薦假國舅的事實，尤使仇士良狼狽不堪。仇士良對劉從諫先用硬的一手，逼他就範，沒能如願，繼用軟的一手，要唐文宗給他加官晉爵，甚至鼓動把他調進朝廷。然而，劉從諫軟硬不吃，不斷上書彈劾仇士良，誓與宦官對抗到底。面對這樣一個強敵，仇士良卻也害怕，處事更加小心謹慎。

「甘露之變」以後，仇士良不僅把唐文宗軟禁在宮中，進而想廢掉他，另立一個傀儡皇帝。一天深夜，仇士良召來翰林學士崔慎由，引入密室，說：「皇上昏庸無能，自即位以來，一切政令皆不得人心。而且久病不癒，難以繼續執政。現在皇太后有旨，需另立新君，今請崔學士來，就是要你趕快起草一道詔書，宣布廢舊立新。」

崔慎由大吃一驚，急中生智，說：「皇上英明睿智，天下共知，怎麼可以輕易廢黜呢？我崔慎由出生望族，三親六故不下千餘人，光兄弟輩就有三百人。爲了整個家族的利益，恕我不能起草這道詔書，將軍還是另請高人吧！」

仇士良知道崔慎由的性格，強迫是沒有用的。他沈默許久，起身打開密室後面的小門，說：「你去看看你那個英明睿智的皇上吧。」

崔慎由進了小門，抬頭一看，恰見唐文宗坐在那裡發呆，面色憔悴，神情恍惚。仇士良指著唐文宗訓斥說：「你是個無道昏君，根本沒有資格當皇帝！今天若不是崔學士，你就不能坐在這裡了！」

唐文宗渾身哆嗦，不敢反駁，只是低頭不語。

仇士良送崔慎由走出密室，警告說：「今夜之事，不許洩露半個字，否則我要你全家人的性命！」

崔慎由知道仇士良心毒手狠，自然不敢對任何人說及此事。他回家後把當夜的所見所聞記錄在一個本子裡，直到臨死時才把本子交給兒子崔胤。

唐文宗遭受軟禁，只能以飲酒、流淚、嘆氣來打發時光。開成四年（西元八四〇年）底，唐文宗憂鬱成病，危在旦夕。圍繞嗣君問題，朝官和宦官都在緊張活動，各有打算。樞密使劉弘逸、薛志稜與宰相李鈺、楊嗣復串通，謀劃立太子李成美（唐敬宗第五子）監國。仇士良和魚志弘密議，決定另立新皇帝，而且搶在劉弘逸、薛志稜的前面，僞造遺詔，立穎王李炎（唐穆宗第五子）爲皇太弟，並派兵護送進宮，讓他主持國政，同時廢李成美爲陳王，將其趕出京師。開成五年（西元八四〇年）正月，唐文宗一命嗚呼，仇士良等即擁立李炎爲皇帝，是爲唐武宗。唐武宗登基，仇士良進位驃騎大將軍，封楚國公，魚志弘則封韓國公。仇、魚二人牢牢地控制著新皇帝，不僅殺了已廢太子李成美，而且還殺了一度想當太子的安王李溶及其生母楊賢妃。李鈺、楊嗣復被免職，劉弘逸、薛志稜則被處死。

唐武宗當皇帝的時候已經二十六歲，表面上對仇士良和魚志弘裝出唯唯諾諾的樣子，而內心裡卻對宦官的無法無天極度反感。他很快任用才能、聲望頗高的李德裕爲宰相，意在抑制宦官和藩鎮。李德裕不斷向唐武宗進言，要求皇帝「辨邪正，專委任」，「節田遊，承天意」，當一個正直賢明的「人主」。這使仇士良、魚志弘感到驚恐和不安，皇帝如果正直賢明了，那麼慣以阿諛逢迎、巧言令色而取寵的宦官還能站住腳嗎？會昌二年（西元八四二年），仇士良和魚志弘藉給唐武宗上尊號的機會，大造謠言，誣衊李德裕削減禁軍的錢糧，並煽動左、右神策軍將士說：「宰相削減禁軍的錢糧，你們爲什麼不去朝廷請願爭辯呢？」禁軍將士受到煽動，立即鼓噪起來，準備鬧事。李德裕聞訊，趕忙入告唐武宗。唐武宗是支持李德裕的，派遣專使到神策軍中宣布說：「削減禁軍錢糧，這是朕的主意，跟宰相無關。之所以這樣做，目的在於節省朝廷開支，你們難道要違抗聖命嗎？」

禁軍將士見是皇帝的意見，立時平靜下來，不敢輕舉妄動。仇士良滿臉惶惑，心想：怎麼？自己的話不靈驗啦？從此以後，他的氣焰略有收斂。

會昌三年（西元八四三年），形勢的發展越來越不利於宦官。仇士良是個精明人，認識到自己再不能像以前那樣左右皇帝和朝政了，不由變得灰心起來。唐武宗對於仇士良仍然竭力表示尊崇，任命他為觀軍容使，兼統左、右神策軍，但是卻在暗中加強了防範的措施。仇士良還算自量，以患病為由，予以辭絕。唐武宗順水推舟，改命他為內侍監，知內侍省事。仇士良索性又以年老為由，請求致仕，回歸田里。唐武宗也不挽留，遂批准了他的請求。

仇士良告老還家的時候，眾多的宦官前往送行。在盛大的歡送會上，仇士良深情地回顧了自己四十餘年的宦官生涯，把一套行之有效的宦官權術，明白無誤地傳授給了他的同類。他說：「諸君侍奉皇帝，可聽得進老夫的一番忠告嗎？」

眾人唯唯，齊聲說：「我等洗耳恭聽！」

仇士良於是不緊不慢地說：「宦官侍奉皇帝，最要緊的是別讓皇帝閒著。皇帝閒著，就會去讀書學習，就會去接近儒臣，這樣他勢必增長知識和才幹，也勢必採納朝臣的建議和勸告，熱衷於政事，不知道享樂。如此一來，我們這些人就不能得到寵信了，也就不能攬政專權了。為了諸君的前程考慮，我把總結的古今經驗告訴你們，那就是要想盡一切辦法，多弄錢財，供皇帝揮霍，用聲色犬馬討好皇帝，飲酒呀，歌舞呀，擊球呀，打獵呀等等，皇帝愛好什麼，你就盡量地勾引他和滿足他，不給他留出一點空暇時間，極盡奢靡，迷惑其心。這樣，他追求享樂猶恐不及，哪裡還有什麼心思去讀書學習？去接近儒臣？我們這些人，成天伺候在皇帝身邊，皇帝的所有行動，都要我們籌劃和安排。天長日久，宦官能不受到寵信嗎？宦官一旦受到寵信，還怕沒有權力勢力和榮華富貴嗎？」

仇士良這番話道出了宦官取寵的眞諦和竊權的訣竅，堪稱是經典之論。眾人聽得入迷入神，茅塞大開，一再向他們的恩師行禮致敬。當然，仇士良總結的經驗還應加上一條，那就是必須掌握軍權，宦官掌握了軍權，等於如虎添翼，誰也奈何不得。

仇士良致仕不久就死了，死年六十二歲。死後，唐武宗追贈他爲揚州大都督。

仇士良一生，殺害二王、一妃、四宰相，軟禁一帝，擁立一帝。《新唐書》評價其人說：「貪酷二十餘年，亦有術自將，恩禮不衰。」「有術自將」是講他的處世之道，他有一套特殊的方法和技巧（「術」），從而使自己成爲威風顯赫的強力（「將」）人物；「恩禮不衰」是講他的生前待遇，他受到幾個皇帝的恩寵，儘管做了不少惡事，卻能致仕善終，這在歷代宦官中是不多見的。

仇士良死後的第二年，朝官們仍然記恨於他。他們奏請唐武宗同意，抄了仇士良的家，搜出兵器數千件。唐武宗於是下令，削去仇士良的所有官爵。「恩禮」終於「衰」了，仇士良若九泉有知，或許會搖頭嘆息吧！

楊復光
鎮壓農民起義軍的劊子手

唐武宗以後，宦官馬元贄立了唐宣宗李忱。李忱在位十四年病死，宦官王忠實立了唐懿宗李漼。李漼在位十四年病死，宦官劉行深和韓文約又立了唐僖宗李儇（儇，讀作宣）。唐僖宗即位是在咸通十四年（西元八七三年）七月，時年十二歲。長時間以來，朝廷由宦官專權，地方有藩鎮割據，政治黑暗，官吏腐敗，苛賦重稅，民不聊生。因此，唐僖宗上臺一年後便爆發了王仙芝、黃巢領導的農民大起義。

這次農民大起義，規模空前，聲勢浩大，一開始便有幾萬農民參加。乾符五年（西元八七八年），王仙芝陣亡，黃巢成爲起義軍的領袖，自稱「沖天大將軍」，建元「王霸」，設置官署，任命官員。起義軍起初轉戰於黃淮地帶，後來爲求發展，避實擊虛，向長江下游進軍，攻占蘇（今江蘇）、浙（今浙江）、閩（今福建）、贛（今江西），直搗廣州（今廣東廣州），西陷桂林（今廣西桂林）。然後從桂林北伐，隊伍發展到六十萬人，攻州掠縣，所向披靡。廣明元年（西元八八〇年）十一月，起義軍挺進洛陽，洛陽的官兵開門出迎，不戰而降。起義軍乘勝西進，一舉攻破潼關（今陝西潼關），直抵長安東南的灞上（今陝西西安東南白鹿原）。唐僖宗倉惶逃往蜀地（今四川），金執吾大將軍張直方爲了活命，率領未及逃亡的文武官員向黃巢投降，俯首稱臣。十二月五日，黃巢統領千軍萬馬，威武雄壯地進入長安城，繼在大明宮舉行隆重的開國大典，改國號爲「大齊」，定年號爲「金統」，以長安爲國都，從而在中國農民革命史上寫下了光輝燦爛的篇章。

唐朝統治階級對於農民大起義深惡痛絕，視爲「盜匪」和「黃寇」，不斷調集大軍予以鎮壓。其間，宦官楊復光死心踏地地爲朝廷賣命，出力最多。楊復光，本姓喬，閩地（今福建）人。自小閹割至長安，被內常侍楊玄價收爲養子，遂改姓楊。長大了的楊復光，身材魁偉，且有勇力，深受楊玄價的喜愛。唐宣宗時，楊玄價升任左神策軍中尉，進讒罷去宰相楊收的職務，一度「權寵震時」。楊復光受到養父的薰陶和影響，略通軍事謀略，嚮往統兵打仗。唐僖宗時，這樣的人才寥寥無幾，「物以稀爲貴」，因此，楊復光得以進入宮廷，青雲直上。

王仙芝、黃巢開始起義的時候，唐僖宗命楊復光爲監軍，協助平盧節度使曾元裕，率兵鎮壓。宦官出任監軍，實是唐朝的一大「發明」。他代表皇帝，監督將帥，可以干預和決定用兵方略，權力很大。打了勝仗，監軍總是搶先向皇帝報捷，吹噓自己的功勞；打了敗仗，則完全歸罪於將帥，把自己的責任推得一乾二淨。許多宦官根本不懂軍事，卻又要指手劃腳，所以常常導致戰事的慘敗。楊復光畢竟與其他宦官不同，由於有些軍事知識和才幹，所以將帥用兵，多賴其力。楊復光出任曾元裕的監軍，出謀劃策，指揮調度，曾使王仙芝、黃巢的起義軍遭受嚴重挫折，不得不向南方發展勢力。

後來，楊復光出任荊南節度使宋浩忠武軍的監軍。說來也巧，楊復光的養父楊玄價也曾在忠武軍當過監軍。楊玄價監軍，狂妄自傲，欺壓將帥，凡事都是獨斷專行，自作主張，所以和宋浩的關係弄得很僵，勢若水火。宋浩極不情願地會見楊復光。楊復光擺出一副欽差的架勢，盛氣凌人。宋浩滿腹牢騷和怨氣。養父前腳走，養子後腳來，宋浩的心裡很不是滋味，宋浩越發增加了反感，言語中流露出嘲諷之意，二人會見草草結束。

楊復光是個心胸狹窄的人，恨恨地說：「你不就是個節度使嗎？竟敢跟我過不去，豈不是找死！」他立刻找來忠武軍的副將段彥謨，煽動說：「楊某早就聽說段將軍文武雙全，怎麼至今還是個副職呀？」

段彥謨說：「上有宋帥坐鎮，末將不敢奢望。」

楊復光摸了摸沒有鬍鬚的下巴，說：「宋帥？哼！他那兩下子怎能和段將軍相比啊？」

段彥謨說：「不敢不敢。」

楊復光拐彎抹角地說：「一棵靈芝壓在石頭下面，它怎樣才能長得肥大和鮮活呀？」

段彥謨說：「只有搬開石頭。」

楊復光說：「對呀！段將軍頭上有石頭，難道就不能搬掉嗎？」

段彥謨說：「大人的意思是……」

楊復光狡猾地一笑，說：「我沒有什麼意思。你們忠武軍的事情，你們看著辦就是了。」

段彥謨心領神會，當夜帶領心腹，潛入宋浩軍帳，將宋浩殺死。楊復光自然高興，奏告唐僖宗，謊稱宋浩病死，並推薦段彥謨當上了朗州刺史。他自己則統領忠武軍屯鄧州（今河南鄧縣），竭力遏制農民起義軍的凌厲攻勢。

然而，農民起義軍的金戈鐵馬，絕非楊復光所能遏制的。黃巢率領數十萬大軍，以秋風掃蕩落葉之勢，擊潰了一支又一支官兵，攻陷了一座又一座城市。唐僖宗逃往蜀地保命，楊復光仍在鄧州負隅頑抗。這時，他把段彥謨調了回來，充任荊南節度使，統領忠武軍。段彥謨由副職升任正職，如願以償，特地給楊復光送了五百兩黃金。楊復光全不拒絕，欣然受納。

黃巢指揮起義軍攻擊忠武軍。忠武軍大將周岌連吃敗仗，支持不住，表示願意率部投降。黃巢派遣使者前來商談投降有關事宜，宣布欲封周岌官職。可是，周岌心懷鬼胎，搖擺不定，一面安排使者就宿於驛館，一面又夜請楊復光飲宴。楊復光頗爲躊躇，不知該不該前往。他的侍從說：「周岌既然答應歸附黃巢，此去必然凶多吉少，大人務要三思而後行。」楊復光思量許久，最後還是決定前往飲宴。

飲宴的氣氛是死寂的。酒過三巡，楊復光突然流著淚說：「大丈夫立世，最重恩和義。一個人如果忘恩負義，不顧利害，還算什麼男子漢？你周岌出身匹夫，是皇上和朝廷給了你恩義，拜將封侯。而今，你卻要背叛李氏天下，去向盜賊稱臣，眞是糊塗，糊塗啊！」

周岌投降黃巢，原在兩可之間。這時聽了楊復光的話，且羞且愧，也流著淚說：「我部的力量太弱，投降實是迫不得已。好在現在投降還沒有成爲事實，請你大人來，就是要大人給拿個主意。」

楊復光說：「好！算你還有良心！」他當即和周岌設酒爲誓，表示絕不辜負皇上和朝廷。周岌受到楊復光的鼓舞，出爾反爾，派了兒子去驛館，將黃巢的使者殺死。

黃巢建立大齊以後，採取鐵血手段，嚴厲打擊那些膽敢反抗新生政權的達官權貴。「內庫燒爲錦繡灰，天街踏盡公卿骨」，就是當時情景的生動寫照。然而這時，黃巢犯了兩個致命的錯誤：一是沒有追擊疲於奔命逃往蜀地的唐僖宗，二是沒有及時消滅長安周圍驚魂未定的官兵。唐僖宗逃到成都後，立即任命楊復光爲天下兵馬都監，總領天下兵馬，糾集七零八落的官兵，重整旗鼓，反撲過來。楊復光與黃巢部將朱溫多次交鋒，發現朱溫懷有野心，可以利用。朱溫時守同州（今陝西大荔），楊復光遂派人攜帶鑄有唐僖宗聖諭的金牌，許以高官厚爵，誘使朱溫叛變。朱溫卑鄙無恥，竟然變節，率部歸順朝廷，被任爲同州節度使，繼又被任爲河西行營招討副使。這給了黃巢沉痛的一擊，他等於失去了半隻臂膀。加之長安城內糧食奇缺，勢危難守，起義軍陷入極端的困境之中。儘管如此，楊復光畏懼黃巢的數十萬大軍，依然不敢貿然攻擊，只命諸軍在長安外圍等待觀望。東面招討使王重榮率領著楊復光節制的一支部隊，無可奈何地說：「降吧，有負皇恩；打吧，兵力不足。這可怎麼好？這可怎麼好？」

楊復光眉頭一皺，計上心來，說：「有了！」

王重榮趕忙問：「大帥有什麼了？」

楊復光說：「我有破敵之法了。哪！是這樣的：沙陀貴族李克用與我關係密切，發誓要跟我同生死共患難。這個人作戰勇敢，奮不顧身，手下一幫將士人人都是好樣的，無不以一當十。現在，我用皇上名義召他前來，共滅黃巢，他必然求之不得，星夜而至。我們若有沙陀兵相助，何愁黃巢不破？」

王重榮樂得一拍大腿，說：「是啊！那就速召李克用前來！」

於是，楊復光也不請示皇帝，擅自以唐僖宗口氣寫了一信，派人送到太原（今山西太原），交給李克用，信中許諾，任命李克用爲雁門節度使。李克用正想到中原顯示實力，擴展地盤，自然滿口應允。數日後，他便親率五六萬剽悍的騎兵南下，直向長安進發。

接著，楊復光、王重榮、朱溫和李克用兵分數路，向農民起義軍發動瘋狂的進攻。黃巢屢戰屢敗，起義軍死傷慘重，兵器和給養幾乎窮絕。中和三年（西元八八三年）四月，黃巢迫於形勢，率領十五萬起義軍撤離長安，東向退至蔡州（今河南汝南）。楊復光、王重榮、李克用趁勢攻進長安，燒殺搶掠，使長安人民遭受了深重的災難。

楊復光飛快地向唐僖宗報捷，聲稱官兵浴血奮戰，一舉而收復京師。遠在成都的唐僖宗當然高興，論功封賞，楊復光名列第一。幾天後，楊復光接到聖旨：加開府儀同三司，授同州華州制置使，封弘農郡公，賜號「資忠輝武匡國平難功臣」。王重榮、朱溫、李克用亦升官晉爵，權、利雙收。

中和四年（西元八八四年）六月，黃巢自殺於泰山（今山東泰山）狼虎谷，標誌著農民大起義徹底失敗。大約就在這個時候，楊復光也一命嗚呼，唐僖宗追贈他為觀軍容使，謚曰「忠肅」。

楊復光作為宦官，主要事蹟就是鎮壓王仙芝、黃巢領導的農民大起義。他尊崇的地位，他特殊的榮譽，是建立在起義軍的鮮血和屍骨之上的，不值得稱頌，更不值得炫耀。所謂「資忠」、「輝武」、「匡國」、「平難」、「忠肅」等耀眼的光環，掩蓋著的只是一個劊子手的嘴臉。他的名字讓人聯想到這些詞語：猙獰、凶殘、卑劣、醜惡。

田令孜

挾持皇帝，顛國煽禍

唐僖宗李儇被宦官立為皇帝的時候，還是個十二歲的玩童，諸事不能料理，更不能自主。宦官的勢力非常強大，為首人物叫做田令孜，官任左神策軍中尉，嚴密控制著皇帝。另一個宦官西門匡範官任右神策軍中尉，配合田令孜，二人牢牢地操縱了朝政大權。

田令孜，字仲則，蜀地（今四川）人。他本姓陳，因被一個姓田的宦官收為養子，故改姓田。唐懿宗時，李儇封普王，田令孜在普王府中任小馬坊使，一個主子，一個奴僕，彼此間結為親昵的摯友，形影不離。田令孜伺候主子，管主子吃飯，管主子睡覺，盡責盡力，忠心耿耿。期間，他學會了讀書識字，熟悉了朝廷的許多事情。

突然，唐懿宗駕崩了，李儇被擁立為皇帝，就是唐僖宗。田令孜由此飛黃騰達，和西門匡範一起掌管了禁軍。唐僖宗年幼貪玩，最愛跑馬耍狗、鬥鵝鬥雞，至於朝政，根本不懂，更不會料理。唐僖宗絕對信任田令孜，稀里糊塗地稱他為「阿父」，所有軍政大事，統統交給「阿父」專斷。

唐僖宗荒淫奢侈，揮霍無度，因爲愛好鬥鵝，致使鵝價飛漲，一隻竟値錢五十萬緡。他不知道錢爲何物，隨意賞賜給近侍和歌伎，張嘴就是巨萬，以致二三年間，國庫錢財耗盡，空竭如洗。田令孜爲了滿足唐僖宗享樂的開支，唆使親信尹希復、王士成等奏請頒詔，命長安富商向國庫進貢錢帛珠寶，同時派人到街坊徵收苛捐雜稅，敲詐勒索。一時間，商人告狀，居民訴苦，怨聲載道。田令孜下令：凡告狀訴苦者，不問情由，一律杖死於京兆府。

進貢、收稅不能解決問題，田令孜於是又公開賣官鬻爵，只要價錢合適，什麼官爵皆可以出售，根本不用請示和報告皇帝。《新唐書》形容當時的情況是：「百度崩弛，內外垢玩，既所在盜起，上下相掩匿，帝不及知。是時賢人無在者，唯佞鄙沓貪相與備員，偷安噤默而已。」左拾遺侯昌蒙不勝其憤，上書指斥閹豎專權，必亂天下。奏書落到田令孜手裡，他慫恿唐僖宗下令，將侯昌蒙賜死於內侍省。

皇帝荒淫，宦官凶惡，加上其他天災人禍，天下越發不得安寧。黃巢領導的農民起義軍所向披靡，勢不可擋，迅速向長安推進。倉皇之中，田令孜挾持著唐僖宗，狼狽逃往成都。田令孜的哥哥陳敬瑄時任西川節度使，田令孜逃奔那裡，實是爲了投靠陳敬瑄，繼續作威作福。

當唐僖宗一行途經咸陽（今陝西咸陽）野外的時候，遭到十餘名騎兵的阻攔。他們高聲喊道：「黃巢爲陛下除奸臣，陛下卻乘輿西向，關中父老還有什麼指望？」

田令孜凶神惡煞，呵斥騎兵，並命護駕的禁軍大打出手，將阻攔的騎兵全部殺死。然後，他讓唐僖宗騎上一匹白馬，晝夜兼程，逃往成都。

逃亡途中，唐僖宗封田令孜爲十軍十二衛觀軍容制置左右神策護駕使。到達成都以後，田令孜再升任左金吾衛上將軍，兼判四衛事，封晉國公。

成都宮殿狹小簡陋，玩的花樣也遠不如長安。唐僖宗住在那裡，心情抑鬱，成天和嬪妃們飲酒取樂，有時登高北望，淒然流涕。田令孜爲使皇帝開心，變作法兒陪他遊玩，還讓侍從隨時隨地高呼：「萬歲萬歲萬萬歲！」這樣一來，唐僖宗感到坦然了許多，不再憂愁。田令孜又說：「陛下盡可以大放寬心，有臣和陳敬瑄等護駕禦敵，小小的黃巢不足爲慮。」唐僖宗聽了，更覺得欣慰，說：「阿父最能體會朕意。」

成都原有一支三千人的地方軍，人人頭戴黃帽，稱「黃頭軍」。陳敬瑄一心想將這支地方軍收編爲自己的部下，怎奈黃頭軍首領郭琪不願受別人驅使，拒不從命。因此，陳敬瑄和郭琪之間存在著深刻的矛盾。田令孜抵達成都，慰勞將士，有意怠慢黃頭軍，因而激起了黃頭軍的強烈義憤。一天，田令孜舉行宴會，招待各路將帥，破例邀請郭琪參加。宴會開始，田令孜宣布說：「今日我們用金杯飲酒，誰用的金杯就賞賜給誰。」將帥們發一聲歡呼，立即開懷暢飲。唯有郭琪心中有氣，拒絕飲酒，發牢騷說：「一只金杯算得什麼？但願觀軍容使對於諸軍一視同仁，那樣我們就心滿意足了。」

田令孜兩眼瞪著郭琪，冷冷地說：「一視同仁不難，敢問郭將軍有什麼功勞嗎？」

郭琪說：「戰黨項族，破契丹兵，凡數十戰，黃頭軍沒打過敗仗，這就是功勞！」田令孜陰險地一笑，說：「是嗎？那我倒要敬郭將軍一杯酒了。」說著，命人給郭琪斟酒。郭琪全不客氣，接酒一飲而盡。

宴會結束，郭琪回歸軍營，覺得肚痛難忍，方知田令孜敬他的那杯酒乃是毒酒。他殺了一名奴婢，吮其血，總算解了鴆毒。郭琪因此憤恨無比，當夜率部造反，焚燒殺掠，還進攻唐僖宗的行宮，整個成都陷入混亂之中。田令孜見勢不好，趕緊保護著唐僖宗，匆匆逃到成都東城避難，同時命陳敬瑄率兵鎭壓郭琪。雙方展開一場混戰，死傷千餘人，郭琪因寡不敵眾，敗退廣都（今四川廣都）。

經過這場變亂，田令孜以安全為由，把唐僖宗嚴密管制起來，連例行的朝會都取消了，禁止朝臣和皇帝見面。朝臣們多少天見不上皇帝，非常著急，也非常氣憤。左拾遺孟昭圖憤然上書，說：「君與臣一體相成，安則同寧，危則共難。昔日皇上西幸，不告南司（指朝官官署，代指朝官），故宰相、御史中丞、京兆尹等皆遇難，唯左右神策軍中尉隨駕，護衛皇輿。現在跟隨在皇上身邊的大臣都是歷盡艱險、九死一生的人，皇上理當與之休戚與共，同度難關。日前黃頭軍逆亂，火燒行宮，皇上唯與田令孜閉城自守，不召宰相，不謀群臣，臣等欲入不得，欲見不許，是何道理？且天下者，高祖、太宗之天下，非北司（指宦官官署，代指宦官）之天下；陛下者，固九州天子，非北司之天子。北司豈悉忠於南司？廷臣豈無用於敕使？文宗時，宮中災，左右巡使不到，皆被顯責。安有天子播越（流亡），而宰相無所預，群司百官棄若路人？往事誠不足諫，而來者冀可追也。」

這封奏書義正詞嚴，鋒芒直指田令孜爲首的宦官集團。田令孜接到奏書，匿而不報，矯詔將孟昭圖貶爲嘉州司庫參軍。孟昭圖知道田令孜心毒手狠，絕不會就此放過自己，特地叮囑家隸說：「大盜（指黃巢）未殄，宦豎（指田令孜等）離間君臣，我以諫爲官，不可坐視覆國，這次必死無疑。我死以後，你能收葬我的骸骨嗎？」果然，孟昭圖在貶遷途中，田令孜派出心腹，將他殺害。孟昭圖的家隸遵從主人遺囑，收葬其屍。朝臣們聞訊，痛悼不已。

中和四年（西元八八四年），黃巢領導的農民起義軍徹底失敗。唐僖宗論功行賞，給了宦官楊復光以最高的榮譽和最多的賞賜。田令孜擔心楊復光的地位和權勢會壓過自己，所以千方百計地貶低楊復光，同時吹噓說：「論功行賞，我當第一。若不是我坐鎭指揮，運籌帷幄，他楊復光頂個屁用？」他深深地感到了楊復光的威脅，好在楊復光不久就病死了，他這才如釋重負，謝天謝地。楊復光的弟弟楊復恭也是宦官，時任樞密使。田令孜隨便找了個理由，罷免了楊復恭的官職，除去了一個潛在的對手。

中和五年（西元八八五年）三月，唐僖宗重新回到京師長安。這時的田令孜，越發驕縱專橫，「禁制天子，不得有所主斷」。唐僖宗諸事身不由己，形如囚犯，幾乎沒有人身自由。他很傷感，「語左右則流涕」。然而，這又能怪誰呢？「阿父」專權，自己受制，不正是他一手造成的嗎？

田令孜儘管權勢薰灼，猶嫌不足，又廣收義子，並封他們爲將軍，爲節度使，派往州郡，掌握州郡的權力。比如韓建、王建、李茂貞等人，皆因是田令孜的義子，所以日後成了強大的藩鎮。他還招募數萬人充實神策軍，以千人爲一都，共五十四都，分左、右十軍予以統轄，把神策軍變成了「田家軍」。同時，他派出親信、爪牙分赴全國各地，暗中調查、偵察地方將帥的態度，凡是異己者一律加罪，或殺戮，或罷職，或貶遷。這樣一來，從朝廷到地方，從政界到軍界，幾乎成了田令孜的一統天下。

田令孜一意孤行，貪權專權，激起了兩個藩鎮的不滿，一是河中節度使王重榮，一是雁門節度使李克用。他倆鎮壓黃巢領導的農民大起義，以功自傲，根本不把田令孜放在眼裡。田令孜企圖拉攏王重榮，特派義子田匡祐攜帶禮物，宣慰河中（今山西永濟）。這個田匡祐不知天高地厚，依仗是田令孜的義子，態度傲慢，舉止無禮。王重榮勃然大怒，嚴詞痛斥田匡祐，還指桑罵槐，捎帶著嘲笑了田令孜一番。田匡祐灰溜溜地回到長安，惡人先告狀，並鼓動義父及早動手，對付王重榮。田令孜立刻奏告唐僖宗，把原歸王重榮管轄的兩個鹽池劃歸鹽鐵使，榷鹽收入歸於朝廷。王重榮拒不奉詔，同時上書揭露田令孜專權亂政的十大罪狀。田令孜氣急敗壞，立命親信朱玫、李昌符統領神策軍三萬人，前去討伐王重榮。

王重榮只是一方藩鎮，自料難以抵禦田令孜，趕忙向雁門節度使李克用求助。李克用是沙陀貴族，手下兵多將廣，原先親近田令孜，後因利益分配不均，親近變成了仇恨。李克用答應支援王重榮，上書唐僖宗，要求誅殺田令孜和朱玫。唐僖宗畏懼田令孜，卻也不敢得罪李克用和王重榮，主張雙方和解。可是，田令孜和李克用、王重榮都是實力人物，根本不買皇帝的帳，於是便在沙苑（今陝西大荔南）展開了一場大戰。

神策軍數量不少，素質卻差，沒有什麼戰鬥力，一經交戰，頓時落花流水，潰不成軍。朱玫臨陣怯戰，倒戈投向王重榮。神策軍一敗塗地，逃跑途中恣意劫掠百姓，所過之處，村寨爲空。李克用和王重榮追殺神策軍，大軍逼近長安。田令孜見勢不妙，故伎重演，再次劫持了唐僖宗，連夜西經咸陽，逃往鳳翔。李克用和王重榮的軍隊入占長安，燒殺搶掠，偌大的京城和無辜的百姓又一次蒙受災難。

田令孜挾持著皇帝一路西逃，命人沿途高喊：「王重榮反了！王重榮反了！」他讓義子王建統領四萬神策軍護駕，在鳳翔稍作停留，又經陳倉（今陝西寶雞東），逃往興元（今陝西漢中）。唐僖宗不願離開鳳翔，怎奈田令孜以兵相逼，身不由己。皇帝行程，絕對保密，就連宰相蕭遘也被扔在途中，沒有人告訴他應該到哪裡去。田令孜生怕有人謀害自己，所以在逃跑途中總用一塊粗布蒙住臉面，以免露出眞實面目。這個時候，他只相信義子王建，竟然將唐朝的傳國玉璽悄悄地交給了王建，這爲王建日後占據蜀地建立前蜀政權提供了條件。

唐僖宗徒步逃亡，翻山越嶺，艱苦跋涉，困頓至極，有時枕著王建的膝蓋，就呼呼地睡著了。王重榮等奏請唐僖宗誅殺田令孜，駕幸河中。蕭遘等則在鳳翔連篇累牘地上書，揭露田令孜「顚國煽禍，惑小人計，交亂群帥」的罪行，亟請誅之。可是，他們的奏書根本到不了皇帝手裡，全被田令孜扣壓不報。唐僖宗任由田令孜擺布，反而任命田令孜爲劍南監軍使。田令孜異想天開，矯詔命令王重榮徵集十五萬斛糧餉，以助皇帝行在。王重榮看了詔令，嗤之以鼻，理也不理。

光啓二年（西元八八六年）四月，倒戈投向王重榮的朱玫見田令孜抓住唐僖宗不放，乾脆在長安另立了襄王李熅爲皇帝。這樣一來，同時便有了兩個皇帝，政出多門，天下大亂，官吏軍民無所適從。這種情況延續至年底，朱玫、李熅相繼被殺。越年三月，唐僖宗等還至鳳翔。

光啓四年（西元八八八年）二月，整個局勢有所緩和，逃亡了兩年多的唐僖宗終於回到長安。他回到長安就病倒了，詔立弟弟壽王李曄爲皇太弟，主持軍政大事。當初，田令孜挾持唐僖宗入蜀的時候，李曄同行。李曄因爲年幼，徒步行走艱難，曾請田令孜能給一匹馬，以騎代步。可是田令孜心目中根本就沒有這個壽王，不僅沒有給馬，反而抽了他一馬鞭，呵斥說：「這個時候哪有馬給你騎？快！跑步跟上隊伍！不然，就把你扔在山裡餵狼去！」從那時起，李曄就切齒痛恨田令孜，只是沒有報復的機會。如今，唐僖宗病重，李曄主持軍政大事，田令孜未免感到心虛，後悔當初不該那樣對待壽王。

田令孜經過苦思冥想，終於想出一條韜晦之計。這天，他去探望病入膏肓的唐僖宗，假作嗚咽地說：「陛下還認識臣嗎？」唐僖宗已經氣息奄奄，雙眼緊閉，沒有反應。田令孜意識到唐僖宗徹底不行了，趕緊回家，取了劍南監軍使的大印，帶領幾名親兵，快馬加鞭，直奔成都。他到了成都以後，裝模做樣地給李曄寫了一封信，請求辭去職務，以便專心給皇上「尋求醫藥」。

李曄對田令孜輕易逃脫大爲惱火，當即下令：削去田令孜所有的官爵，流放儋州（今海南儋縣）。可是，鎮守成都的西川節度使陳敬瑄是田令孜的哥哥，田令孜逃到成都，陳敬瑄便將他嚴密地保護起來，李曄的命令又能起什麼作用呢？

唐僖宗荒唐了一生，二十七歲駕崩。皇太弟李曄繼位，就是唐昭宗。宦官楊復恭代爲觀軍容使，王建出任永平軍節度使。王建手中握有唐朝的傳國玉璽，頓生覬覦之心。田令孜躲在成都，想到王建是自己的義子，心中大喜，眉飛色舞地說：「王建，我兒也！」他想透過王建，以便東山再起，立即致信王建，召其到成都商議大事。王建正打著自己的如意算盤，隨即率部到成都來見義父。田令孜見王建率兵前來，頗生疑惑，擔心引狼入室，不利於陳敬瑄，所以臨時改變主意，不許王建進城。王建覺得自己受了侮辱，怒不可遏，順勢指揮兵馬，嚴嚴實實地包圍了成都。

田令孜自知失算，心裡發怵。這天，他登上城樓，故作鎮靜地說：「王建我兒！老夫待你歷來不薄，你卻圍我成都，這是爲何？」

王建打著官腔回答說：「父子恩，不敢忘。但義父自絕於朝廷，天下共憤。爲義父考慮，最好改過自新，你我和好尚有可能。」

田令孜放眼望去，但見王建身穿甲冑，威風凜凜，部下將士強悍，精神抖擻，料想陳敬瑄絕非王建的對手，成都歸於王建只是早晚的事。他眼珠子一轉，馬上又有了新的主意，說：「我想與你私下面談，可以嗎？」

王建爽快地回答說：「可以。」

當天夜裡，田令孜悄悄來到王建的軍帳，並交給王建一包物件：西川節度使陳敬瑄的所有印信和兵符。王建懷疑地說：「這是……」

田令孜諂媚地一笑，說：「我將陳敬瑄的印信和兵符都盜了來，我兒有了這些東西，成都不就唾手可得了嗎？」

王建說：「陳敬瑄可是你的哥哥呀！」

田令孜說：「爲了我兒，我就顧不了哥哥啦！」

王建見田令孜這樣無恥，直覺得噁心。次日，他統帥自己軍隊，以陳敬瑄的印信和兵符開道，輕而易舉地占領了成都，控制了各主要部門，並將田令孜和陳敬瑄逮捕，囚禁於碧雞坊。田令孜嚷著吼著，要見王建。看守的士兵說：「我們王帥忙著哩，哪有時間見你？」

王建當時還是朝廷的藩將，派人把囚禁田令孜之事報告唐昭宗。朝臣們無不拍手稱快，異口同聲要求處死田令孜。唯有鳳翔節度使李茂貞上書，替田令孜開脫罪責。唐昭宗考慮李茂貞也是田令孜的義子，且有權勢，所以不敢貿然行事，命將田令孜貶爲湖南監軍，但仍囚禁於成都。兩年以後，唐昭宗又想起這個閹賊來，命將田令孜和陳敬瑄一起處死。田令孜自知罪孽深重，難逃劫數，欣然受死。不過，死前提出一個要求，說：「我田某曾任十軍十二衛觀軍容使，殺我須有禮數。」他自己撕帛爲繩，教給行刑人縊殺的方法。行刑人按照其法，將他縊殺。

田令孜在唐僖宗朝，挾持皇帝，顚國煽禍，獨斷專行十餘年。他和許多宦官一樣，儘管曾經不可一世，但到頭來仍不免落得個可恥的下場。

楊復恭

視權如命的「定策國老」

唐朝知名宦官中，楊復光和楊復恭兄弟二人都是厲害角色。前者鎮壓王仙芝、黃巢領導的農民大起義，雙手沾滿人民的鮮血；後者專橫跋扈，顯赫一時，亦是罪惡累累。

其實，楊復光和楊復恭並不是眞正的兄弟，一個姓喬，一個姓林，相差十萬八千里。姓喬的認宦官楊玄價爲養父，姓林的認宦官楊玄翼爲養父，因而都改姓楊。楊玄價和楊玄翼是兄弟，那麼他們的養子也就是兄弟，按照「復」字輩取名，所以姓喬的改叫楊復光，姓林的則改叫楊復恭。

唐懿宗和唐僖宗朝，楊玄價和楊玄翼均是宦官集團的重要人物，一個當過左神策軍中尉，一個當過樞密使。就像楊復光深受楊玄價影響一樣，楊復恭也深受楊玄翼影響，略涉時事，粗通軍事。楊復恭也鎮壓過黃巢起義，因功拜宣徽使，進而升任樞密使。唐僖宗在位期間，田令孜顯威弄權，勢傾天下，很少有人敢摸老虎的屁股。楊復恭依仗自己也是宦官，敢於直言，經常和田令孜發生一些爭執。因此，田令孜憎恨這個貌合神離的同類，鼓動唐僖宗，罷免了楊復恭的樞密使職務，貶爲飛龍使。楊復恭心懷怨恨，藉口患病，隱居藍田（今陝西藍田），等待復出的機會。光啓二年（西元八八六年），李克用和王重榮入占長安後，逃亡中的唐僖宗需要利用楊復恭，於是便恢復了他的樞密使職務，封魏國公，並賜號「忠貞啓聖定國功臣」。

楊復恭和田令孜同爲宦官，但彼此間卻存在著尖銳的矛盾，一直互相畏忌，互相排斥。光啓四年（西元八八八年）二月，唐僖宗病危，皇子年齡太小，難以繼承大位。這時，楊復恭提出，應當立壽王李曄爲皇太弟，主持軍政大事。唐僖宗接受了楊復恭的意見，李曄因此掌權，接著當了皇帝，是爲唐昭宗。唐昭宗即位，田令孜失勢，楊復恭取而代之，升任觀軍容使，受賜鐵卷，又加金吾上將軍銜。

楊復恭因爲擁立了唐昭宗，所以極得唐昭宗的寵信。唐昭宗不止一次地說過：「朕無德無能，若非楊卿援立，哪有今天？」因此，唐昭宗在即位之初，視楊復恭爲天大的恩人，事事請教於楊復恭，事事聽命於楊復恭。一次，唐昭宗說：「江山社稷，得來不易。朕當減欲節奢，長示天下。」

唐昭宗所說的「減欲節奢」，就是免去每天給皇帝進獻一件御衣、一支新曲。楊復恭聽後，頓首稱善，連聲說：「皇上聖明！皇上聖明！」

又一次，唐昭宗詢問皇帝遊幸費用的開支。楊復恭說：「自懿宗以來，皇帝每次遊幸，依例規定用錢十萬緡和金帛五車，十部樂工五百人，各種車輛一百乘，侍衛三千人。」

唐昭宗說：「這麼多呀！從今以後就減半吧！」

楊復恭又頓首稱善，逢迎說：「皇上聖明！」

楊復恭和所有專橫的宦官一樣：視權如命。他仿照田令孜的做法，收羅大量武士為義子，封他們為將軍，為節度使，號稱「外宅郎君」。他派往各地的義子多達六百餘人，或明或暗，專門負責監視地方官吏和將帥。地方官吏和將帥只要越出雷池一步，楊復恭立刻就會得到報告，並毫不留情地採取懲罰行動。一時之間，「天下權勢，舉歸其門」，從朝廷到地方，形成了一個無所不在、無惡不作的「楊家黨」。

宰相韋昭度、張濬、杜讓能等預見到楊復恭的禍害，暗地裡反覆進諫，告誡唐昭宗，必須千方百計地抑制宦官的勢力，否則後果不堪設想。唐昭宗也逐漸意識到「楊家黨」的存在，想要抑制楊復恭，卻沒有任何辦法。唐昭宗考慮很久，決定求助於外戚，作為第一步，先任命舅舅王環為節度使。不想這一任命剛剛提出，竟然遭到楊復恭的激烈反對。楊復恭煞有介事地說：「外戚可以享受榮華富貴，但不可以掌握實權。西漢初年，呂產、呂祿險些傾覆劉漢天下；我朝中期，武三思之流險些篡奪大位。歷史經驗，應以為鑒。陛下如果確實欲用王環，可以讓他擔任一般職務，但絕不可擔任節度使。」

當時，楊復恭一言九鼎，他不同意，政令難行。王環沒有當上節度使，怒火中燒，破口大罵楊復恭，並依仗國舅身分，四處活動，發展勢力。楊復恭憎恨王環，突然改變主意，奏告唐昭宗說：「陛下不是欲用王環嗎？那就任命他為黔南節度使好了。」

唐昭宗很是高興，立即發出任命。王環當然更是高興，立即離京赴任。然而，當王環途經興元（今陝西漢中）的時候，楊復恭指使義子、興元節度使楊守亮暗做手腳，將王環及其家屬、賓客一行數十人，全部殺害。事後，楊復恭假惺惺報告唐昭宗說：「王環船隻在漢江顛覆，全家遇難，眞是不幸。」

唐昭宗萬分驚駭，說：「怎麼會是這樣呢？」他後來得知，王環是死於謀殺，因而懷恨，暗暗加強了對於楊復恭的防範。

楊復恭有個義子叫做胡弘立，改姓楊，名守立，官任天威軍使。此人性格粗暴，且有勇力，人皆畏之。唐昭宗擔心楊復恭權勢過重，有心拉攏利用楊守立，以作牽制。一天，唐昭宗問楊復恭說：「卿家那個姓胡的小子在哪裡？朕想任用他為金殿侍衛，怎麼樣啊？」

楊復恭巴不得有個義子伺候在皇帝身邊，滿口答應，說：「行！行！」

楊守立被召回長安。唐昭宗親自接見，賜楊守立改姓李，名順節，讓他掌管六軍管鑰，寵信有加。李順節既得皇帝寵信，感激涕零，且掌大權，漸漸也就不把義父楊復恭放在眼裡了。他揭露出楊復恭大量醜惡的隱私，其中很多都是大逆不道的罪行，駭人聽聞。楊復恭透過自己的渠道，知道了這些情況，懊悔不已，大罵李順節說：「這混帳東西，忘恩負義，豬狗不如！」

楊復恭重權在握，尊貴顯赫，每天入朝，都是乘坐肩輿，直至金殿。一天，唐昭宗與宰相等討論關於叛臣的問題，大臣孔緯突然出班奏道：「陛下左右就有叛臣！」

唐昭宗大吃一驚，忙問：「誰是叛臣？」

孔緯橫眉怒目地指著楊復恭說：「他楊復恭就是！」

楊復恭沒有任何思想準備，趕忙說：「這……，臣……臣豈敢負陛下？」

孔緯厲聲數落說：「楊復恭！你，本是皇上一個家奴，小人得志，有恃無恐，竟敢乘坐肩輿直至殿前，這算什麼？再者，你收養了那麼多的不法之徒爲義子，統統隨你姓楊，這又算什麼？你心目中根本就沒有皇上，說你是叛臣，難道還冤枉嗎？」

楊復恭辯解說：「乘坐肩輿，那是皇上恩准的；至於收養義子，那可是爲了收攏士人之心，以輔佐天子。」

唐昭宗忍不住插話說：「卿誠欲收攏士人之心，輔佐天子，那麼爲何不叫他們姓李呢？」

楊復恭一時語塞，無言以對。

楊復恭恨死了孔緯，竭力唆使唐昭宗將他貶遷江陵（今湖北江陵）。孔緯無奈，遵旨而行。楊復恭窮凶極惡，密遣殺手埋伏於長安東面的長樂坡。孔緯行至長樂坡時，殺手突出行刺，斬其旌節，劫其財貨。孔緯幸有侍衛保護，得免一死。

楊復恭另有兩個義子楊守貞和楊守忠，分任龍劍、洋州節度使。這兩人依仗楊復恭的權勢，肆意聚斂錢財，魚肉百姓，而且一再上書，吹捧義父，誹謗朝政。大順二年（西元八九一年）八月，唐昭宗忍無可忍，下決心罷了楊復恭的兵權，出其爲鳳翔監軍。然而，楊復恭居功自傲，拒不前去鳳翔，反以辭職致仕相威脅。唐昭宗來了個順水推舟，准其致仕。不久，唐昭宗害怕楊復恭及其「楊家黨」狗急跳牆，生出變故，所以又起用楊復恭為上將軍，並賜幾杖，加以撫慰。楊復恭可不領情，憤怒殺了宣命的使臣，然後遁居商山，窺測動靜。長安的情況似無異常，不甘寂寞的楊復恭又秘密潛回京師，藏匿於昭化坊家中。他的義子楊守信時為軍使，不時偷偷地前往請安。那個受到唐昭宗寵信的李順節熟知楊復恭的為人，很快偵察到楊復恭的行蹤，立刻報告唐昭宗。唐昭宗遂命李順節和神策軍使李守節率兵包圍楊府，捉拿楊復恭。楊復恭非常狡猾，提前一步，在楊守信的保護下，倉皇逃離長安，前往興元，準備在那裡聚集力量，對抗朝廷。

楊復恭失勢，藩鎮們高興。鳳翔節度使李茂貞、邠州節度使王行瑜、華州節度使韓建、同州節度使王行約、秦州節度使李茂莊等覺得有機可趁，一起上書，聲討楊復恭的罪行，並請出兵征討。可是當時朝政艱難，財政困窘，無力籌措軍餉，另有一批宦官又從中作梗，反對征討楊復恭。唐昭宗搖頭嘆息，只得作罷。偏偏李茂貞蓄有野心，急於擴展勢力，頻頻上書說：「楊復恭自稱是隋朝楊氏子孫，因隋恭帝楊侑禪位於高皇帝李淵，故取名為『復恭』，意在推翻我朝，恢復隋朝的江山。狼子逆賊，十惡不赦，今不征討，更待何時？」他一面上書，一面不待詔令，擅自兼領興元節度使，約會王行瑜，發兵數萬，共討楊復恭。唐昭宗無法制約藩鎮的行動，只好聽之任之。

景福元年（西元八九二年），李茂貞和王行瑜攻陷興元。楊復恭及其義子楊守亮、楊守信等逃得飛快，奔至閬州（今四川閬中）。李茂貞渾水摸魚，勢力急遽地膨脹起來。閬州地理偏僻，消息閉塞。楊復恭可不想窩居在那裡，無所作爲。他另有一個義子在太原（今山西太原），占地爲王，割據稱雄。他思來想去，決定前往太原，潛伏等待，相機行事。他和楊守亮、楊守信等化裝成商人模樣，悄悄上路。當他們行至商山一帶的時候，無意中被韓建部下擒獲，身分暴露。韓建痛恨楊復恭，當即將楊復恭和楊守信斬首，而將楊守亮押解長安，梟首於市。

楊復恭死後，李茂貞把繳獲的一封信呈送給唐昭宗。那封信是楊復恭寫給義子楊守亮的，信中說：「長安城內太極宮的承天門，乃我先祖隋朝楊氏的家業。兒但積糧訓兵，何敬奉爲？我披荊榛立天子，既得位，乃廢定策國老，奈負心門生何？」楊復恭念念不忘先祖的家業，自詡「定策國老」，稱呼唐昭宗爲「負心門生」，其不臣之心，昭然若揭。

楊復恭死了，可是宦官專權的局面並沒有結束。接著，宦官劉季述、韓全誨等取代楊復恭，繼續玩弄皇帝於股掌之中，使得唐王朝無可挽回地跌進滅亡的深淵。

劉季述

拒「狼」而進的「虎」

俗話說：「前門拒狼，後門進虎。」唐昭宗李曄時，宦官劉季述取代楊復恭，確實是剛拒了「狼」又進了「虎」。

劉季述，原是一個普普通通的宦官，地位卑賤，很不起眼。唐僖宗後期擔任樞密使，開始參與朝廷機要。唐昭宗時，寵信和重用宦官楊復恭，劉季述依然是樞密使，屬於文職，沒有什麼權力。楊復恭被罷職後，唐昭宗以宦官西門重遂爲右神策軍中尉、觀軍容使，並沒想到劉季述。景福元年（西元八九二年），鳳翔節度使李茂貞以征討楊復恭爲名，擅自率兵進攻興元（今陝西漢中），獲得勝利，軍威大振，便與朝廷討價還價。宰相張讓能氣憤不過，指派西門重遂討伐李茂貞。西門重遂不懂軍事，慘敗而歸。李茂貞趁勢逼近長安，威脅朝廷立斬西門重遂，否則就發兵攻城。唐昭宗迫於無奈，只好照辦，殺了西門重遂，改以駱全瓘、劉景宜代理左、右神策軍中尉。次年，李茂貞又殺宰相張讓能，出任名義上的中書令，盡有鳳翔、興元等十五州的地盤，成爲當時最強大的藩鎮之一。

乾寧二年（西元八九五年）五月，李茂貞、王行瑜、韓建打著朝賀的旗號，各率精兵數千人入朝，試探朝廷虛實，引起長安一片恐慌。唐昭宗意欲利用雁北節度使李克用對付李茂貞等，竟然任命李克用爲行營都統，進而封他爲晉王。李克用野心勃勃，趁機率領十萬沙陀兵向長安進發，聲稱此舉是爲了討伐李茂貞。同州節度使王行實火速趕至長安報信，並建議唐昭宗逃亡以避其鋒。唐昭宗尚在猶豫，王行實便夥同駱全瓘、劉景宜縱火焚燒長安東市，製造緊張氣氛。唐昭宗怕得要死，倉皇離開長安，逃往莎城（今陝西長安引鎮）。官民相隨者達數十萬人，行至南山谷口，十分之三的人因饑渴而死，「夜爲盜掠，哭聲盈山」。

其實，這完全是一場虛驚，李克用的沙陀兵並未到達長安。唐昭宗返回京師，但見「宮室焚毀，未暇完葺」，「百官往往無袍笏僕馬」。

李茂貞急於擴展權勢，威逼唐昭宗，殺了駱全瓘和劉景宜，改以景務修、宋道弼爲左、右神策軍中尉。景、宋二人掌握了軍權，蠢蠢欲動，有心專斷國政。宰相崔胤痛恨宦官，設謀殺了景務修和宋道弼，於是，劉季述和王仲先分任左、右神策軍中尉。劉季述從文職到武職，這是眞正發跡，陡然神氣起來了。

乾寧三年（西元八九六年）七月，李茂貞再次率兵入朝，縱兵燒殺搶掠。唐昭宗被迫逃往華州（今陝西華縣），兩年後才重新回到長安。這期間，李克用的力量大大削弱，李茂貞的力量受到抑制，朱全忠的力量迅速壯大起來。朱全忠就是黃巢的原先部將朱溫，歸順朝廷後被賜名「全忠」，進而被封為東平郡王，領宣武、宣義、天平三鎮節度使。

唐昭宗是個昏庸荒淫的皇帝，嗜酒如命，酷愛夜獵。他喝醉酒以後，性格暴戾，喜怒無常，斥責左右宦官，非打即罵，甚至下令斬首。宦官們因此驚懼不安，就連劉季述、王仲先等也誠惶誠恐，擔心隨時會發生危險，喪失性命。為了自保，他們不得不加強防範，嚴密監視唐昭宗的言行，保持著高度的警惕。

一次，唐昭宗的孫子患病，御醫車讓、謝筠奉旨進宮，給皇孫診治，很長時間不見出來。劉季述入奏唐昭宗說：「宮禁重地，不可妄留外臣。」

唐昭宗反問說：「皇孫有病，御醫前來診治，難道也不可嗎？」

劉季述討了個沒趣，由此懷疑唐昭宗和車讓、謝筠秘密謀劃什麼大事。劉季述和朱全忠早就有了往來，二人結為兄弟，相約榮辱與共。他一方面把情況報告朱全忠，一方面指派義子劉希正與汴邸官程岩商議，密謀廢黜皇帝。程岩感到事關重大，一時拿不定主意。恰逢朱全忠派太平軍節度副使李振到長安辦事。程岩前去拜訪李振，徵詢意見說：「皇上嚴急，內外顫恐，劉季述欲廢昏立明，將軍以為如何？」

李振秉承朱全忠的意志，認為當時廢黜唐昭宗的條件尚不成熟，說：「百歲奴才侍奉三歲皇上，那是天經地義的事情。亂國不義，廢君不祥，非吾敢聞。」

程岩點頭表示同意，因此反對廢黜唐昭宗。這使劉季述和劉希正沮喪不已，廢黜之議暫時作罷，但廢黜之想一直在劉季述的腦海裡盤旋。

光化三年（西元九〇〇年）十一月的一天，唐昭宗夜獵回宮，喝醉了酒，又莫名其妙地殺了三名宮女。次日中午，寢殿的大門還沒有開啓。劉季述找到宰相崔胤，煞有介事地說：「宮中恐怕發生什麼不測事件了。」崔胤未及表態，劉季述和王仲先早約會樞密使王彥範、薛齊偓、李師虔、徐彥回所謂的「四貴」，率領禁軍千餘人，強行進入皇宮。劉季述的本意是要另立一個新皇帝，可是想來想去，實在沒有合適的人選，久而不決。直到深夜，有人把皇太子李裕推到劉季述跟前。劉季述眼睛一亮，說：「就是他了！」

於是，劉季述假傳何皇后懿旨，說：「車讓、謝筠屢勸皇上殺人，禳塞災咎，皆大不道。兩軍軍容使（指劉季述和王仲先）知之，今奉皇太子李裕爲帝，以主社稷。」

一夜折騰，直到天亮。劉季述命令禁軍控制整個皇宮，然後召集百官，宣布說：「皇上所作所爲，自絕於社稷和宗廟。現在，我等已立新君，誰有異議？」大臣們無不驚駭，一夜之間，換了皇帝，到處都是劉季述的禁軍，誰敢有什麼異議呢？

中午時分，唐昭宗懶洋洋地起床了。劉季述聽得報告，帶領禁軍直闖皇帝寢殿。唐昭宗嚇得起身逃跑，劉季述伸手將他按住，惡惡地說：「你且坐著，我有話說！」唐昭宗坐下，渾身哆嗦。劉季述手持軍杖，在地上一邊劃著道道，一邊說：「某日某事，你不從我，其罪一也；某日某事，你偷偷摸摸，其罪二也；……」他一口氣說了數十件事，有時間，有地點，都是唐昭宗違背劉季述的意願做的，所以也就成了唐昭宗的罪過。

唐昭宗聽任劉季述數落和指責，不敢吭聲。這時，何皇后得到消息，火速趕來，說：

「皇上如果有罪，聽憑軍容使處治。」

劉季述厲聲說：「陛下昏聵，不足以治理天下。我等已奉皇太子爲帝，請陛下交出傳國玉璽。」

唐昭宗說：「昨夜朕還與你們一起夜獵、飲宴來著，非常快樂，怎麼現在就……」

何皇后擔心唐昭宗不識時務，會有生命危險，趕忙取了傳國玉璽交給劉季述，說：「皇上！別再說了，就按軍容使說的辦吧！」

劉季述命將唐昭宗押走。何皇后含淚送別，說：「軍容使誠心輔待，就請皇上安心養病吧！」

唐昭宗自我解嘲地說：「朕早就病了，正想讓太子監國哩！」

就這樣，劉季述一手遮天，獨斷專行，輕而易舉地就把唐昭宗廢黜了。他把唐昭宗囚禁於大明宮少陽院，鐵門巨鎖，還熔化鐵汁將鎖子封死，另派親信師虔率領禁軍守衛，不許任何人接近此院。爲使唐昭宗不致餓死，他命人在院牆的牆角處鑿一小孔，以遞食物和飲水。次日，劉季述擁立李裕登基，尊稱唐昭宗爲太上皇。

劉季述廢一帝，立一帝，威勢更盛。爲了媚附上下，他幾乎把所有人都升官晉爵，以騙取名聲。他夜間就宿於宮內，隨意殺人，凡有寵於唐昭宗的宮監和宮女，一律杖殺，十輛大車，每天都要向宮外運送屍體。唐昭宗的弟弟睦王等亦死於劉季述之手。劉季述把何皇后也囚禁於少陽院，苛刻虐待唐昭宗的嬪妃，斷絕了她們的供俸。時值寒冬，嬪妃們衣單被薄，淒楚痛哭，「哀聞外廷」。那個負責守衛少陽院的師虔狗仗人勢，忠實執行主子的命令，隨時向劉季述報告唐昭宗的情況。可嘆唐昭宗，過慣了奢靡淫逸的生活，如今卻只能從牆角小孔得到一些食物和飲水，勉強苟活，丟盡了臉面。好在身邊有何皇后照料，絕望之中尚有些許慰藉。

宰相崔胤是同情唐昭宗的。他特地寫信給朱全忠，請求發兵「清君側」，誅殺以劉季述為首的宦官集團。誰知朱全忠和劉季述關係非同尋常，二人以兄弟相稱，劉季述的行動正是朱全忠所支持的。朱全忠把崔胤的信密封，派人送給劉季述，叮囑說：「崔胤其人，反覆無常，宜早圖之。」

劉季述正想利用崔胤，和盤托出信件來往的事實。崔胤辯解說：「奸人偽書，自古有之。軍容使若要殺我，悉聽尊便。但有一點，請不要牽連我的家族。」

劉季述哈哈大笑，說：「你是宰相，我豈能殺你？但願你我能夠聯手，結成同盟，主宰朝政，共享榮華富貴。」

崔胤為保性命，姑且答應，遂和劉季述約為知己。事後，崔胤故意又給朱全忠寫了一信，奚落說：「劉軍容使和我崔某結盟，永不相害，你可意外否？不過，我崔某還是心向於你的，特贈二侍女相謝。」

朱全忠讀信，怒不可遏，罵道：「劉季述使我成了兩面人，可惡可惡！」朱全忠因此改變態度，切齒痛恨劉季述。

劉季述權欲薰心，一心想殺害唐昭宗，挾李裕以令諸侯。爲此，他派義子劉希度四處活動，遊說廢立之計。同時派親信李奉本攜帶李裕手諭，前去說服朱全忠。朱全忠狐疑不決，部將李振進言說：「豎刀、伊戾作亂，以資霸者。今閹奴劉季述幽劫天子，乃出於私欲。公若不予討伐，無以令諸侯。」

朱全忠早想奪取唐朝的江山，聽了李振的話，茅塞大開。他一面囚禁了劉希度和李奉本，一面派李振前往長安，聯絡崔胤，謀誅劉季述。他和崔胤之間雖有過節，但他相信，在誅滅宦官這一點上，他們是有共同利益和共同語言的。

光化四年（西元九〇一年）正月，神策軍內部發生了一件很不光彩的事情。神策軍將領孫德昭和董從實偷盜了軍庫五千緡錢，醜行暴露。王仲先異常氣憤，當眾羞辱孫、董二將，並株連到其他一些士兵。崔胤看到有機可趁，便私下鼓動孫德昭和董從實說：「小題大做，未免過分。二位將軍若能出以公心，奉迎太上皇復位，功莫大焉。那樣，區區五千緡錢，算得什麼罪過？」崔胤怕孫、董不明白自己的意思，又寫一密信藏於蜜丸裡，送給孫德昭，信中明確指出：誅殺劉季述和王仲先，奉迎太上皇復位，那就是天大的功勛。

孫德昭執意孤注一擲，鋌而走險，邀來部將周承誨密商了行動方案。次日凌晨，孫、周二人率領心腹禁軍百餘人，埋伏於安福門內側。王仲先乘坐肩輿上朝，經過此處。說時遲，那時快，孫德昭和周承誨等突然出擊，擒住王仲先，不由分說，就地斬首。孫德昭命周承誨去捉拿劉季述，自己則直奔少陽院，叩門喊道：「逆賊斬了！逆賊斬了！」

唐昭宗不大相信，直是發楞。何皇后說：「逆賊斬了？可獻賊首！」

孫德昭把王仲先的頭顱扔進少陽院裡，命人砸鎖開門。好不容易砸了鎖開了門，疲憊憔悴的唐昭宗走了出來。孫德昭來不及給唐昭宗換衣服，扶著他顫顫巍巍地登上長樂門。那裡的官員見了唐昭宗，百感交集，跪地齊呼萬歲。

這時，周承誨帶領禁軍馳入左神策軍軍營，以迅雷不及掩耳之勢，活捉了劉季述和王彥範。崔胤配合孫德昭、周承誨的行動，提前命京兆尹鄭元規集合萬人，人人手持木棍，呼嘯而來。周承誨把劉季述和王彥範押至唐昭宗跟前，唐昭宗憤恨至極，本想斥責逆賊，卻遲遲說不出話來。左右的人發出吶喊：「打死逆賊！打死逆賊！」於是，一陣亂棍，當下把劉季述、王彥範活活打死，並裂其屍。唐昭宗接著頒旨：劉季述和王仲先夷滅三族。

劉季述和王仲先死了，唐昭宗恢復了帝位，李裕被貶爲德王。孫德昭、董從實、周承誨立了大功，皆升高官晉勛爵，賜號「扶傾濟難忠烈功臣」，畫像於凌煙閣，所獲賞賜無數。一時，三人號稱「三使相」，尊崇無比。朱全忠、崔胤等人亦有功勞，權勢更加薰灼。這以後，唐昭宗的日子越發不好過了。

韓全誨

明火執仗的「劫天子賊」

唐昭宗李曄眞是多災多難，剛剛脫離劉季述、王仲先的魔掌，轉眼間又落入宦官韓全誨、宰相崔胤和藩鎭朱全忠、李茂貞之手。他像一個中看不中用的皮球，被人拋來拋去，搶來搶去，最後被野心家朱全忠殺害。

韓全誨，籍貫、來歷不詳。唐昭宗時，他作爲宦官，曾任鳳翔監軍，繼入朝廷任內樞密使。劉季述和王仲先死後，宰相崔胤、大臣陸扆企圖從宦官手中奪回神策軍的領導權，於是由崔胤出面，奏告唐昭宗說：「自宦官掌握禁軍以來，皇權屢屢受到威脅，禍亂不斷。因此，臣自請統領左神策軍，讓陸扆統領右神策軍。這樣，皇權自會穩固，四方藩鎭也就不敢輕舉妄動，興風作浪。」

這個建議本來無可厚非，但唐昭宗心裡清楚，崔胤這樣做，實是想掌握軍權，擴張宰相的勢力。他沒有立即答應，只是說：「容朕斟酌，改日再議。」

其時，李茂貞已受封岐王，雄踞鳳翔一帶。李茂貞洞察崔胤的企圖，不安地說：「崔胤居心叵測，欲奪軍權，矛頭所指，乃是我們這些藩鎮。」

這話傳到唐昭宗的耳中，唐昭宗更加狐疑。唐昭宗深信解救他出少陽院的孫德昭，遂徵求孫德昭的意見。孫德昭說：「臣家世世代代都是軍人，從沒聽說文弱書生能夠統領禁軍的事。現在，劉季述、王仲先等逆賊已死，但不等於說宦官就不能統領禁軍。」

唐昭宗同意孫德昭的意見，委婉地告訴崔胤說：「你的建議很好，但是眾臣意見不盡相同，所以，你和陸扆就不必擔任軍職了。」接著頒旨，任命宦官韓全誨為左神策軍中尉，張彥弘為右神策軍中尉，二人均拜驃騎大將軍。同時任命宦官袁易簡、周敬容為樞密使。

崔胤想當禁軍統帥沒能如願，惱羞成怒，密約京兆尹鄭元規，派遣刺客暗殺韓全誨。暗殺沒有得手，反而激起了韓全誨的仇恨。韓全誨為了鞏固自己的地位，便去勾結李茂貞，讓李茂貞選派四千名士兵入京師宿衛，由李茂貞義子李繼筠、李繼徽統領。崔胤針鋒相對，便去勾結朱全忠，讓朱全忠選派三千名士兵入京師宿衛，由朱全忠親信婁敬思統領。李茂貞和朱全忠的士兵同時進入長安，預示著一場巨大的衝突即將來臨。

宦官韓全誨、宰相崔胤各自勾結藩鎮為外援，宦官、朝官、藩鎮之間的鬥爭日益激化。但就其實質而言，鬥爭的雙方，一是李茂貞，一是朱全忠，他們都想把唐昭宗抓在自己手裡，以便挾天子而令諸侯，進而達到奪取最高權力的目的。

韓全誨、張彥弘、袁易簡、周敬容很快和孫德昭等新貴達成默契，合勢恣暴，為所欲爲，唐昭宗的皇位形同虛設。崔胤趁勢進言，懇請鏟除宦官集團。唐昭宗無奈地說：「說得輕巧，誰有那個能力呢？千錯萬錯都是朕的錯，悔不該當初……」

唐昭宗和崔胤的活動盡在韓全誨和張彥弘的掌握之中。當時，朝廷幾乎沒有什麼機密可言，唐昭宗和朝臣們所言所行，韓、張二人了解得清清楚楚。爲了保密，唐昭宗特別規定：大臣奏事，奏書必須密封，禁止任何人偷拆偷看。韓全誨和張彥弘也有辦法，挑選數十名美貌、識字的宮女，名爲侍奉皇帝，實是充當密探。依靠這些密探，他們及時而準確地知曉唐昭宗和朝臣們聯繫的所有情況。

天復元年（西元九〇一年）十一月，崔胤頻繁出入宮禁，相當活躍。韓全誨和張彥弘頓起疑心，即與孫德昭、李繼筠、李繼徽密商，準備先發制人，斬殺崔胤。唐昭宗得知這一消息，急忙問計於大臣令狐煥和韓偓，說：「這可怎麼辦？這可怎麼辦？」

令狐煥說：「臣以爲陛下可在內殿設宴，讓崔胤和韓、張二人和解。」

韓偓說：「依臣看，不如殺一兩個首惡宦官，允許其他人悔過自新，妄圖必息。不然，彼此猜忌，禍亂必至，雖暫時和解，凶焰益肆。」

唐昭宗見兩位大臣意見不一，不由心灰意冷，無計可施，嘆了口氣，說：「罷了罷了，聽天由命吧！」

韓全誨和張彥弘迅速採取了行動，一面命令禁軍布防京師，一面控制皇宮，禁止唐昭宗單獨召見朝官，同時嚴密監視崔胤。崔胤深感恐慌，遂以唐昭宗名義發急詔給朱全忠，要他火速率兵入京勤王。崔胤另附一信，說：「皇帝歸向，盡取決於大王。李茂貞如果搶先入朝，劫持皇帝，麻煩大矣！」

朱全忠接詔接信，知道事情十萬火急，立刻統領七萬兵馬，西向長安，輕而易舉地攻克同州（今陝西大荔）和華州（今陝西華縣），關中震動。朱全忠一邊用兵，一邊致信給唐昭宗，要求皇帝駕幸東都洛陽（今河南洛陽）。

朱全忠來勢凶猛，韓全誨等慌了手腳。他見唐昭宗，裝模做樣地流著淚說：「朱全忠的軍隊眼看就要攻進京師，脅迫陛下前去洛陽，目的在於取代陛下而自立。臣等不忍見高皇帝（指李淵）天下改作朱姓，故而懇請陛下移駕鳳翔，投靠岐王李茂貞，然後召集四方義兵，討伐元惡朱全忠。」

其時，唐昭宗正在大明宮乞巧樓上，沉吟不語，沒有表態。韓全誨急了，命人在樓下放火，製造緊張氣氛。孫德昭等則縱容士兵在宮中大肆搶掠，宮女受驚，四出逃命。唐昭宗見此情景，被迫下樓，同意西去鳳翔。他知道此去凶多吉少，面對皇后，相視而泣。下午，韓全誨威逼唐昭宗上路，隨行者僅有數百人。唐昭宗剛剛離開，韓全誨即命人焚燒皇宮，頓時濃煙四起，烈火熊熊，大明宮、興慶宮等宮殿建築化爲灰燼。

韓全誨要挾唐昭宗西行，完全是李茂貞的主意。李茂貞假惺惺地前來迎接聖駕，暫住周至（今陝西周至）。這時，朱全忠的軍隊長驅直入，進占了長安。偵探報告說：「皇帝還在周至，大王宜速進兵。」朱全忠只在長安住了一夜，便又揮兵西進，及至周至，李茂貞已經劫持著唐昭宗，急匆匆地回到鳳翔。朱全忠馬不停蹄，緊跟著進兵至鳳翔城下。

這一天，李茂貞登城喊話，說：「皇上避難鳳翔，世人共知。朱公誤聽奸佞讒言，引兵至此，所爲何來？朱公若是忠心，可以入城面見皇上。」

朱全忠可不上當，回答說：「宦官脅驚聖駕，我來興兵問罪，迎接皇上回京。李公若非宦官同謀，哪有這場變故？」

話不投機半句多，雙方展開廝殺。朱全忠攻城，李茂貞守城，一時間難見勝負。

李茂貞手裡握有唐昭宗這張王牌，強迫皇帝詔令朱全忠退兵。朱全忠根本不理那一套，趁勢攻掠關中諸縣，大大削弱了李茂貞的勢力。這時，崔胤送來密信，說：「宦豎謀議，意欲劫持皇帝入蜀。」朱全忠急忙又從大本營汴州（今河南開封）調來精兵五萬人，加強圍攻鳳翔。

這場戰爭進行了將近一年，李茂貞漸漸處於下風。鳳翔城內糧食殆盡，許多士兵餓死。而朱全忠攻州掠縣，軍餉卻源源不絕。這期間，最難熬的是唐昭宗，受韓全誨、張彥弘和李茂貞的控制，缺衣少食，唉聲嘆氣。他吃的是粗茶淡飯，每次吃飯時總要先禮讓韓全誨，韓全誨推辭後，他才敢動筷子，說：「難得時欲同味耳。」一天，他去見李茂貞，李茂貞正在用膳，吃的可是山珍海味。李茂貞吃著紅燒的鮮魚，不時地吐出魚刺。唐昭宗貪讒地詢問說：「這是後池養的魚吧？」李茂貞哈哈大笑，說：「臣養魚以候天子。」這等於說，他李茂貞就是「天子」，才配吃魚。在場的人聽了這話，無不驚駭。

朱全忠猛攻鳳翔東城，燒毀了護城河上的橋樑。李茂貞部將李繼寵無力抵抗，率部投降。李茂貞眼見形勢危急，謀求退路，想要透過誅殺宦官、送還皇帝，以與朱全忠講和。他給朱全忠寫了一封信，說：「禍亂的發生，韓全誨是首惡。我迎皇上到鳳翔，只是倉促應變的權宜之計。朱公既有志於匡扶社稷，請奉聖駕還宮，李某願意服從號令。」朱全忠表示同意，但要李茂貞殺死所有宦官，無條件投降。李茂貞覺得無條件投降有傷體面，所以事到臨頭又猶豫起來。

唐昭宗畢竟是皇帝，時時還要顯示皇帝的威風。一天，他召見李茂貞和韓全誨，生氣地說：「這些日子，諸王、公主、夫人，兩天才吃一頓飯，饑腸轆轆；皇家成員，十分之三的人已經餓死；而且，今天又斷了糧。你們說，這種情況何時是個頭啊？到底該怎麼辦，嗯？」

李茂貞和韓全誨無言以對。這時，十幾名士兵圍攏前來，指著韓全誨罵道：「閹賊當道，禍害無窮。成千上萬人的餓死，都是幾個軍容使作祟，這筆帳一定要清算！」

韓全誨嚇得變了臉色，跪在李茂貞跟前，連連磕頭，說：「大人救我！」

李茂貞陰險地一笑，說：「沒有我的命令，誰敢殺你呀？」

韓全誨又給唐昭宗磕頭，竭力為自己辯白。唐昭宗氣喘吁吁，不予理睬。那個孫德昭已和韓全誨鬧翻了，鄙夷地說：「過去，楊復恭毀了楊氏一族；現在，你這個喪門星不知要毀掉我們多少族呢！」孫德昭慣於見風使舵，當夜帶領親信投降了朱全忠。

朱全忠不能容許李茂貞無限期地拖延時間，集合兵馬十餘萬人，營壘相接，圍住孤城，輪番發起進攻。攻者罵守者爲「劫天子賊」，守者罵攻者爲「奪天子賊」，攻者守者都是「賊」，這也倒是事實。

唐昭宗心急如焚。他認眞分析了當時的形勢，意識到只有歸附於朱全忠，才能保住性命。因此，他敦促李茂貞接受朱全忠提出的條件，不然，鳳翔城將成爲一座墳場。李茂貞焦頭爛額，山窮水盡，只好答應。

天復三年（西元九〇二年）正月，李茂貞和朱全忠就誅殺宦官、送還皇帝事宜達成協議。李茂貞提出，韓全誨和張彥弘作爲禁軍統帥，手下人多勢眾，如果激起宦官兵變，那麼局面不好收拾。朱全忠於是派遣部將蔣玄暉進入鳳翔，協助李茂貞採取行動。

韓全誨和張彥弘見蔣玄暉入駐鳳翔，預感到情況不妙，心神恍惚，如坐針氈，以致吃飯的時候，手腕抖動，拿不住筷子。唐昭宗召見韓偓，拉著韓偓的手，淚流滿面地說：「韓全誨、張彥弘、袁易簡、周敬容是宦官的『四大惡』，得先把他們抓住，其餘人依次誅之。」

李茂貞、蔣玄暉等精心部署，安排數百名士兵嚴陣以待，然後召集韓全誨、張彥弘、袁易簡、周敬容等所有宦官於庭中聽命。宦官們悚懼而來，李茂貞、蔣玄暉一聲令下，士兵撲向宦官，刀砍劍刺，如狼似虎。每十名士兵對付一個宦官，宦官毫無反抗能力，一個個發出慘叫，痛苦地倒在血泊中。「四大惡」韓全誨、張彥弘、袁易簡、周敬容，以及內諸司使韋處廷等領導人物三十多人，盡被誅殺，無一漏網。

李茂貞、蔣玄暉把韓全誨等人的頭顱裝在布袋裡，送給朱全忠查驗，說：「這些宦官都是阻撓聖駕東還的，全殺了。」朱全忠大喜，通令全軍，同時又給李茂貞一信，說：「韓全誨等臨死時大罵不已，口口聲聲說他們劫持皇上，是秉承李公的意志，執行李公的命令，這是怎麼回事？」

李茂貞沒料到朱全忠還要追究自己的責任，叫苦不已。爲了開脫罪責，他又殺了普通的宦官九十多人。與此同時，朱全忠還命在長安的崔胤，拿宦官開刀，殺死宦官一百多人。

唐昭宗終於從李茂貞手中轉移到朱全忠手中。朱全忠伏地迎接，甚至還灑了幾滴淚水，說：「老臣我位至將相，勤王無狀，致使陛下誤入鳳翔，臣之罪也。」

唐昭宗解下身上的玉帶賜給朱全忠，並故意讓朱全忠給自己繫繫鞋帶。朱全忠好生氣惱，但卻不露聲色，跪在地上，勉強給唐昭宗繫了繫鞋帶。

經過鳳翔之戰，岐王李茂貞元氣大傷，失去了與朱全忠抗衡的能力。

唐昭宗回到長安。朱全忠和崔胤擔心宦官死灰復燃，又盡誅第五可範等宦官八百餘人，血流屍積，「哀號之聲聞於路」。朱全忠再發出命令，各地宦官監軍，全部賜死，家產充公。按規定：此後皇宮中只配置宦官三十人，穿黃衣，備灑掃，不許收養義子，不許統領禁軍，當然更不許干預朝政。至此，唐朝持續了二百多年的宦官之禍終於結束，宦官的勢力遭到了毀滅性的打擊。

天祐元年（西元九〇四年），晉爵爲梁王的朱全忠殺了宰相崔胤，脅迫唐昭宗遷都洛陽。八月，朱全忠指使李振、蔣玄暉等，將唐昭宗殺害，擁立唐昭宗第九子李柷（柷，讀作處）爲皇帝，是爲唐哀帝。天祐四年（西元九〇七年）四月，朱全忠廢唐哀帝，自稱皇帝，建立後梁政權，唐朝滅亡，中國歷史進入五代十國的分裂時期。

張承業
敢忤主子的老奴才

唐王朝滅亡以後，中國北方相繼出現後梁、後唐、後晉、後漢、後周五個封建政權，其他地方則有吳越、前蜀、後蜀、南詔等十個割據國家。這種分裂局面延續了五十三年，史稱「五代十國」。五代十國時期，宦官的勢力相對弱小，最出名的宦官恐怕要數張承業。歐陽修等所撰的《新五代史》稱：「……獨張承業事卓卓在人耳目，至今故老猶能道之。其論議可謂傑然歟！」可見直到宋朝初年，「故老」們還經常談論張承業，而且此人的口碑是相當不錯的。

張承業，本姓康，自小就被閹割，唐僖宗李儇時，被內常侍張泰收爲養子，故改姓張。唐昭宗時，張承業長大成人，繼承養父的事業，進入皇宮當了宦官。

唐昭宗朝，宦官專權，藩鎮跋扈，朝臣們投機於宦官和藩鎮之間，皇權衰微，戰亂不斷。張承業審時度勢，鐵心投靠李克用，很快成爲李克用的得力參謀和助手。

李克用是沙陀人，因幫助唐王朝鎮壓黃巢農民大起義，先後被任命爲雁門節度使、河東節度使、行營都統等職。乾寧二年（西元八九五年），唐昭宗封他爲「忠正平難功臣」，進爵爲晉王。隨後，朱全忠進爵爲東平王（繼改爲梁王），李茂貞進爵爲岐王。李克用、朱全忠、李茂貞三大藩鎮鼎足而立，虎視眈眈，既互相對立，又互相利用，都想控制唐昭宗，挾天子以令諸侯，進而最終奪取至高無上的皇權。

這期間，張承業明裡在皇宮服役，暗中爲李克用效力，收集情報，傳遞消息，很受李克用的賞識。唐昭宗受到韓全誨的威逼，一度打算駕幸太原（今山西太原），尋求李克用的庇護。爲此，他曾命張承業爲河東監軍，先去太原通知李克用，並作安排。但是，唐昭宗駕幸太原未能成行，反而被韓全誨劫持去了鳳翔，落到了李茂貞的手裡。朱全忠討伐李茂貞，奪回唐昭宗，回到長安後誅殺所有宦官，並下令：凡宦官出任監軍者，全部賜死，由各地藩鎮負責執刑。張承業時任河東監軍，自然應當賜死。可是，李克用卻不想那麼做。因爲張承業對於李可克用絕對忠誠，而且精明幹練，李克用渴望成就霸業，需要張承業這樣的人才。於是，李克用將張承業藏匿於斛律寺，日供美酒佳肴，夜謀功業大計。天祐元年（西元九〇四年），朱全忠殺了唐昭宗，李克用又讓張承業公開露面，其合法身分還是監軍。

三年後，朱全忠逼迫唐哀帝李柷退位，自己稱帝，改國號爲梁（後梁），建元開平，定都汴州（今河南開封）。開平二年（西元九〇八年）正月，李克用患了重病，危在旦夕。病中，李克用將兒子李存勖鄭重託付給張承業，說：「我把兒子交給你了，拜託拜託！」李克用死後，李存勖襲爲晉王。李存勖尊稱張承業爲兄長，二人的關係非常親密。

李存勖的性格跟李克用一樣，不甘心臣服於別人，只想割據稱王。爲此，他以一方藩鎮之力，和後梁進行了長達十餘年的戰爭。這期間，張承業協助主持李存勖的軍政要務，盡心悉力，貢獻很大。他在太原一帶勸課農桑，發展經濟，招兵買馬，籌集軍餉，保證了李存勖作戰的物資、兵源供應。史稱：「成莊宗（指李存勖）之業者，（張）承業之功爲多。」這話一點不假。張承業還注重法治，上起王公貴胄，下至平民百姓，凡有犯法者，一律繩之以法，以致奸佞斂手，莫不敬畏。

李存勖雖爲晉王，是張承業的主子，但張承業受李克用的重託，並不怕他。一次，李存勖回太原探親，需要很多很多的錢，用於賭博和賞賜歌舞藝人。張承業掌管著府庫，按規定給他足夠的生活費外，其他花費嚴格限制，卡得緊而又緊。李存勖討好張承業，特在府庫置酒，酒酣，還命兒子李繼岌跳舞，敬祝張承業健康長壽。李繼岌舞罷，張承業贈予一條玉帶和一匹良馬。李存勖不大高興，指著府庫裡堆積的銅錢說：「我和兒子缺的是這個，你該贈些銅錢呀！贈這玉帶、良馬，管什麼用？」

張承業從容地說：「府庫裡的錢姓『公』，非我私有，我怎能拿來贈予他人？」

李存勖更不高興，說：「你眞是個守財奴、吝嗇鬼！府庫裡的錢姓『公』不假，但歸根到底姓『李』。我堂堂晉王，花自家的錢，難道還要你批准嗎？」

張承業見李存勖放縱自傲，不由變了臉色，厲聲說：「是啊！我不過是你們李家的一個老奴才，無兒無女，如此而已。我之所以愛惜府庫裡的錢財，那是爲了幫助你成就霸業，別無私心。現在，你要花錢，儘管去花好了，何必問我？財盡兵散，地失人亡，到時候難道獨有我張承業遭受禍殃嗎？」

李存勖見張承業公然頂撞和奚落自己，勃然大怒，轉臉命侍衛元行欽說：「取本王的劍來！」

張承業卻不畏懼，起身拉著李存勖的衣服說：「臣受先王顧託之恩，誓雪家國蒙難之仇。今日爲你珍惜府庫錢財而死，死亦無愧於先王了！」說到動情處，居然熱淚縱橫，泣不成聲。

李存勖的親信閻寶從旁勸解，拉開張承業。張承業怒不可遏，奮起一拳，將閻寶打倒在地，罵道：「你閻寶是個什麼東西？你侍從晉王，受晉厚恩，從來不進一句忠言，只會溜鬚拍馬，阿諛逢迎，陷主子於不仁不義，眞乃無恥小人！」

府庫裡鬧得不可開交，早有人將情況報告了曹太后。曹太后是李存勖的生母，立即派人宣召兒子。李存勖自覺理虧，聽得太后宣召，趕忙斟酒，向張承業陪笑致歉，說：「我剛才酒後失態，得罪了兄長，也得罪了太后，請你務飲此酒，替我分過。」張承業板著面孔，拒不飲酒。李存勖無奈地去見太后，挨了狠狠一頓訓斥，並象徵性地被處以杖笞。隨後，曹太后派人向張承業賠不是，說：「小兒冒犯張公，實在對不起。我已經將他杖笞了，還請張公多多包涵。」第二天，曹太后又帶著李存勖，親臨張承業府第，賠情道歉，慰勞撫問。這樣一來，府庫風波遂告結束，張承業忠心輔佐李存勖，一如既往，倍加勤謹。

張承業敢忤主子，完全是爲了使李存勖能夠成就大事，有所作爲。李存勖部下有個漢人叫盧質，博學多才，但嗜酒傲忽，酒勁上來，往往口不擇言，敢於指斥李存勖及諸公子的失德行爲。諸公子心中懷恨，主張將盧質治罪，李存勖未置可否。一天，張承業故意請示李存勖說：「盧質嗜酒無狀，臣請爲晉王殺之，如何？」

李存勖大驚失色，說：「我正招納賢才以建功業，對人並不求全責備，張公怎能說這種話？」

張承業見李存勖心胸寬廣，不禁大喜，說：「剛才所言，乃試探耳。晉王能有如此胸懷，何愁天下不平！」

後梁皇帝一代不如一代，到了梁末帝朱友貞朝，內外勢窮，上下離心，就連傳國玉璽也被人盜走。李存勖迫不及待，急想自立爲帝，號令天下。其時，張承業正在患病，得知消息，立即讓人用肩輿抬著自己，去見李存勖，誠懇地說：「你們晉王父子與梁血戰三十年，本欲雪家國之仇，恢復唐朝社稷。現在，元凶未滅，而你遽以尊名自居，實非先王初心，且失天下所望，恐怕不合時宜。」

李存勖根本不想恢復唐朝社稷，故作推諉，說：「尊名自立，這是眾望所歸，我怎能推辭？」

張承業說：「不然！梁，乃唐、晉之仇賊，天下共惡之。今大王誠能爲天下除大惡，先滅梁，然後求李唐後裔而立。李唐子孫早已銷聲匿跡，必無人應立。那樣，天下不就自然而然地歸於大王了嗎？」他停了停，又說：「我，到哪裡都是一個老奴才。誠願大王君臨天下，然後我就退歸田里，百官送行，我出城門，過往行人能指著我說：『看！他是本朝敕使，曾任先王監軍。』那麼，我就深感榮耀了。」

看來，張承業的思想觀念還是比較保守的。他同意李存勖稱帝，但必須先滅後梁，而後假意尋求李唐後裔，無人應立，那時，李存勖稱帝，就順理成章。李存勖的想法跟張承業截然不同，他認爲奪取天下靠的是實力，誰有實力，誰就有資格當皇帝，無需虛僞和客套。張承業見自己的話對李存勖不起作用，很是傷感，流著淚仰天嘆道：「大王自個兒看著辦吧！我這個老奴才不中用啦！」說完，仍然乘坐肩輿回家去了。

張承業回家後，心情抑鬱，不進飲食，很快病死，死年七十七歲。他死後，李存勖一舉攻滅後梁，旋即稱帝，改國號爲唐，是爲後唐莊宗。李存勖敬重和懷念張承業，追贈他爲右武衛上將軍，賜謚號曰「正憲」。

張居翰

更改一字救了千餘人

在一般人的心目中，宦官都是昧著良心、傷天害理之徒。其實，這是一種誤解，歷史上正直、善良的宦官還是不少的，後唐時期的張居翰就是其中的一個。

張居翰，字德卿，原是唐朝末年掖廷令張從玫的養子，後來入宮充當宦官。唐昭宗李曄相繼被韓全誨、張彥弘、李茂貞、朱全忠所挾持，沒有人生自由，暗中曾派幾個親信宦官到外地任監軍，以便聯絡中小藩鎮的力量，勤王護駕。幾個親信宦官中便有張居翰，去到范陽（今北京西南），任范陽軍監軍。范陽軍節度使叫做劉仁恭，以禮相待張居翰，二人結爲摯友。朱全忠打敗李茂貞以後，下令將所有的宦官監軍賜死，張居翰亦屬賜死的行列。幸虧劉仁恭看重友情，將張居翰藏於一個山洞裡，妥加庇護。幾年過後，風聲平靜，張居翰這才重新露面。

開平元年（西元九〇七年），朱全忠篡唐自立，建立了後梁。唐朝原先的許多藩鎮不甘臣服於後梁，紛紛結盟對抗朱全忠。朱全忠則擺出皇帝的架勢，逐一加以討伐，旨在維護剛剛建立的封建政權。

開平二年（西元九〇八年），朱全忠兵伐劉仁恭。劉仁恭一面發兵禦敵，一面派張居翰前往太原，聯絡晉王李存勖，鼓動李存勖從側面攻取後梁的潞州（今山西長治）。張居翰出色地完成了任務，潞州遂歸晉所有。李存勖見張居翰有勇有謀，誠懇地挽留他在自己麾下效力。張居翰徵得劉仁恭的同意，便留在太原，不久出任昭義軍監軍。

李存勖牢記父親李克用的遺囑，視後梁為最大的仇敵，不斷地對後梁用兵。開平五年（西元九一一年），李存勖在高邑（今河北高邑）把朱全忠親自統帥的五十萬大軍打得落花流水。再經過十餘年的作戰，李存勖終於在同光元年（西元九二三年）攻滅了後梁，建立了後唐。期間，張居翰為李存勖出謀劃策，忠心耿耿。因此，李存勖稱帝後，即任命張居翰為樞密使，掌管朝廷機密。同時被任命為樞密使的還有郭崇韜，他是後唐得以開國的第一大功臣。

郭崇韜原任兵部侍郎，李存勖對後梁作戰能夠獲勝，主要得力於兵部侍郎的指揮和調度。李存勖當時最寵信的宦官叫馬紹弘，按理說應當提拔馬紹弘為樞密使。可是，郭崇韜歷來忌恨馬紹弘，恥與該馬共事，所以一再對李存勖施加壓力，這才使張居翰撿了個便宜，當上了樞密使。

郭崇韜蓄有野心，貪戀權勢。他和張居翰同為樞密使，但遇事總愛獨斷專行，從來不和張居翰商量。張居翰恰也曠達，雖居高位，但很少過問政事，樂得清心寡欲，悠閒自在。

同光三年（西元九二五年），郭崇韜因爲專權，激起李存勖的強烈不滿。郭崇韜擔心在京師隨時會有生命危險，於是自請隨李存勖長子、魏王李繼岌征伐前蜀。李繼岌任西南行營都統，郭崇韜任都招討使。二人率兵六萬，勢如破竹，很快攻陷成都，前蜀皇帝王衍出降。論身分、地位，李繼岌在郭崇韜之上；而論資歷、人望，郭崇韜則在李繼岌之上。前蜀的降官降將們都很勢利，爭著搶著到郭崇韜軍帳中逢迎獻媚，而對李繼岌卻很冷淡。郭崇韜趾高氣揚，由此產生叛逆之心，很想在蜀地割據稱王。李繼岌大爲惱火，迅即把情況報告了父親。李存勖得到報告，異常憤怒，命令李繼岌和郭崇韜火速班師。李存勖的皇后劉氏倒有主見，寫了一道密諭，要李繼岌就在成都殺掉郭崇韜，以免後患。郭崇韜沒有防備這一手，結果丟了性命。接著，李繼岌班師，前蜀皇帝王衍及皇家成員、文武百官千餘人作爲俘虜隨行。

當李繼岌大隊人馬抵達關中的時候，後唐國內形勢發生了變化。李克用的養子李嗣源因與李存勖政見不同，藉討伐魏州節度使趙在禮的機會，公開反叛。李存勖慌了手腳，親自統兵前往鎮壓。行前，他怕王衍在途中發生變故，於是便密寫一道詔書，命李繼岌將王衍一行就地處死。詔書寫好，蓋上璽印，交給張居翰，命他急速發給李繼岌。張居翰多長了一個心眼，想到在這非常時刻，皇帝給李繼岌密詔，能有什麼事呢？他放大膽子，偷偷地拆看密詔，不看則已，一看不禁吸了口涼氣，原來密詔上赫然寫著：就地誅殺王衍一行。

張居翰犯難了。須知，王衍一行共有一千餘人哪！他們當中，除了王衍一家人外，更多的是皇室成員和文官武將，這些人已經投降了，怎能不分青紅皀白，統統誅殺呢？張居翰受善良心和正義感所驅使，決定違抗聖命，塗改詔書。他把詔書平鋪在桌上，小心翼翼地擦去「行」字，再用朱筆寫個「家」字。這樣，「就地誅殺王衍一行」就變成「就地誅殺王衍一家」，誅殺面大大縮小了。

詔書發出，李繼岌遵旨行事，只殺了王衍一家幾口人，而其他千餘人免死釋放。

張居翰更改一字而救了千餘人的性命，眞可謂大智大勇，難能可貴。如果說「救人一命，勝造七級浮屠」的話，那麼，張居翰救了千餘人的性命，倒是應該給他建造一座豐碑的。

次年四月，李存勖被伶人郭從謙殺害，李嗣源稱帝自立，就是後唐明宗。張居翰年老體衰，辭官回歸故里，回到他早年生活的地方長安。天成三年（西元九二八年），張居翰病故，終年七十一歲。

李神祐

精明幹練的「馬前卒」

西元九六〇年，趙匡胤發動陳橋兵變，黃袍加身，取代後周恭帝柴宗訓，自立爲帝，改國號爲宋，奠都汴京（今河南開封），是爲宋太祖。宋太祖記取唐朝宦官專權亂國的教訓，嚴厲限制宦官的勢力，規定掖廷給事不得超過五十人，宦官中年以後方可收養養子，官僚家庭禁止私蓄閹人，民間出現閹童孺者論死。由於採取這些措施，所以宋朝前期沒有出現宦官之禍，史稱「善政」。

宋太祖時，汴京有一李姓人家，幾代人都是宦官，算得上是個「宦官世家」。第一代李繼美，早在後唐時就在皇宮裡當內侍，後周時任御廚都監，主管御膳房。宋太祖開國，李繼美升任右領軍衛將軍，曾榮幸地接受皇帝御賜的紫衣，說明他是一個非常稱職的將軍。第二代是李繼美的兩個養子：李神福和李神祐。李神福侍奉過宋太祖、宋太宗、宋眞宗三個皇帝，性格隨和，平易近人，在宮中服役近五十年，逆來順受，從沒發過脾氣，人稱「長者」，晚年官至宣慶使，領昭州防禦使，六十四歲時病死。與李神福相比，李神祐更有出息。李神祐也歷宋太祖、宋太宗、宋眞宗三朝，全心地爲皇帝辦差，精明幹練，不管什麼事情，都能出色地完成任務。

宋太祖時，李神祐任殿頭高品，即在皇帝殿前服務的宦官。乾德五年（西元九六七年），宋太祖將娶第三個妻子宋皇后，李神祐奉命代表皇家，前往華州（今陝西華縣）下聘禮。這是一項特殊使命，更是一種特殊榮譽，說明李神祐在宋太祖心目中占有特殊的地位。

宋朝初建，天下並未完全統一。建都於太原（今山西太原）的北漢距離汴京最近，也就成爲宋朝的最大威脅。因此，宋太祖多次率兵征討北漢，戰事不斷。這時候，李神祐的任務是懷揣御寶，不離皇帝左右。「御寶」就是皇帝大印，若非絕對忠誠的人，宋太祖是斷不會將此重任交給他的。開寶二年（西元九六九年），宋太祖再次兵伐北漢，詔令邊地大量購置糧草，以供軍需。詔令發出五日後，宋太祖擔心邊地官員藉機大做文章，搜括百姓，故又宣布詔令作廢，停止執行。李神祐奉旨，匹馬單騎，走過許多州縣，及時通知地方官員，不得以購置糧草的名義，額外加重農民的負擔。開寶四年（西元九七一年），李神祐隨名將潘美攻伐建都於南海（今廣東廣州）的南漢，南漢滅亡。李神祐奉命，負責將俘獲的南漢皇帝以及掠得的大量財物，押解至汴京。開寶六年（西元九七三年），李神祐再隨名將曹彬攻伐建都於金陵（今江蘇南京）的南唐，一路凱歌，幾戰全勝。曹彬派李神祐赴汴京報捷。宋太祖大喜，命令嘉獎，李神祐獲得皇帝賜給的錦衣和金帶，極其榮耀。

開寶九年（西元九七六年），宋太祖駕崩，其弟趙光義繼位，是爲宋太宗。宋太宗同樣信任李神祐，任命他爲南作坊副使，主管皇家生活後勤方面的事項。太平興國三年（西元九七八年），宋朝攻滅建都於錢塘（今浙江杭州）的吳越。宋太宗命李神祐前往錢塘，收取吳越府庫的財物，押送至汴京。次年，宋太宗親征北漢，李神祐帶領工匠千餘人隨軍，負責修繕兵器。北漢皇帝劉繼元無力抵抗宋朝的進攻，納表請降。宋太宗同意，命在太原城北築受降臺，準備舉行受降儀式。然而受降之日，宋軍在受降臺等候多時，卻不見劉繼元露面。宋太宗擔心情況有變，特命李神祐獨自進太原城觀察動靜。李神祐去見劉繼元，曉諭皇恩，說明利害，終於使劉繼元消除了顧慮，出城降宋。

當時，宋朝和北方的遼國處於高度緊張和對峙的狀態。宋太宗即位後，幾次發兵攻遼，試圖收復燕薊（今北京）等地方。李神祐曾和大將劉廷翰一起，統領精銳騎兵，壓陣待援。並一度屯兵定州（今河北定縣）和瀛州（今河北保定東），防禦遼兵南侵。太平興國六年（西元九八一年），滑州一帶治理黃河，急需大量的木材和蘆葦。李神祐被臨時抽調出來，監督砍伐樹木，收購蘆葦，以供治河之用。

李神祐就是這樣一個沒有固定差事的宦官，哪裡需要，皇帝就把他派往哪裡，視他爲精明幹練的「馬前卒」，使用起來得心應手。後來，李神祐升任崇儀使，提點左右藏庫，再遷洛苑使，主管皇家府庫和苑囿。至道元年（西元九九五年），西北黨項族侵邊，他又被任命爲靈州、環州排陣都監，走上前線，抵禦異族的入侵。

至道三年（西元九九七年），宋太宗駕崩，宋眞宗趙恒立。李神祐轉爲內園使兼邠州都監，又改爲天雄軍都監、子城內巡檢。這時候，北方遼國屢屢南下，入侵宋境。景德元年（西元一〇〇四年），宋眞宗採納大臣寇準的意見，御駕親征遼國，至澶州（今河南濮陽）。李神祐隨行，往來於皇帝和諸將之中，負責傳達聖命。一次，他騎馬在途中與數百名遼兵不期而遇，情勢危急。關鍵時刻，他靈機一動，振臂高呼，裝出呼喚四周伏兵的樣子。遼兵不明底細，以爲果眞有宋兵埋伏，嚇得飛馬而逃。在澶州，宋、遼雙方難決勝負，最後同意停戰議和，簽訂和約。這便是歷史上著名的「澶淵之盟」。

景德三年（西元一〇〇六年），李神祐升任內都知，繼改任南作坊使。李神祐爲人謹愼，辦事穩重，但討厭偷奸耍滑的宦官，內侍范守遜等就因過失，而受到嚴厲的處罰。范守遜等決心報復，反覆向宋眞宗進讒言，攻擊和誣陷李神祐。宋眞宗偏聽偏信，削去了李神祐的官職，改爲御膳房掌廚。李神祐並不計較，忠於職守，掌廚一幹就是七年，直到六十六歲時病死。

李神祐死後，他的兩個養子李懷凹（凹，讀作節）、李懷儼及養孫李永和繼續在宮中當宦官，沿襲著「宦官世家」的傳統和家風。

王繼恩
雙手沾滿人民的鮮血

宋太宗趙光義淳化四年（西元九九三年），川峽地區（今四川西部）爆發了王小波、李順領導的農民大起義，推出「吾疾貧富不均，今為汝均之」的口號，迅即占領了青城（今四川灌雲西）、彭山（今四川岷江中游）等地。次年，王小波戰死於江原（今四川崇慶東南），他的妻弟李順成為起義軍領袖，一舉攻陷成都（今四川成都），建立了大蜀政權，部眾發展到十萬人，勢力遍及成都平原。

李順建國稱王，宋太宗驚恐萬狀，立即調兵遣將，鎮壓農民起義。宦官王繼恩精於軍事，且凶殘狠毒，被宋太宗看中，命為劍南兩川招安使，率兵數萬，前往征討。宋太宗非常信任王繼恩，賦予他專門的特權：所有軍事機樞，准其自行設置，朝廷不加干預；抓獲的俘虜，除十惡正贓外，准其自行處理，無需報告朝廷。同時，宋太宗又命馬步軍都軍頭王杲駐軍劍門（今四川劍閣東北），崇儀使尹元駐軍峽路（今陝西漢中），配合王繼恩的軍事行動，並受王繼恩的節制。

王繼恩，陝州（今河南陝縣）人。早在後周太祖郭威顯德年間，他就在皇宮中任內班高品，侍奉皇帝。當時，他隨養父姓，名叫張德鈞。宋太祖趙匡胤發動陳橋兵變，王繼恩是擁護的，因此宋朝建立後，他被任命爲內侍行首，相當於宦官總管，管理所有的宦官。這時候，他請求恢復原來的王姓。宋太祖表示同意，並賜名繼恩。這樣，張德鈞便叫王繼恩。「繼恩」，就是不忘皇恩並要爲皇家效力的意思。

宋太祖朝，王繼恩參加了征討北漢、南唐等許多戰役，因功改任內班都知，加武德使，受賜金紫，進入高官行列。宋太宗即位後，他遷宮苑使，繼領河州刺史，再任皇城使，加昭宣使，勾當（主管）皇城司。王繼恩爲人做事，最大特點是忠於朝廷，擅長謀略。宋太宗欣賞這樣的宦官，所以任命他爲劍南兩川招安使，全面負責鎮壓農民起義軍事宜。

王繼恩接受重任，立即會同王杲、尹元等人，兵分幾路，直入四川。劍門乃川北門戶，王繼恩集中兵力，攻取了這一戰略要衝。其後，他並不急於進攻成都，而是在川北擴展地盤，站穩腳跟，尋找起義軍的主力，準備與之決戰。在擴展地盤的過程中，他血腥地屠殺零星的起義軍和無辜的民眾，手段極其野蠻和殘酷。僅閬州（今四川閬中）一戰，他就殺害起義軍三千多人，並將近千名同情和支持起義軍的百姓，投進江水中淹死。

王繼恩採取穩紮穩打、步步進逼的策略，逐漸形成了對於成都的包圍。淳化五年（西元九九四年）正月，他向成都發起猛攻，一舉陷城，俘獲李順，斬首三萬級，一時間屍積如山，血流成河，繁華的成都變成一座死城。

捷報飛送汴京，宋太宗和朝臣們喜形於色，歡欣鼓舞。許多人主張重賞王繼恩，建議授予宣徽使之職。然而，宋太宗卻另有想法，說：「朕讀前代史書，深知宦官干預政事之弊端。宣徽使近乎樞密使，隨時參與朝政，不可授予宦官。你們想一想，不妨授予王繼恩另外的官職。」宰相力言王繼恩功勛卓著，非宣徽使不足以體現賞賜的規格。宋太宗斥責宰相迂腐，命令學士張洎（洎，讀作記）、錢若水別議出一個新官名來。張洎、錢若水搜腸刮肚，終於想出個「宣政使」的名稱。宋太宗說：「好！就授王繼恩爲宣政使。」宣政使的職位低於宣徽使，高於昭宣使。這樣，王繼恩既升了官，又不至於升到能夠參與朝廷機密的程度，從中可見宋太宗抑制宦官的良苦用心。接著，王繼恩殺了李順，又兼任順州防禦使。

王繼恩坐鎮成都，儼然以功臣自居，大作威福，氣焰薰灼。他專以飲宴爲務，每天都要舉行歌舞宴會，見酒必醉，整日迷迷糊糊。有時出巡，都要帶著龐大的樂隊，另有專人捧著博局棋枰，不定什麼時候什麼地方，他會突然停下來，一面聽樂隊奏樂，一面跟人下棋，其樂悠悠。他的部屬更是飛揚跋扈，橫行大街小巷，剽掠財物，侮辱婦女，甚至隨意殺人。這時，農民起義軍的餘部在張餘的領導下，重新集結，轉戰於川東南的山谷地帶，攻占了八州數十個縣，大有一種「野火燒不盡，春風吹又生」之勢。

王繼恩統率的官兵繼續腐化墮落，大大喪失了戰鬥力。他的部將王文壽只顧自己享樂，不恤士卒，引起怨恨。一天夜裡，王文壽臥於軍帳，指揮使張嶙率眾造反，闖入軍帳，殺死王文壽，然後脫離官兵，歸附於張餘。張餘頓時如虎添翼，聲威大振，川東南的農民紛紛回應，起義軍又發展到數萬人。

農民起義軍東山再起，王繼恩慌了手腳，意識到問題的嚴重性。他臨時採取非常措施，嚴厲整頓軍紀，火速調集兵馬，圍剿張餘。十一月，他指揮的官兵相繼攻占了眉州（今四川眉山）、陵州（今四川仁壽）、簡州（今四川簡陽），使農民起義軍受到重創。十二月，官兵進攻嘉州（今四川樂山），嘉州守令王文操貪圖榮華富貴，變節投降，從而使張餘陷入了孤立無援的境地。至道元年（西元九九五年）二月，張餘寡不敵眾，兵敗被俘。王繼恩奏報朝廷，殘酷地將張餘處以極刑。至此，王小波、李順領導的農民大起義徹底失敗。

王繼恩瘋狂地鎮壓農民大起義，雙手沾滿人民的鮮血。勝利使他利欲薰心，他特地指使一個叫做韓拱辰的將軍，前往京師，詣闕上書，再次爲他請功。韓拱辰在奏書裡說：「王繼恩平定賊寇，功勛蓋世，當秉機務，今止得宣政使和防禦使，賞典太薄，無以慰中外之望。」

宋太宗心明眼亮。他通曉唐朝的歷史，知道宦官竊取高位，必然專權亂政，那樣會產生惡劣的後果。所以，他斷然駁回韓拱辰的奏書，並以「逆言惑眾」的罪名，命將韓拱辰杖擊鯨面，流放崖州（今海南崖縣）。王繼恩沒想到韓拱辰上書會落得這樣的結果，恰似啞巴吃黃蓮——有苦說不出。

至道三年（西元九九八年），宋太宗駕崩，皇太子趙恒繼位，是爲宋眞宗。宋眞宗朝，王繼恩除原任職務外，又加領桂州觀察使，結黨邀譽，更加豪橫。他與參知政事（副宰相）李昌齡等秘密往來，千方百計打探朝廷機密，排斥異己，私薦外臣，同時收買文人士子寫詩作賦，爲自己歌功頌德。

宋眞宗和宋太宗一樣，對於宦官的態度是：可以利用，但不可以重用，尤其不可以讓他們進入朝廷的中樞部門。王繼恩急於攬權，蠢蠢欲動，宋眞宗看得一清二楚。於是，宋眞宗突然頒發一道聖旨，以欺罔罪將王繼恩貶爲右監門衛將軍，均州（今湖北均縣）安置。同時籍沒其家產，抄出許多僭越（僭冒名號超越自己的本分）之物。面對僭越之物，人們恍然大悟：王繼恩原來是一個不知天高地厚的野心家！

王繼恩在他最得意的時候遭到了沉重的打擊。從此，他一蹶不振，心情抑鬱，於咸平二年（西元九九九年）死於貶所。十餘年後，宋眞宗又記起這個宦官，認爲他在鎭壓農民大起義方面還是有功勞的，所以批准恢復他的官爵，允許其家屬回歸京師，賜銀千兩，並准其養子王懷珪繼承父業，入宮爲宦官。

張崇貴

經略西北，揚威邊陲

當王小波、李順在川峽地區發動農民起義的時候，黨項族首領李繼遷也在西北地區舉起反宋的大旗，反反覆覆，給予宋朝皇帝造成了很大的麻煩。

李繼遷的先祖爲拓拔氏，唐朝時參加鎭壓黃巢起義，賜姓李。宋朝建立後，李繼遷的哥哥李繼捧獻出所占領的土地，歸附於宋。而李繼遷不願內遷，另有打算。宋太宗雍熙二年（西元九八五年），李繼遷設埋伏誘殺宋將曹光實，攻占了銀州（今寧夏銀川）。次年，宋朝發兵討伐，李繼遷投奔遼國，娶了遼國的公主。淳化元年（西元九九〇年），遼國皇帝封他爲夏國王，他得以捲土重來，又攻占了銀州等地，割據自立，時而降宋，時而反宋，宋朝皇帝爲此傷透了腦筋。

李繼遷反宋，固然帶有反對民族歧視和民族壓迫的性質，但同時也帶有煽動民族仇恨和破壞國家統一的性質。宋朝和李繼遷之間，進行了多年的戰爭，許多宦官經略西北，揚威邊陲，建立了卓越的功勛。這些宦官當中，張崇貴算是一個代表人物。

張崇貴，眞定（今河北正定）人。宋太祖時，他在皇宮裡任內中高品，遷殿頭高品，屬於比較吃得開的宦官。宋太宗時，張崇貴因爲善於騎射，被選拔爲御帶，繼任內供奉官。淳化四年（西元九九三年），已經歸順朝廷並被任命爲銀州觀察使的李繼遷，突然翻臉，率領一萬三千黨項族人，大舉侵擾宋境。警報傳至汴京，宋太宗急命張崇貴爲右班押班，統領鄜延（今陝西延安一帶）屯兵，抗擊李繼遷。張崇貴與另一宋將田敏，通力合作，英勇作戰，斬殺李繼遷部下二千餘人，擄獲大批牛羊和駱駝。李繼遷大敗，逃往大漠，然後派遣部將趙光祚、張浦入宋營見張崇貴，表示願意納款議和。張崇貴徵得朝廷的同意，會見李繼遷，殺牛宰羊，設宴款待，宣布李繼遷無罪，並賜以錦袍玉帶，以示皇恩浩蕩。李繼遷裝出誠惶誠恐的樣子，進貢名馬、駱駝謝罪。張崇貴在這場戰役中，忠實地執行朝廷的命令，建立了功勛，因此升任黃門右班押班，兼任內殿崇班。

至道元年（西元九九五年），張崇貴升任崇儀副使和內侍右班副都知。這一年，反覆無常的李繼遷再次反宋，並於次年大舉進攻靈州（今寧夏靈武西南）。警報頻傳，靈州告急。宋太宗準備放棄靈州，怎奈朝臣們意見分歧，有人主棄，有人主守，難得統一。爲了掌握第一手情況，宋太宗命張崇貴前往靈州考察，據實回奏，再作定奪。張崇貴火速奔赴靈州，認眞考察了當地的情勢，回奏說：「靈州乃西北重鎭，宜守不宜棄。」同時請求朝廷增兵支援，自己願意死守靈州。宋太宗接受了張崇貴的意見，任命他爲靈環、慶州、清遠軍路監軍，兼任排陣都監，協同另一個宦官竇神寶，共守靈州，抗擊李繼遷。

李繼遷圍攻靈州，時達一年之久。這期間，靈州一帶發生地震，斷斷續續，餘震不止。張崇貴和竇神寶奉命守城，任務十分艱鉅。關鍵的問題是缺少糧食。他們只能在夜間派人出城，到很遠的地方去購糧，然後再趁夜色將糧悄悄運進城中，分發給將士。一有機會，他們還派出精銳騎兵，出其不意地攻襲敵人。李繼遷原想速戰速決，不曾想靈州卻是一塊硬骨頭，根本啃不動，反而損兵折將，死傷累累。最後，他只能望城興嘆，率部退去。

張崇貴在靈州守衛戰中再一次立功，多次受到宋太宗的褒獎。

至道三年（西元九九七年），宋眞宗趙恒登基。張崇貴官拜洛苑使、右班都知、管勾（統領）並州軍馬，繼加六宅使。同年，李繼遷臣服於宋，被任命爲定難軍節度使，管轄夏、銀、綏、宥、靖五州。

咸平元年（西元九九八年），宋眞宗考慮到西北地區總歸是個不安定的地方，特任命張崇貴管勾鄜延屯兵，駐守延州（今陝西延安）。繼改任駐泊都監，再爲鈐轄（鈐，讀作錢；鈐轄，軍職名稱）。這時候，李繼遷與黨項族另一首領李繼福發生衝突，互相殘殺，爭權奪利。張崇貴將情況報告朝廷，獲准向李繼遷和李繼福發動進攻，大獲全勝，擄獲甚多。宋眞宗非常高興，再次給予張崇貴褒獎。

咸平五年（西元一〇〇二年），恢復了元氣的李繼遷又一次攻陷了靈州，改稱西平府，設置官職，整編軍隊，此舉爲後來西夏的建國奠定了基礎。

景德元年（西元一〇〇四年），李繼遷被吐蕃人射殺身亡。其子李德明繼位，時年二十五歲。張崇貴看到這是朝廷和黨項族人重新修好的有利時機，於是寫信給李德明，宣諭朝廷的恩信，同時送去很多物品，表示慰問。李繼遷在死前曾告誡過兒子，說：「大宋地廣人眾，非我黨項族人可比。總結我畢生之經驗，我族人只能歸附於大宋，斷不可與之發生戰爭。」李德明記住父親的這一遺囑，順水推舟，表示願意臣服於宋，請求封號，不再滋事。

張崇貴一面將李德明的態度報告汴京，一面在保安（今陝西志丹）附近築一高臺，召開黨項族人首領會議，公開闡明朝廷對於各少數民族的政策，突出「和為貴」的思想，受到與會首領的歡迎。景德二年（西元一〇〇五年），張崇貴應召回京師。宋眞宗指示：朝廷可以封李德明為西平王，並賜金帛四萬，緡錢四萬，茶葉二萬斤，但李德明必須納還靈州，同時派子弟入朝為人質。張崇貴返回西北，向李德明傳達皇帝的意見。李德明基本上全盤接受，因而受封為西平王，次年又受封為定難軍節度使。從此以後，李德明和宋朝友好相處，彼此間沒有發生過衝突和戰爭。

張崇貴出以公心，維護大局，有效地保障了西北地區的和平與安定。宋眞宗欣賞他的才幹，先後晉升他為皇城使、內侍左右班都知、誠州團練使。大中祥符元年（西元一〇〇八年），張崇貴升任昭宣使，成為朝廷的高級官員。

張崇貴長期駐守西北，熟知西北的地理風情。因此，宋眞宗絕對信任張崇貴，凡西北邊事，統統交給他裁處。一次，張崇貴建議設置緣邊安撫使的職務，負責安撫邊地的少數民族。宋眞宗說：「西鄙別無經營，只要李德明安守富貴，就不用顧慮朝廷會失恩信。設置安撫使，增加署局，徒爲張皇，不若委任愛卿全權處置安撫事宜，更爲妥貼。」在宋眞宗看來，增設署局大可不必，有張崇貴在，定能處理好安撫邊地少數民族的大事。

大中祥符二年（西元一〇〇九年），張崇貴請求回歸故里重葬父母。宋眞宗恩准，給予他豐厚的賞賜。接著，張崇貴出任都鈐轄，提舉榷場（設於邊地的互市市場）。兩年後，張崇貴病故，死年五十七歲。宋眞宗痛悼這位功臣，追贈他爲豐州觀察使，並派內侍護衛其靈柩，回京師安葬。一個宦官，生前建功立業，死後得此禮遇，算是相當榮耀的了。

秦翰 英勇善戰，威風八面

宋朝前期的宦官中，有一人以英勇善戰而馳名。他幾乎參加過宋朝對於遼國和黨項族所有的戰爭，出生入死，毫不畏懼，身上受傷四十九處，稱得上是一員威風八面的虎將。

秦翰，字仲文，眞定獲鹿（今河北正定）人。他十三歲時開始宦官生涯，初爲小黃門，後升任殿頭高品。成人以後的秦翰，身材魁偉，勇武有力，並逐漸通曉軍事謀略，從而爲統兵打仗奠定了堅實的基礎。宋太宗太平興國四年（西元九七九年），宋將崔彥進率兵攻遼，秦翰任都監，大敗遼北院大王奚底、統軍使蕭討古，秦翰因此成名。宋太宗欣賞這個青年宦官，先後任命他爲瀛州駐泊、殿頭高品，兼鎮州、定州、南陽關三路排陣都監。經過磨練，秦翰更加積累了經驗，增長了才幹。

這期間，西北黨項族首領李繼捧、李繼遷兄弟忽而降宋，忽而反宋，嚴重威脅宋朝邊境的安全。李繼捧原本降宋，被賜名趙保忠，官授夏州刺史。淳化二年（西元九九一年），趙保忠卻暗暗投降了遼國，受封西平王。宋太宗得到密報，勃然大怒，立命大將李繼隆率兵前往討伐，由秦翰任監軍。宋軍將抵延州（今陝西延安），秦翰擔心趙保忠聞訊逃跑，便和李繼隆商定一條計策。他們裝出並不知道趙保忠已經降遼的樣子，只說前來慰勞將士。秦翰獨自先行入城，會見趙保忠，假稱奉了聖旨，好言撫慰，以穩其心。然後勸說趙保忠出城迎接官兵，莫失禮儀。趙保忠沒有理由推辭，屆時和秦翰並馬出城。二人來到宋軍營中，秦翰突然出手，一把將趙保忠推翻在地，大聲喝道：「拿下！」宋軍蜂擁向前，不費吹灰之力，便將趙保忠生擒活捉。趙保忠大喊冤枉。秦翰厲聲斥責說：「你背主求榮，暗中降遼，受封西平王，今日擒你，有何冤枉？若果眞冤枉，回京師跟皇上說去！」

就這樣，李繼隆和秦翰兵不血刃，順利地解決了趙保忠的問題。宋太宗欽佩秦翰的忠勇，提拔他爲崇儀副使，兼任靈州、環州、慶州、清遠軍四路都監。

宋眞宗登基以後，秦翰任洛苑使和內侍副都知。這期間，遼國多次南侵，宋朝北方邊警不斷。秦翰曾以排陣都監身分率兵抗遼，斬殺遼兵數千人，因而升任定州行營鈐轄。

咸平三年（西元一〇〇〇年），蜀地戍卒以王均爲首發動兵變，擅立國號大蜀。宋眞宗命秦翰爲川峽招安巡檢使，領兵前往鎭壓。秦翰身先士卒，身中流矢，仍然勇往直前，五戰五勝，很快攻克益州（今四川成都），進至廣都（今四川成都南），斬首千餘級，獲馬數千匹。捷報傳至京師，宋眞宗甚感欣慰，親賜手札勞問。秦翰班師回朝，遷內苑使，並領恩州刺史。

遼國再次南侵。秦翰出任鎮州、定州、高陽關前陣鈐轄，大破遼兵二萬，並且生俘遼將鐵林等十五人。

西北地區又生事端。秦翰改任邠寧、涇原路鈐轄兼安撫都監，親自會見當地少數民族酋帥，宣諭朝廷恩信，防止局面惡化。康奴族頭領有意挑釁。秦翰毫不手軟，率兵深入其境，實行武力鎮壓，殺人數千，焚其廬帳，掠獲牛羊和馬匹逾萬。宋眞宗喜不自禁，再賜手札嘉獎，另賜錦袍一件、玉帶一條、白銀五百兩和布帛五百匹。

景德元年（西元一〇〇四年），遼太宗和其母蕭太后發兵二十萬，大舉侵宋，直逼黃河北岸。宋眞宗採納寇準的建議，放棄遷都的念頭，御駕親征至澶州（今河南濮陽）。秦翰奉命先至澶州、魏州（今河北大名）察看形勢，裁制兵要。宋眞宗抵達澶州後，秦翰任邢洺路鈐轄，分營紮寨，張犄角之勢。儘管如此，宋眞宗還是放心不下，又將秦翰調到自己身邊，任駕前西面排陣鈐轄，主管大陣的防衛事項。秦翰絕對忠誠於皇帝，督促士兵在大陣周圍開挖壕塹，加強警戒，以防遼兵偷襲。整整兩個多月，秦翰時刻保護著皇帝，沒有脫過甲冑。宋、遼這次對峙，最後以締結「澶淵之盟」而告結束。事後，秦翰升任宮苑使、內侍都知。

宋朝北方戰事暫息，西北地區危機又起。那個反覆無常的李繼遷從來也沒有眞正臣服過宋朝，稍有風吹草動，便想割據自立。宋眞宗認識到事態的嚴重性，遂任命秦翰爲涇源儀渭鈐轄，隨時準備征伐李繼遷。秦翰赴任，考慮到邊境空曠無阻，難以遏止敵人長驅直入，所以親自勘察規劃，發動士兵沿邊境開挖一條巨大的壕溝，歷時數年，耗費工日三十餘萬個。

期間，他多次代表朝廷與李繼遷談判，李繼遷總是討價還價，缺少誠意。秦翰對此非常氣憤，一次當著宋太宗的面說：「臣是一個宦官，微不足惜，只要皇上發話，願手刺此賊，死無所恨！」這固然是氣話，然豪壯氣概，溢於言表，令人肅然起敬。

宋太宗偏愛秦翰，重新調他回京師，任皇城使，再任昭宣使、群牧副使。大中祥符初年，秦翰隨宋真宗祭祀汾陰（今山西萬榮西南），恰有李繼遷滋事的警報。宋真宗不敢大意，立命秦翰去前線觀察動靜，以決定對策。事態平息，秦翰又星夜趕回汾陰護駕。宋真宗出巡期間，行在的大小事務，均由秦翰一人裁決，其他人無權過問。

大中祥符八年（西元一〇一五年），秦翰爲宋真宗做完最後一件事情：營葺洛陽大內（皇宮）。這一年，秦翰病故，死年六十四歲。宋真宗深感悲痛，爲之泣下，追贈他爲貝州觀察使。

秦翰一生，英勇善戰，威風八面，然其性格卻是溫良謙恭，待人注重誠信。他體恤士卒，輕財好施，能與部下同甘共苦，人緣極好。因此，當他去世的時候，許多軍旅將士失聲痛哭，非常傷心。宋真宗也難以忘懷這樣一位虎將，於次年又追贈他爲彰國軍節度使，刻石立碑以記其功。

閻文應

陰險狡詐的角色

宋仁宗趙禎是宋朝的第四個皇帝，即位於乾興元年（西元一〇二二年）。宋仁宗在位期間，有個宦官相當活躍，竟能一手遮天，毒殺皇后，神通可謂大矣。此人姓閻名文應，是個陰險狡詐的角色。

閻文應，汴京（今河南開封）人。自小入宮當宦官，逐漸升遷，成為內侍副都知。宋仁宗初即位時，年僅十三歲，由劉太后臨朝斷決政事。劉太后為宋仁宗娶了郭崇的孫女為皇后，怎奈郭皇后姿色平平，且善嫉妒，所以不討宋仁宗的喜歡。明道二年（西元一〇三三年），劉太后死，宋仁宗親政，閻文應成為內侍都知。這時，朝官之間爭權奪利，矛盾重重。宰相呂夷簡和閻文應勾結在一起，鼓動皇帝，把以前諂附劉太后的諸多大臣統統罷職。郭皇后對於這種做法十分反感，說：「當初，他呂夷簡又何嘗不諂附太后來著？此人愛玩機巧，八面玲瓏，皇上可得提防哩！」宋仁宗聽了這話，乾脆將呂夷簡的宰相職務給罷免了。

呂夷簡被罷職，感到莫名其妙，不知道什麼地方出了問題。他向閻文應打聽原因，方知是郭皇后說了自己的壞話，真是又氣又惱。不久，呂夷簡又恢復了宰相職務，馬上與閻文應秘密商議，決心報復郭皇后。

宋仁宗年富力強，於郭皇后以外，特別寵幸兩個美人，一個姓尙，一個姓楊。尙、楊二美人依仗皇帝的垂愛，恃寵而驕，根本不把郭皇后放在眼裡。郭皇后出於嫉妒，切齒痛恨兩個「狐狸精」。一天，郭皇后又見她倆纏著皇帝賣弄風騷，嬉戲調情，不由勃然大怒，板著面孔，嚴加訓斥。尙美人伶牙俐齒，不僅不加收斂，反而反唇相譏，羞辱郭皇后。郭皇后嚥不下這口惡氣，也不管什麼體面、風度，竟然大打出手，狠狠搧了尙美人一個耳光。尙美人細皮嫩肉，何曾挨過別人的打？她雙手捂臉，啼哭不已。郭皇后猶不解恨，掄開右手，還欲搧她幾個耳光。宋仁宗心疼美人，向前阻攔。說時遲，那時快，郭皇后的右手飛快地擊了過來，不偏不倚，恰恰擊中了宋仁宗的脖子。這一巴掌既猛又狠，宋仁宗的脖上頓時暴起了血印……

這下子事情鬧大了。

堂堂皇帝，天下至尊，誰敢動他一根汗毛？而現在，皇帝居然挨了皇后一巴掌，體面何在，威儀何在？宋仁宗滿腔惱怒和憤恨，氣沖沖地回至金殿。閻文應用心險惡，趁機煽動說：「尋常民家，妻子也不敢凌辱丈夫，何況陛下貴爲天子，卻受皇后欺凌，這還了得？」他瞧了瞧宋仁宗的臉色，接著說：「陛下脖上血印宛在，奴才請陛下指示執政，看應如何處置？」

於是，呂夷簡被召了來。宋仁宗將情況說了一遍，詢問處置的方法。呂夷簡一直懷恨郭皇后，立即表態說：「皇后太屬失禮，不足以母儀天下，應當廢去。」

宋仁宗遲疑地說：「皇后的情況殊屬可恨，但廢后之事，尚需斟酌。」

呂夷簡態度堅決，說：「皇后失禮而廢，古亦有之。後漢光武帝素稱明主，其皇后怨懟（懟，讀作對，怨恨），竟致坐廢。今郭皇后所爲，比光武帝皇后有過之而無不及，豈能寬貸？」閻文應也在一邊幫腔，口口聲聲要維護皇帝尊嚴和國家綱常，說於情於理，皇后當廢。

宋仁宗無法反駁宰相和內侍的意見，終於決定廢去郭皇后。但他顧全皇家臉面，絕口不提「廢」字，只說郭皇后自願修道，即日徙居長寧宮，爲成全其意願，特賜予「淨妃玉京沖越仙師」的道號。

皇后廢立乃朝廷大事。朝臣們紛紛進諫，反對廢去郭皇后。呂夷簡和閻文應利用職權，出面阻擋，不讓朝臣面見皇帝。御史中丞孔道輔，諫官御史范仲淹、段少連等十八人伏閣奏言，聲稱郭皇后無罪，不當廢去。呂夷簡和閻文應謊報宋仁宗，胡亂捏造罪名，將孔道輔、范仲淹、段少連等貶官，謫遷外地。

郭皇后被廢，尚美人和楊美人非常得意，日夜纏著皇帝，恣意淫樂，致使不滿三十歲的宋仁宗形神疲憊，日見羸弱，常因精力不濟，貽誤臨朝，朝野爲之憂懼。宋仁宗的庶母楊太后看到這種情況，不得不出面干預，勸導皇帝斥逐二美人。宋仁宗嘴上答應，心中眷戀，遲遲不見行動。楊太后轉而吩咐閻文應，讓他傳諭皇帝：必須斥逐尙、楊，否則，朝臣離心，後果不堪設想。

閻文應對於尙、楊亦無好感，反覆嘮叨楊太后的口諭。宋仁宗不勝其煩，賭氣地說：「罷了罷了，你就去辦吧！」

閻文應奉了聖命，立刻叫來一輛氈車，逼迫尙、楊美人登車出宮。兩個美人哭哭啼啼，不肯即行，央求閻文應，讓她倆再見皇帝一面。閻文應橫眉怒目，呵斥說：「宮婢休得饒舌！」接著，「啪」、「啪」兩聲響，給了一人一個耳光。尙、楊美人面對凶神惡煞的閻文應，不敢再有奢求，勉強登車，含淚出宮。

尙美人和楊美人出宮以後，宋仁宗不禁又想起了被廢的郭皇后。他意識到，郭皇后縱有千錯萬錯，但畢竟沒有錯到非廢不可的地步。她打了自己一巴掌，那不是故意的，屬於誤傷，完全可以原諒。因此，他有一種歉疚之感，屢派內侍向郭皇后致問，並賜給她幾首自己創作的樂府詩，甚至還想秘密接她回宮，重溫舊情。郭皇后很愛面子，說：「若要接我回宮，可以，但皇上要當著百官的面，重新冊封我爲皇后。」

這個條件未免苛刻，宋仁宗難以答應。所以，他們之間，只限於詩書來往，終究沒能和好團圓。

閻文應看到宋仁宗和郭皇后的關係大大好轉，深感惶惑和恐懼。當初，他和呂夷簡竭力主張廢郭皇后，純粹出於私人恩怨，如果郭皇后得以復立，那麼自己還能有好果子吃嗎？因此，他絞盡腦汁，苦思冥想，盤算著應對的方法。恰在這時，郭皇后感染風寒，身體不適。宋仁宗命閻文應帶領太醫前去給郭皇后診治。閻文應抓住這個機會，威逼利誘，迫使太醫在湯劑中置放了毒藥。結果，郭皇后病沒見好，突然暴死。

郭皇后突然暴死，宋仁宗內心感到不安。他懷疑閻文應從中搗鬼，卻苦無憑據。閻文應又升官了，先爲昭宣使，再爲恩州團練使。這時，范仲淹上書，奏劾閻文應種種不法罪行。據此，宋仁宗將閻文應貶爲嘉州防禦使，再貶爲秦州、鄆州鈐轄和相州鈐轄。連續的貶遷，表明宋仁宗看透閻文應，不再信任這個宦官了。閻文應料定再無出頭之日，憂鬱而死。

李憲

生前有爭議，死後稱「魁傑」

宋朝是一個並沒有完全統一天下的王朝，從宋太祖趙匡胤開國之日起，國內及周邊環境一直動盪不安，階級矛盾和民族矛盾異常尖銳，各種各樣的戰爭從來就沒有停止過。戰爭造就人才，戰爭造就將帥。正是在戰爭連年的大環境裡，宋朝的許多宦官都曾領過兵打過仗，建有卓越的功勳。李憲在這方面表現尤為出色，一度曾任宋軍的統帥，率兵攻擊西夏。

李憲，字子範，開封祥符（今河南開封）人。宋仁宗趙禎皇祐年間，他侍候在皇帝左右，任小黃門、供奉官，並不怎麼知名。經宋英宗趙曙朝，至治平四年（西元一〇六七年），宋神宗趙頊登基，李憲時來運轉，開始出人頭地。他出任永興、太原府路走路承受，代表皇帝，負責朝廷與二路將帥的聯絡。這期間，他多次上書議論邊事和攻守之策，具有真知灼見，很合皇帝的胃口。因此，宋神宗賞識這個宦官，經常派他去完成一些重要的使命。

宋神宗即位之時，正是宋朝「積貧積弱」局面最嚴重的時候。北方，有契丹人建立的遼國；西北，有黨項族人建立的西夏國；西南，有段氏建立的大理國。西藏高原的吐蕃族也趕來湊熱鬧，侵占了整個河湟地區（今甘肅、青海一帶）。年輕氣盛的宋神宗很想富國強兵，有所作爲，一面起用王安石主持變法，一面調兵遣將，決心首先收復河湟。

熙寧五年（西元一〇七二年），宋將王韶上書，請求統兵對吐蕃族作戰。宋神宗當即批准，並命李憲前往督師。王韶和李憲通力合作，精心部署，一舉收復了河州（今甘肅臨夏北）。這一勝利大大鼓舞了宋軍的士氣，王韶和李憲的名聲因此大振。宋神宗器重李憲，任命他爲東染院使，主管御藥院，又爲熙河經略安撫司幹當公事。

王韶鎭守河州，李憲奉命視察鄜延（今陝西延安一帶）軍事。可是，李憲率本部兵剛剛離開河州，吐蕃頭目木征糾合酋長董楦、鬼章的兵馬又捲土重來，攻破踏白城（今甘肅臨夏西），殺死宋將景思立，進而圍攻河州，企圖重新奪回這一戰略要地。

去而復來的敵人往往更加瘋狂。王韶面對強敵，一面堅守城池，一面向朝廷發出告急文書，請求支援。宋神宗其時無兵可派，只得頒詔通知李憲，讓他別去鄜延，回兵馳援王韶，否則，河州難保。

李憲已經到達一個叫蒲中的地方，那裡距離河中約三百餘里。回兵馳援，談何容易？關鍵時刻，他想到隨身攜帶的法寶——一面旗幟。那是宋神宗御賜給他督師用的，上面寫著皇帝的敕書：「將士用命破賊者，倍賞！」於是，他將旗幟高舉起來，召集士兵，激勵說：「夥計們！這面旗幟，乃皇上所賜。我等要看著它想著它，去戰鬥，去破賊。這裡距離河中很遠，但軍情如火，容不得片刻延誤。皇上命我等馳援河州，這面旗幟猶如皇上親臨，看著我等馳騁戰場，建功立業，這是何等的光榮！大家說，我等有沒有信心？」

士兵們受到鼓勵，心情激奮，齊聲高呼：「有！」

李憲說：「我感謝大家！好，現在出發！」說罷，他高舉旗幟，快馬加鞭，走在隊伍的最前面。士兵們有的騎馬，有的跑步，爭先恐後，緊隨而行。他們一天一夜，急行軍三百多里，及時趕到了河州城外。經過休息整頓，立刻就投入戰鬥，呼喊著殺進吐蕃人的軍營。

木征頓時懵了，以爲是神兵天降，倉皇退兵，固守踏白城。李憲和王韶合兵一處，攻殺敵人，大獲全勝。木征山窮水盡，進退無路，只得帶領各路酋長八十餘人投降了宋軍。

捷報傳至京師，宋神宗笑逐顏開，加封李憲爲昭宣使和嘉州防禦使。不久，李憲回京，晉升爲內侍省押班，掌管皇城司。

李憲已是朝廷的高級官員，主管秦州、鳳州、熙河一帶的邊事，西北諸將皆受其節制。他的飛黃騰達引起一些朝臣的憂慮，御史中丞鄧潤甫，御史蔡承禧、彭汝礪等先後上書，以歷史上宦官專權禍害朝廷的事實爲依據，彈劾李憲，特別指出：「戎敵吐蕃爲患事小，宦官李憲爲患事大；李憲無功禍患小，功成禍患大。」宋神宗器重李憲的軍事才幹，對於這些奏書置之不理。

李憲在軍事上也確有一套。一次，吐蕃另一個頭目冷雞樸，勾結酋長董氈，鼓動部分羌人，侵擾宋朝西部邊境。那個已經降宋的木征自告奮勇，請求率兵反擊羌人。可是相當多的朝臣表示反對，說：「木征原是吐蕃頭目，怎能讓他帶兵？」李憲力排眾議，說：「這怕什麼？木征降宋，便是我大宋的臣民。而且，羌人天性畏懼吐蕃人，尤其畏懼出身高貴的吐蕃人。只要木征出面，這場戰役定能取勝。」

由於李憲的堅持，宋神宗同意由木征率兵反擊羌人。交戰之日，木征穿戴豪華的吐蕃服飾，跨馬提刀，迎戰冷雞樸。冷雞樸的部下覺得好奇，佇立觀看。木征指揮宋軍迅猛地掩殺過去，羌人尚未反應過來，早已被殺得落花流水。木征施展神威，一刀將冷雞樸斬於馬下。董氈見勢不妙，乖乖地跪地投降。這一戰役，共斬殺、俘擄羌人萬餘人。

李憲又立了一功。宋神宗非常高興，提拔他為宣州觀察使、宣政使、內侍副都知，繼遷宣慶使。

這時，宋朝的經濟財政相當困難，各項經費入不敷出。宋神宗看重李憲的能力，讓他兼經制財用。李憲上任，大刀闊斧，首先裁減冗費百分之六十，又從外地運來大量優質木材，供京師營繕之用。宋神宗欣賞李憲的舉措，特別賜給他一處園宅，以示恩寵。

元豐四年（西元一〇八一年），西夏國內發生政變，惠宗李秉常遭囚禁。宋神宗認為這是對西夏用兵的最好時機，立即調集五路大軍，以李憲為統帥，進攻西夏，企圖徹底征服這個為害多年的西北敵國。

然而，這場戰爭進行得不順利。高遵裕、劉昌祚、種諤、王中正統領的四路軍遇到西夏的頑強抵抗，相繼敗歸。唯李憲直接指揮的秦鳳、熙河一路軍，攻克了西夏河西重鎮蘭州

（今甘肅蘭州），並在那裡設置了帥府。戰爭本應就此暫息，而宋神宗估計形勢錯誤，硬是命令李憲進一步進攻興州（今寧夏銀川）和靈州（今寧夏靈武），如果中途受阻，可趁勢攻取涼州（今甘肅武威）。李憲遵命而行，結果一事無成，徒勞而返。

宋朝和西夏這場戰爭，從總體上說，宋朝是失敗者，西夏是勝利者。追究責任，沒有人敢說宋神宗怎麼怎麼樣，攻擊的矛頭只能指向統帥李憲。同知樞密院孫固等人借題發揮，撇開李憲攻克蘭州的事實於不顧，抓住其後進兵無效大做文章，上書說：「兵法云：期而後至者斬。李憲有負聖命，沒能攻取興州、靈州和涼州，罪不可赦。」

宋神宗完全知道其中緣由，主動承擔了責任，並不怪罪李憲。李憲一如以往，仍以邊事爲重。他考慮到宋和西夏之間很難在短時間內決出勝負，所以建議在西北邊境構築防禦工事，以作長久對峙的準備。宋神宗表示同意，可是許多朝臣反對，說那樣必然勞民傷財，弊多利少。宋神宗於是改變態度，構築防禦工事的事中途夭折。

這期間，李憲應召，回了一趟汴京。宋神宗信任李憲，任命他爲涇原經略安撫制置使，准予配置侍衛三百人。其後，李憲回蘭州，仍然總領秦鳳、熙河路軍馬。

元豐六年（西元一〇八三年），西夏發兵進攻蘭州，破了西關。李憲抵禦失策，因而被降爲宣慶使。降職後的李憲並不計較個人得失，依然盡職盡責，築城修塹，嚴陣以待，隨時準備抗擊西夏的反撲。次年正月，西夏再次大舉進攻蘭州，步騎兵馬號稱八十萬人。由於李憲早就作了準備，所以儘管西夏攻勢凌厲，卻沒有賺到便宜。十餘日後，西夏兵糧草供應不濟，被迫退去。這次守禦戰，李憲沒受損失，戰果平平，然而他在給朝廷的報告中卻言過其實，片面誇大了勝利。這被反對他的人抓住了把柄，那些人彈劾他妄奏軍功，沽名釣譽。李憲因此被罷去內侍省的職務。

元豐八年（西元一〇八五年），宋神宗駕崩，宋哲宗趙煦繼位。宋哲宗時年九歲，由其祖母太皇太后高氏執政。李憲改任永興軍路副都總管，提舉崇福宮。宋和西夏再次爆發戰爭。李憲建議，應當集中兵力於涇原路一帶，機動地攻擊西夏。而種諤等人卻主張從正面出擊，步步為營，穩穩推進。時過境遷，李憲的建議遭到了否決。結果，永樂城（今陝西米脂西）一戰，宋軍一敗塗地。朝廷命李憲率兵救援永樂城。李憲的軍隊半路受到西夏的阻擊，沒有到達目的地，永樂城便失陷了。

這樣一來，李憲又有了新的罪名。御史中丞劉摯等再次彈劾李憲，說他頑逆欺罔，屢違聖命。宋哲宗和高太后又能說什麼呢？於是將李憲降為宣州觀察使，再貶為右千牛衛將軍，分司南京（今河南商丘南），居陳州（今河南淮陽）。李憲曾是風頭強勁的顯赫統帥，一旦遭到貶黜和冷落，感情上接受不了，悶悶不樂，鬱鬱寡歡，五十一歲時悵惘而死。紹聖元年（西元一〇九四年），宋哲宗追贈他為武泰軍節度使，賜謚「敏恪」，改謚「忠敏」。

李憲生前是一個有爭議的人物，原因就在於他是宦官。宋神宗並不在乎他的宦官身分，絕對地信任他和重用他，使他得以發揮才幹，建功立業；一些朝臣則借鑒歷史經驗，擔心重蹈宦官專權禍國的覆轍，有意詆毀他和排斥他，以致他受到了某些不公正的待遇。不過，後來的歷史學家對他還是持肯定態度的，稱他爲宋神宗朝宦官中的三大「魁傑」之一（另二人是王中正、宋用臣）。

程昉

水利專家，人民「福星」

黃河是中華民族的搖籃，孕育了輝煌璀璨的中國古代文明；同時，黃河又是一條害河，經常決口氾濫，給兩岸人民造成了巨大的災難。數千年來，歷朝歷代的有識之士關心並參加治理黃河的鬥爭，爲興利避害作出了不朽的貢獻。他們當中，有位宦官，名叫程昉（昉，讀作防），畢生致力於治理黃河和其他河流，造福於國家，造福於人民，世世代代受人景仰。

程昉，汴京（今河南開封）人。宋仁宗趙禎朝，他是普通的宦官，任小黃門。宋英宗趙曙朝，他受到重用，任西京左藏庫副使。「藏庫」即皇家府庫，用於收藏珍貴財富和各種物品。

程昉生在黃河邊，長在黃河邊，任職還在黃河邊，既熱愛黃河，又痛恨黃河。熱愛她，是因爲她源遠流長，博大精深，以慈母乳汁似的河水，滋潤了中原大地；痛恨她，是因爲她桀驁不馴，難以駕馭，時時氾濫，不知淹沒了多少農田，吞噬了多少生命。因此，他有志於治理黃河，征服黃河，變水害爲水利，讓黃河成爲一條溫順的河，一條造福的河。

程昉認眞學習水利知識和地理知識，研究黃河的歷史，調查黃河的狀況，逐漸成爲小有名氣的水利專家。宋神宗熙寧初年，黃河又一次決口，棗疆（今河北棗縣）一帶農田被毀，房屋倒塌，一片汪洋。許多人被淹死了，許多人攜兒帶女，流離失所，逃亡他鄉。

宋神宗接到災報，一面派人賑災，一面任命程昉爲河北屯田都監，主持治理黃河，首要任務是堵住黃河決口。一個宦官，擔任這樣的職務，在歷史上恐怕是絕無僅有的。

程昉趕赴災區，實地勘察地形。他從傳說中大禹治水的成功實踐得到啓發，認爲黃河沙多流急，治理只能用疏導的方法，而不能用堵塞的方法；而疏導的最佳方案，莫過於在黃河下游疏浚河道，以分水勢。方案既定，立即付諸實施。程昉組織數萬民工，開鑿二股河的河道，引導黃河水向東流入大海，待水勢減弱以後，再用竹子、蘆葦等編織簍筐，裝塡土石，堵塞決口。同時，沿著河堤內側，栽上密集的木樁，遏制河水的沖刷力量。經過一個多月的苦戰，黃河決口終於被堵住。災區的洪水漸漸退去，大片農田恢復，逃亡的農民陸續回歸家園。

程昉因此聲名大振，升任宮苑副使，專修水利，成爲當時人們公認的第一流水利專家。

程昉治水有功，不久又升任外都水監，再升任達州團練使、制置河北河防水利使。他不論在什麼地方，任什麼官職，總是兢兢業業，任勞任怨，把全部身心放在水利事業上。他先後主持治理過漳河，在洺州（今河北永年）建造了浮橋；治理過葫蘆河，在滄州（今河北滄州）附近疏浚河道二百餘里；治理過黃河第五埽（今河北大名東）、孟家口（今河南孟縣）的決口，開鑿乾寧河，引導沙河入御河……治理一處，成功一處，水害大大減輕，擴大了灌溉，便利了運輸，受益的是國家是人民。因此，人們視程昉爲「福星」，他無論走到哪裡，都會受到歡迎受到尊敬。

程昉治理水利期間，正值宋神宗任用王安石，大張旗鼓地實行變法的時候。王安石變法的內容相當廣泛，其中包括興修水利。王安石非常欣賞程昉的治水才幹，專門委以重任，讓他負責全國的水利興修事宜。程昉不負眾望，先後主持開鑿和治理共城河、沁河、滹沱河，均很順利，從而用出色的功績爲王安石新法增添了光彩。

當時，革新派和守舊派的鬥爭異常尖銳。守舊派竭力攻擊王安石，自然也不會放過程昉。御史盛陶擺出一副關心國計民生的架勢，給宋神宗上了一篇奏章，全盤否定王安石新法，同時顛倒黑白，混淆是非，全盤否定程昉的功績。他誣賴程昉治理黃河第五埽是「假朝廷威福，恐動州縣」；開鑿共城河是「廢人水磨，久無成功」；治理漳河、滹沱河是「水占邢、洺、趙、深、祁五州之田」，犯有「奸欺」之罪。他還詆毀程昉「事權之盛，則舉官廢吏，唯其所欲。悖慢豪橫，則受聖旨者三，受提點刑獄牒者十二，故有違抗」。最後說：「小人誤當賞擢，驕暴自肆。願遣官代還，仍行究治。」

事情就是這樣的滑稽。當黃河氾濫，洪水肆虐的時候，盛陶之流袖手旁觀，一籌莫展；而當程昉治理水患，功成名就的時候，盛陶之流卻會跳出來，信口雌黃，橫加指責。有道是人心叵測，此言不虛。

當然，反對王安石新法的遠不止盛陶一人，他的背後還有曹太后和高太后等人的支持。在強大的壓力下，宋神宗迷惑了，動搖了。他把責任全部推給王安石，說：「王安石認爲程昉熟知黃河事務，故加任使。程昉治理漳河，用工七百萬；治理滹沱河，用工八九百萬。這的確是太多了。」

結果，王安石辭官，程昉被貶職。程昉由此看到了世道的黑暗和人心的險惡，因而憂鬱苦悶，心灰意冷，最後懷恨而死。宋神宗或許是良心有所發現，追贈他爲耀州觀察使。

程昉死了，但人民懷念他和崇敬他。其後，每當黃河再度氾濫的時候，人們自會由衷地想到一個人，那就是程昉。他的名字與黃河同在，他的功績千古流芳。

童貫

封建肌體孕育的政治怪胎

西元一一〇〇年，宋哲宗趙煦駕崩，其弟趙佶被擁上皇位，他就是宋徽宗。宋徽宗是位傑出的書法家和畫家，書法繪畫方面有不少精典作品傳世；然而他卻不是個好皇帝，生活奢侈，荒淫腐朽，在位期間，重用蔡京、王黼（黼，讀作甫）、童貫、梁師成、李彥、朱勔（勔，讀作免）六人，時稱「六賊」，橫徵暴斂，搜刮百姓，最終導致了宋朝的滅亡。「六賊」中，宦官就占三人：童貫、梁師成、李彥。這三人，人人貪婪，個個凶惡，尤以童貫爲最。正是這個童貫，在宋朝滅亡的進程中起了一種催化劑的作用。

童貫，字道夫，汴京（今河南開封）人。生於宋仁宗至和元年（西元一〇五四年），自小被閹割，依附於宦官李憲的門下，後來入宮服役，並沒有什麼名氣。他的最大特點是生性佞媚，善於揣摩上司心理，察言觀色，投機取巧，因而博得一些人的好感。但在宋神宗和宋哲宗兩朝，他的佞媚沒有市場，以致年過半百，依然是個不起眼的角色。

宋徽宗即位以後，急需一幫圓滑承順的奴才爲自己服務。或許是心有靈犀，他一眼便看中了五十六歲的童貫，將其提拔爲供奉使，去杭州（今浙江杭州）主持明金局的事務。明金局是宋徽宗專設的機構，任務是搜集江南的奇珍異玩，運送京師，供自己欣賞和收藏。童貫幹這種事情，那是全心全意，不遺餘力，因而極受宋徽宗的賞識。這樣一來，童貫陡然成了個人物，大紅大紫，朝野矚目。

這期間，童貫結識了大奸臣蔡京。他們二人都有強烈的權力欲望和極度的貪婪追求，所以一見如故，一拍即合，彼此結爲至交，決心互相吹捧和提攜。童貫向宋徽宗推薦蔡京，使蔡京很快當上了宰相；蔡京反過來推薦童貫，使童貫一下子掌握了朝廷的兵權。

原來，蔡京竊取了相位以後，急於表現自己，慷慨激昂地建議宋徽宗，應當進攻羌人，收復河湟地區的青塘（今甘肅西部）。宋徽宗也想在武功方面有所建樹，欣然同意。那麼收復青塘以誰爲統帥呢？蔡京竭力推舉童貫，說他曾十次出使西北，對於那裡的形勢瞭如指掌。於是，宋徽宗便任命童貫爲監軍，統領兵馬十萬人，西伐河湟。當童貫進兵至湟州（今青海東部）的時候，汴京皇宮裡失火，燒毀了一座宮殿。宋徽宗相當迷信，以爲這是不祥之兆，火速差人攜帶聖旨，命令童貫停止進兵。童貫渴望透過戰爭來撈取政治資本，豈肯半途而廢？他把聖旨塞進靴筒裡，根本不予理會。部將王厚詢問聖旨的內容，童貫撒謊說：「皇上催促我們迅速前進，不得貽誤軍機，如此而已。」

童貫這一寶押贏了。他沒有服從聖旨，而是指揮兵馬繼續前進，沒費什麼力氣，便攻占河湟地區的四個州，收復了青塘。

這下子可了不得了。因爲宋朝自中期以後，屢對遼國和西夏用兵，幾乎沒有打過勝仗。而童貫西征，一路順利，馬到成功，展示了國威和軍威。捷報傳到汴京，宋徽宗樂不可支，不僅不治違抗聖命之罪，反而視他爲功臣，擢爲景福殿使和襄州觀察使。宦官一身兼任二使，自宋朝開國以來，尚未有過。

其後，童貫先後擔任熙河、蘭湟、秦鳳路經略安撫制置使，武康軍節度使，加檢校司空。隨著官職的升遷和權力的增大，童貫恃功驕恣，不可一世。他把屬下的軍隊變成個人的獨立王國，自己選置將吏，自己處置軍務，大事小事，拒絕上報朝廷。童貫的驕恣引起了蔡京的猜忌，蔡京可不希望童貫的權勢超過自己。所以，當宋徽宗提出要童貫開府儀同三司的時候，蔡京出面阻擋，說：「使相之職，豈能授予宦官？」

政和元年（西元一一一一年），宋徽宗任命童貫爲檢校太尉，出使遼國。這次任命和派遣，激起許多朝臣的反對。因爲太尉相當於國防部長，出使意味著代表皇帝。他們說：「以一宦官爲使臣，國無人乎？」宋徽宗堅持己見，說：「遼國人聽說童貫西破羌人，非常欽佩，很想見見他。再說，朕派童貫出使，他可以順便摸摸遼國的情況，這不是很好嗎？」

童貫出使遼國，身價大大提高。回國後正式出任太尉，成爲最高軍事首腦。再過兩年多，開府儀同三司，升任宰相，兼領武信、武寧、護國、河東、河北、山南、東道、劍南、東川九鎭軍事，封涇國公。當時，蔡京和童貫先後任宰相，人們戲謔地稱前者爲「公相」，稱後者爲「媼相」。「媼」，意爲老婦。「媼相」，實際上是諷刺童貫的宦官身分，猶如「老婦宰相」。

童貫老樹開花，飛黃騰達，很想顯示顯示自己的威風。他率領陝西、山西的精銳士兵，攻伐西夏，口出狂言：踏平西夏土地，殲滅黨項族人。誰知一經交戰，方知西夏的厲害，宋軍大敗，劉法等將領遭伏擊身亡。宋軍明明損兵折將，而童貫偏偏欺上瞞下，謊報軍事大捷，殲滅敵人數萬。宋徽宗昏頭昏腦，居然相信，而且還通令嘉獎。許多朝臣知道事實眞相，恨得咬牙切齒，可是敢怒而不敢言：皇帝昏庸，權臣跋扈，這時候去捋老虎鬍鬚，豈不是自己找死嗎？

童貫兵權在握，隨心所欲，爲了籌措軍餉，公然出賣軍職，貪污受賄。富豪惡霸，流氓無賴，只要出錢，竟能買到節度使之類的重要軍職，前所未有，駭人聽聞。

童貫用兵西夏失利，心猶不甘，轉而注視北方，改打遼國的主意。童貫出使遼國的時候，遇到一個叫做馬植的人。馬植告訴童貫說，遼國的後方東北地區，最新崛起一個女眞部落，驍勇善戰，好生了得。宋朝應當派人聯合女眞部落，雙方結成聯盟，從南北方向夾擊遼國，那麼遼國必然屈服，自會俯首稱臣於宋朝。童貫聽了馬植的話，喜從天降，不僅帶馬植回宋，而且將他推薦給宋徽宗。宋徽宗恰也歡喜，賜馬植改姓趙，授官秘書丞，指派他代表宋朝，去聯絡女眞部落。這時候，女眞部落首領完顏阿骨打已經建立金國，是爲金太祖。

趙植（馬植）會見金太祖。經過密談，雙方達成協議，確定於宣和三年（西元一一二一年），宋、金共擊遼國。趙植回汴京覆命，宋徽宗大喜，當即任命童貫爲統帥，挑選健將勁卒，屆時北伐遼國。正在這時，江浙一帶傳來警報：睦州人方臘領導農民起義，眾至數萬，聲勢浩大，連陷睦州（今浙江淳安）、歙州（今安徽歙縣）等地，直逼杭州（今浙江杭州）。宋徽宗聞報，大驚失色，急召輔臣商量對策。商量的結果是：暫緩北伐，先顧南方，以解燃眉之急。

於是，童貫改任江、淮、浙宣撫使，統領兵馬十五萬人，即日南下，鎮壓方臘。童貫老奸巨猾，兵分兩路，水陸並進，集中優勢兵力，圍殲分散的農民起義軍。童貫窮凶極惡，共計殺害起義軍七萬餘人，並將方臘及其妻子、兒子和起義軍將領十餘人抓獲，押解汴京。宋徽宗下令，將方臘等全部斬首。

童貫鎮壓方臘起義，雙手沾滿人民的鮮血。七萬多人的生命，使他晉升爲太傅、太師，封楚國公。這時，朝廷軍政大權完全掌握在蔡京和童貫手裡。民間有歌謠唱道：「打破筒（影射童貫），潑了菜（影射蔡京），便是人間好世界。」生動地表達了人民群眾對於兩個當國奸賊的仇視和憎恨。

方臘既平，北伐遼國重新提上議事日程。這期間，金國多次攻遼，遼國元氣大傷。童貫出任河北、河東宣撫使，蔡京之子蔡攸出任副使，統兵十五萬，趾高氣揚，以爲伐遼必勝無疑。童貫歷來驕橫，不恤將士，所以臨陣之時，誰也不肯向前殺敵。童貫兩次伐遼，兩次失敗，都是狼狽逃歸。第三次，他學乖了，約請金國，合攻燕京（今北京）。宣和五年（西元一一二三年），金軍首先攻占了燕京，給宋軍來了個措手不及。圍繞燕京，存在個燕雲十六州（今河北北部和山西北部）的歷史問題。那裡原是中原領土，後晉高祖石敬塘爲了當「兒皇帝」，硬是厚顏無恥地將它割讓給契丹（遼）。宋朝建國，一心想收復燕雲十六州，怎奈國力有限，不能如願。宋、金結盟，曾有約定：對遼作戰勝利以後，燕雲十六州即歸宋朝。然而，金國既得肥肉，豈肯輕易放棄？宋朝索要燕京等地，金國提出了苛刻的條件：一，燕雲十六州，劃歸宋朝的只能是燕京及薊、景、澶、順、涿、易六州，其他諸州悉歸金國；二，宋朝每年向金國進貢錢幣四十萬緡；三，宋朝每年輸燕山代稅錢一百萬緡。

幾經協商，條件不可變更，宋朝只能答應。於是，童貫進入燕京，辦理接收手續。那裡早被金國洗劫一空，所剩者唯一座空城而已。儘管如此，童貫還沾沾自喜，奏告宋徽宗說：「燕城老幼，歡欣鼓舞，伏道迎謁，焚香稱壽。」宋徽宗信以爲眞，詔令褒獎童貫，給予他最高規格的禮遇和最爲豐厚的賞賜。

月盈則虧，物極必反。正當童貫扶搖直上，如日中天的時候，反對他的人也越來越多。朝臣們憤怒地指出，童貫歷來大奸大猾，慣以謊話欺騙皇帝，統兵打仗，從未取得過眞正的勝利。而且賣官鬻爵，中飽私囊，肆意聚斂錢財，僅府中僕役就有千人。宋徽宗爲了安撫朝臣，被迫作出決定，命童貫致仕。然而，宋徽宗離開童貫，猶如斷了左膀右臂，無法處理政事和軍事。所以，僅僅兩個月，他不得不再度起用童貫，領樞密院使，兼河北、燕山宣撫使。更讓人不可思議的是，宋徽宗還竟然封童貫爲廣陽郡王，使之成爲一方諸侯。在宋朝，宦官封王的只有童貫一人。

轉眼到了宣和七年（西元一一二五年），金太宗完顏晟在攻滅了遼國以後，接著就把進攻的矛頭指向宋朝。十月，金太宗命斜也爲都元帥，兵分兩路，殺向中原。一路，由完顏宗翰（粘罕）率領，佯攻太原（今山西太原）；一路，由完顏宗望（斡離不）率領，直取汴京。

當時，童貫正在太原宣撫。他見金軍來勢凶猛，嚇得屁滾尿流，連聲驚呼：「奈何？奈何？」他不敢和金軍對陣作戰，慌亂中派了馬擴、辛幸宗前往金營，請求罷兵議和。完顏宗翰說：「罷兵議和可以，先請割河東（今山西）、河北（今河南北部和河北）土地給我金國。」

獅子大開口，童貫嚇破膽。他知道自己無法應付這種局面，乾脆藉口要請示皇帝，準備逃歸汴京。

太原守令張孝純見童貫膽小如鼠，異常氣憤，連勸帶刺地說：「金人背盟，攻我大宋，大王理應號令各路將士，悉力抗敵才是。而大王卻欲棄太原逃跑，等於是把河東拱手送給金人。河東一旦丟失，那麼河北還能保住嗎？」

童貫陰險地一笑，說：「我童某只受命宣撫，並非守土長官。你要我留駐太原，那麼還要你們這些守令、將帥做什麼？」

張孝純見童貫近乎無賴，拊掌而嘆，說：「平日裡，你童太師多麼威風啊！而今，你一遇大事，怕得要死，抱頭鼠竄，還有何面目去見天子？」

童貫倉皇逃回汴京，金兵正對汴京發動猛烈的進攻。危急時刻，宋徽宗不思抵抗，決定內禪，傳位於太子趙桓，自稱太上皇。趙桓繼位，是爲宋欽宗。宋欽宗接受太常少卿李綱的建議，組織力量抗金，任命童貫爲東京留守。可是，童貫怕死，拒不受命，而與蔡京等一夥奸賊，以「燒香」爲名，簇擁著太上皇宋徽宗，逃往亳州蒙城（今安徽蒙城）避難，還美其名曰「南巡」。童貫原先在西北曾招募一支勝捷軍，共有數萬人。這時，大敵當前，他不准勝捷軍去抗擊金軍，反而讓其尾隨「南巡」人員，擔當護衛的任務。宋徽宗「南巡」，經過汴京城外的浮橋。許多宮廷衛士發現「南巡」是假，逃命是眞，氣得抓住河邊欄杆放聲大哭，不願前行。童貫唯恐行動遲緩，受到金軍追襲，喪心病狂地命令親兵，射殺宮廷衛士，當場死了一百多人。

靖康元年（西元一一二六年）四月，李綱依靠廣大軍民的支持，好不容易擊退了金軍。宋徽宗、蔡京、童貫等又大模大樣地回到汴京，照樣過著花天酒地的糜爛生活。

這時，朝野人士徹底看清了蔡京、童貫一夥人的醜惡嘴臉，議論紛起，群情洶洶，強烈要求宋欽宗嚴厲處治奸賊。宋欽宗迫於輿論的壓力，命將童貫貶爲左衛上將軍，再貶爲昭化軍節度副使，放逐英州（今廣東英德）。童貫萬沒想到會有這樣的一天，威風盡失，戴枷上路。

宋欽宗放逐童貫以後，又接到朝臣們的許多奏書，那些奏書都是揭露童貫罪惡的。宋欽宗因此再次頒詔，歷數童貫的十大罪狀，並命監察御史張澂，前去追趕童貫，就地斬首。張澂熟知童貫的爲人，怕他自殺，於是先派一名官員快馬去追童貫，設法穩住奸賊。那名官員心領神會，飛馬南下，一路緊追到南雄州（今廣東南雄），這才攆上了童貫。

官員假裝熱情，誆騙童貫說：「皇上有詔，命我來賜茶藥，並宣召大王赴闕。」

童貫且驚且喜，說：「此話當眞？」

官員說：「千眞萬確。」

童貫說：「皇上召我赴闕，這是爲何？」

官員說：「聽說皇上要重新起用大王，出任河北宣撫使。」

童貫說：「朝中那麼多能人，皇上怎麼會想到我呢？」

官員說：「嗨！什麼能人不能人？那些人都是晚進之輩，不堪委以重任，所以皇上與大臣們商議，以爲大王德高望重，通曉邊事，非大王不足以安疆拓土。」

柳暗花明，峰回路轉。童貫哈哈大笑，得意地說：「看！朝廷還是離不開我童貫呀！」

童貫就地住下，準備次日「赴闕」。他做了一夜的美夢，夢中笑醒了好幾回。第二天，張澂趕到南雄州，童貫心情激動地跪地聆聽聖旨。然而，張澂宣布的不是什麼「赴闕」，更不是什麼「任命」，而是童貫的十大罪狀，並要將他明正典刑。

童貫目瞪口呆，一句話也說不出來。他徹底絕望了，身體一歪，癱倒在地。張澂示意，武士向前，一刀砍下童貫的頭顱。張澂回京覆命。宋欽宗命將童貫首級懸於街市三日，以謝國人。

宦官童貫死了，死年七十三歲。這個人老來得志，在宋徽宗朝掌握軍權長達二十年之久，權傾一時，氣焰薰灼，大奸極惡，擢發難數。據說，童貫身材魁偉，彪形燕頷，頤下生鬚，瞻視炯炯，長相不像閹人。他和蔡京狼狽爲奸，沆瀣一氣，專事結歡於後宮嬪妃，這才得到了宋徽宗的極度寵信。他是宋朝封建肌體孕育的一個政治怪胎，「窮奸稔（稔，讀作忍，醞釀成熟）禍，流毒四海，雖葅醢（葅醢，讀作租海，古代酷刑，把人剁成肉醬）不償責也。」

梁師成

附庸風雅的「隱相」

宋徽宗趙佶朝，「六賊」之一梁師成也是宦官，臭名與童貫並列，合稱「童梁」。

梁師成，字守道，籍貫不詳。此人生性陰鷙，善於逢迎，粗通文墨，自詡風雅。他入宮當宦官，先在賈祥管轄的書藝局裡服役，賈祥死後，得以領睿思殿文字外庫，負責傳達皇帝的旨意。宣和年間，他打通關節，混入進士名冊，當過晉州觀察使和興德軍留後。宋徽宗修建明堂，窮極奢靡。梁師成時任都監，主持其事，千方百計迎合皇帝的心理，精雕細刻，鏤金錯銀，將明堂修建得巍峨雄壯，富麗堂皇。宋徽宗非常滿意，任命他為節度使，加中太乙、神霄宮使。其後，梁師成歷任護國、鎭東、河東三鎭節度使，再升任檢校太傅和太尉，開府儀同三司，登上宰相的高位。

梁師成從一個小小的宦官步步高升，直至飛黃騰達，靠的是什麼？答案只是四個字：附庸風雅。

問題要從宋徽宗酷愛書畫說起。宋徽宗的書畫成就，在中國封建帝王中是數一數二的，傳世的花鳥畫和瘦金體書法，別具一格，獨現風采。元朝成書的《圖繪寶鑒》記載說：「徽宗萬機之暇，唯好書畫，興學校藝，如取士法。丹青卷軸，具天縱之妙，有晉唐風韻。尤善墨花、石。作墨竹緊細不分濃淡，一色焦墨，叢密處微露白道，自成一家，不蹈襲古人軌轍。尤注意花鳥，點睛多用墨漆，隱然豆許，高出縑素，幾欲活動。畫後押字用天水及宣和、政和和小璽誌，或用瓢印，蟲魚篆文。」他的書法端莊娟秀，他的繪畫精工細膩，名篇佳作，絢麗多姿，顯示出他那「妙體皆形」的藝術功力。

梁師成大奸大巧，看到皇帝如此，便也裝出喜愛書畫的樣子，每每攜帶書畫作品，請求皇上「指點」。宋徽宗沒想到一個宦官竟也有這樣的性情，大爲讚賞，遂視梁師成爲「知音」。久而久之，梁師成便成了宋徽宗的寵臣。

其實，梁師成對於書畫是一竅不通。他的那些書畫作品，均出自門下一幫幫閒文人之手。他爲了討好皇帝和獻媚皇帝，專門用高價收買了一些文士墨客，充當爪牙，任務就是替他寫字作畫。他還命爪牙們摹仿宋徽宗的筆跡，擅寫詔書，以假亂眞，一般人很難辨識清楚。爲了抬高身價，他又厚顏無恥地宣稱自己曾是大文豪蘇軾的養子，書畫才能和風格得力於蘇軾的眞傳。當時，蘇軾的文章屬於「禁書」。宋徽宗寵信梁師成，破例恩准，蘇軾的詩文可以閱讀和流傳，犯禁者不予追究責任。

梁師成的騙局越來越大。他以翰墨爲己任，凡四方俊秀名士必招致門下，凡書畫珍玩必巨金收購，並開設了一個相當於展覽館性質的書畫坊，邀集賓客參觀、題字、寫詩、作畫。凡與他氣味相投的人，他就向宋徽宗舉薦，授以高官。憑著這一手，他的聲名大振，各類人等爭相巴結，以他爲實現升官發財美夢的終南捷徑。臭名昭著的王黼，認他爲父親。就連蔡京、蔡攸父子，也時時前來拜訪，央求多多關照。他升任宰相以後，管領的衙門多達二百餘個，權勢遍及各個角落。汴京人曾稱蔡京爲「公相」，稱童貫爲「媼相」，這時又稱梁師成爲「隱相」。所謂「隱相」，是指梁師成鋒芒不露，而影響和作用卻無時不在、無處不在的意思。

梁師成長相醜陋，不善言談，然其心地詭詐，高深莫測。童貫致仕期間，他推薦譚稹代替其職務，宣撫燕京（今北京）。因爲這次推薦，他進位少保。「少保」是大官加銜，屬於一種榮譽。宦官李彥貪得無厭，在京師郊畿大肆侵奪民田，激起民變。朝官奏告宋徽宗，要求懲處李彥。梁師成竭力袒護李彥，斥責說：「李彥雖是宦人，但序位在諸侯之上，多占幾畝農田，不算罪過，値得這樣大驚小怪嗎？」朝官默然。宋徽宗聽梁師成的，一笑了事。

梁師成袒護李彥，並非偶然，因爲他自己就是一個最大的貪官。他利用廷試唱第的職權，公開接受賄賂，幾天之內便收錢數百萬緡。他貪婪，他受賄，他在汴京城裡建起一座豪華的府第，雕樑畫棟，金碧輝煌。他的府第與王黼府第爲近鄰，奢侈程度遠遠勝過王黼府第。一次，宋徽宗駕幸王黼府第，看到梁師成府第高大巍峨，猶如皇宮，心裡感到不快。「六賊」之一朱勔居心叵測，事後告訴宋徽宗說，王黼認梁師成爲父親，二人狼狽爲奸，所幹壞事不計其數。宋徽宗略有所悟，不僅罷免了王黼的官職，而且開始疏遠梁師成。

宣和七年（西元一一二五年），金兵攻至汴京城外，宋徽宗準備退位，將風雨飄搖的江山交給太子趙桓。鄆王趙楷依靠一些人的支持，極想取代趙桓。在這關鍵時刻，梁師成堅定地站在趙桓一邊，幫其出謀劃策。所以趙桓（宋欽宗）登基以後，梁師成照樣得到寵信，恩禮不衰，大紅大紫。當蔡京、童貫簇擁著宋徽宗「南巡」的時候，梁師成依然留在京師，努力向新皇帝表示自己的「忠心」。

金兵猛烈地進攻汴京，形勢非常嚴峻。以太學生陳東、布衣張炳爲首的一批愛國人士連篇累牘地上書，要求嚴懲「六賊」，特別是蔡京、童貫和梁師成。陳東說，梁師成久蓄異志，禍國殃民，不正典刑，難服人心；張炳說，梁師成是唐朝宦官李輔國一樣的人物，表裡呼應，變恐不測。其他朝臣推波助瀾，梁師成頓時陷入千夫所指、萬人唾棄的境地。宋欽宗迫於公議，很想懲治梁師成，但顧及梁師成擁立自己爲帝還是盡力的，所以遲遲下不了決心。那些日子裡，梁師成又是恐慌，又是害怕，唯一所能做的就是時時待在皇帝左右，即使皇帝如廁，他也緊緊跟隨，不敢離開半步。他知道，他的安全全靠皇帝，離開皇帝，隨時隨刻都會丟掉性命。

陳東、張炳等繼續上書，言辭更加激烈。宋欽宗意識到，形勢不容自己有其他的選擇，不殺梁師成不足以平民憤。恰逢大臣鄭望之去金營談判歸來彙報情況，宋欽宗趁機耍了一個花招。他命梁師成陪同鄭望之，帶上宣和殿的珠玉寶器，去金營繼續談判，答應條件，罷兵議和。暗地裡，他卻通知中書省，待梁師成出宮時，即將其扣留。梁師成不明底細，以爲受到皇帝重用，大模大樣地去中書省商榷赴金營談判事宜。中書省奉命行事，立即將梁師成扣留。梁師成暴跳如雷，聲稱要見皇帝。這時，宋欽宗頒下聖旨，公布了梁師成的種種罪惡，將他貶爲彰化軍節度使，限令即日離京，不得延誤。梁師成威風盡失，再也神氣不起來了。

開封府吏押解梁師成上路。當行至京郊八角鎭時，開封府吏出於義憤，斷然地將梁師成縊殺，然後回報說：梁師成暴死於途中。沒有人懷疑或追究其中原委，附庸風雅的「隱相」死了，人們只會拍手稱快。接著，梁師成的府第被抄沒入官，家人受到牽連，罰做奴隸。

李彥
「刮」地專家，死有餘辜

宋徽宗趙佶寵信、重用的「六賊」中，李彥也是宦官。此人是個「刮」地專家，與大搞「花綱石」的佞臣朱勔齊名，合稱「朱李」。朱勔主要禍害東南地區，李彥主要禍害西北地區，所以時人說：「朱勔結怨於東南，李彥結怨於西北，朱李禍害，勝過豺虎。」

說李彥，必須先說楊戩，因爲李彥的「刮地術」是跟楊戩學來的。楊戩，亦是宦官，宋哲宗時爲後苑使，掌管皇家苑囿事宜。宋徽宗登基後，奢侈腐化，大興土木，廣建宮殿和園林。楊戩升任提舉，專門迎合皇帝的口味，大肆揮霍和鋪張，各項耗費以億萬計。在這中間，他敲詐勒索，貪污受賄，爲自家聚斂起巨額的財富。

政和四年（西元一一一四年），楊戩出爲彰化軍節度使，又歷鎭安、清海、鎭東三鎭，直至檢校少保、太傅，一時間，權勢可與梁師成相比。楊戩爲官地方，採納門下小吏杜公才的建議，實行「刮」地，即變作法兒奪取農民的土地。幾年以內，汴京周圍，淮河西岸，以及西北地區的大片土地，盡被劃作「公田」。名爲「公田」，實際上相當多的土地成爲楊戩的私產。他把搜括的「公田」再租給農民耕種，收取賦稅，一邑賦稅常達數十萬緡。若遇旱澇災害，酌情免稅，而田賦則分文不減。這樣做的結果，導致廣大農民流離失所，家破人亡，苦苦掙扎在死亡線上。

宣和三年（西元一一二一年），楊戩一命嗚呼，李彥承襲其職。李彥勾結奸賊王黼，專置汝州局，恣意「刮」地，比起楊戩來，更加貪婪和凶惡。他的門下，收羅有一幫狐群狗黨，如劉寄、任輝彥、李士漁、王滸、毛孝立、王隨、江敦、呂坯、錢棫、宋憲等，其職責就是「刮」地。凡民間良田，他們一句話，就被指爲荒地，沒受入官，變爲「公田」。有時，他們騎著馬轉上一圈，圈內的土地也就變成了「公田」。憑此手段，魯山（今河南魯縣）全縣土地，盡被「刮」成「公田」。農民不服，紛紛告狀陳訴。李彥指使各地官府，施以嚴刑，致使蒙冤屈死者成千上萬。

李彥繼承並發展了楊戩的「刮地術」，爲宋徽宗腐化享樂提供了大量的資金。因此，宋徽宗非常賞識這個「刮」地專家，給予他一系列的特權。於是，他更趾高氣揚，把誰都不放在眼裡。包括宰相在內的王公大臣，見了李彥，必冠帶操笏，笑臉相迎。賓客奔走其門者不計其數，熱望得到他的提攜。所有人不敢騎在馬上和他說話，開口閉口稱他爲「李公」，竭盡阿諛逢迎之能事。李彥面對這樣的捧場，心安理得，處之泰然。

朱勔在江南設置供奉局，爲皇帝搜括採辦奇花異石、珍玩寶貨，名爲「花綱石」。李彥仿效朱勉的做法，在西北玩出新的花樣，普普通通的幾根竹竿，平平常常的一株樹木，他用黃綾這麼一裹，便說是「奇物」，要敬獻給皇帝觀賞。爲了運送「奇物」，往往徵用數十輛大車和上百頭牛驢，指派專人護送進京，費用動輒超過百萬。李彥這樣做，取悅於皇帝一人，坑害了無數百姓。史籍記載說：「農不得之田，牛不得耕墾，殫（殫，讀作丹，竭盡）財靡芻（芻，讀作除，牲口草料），力竭餓死，或自縊於轅軛間。」李彥倒行逆施，巧取豪奪，給廣大農民造成了多麼深重的災難！

地方官員中也有不畏權勢的正直之人。穎昌兵馬鈐轄范寥，指斥李彥的所作所爲，拒不砍伐樹木，搞什麼「供奉」。李彥大怒，誣陷范寥在石頭上擅刻蘇軾的詩文，犯了「十惡」之罪。宋徽宗派人調查，發現事實並非如此，只將范寥罷職，不予治罪。李彥耿耿於懷，對於皇帝這樣的處置極表不滿。

宣和七年（西元一一二五年），宋徽宗在金兵壓境的情況下，倉促把皇位讓給太子趙桓（宋欽宗）。宋欽宗憎恨楊戩和李彥，登基後即頒旨：削奪楊戩生前所有官爵，李彥罷職賜死，並抄沒家產充公。李彥，魚肉百姓，殘害生靈，窮凶極惡，死有餘辜。

康履
恃寵亂政，激起兵變

皇帝荒淫，奸賊禍國，異族入侵，人心離散，擁有錦繡河山的宋朝只能走向滅亡。康王趙構趁亂登基即位，是為宋高宗，建都臨安（今浙江杭州）。後來，人們把趙匡胤建立的宋朝稱作北宋，把趙構建立的宋朝稱作南宋。北宋和南宋，歷時共三百二十年。

南宋高宗即位初期，曾因宦官亂政而激起一場兵變，被迫下臺，改由皇太子趙旉嗣位，史稱「明受之變」。導致這場兵變的罪魁禍首主要是兩個宦官，一叫康履，一叫藍珪。兩人當中，康履又是主要角色，因作惡多端，最後落得個慘死的結局。

事情要從北宋滅亡說起。靖康元年（西元一一二六年），金兵進攻汴京，汴京危在旦夕。名將李綱臨危受命，率領軍民奮勇抗擊敵人。金兵屢屢受挫，被迫答應有條件的退軍。條件是：宋朝需派一位親王，到金國去當人質。當人質是一件很危險的事情，隨時都有可能喪失性命。宋欽宗的弟弟、康王趙構願充此任，當然還得有人陪同，隨去伺候。那麼誰陪同呢？宦官康履、蘭珪出於投機心理，欣然願意，從而贏得不少人的讚許。

康履和蘭珪，原爲康王府都監，後入皇宮任供奉官。國難當頭之際，二人能有這樣的舉動，不避生死，顯示出一種精神和氣概。正因爲如此，趙構對於他倆刮目相看，漸加寵信。趙構在爲人質期間，由於得到兩個宦官的悉心照料，並沒有吃什麼苦頭。不久，金國就將他釋放了，表示出一種友好的姿態。趙構回國，沒有回到汴京，而是獨自另設大元帥府，招募兵馬，名義上是爲抗金做準備，實際上是另有圖謀。康履和蘭珪追隨主子，負責掌管機宜文字。

靖康二年（西元一一二七年），金兵捲土重來，再次圍攻汴京。京師告急，宋欽宗命趙構勤王救駕。康履用心險惡，獻計於趙構說：「汴京已是一頭死豬，救也無益。大王不若留於相州（今河北臨漳西南），靜觀其變，如果汴京失守，那麼便可……」

康履的意思十分明白，鼓動趙構保存實力，自作打算。趙構於心不忍，斥責康履無情無義，堅持發兵救援汴京。不想兵至中途，汴京便被金兵攻陷，宋徽宗趙佶、宋欽宗趙桓，以及皇后、太子、公主、嬪妃、駙馬、宮女、王公大臣等，全部被金兵俘擄，北宋宣告滅亡。

趙構說不上是悲哀還是高興，立即在南京應天府（今河南商丘南）宣布即皇帝位，改元「建炎」，是爲宋高宗。當時，宋高宗帳下並無太多的人手，因此，康履和蘭珪得以恃寵用事，把持了臨時朝廷的實權。有權便有勢，康、蘭二人陡然神氣起來，吆五喝六，擅作威福。尤其是康履，自視爲「開國功臣」，不可一世。宋高宗周圍的將領們如劉光世等，沒有見過什麼世面，爭相巴結康履，曲意逢迎。有人把情況報告宋高宗，宋高宗為此專門頒詔，嚴禁宦官和將領拉扯關係，違者罷免官職，編入隸籍。可是，康履對此置若罔聞，照舊妄自尊大，做他想做的一切。他閒坐的時候，甚至洗腳的時候，身邊總有趨附的將領恭敬侍立，聆聽他的教誨，接受他的指示。很快，他又升官了，任內侍省押班，兼金州觀察使。

建炎三年（西元一一二九年）正月，宋高宗駐蹕揚州（今江蘇揚州）。金國攻滅北宋，掠得無數財富，胃口越來越大，稍作休整，便又出動大軍，乘勝向長江流域推進。金兵的進軍速度極快，眨眼間已到揚州城下。宋高宗驚慌失措，尋思著還是逃命要緊，因而全然不顧臣屬和百姓的死活，只帶了康履、蘭珪等五六個親信，匆匆忙忙渡過長江，經鎮江（今江蘇鎮江）、吳江（今江蘇蘇州）逃往臨安。長江以南還是宋朝的版圖，人們期待著能有一個正統的皇帝，領導他們開展抗金鬥爭。所以，宋高宗在逃亡途中，各地官府盛情接待，不敢有絲毫的怠慢。儘管如此，康履還是橫挑鼻子豎挑眼，忽兒嫌這裡「迎駕遲緩」，忽而斥那裡「招待不周」，驕縱蠻橫，嘴臉可惡。

金兵不費吹灰之力，攻破揚州，大肆擄掠，焚城退去。宋高宗也就不慌不忙，一邊逃亡，一邊遊山玩水。在吳江，康履利用太湖水域，組織了一次射鴨比賽，逗得宋高宗開懷大笑，樂不可支。三月，宋高宗一行到達臨安，遂確定以那裡為國都。他們到達臨安後的第一件事是安排觀賞錢塘江江潮。康履指使，沿江兩岸搭起豪華的帷帳，張燈結綵，設置鼓樂，歌舞助興，侍衛警戒，鋪張奢靡，窮盡排場……

扈從統制官苗傅看到康履這樣尋歡作樂，異常氣憤，說：「這夥閹賊使天子流落到此地，怎麼還敢逞威？」苗傅密遣幕客王世修去聯絡武功大夫劉正彥，商議鏟除宦官的計劃。劉正彥當即表態說：「會當共除之。」

苗傅、劉正彥俱出生將門，渴望建功立業，然而宦官當道，長久不得升遷。相反，有個叫做王淵的人，不學無術，只會附炎趨勢，投靠康履，居然平步青雲，升任簽樞密院事。苗傅、劉正彥老大不服，決定先殺王淵，再殺宦官。

適逢劉光世升任殿前指揮使，百官入朝聽宣聖命。苗傅、劉正彥覺得這是下手的極好機會，遂命王世修在城北橋下埋伏士兵，襲殺王淵。王淵對此一無所知，大模大樣地從橋上經過。忽然，伏兵躍出，猛地把王淵拉下馬來，不由分說，刀砍劍刺，將他殺死。同時，苗傅和劉正彥坐鎮指揮，分派士兵在全城範圍內搜捕宦官，活捉一百多人，就地斬首。士兵闖進康履府中，凡見無鬍鬚者，都視為宦官，不問情由，統統予以殺害。

康履腳底抹油，逃得飛快。他一溜煙地跑進皇宮，報告宋高宗，說苗傅和劉正彥發動兵變，大逆不道。宋高宗大驚失色，計無所出。這時，苗傅和劉正彥率兵包圍了皇宮，要求皇帝交出康履和蘭珪。宰相朱勝非勸說宋高宗登樓宣諭，撫慰苗、劉二將。宋高宗無奈，勉強登樓，說：「凡事都好商量，何必要動干戈？」苗傅厲聲說：「陛下寵信宦官，賞罰不公。軍士有功，不聞加賞；內侍所主，盡可高升。王淵遇敵不戰，臨陣逃竄，只因結交康履，竟授簽樞密院事，豈有此理？臣等自陛下即位以來，功多賞薄，共抱不平。現已將王淵斬首，宮外的宦官亦已就戮。唯請皇上交出康履、蘭珪二賊，就地正法，以謝三軍！」

宋高宗實在不忍心交出他所寵信的康履和蘭珪，說：「朕答應你，即將康、蘭二人免職，並提拔你和劉將軍，如何？」

苗傅、劉正彥冷笑著說：「我們若想升官發財，只需送兩匹好馬給宦官就行了，何必率兵至此？」

宋高宗無言以對。這時，宮外士兵大聲鼓噪，群情激憤。宋高宗戰戰兢兢，詢問左右大臣，說：「奈何？」

時希孟說：「宦官之為患，至此極矣。不除之，天下之患未已。」

葉宗諤說：「陛下何惜一康履而拂逆將士之心？」

宋高宗迫不得已，只好命人將康履捆綁起來。康履死到臨頭，絕望地說：「皇上為何獨殺臣一人？」

宋高宗一擺手，命將康履送出宮去。宮外的士兵發一聲歡呼，當下將康履腰斬，又砍下頭顱，生啖其肉。宋高宗隨即發出話來，提拔苗傅為慶遠軍節度使、承宣御營使都統制，劉正彥副之，令其退兵。

可是，苗傅、劉正彥並不退兵。他們在搜捕蘭珪的同時，進而要求宋高宗退位，由太子趙敷為帝，太后垂簾聽政。這給了宋高宗一個難堪，使他下不了臺階。他本想拒絕苗、劉的要求，但看到宮外士兵萬眾怒吼，不達目的，誓不罷休的陣勢，不禁心虛了，膽怯了。好漢不吃眼前虧。關鍵時刻，宋高宗只能答應苗傅、劉正彥的要求，同意退位，讓年僅三歲的太子趙旉爲皇帝。

於是，苗傅、劉正彥退兵，趙敷即位，改元「明受」。苗、劉二人分別加武當軍節度使和武成軍節度使，暫時把持了朝政。那個蘭珪生性狡猾，躲藏起來，僥倖保住了性命。

「明受之變」推翻了宋高宗，弄出個小皇帝，南宋的許多將領不能接受。張浚、呂頤浩、韓世宗、劉光世等以「篡逆」之罪，發兵討伐苗傅和劉正彥。苗、劉實力有限，屢戰屢敗，逃離臨安。張浚等控制了局面，廢黜趙旉，擁立宋高宗復位。接著，苗傅和劉正彥被殺害，宋高宗的皇位得到鞏固。

「明受之變」歷時很短，前後也就是一個月的光景，但它留給世人的教訓是深刻的：宦官得勢，絕非正常現象，遲早會生出禍端。

馮益
搖頭擺尾的可憐蟲

宋高宗是在國家危亂期間臨時登基的皇帝，沒有什麼群眾基礎。開始，他任用李綱爲相，發動民兵抗金，舉國士氣大振。可是逃到臨安以後，卻任用黃潛善、汪伯彥兩個奸臣，致使形勢逆轉，難能有所作爲。黃潛善、汪伯彥從本質上說是投降派，凡事報喜不報憂，欺上瞞下，只會鼓動皇帝偏安江南，過著醉生夢死的享樂生活。

有個宦官叫邵成章，頗具正義感，時時揭露黃潛善和汪伯彥的罪惡行徑。宋高宗極度信任黃、汪，哪裡聽得進邵成章的話？因此，邵成章被除名發配。事過數月，宋高宗似乎有所悔悟，命將邵成章召還回宮。黃潛善、汪伯彥一唱一和，說：「邵成章若是回來，皇上怕是再沒有歡笑的時候了。」宋高宗沒有主見，召還邵成章之事不了了之。

金兵見識倒比宋高宗高明。他們打聽到邵成章忠直耿介，有心聘用爲官，許諾說：「知公忠正，若事吾主，必坐享富貴。」

邵成章雖被發配，仍有一顆愛國之心，斷然回絕了金兵的聘請。金兵繼以武力相威脅，邵成章寧死不從。金兵無奈，感嘆說：「忠臣也，殺之不忍。」金兵給邵成章留些金帛，快快而去。

宋高宗朝，像邵成章這樣的宦官是吃不開的。皇帝需要的是另外一種人，忠實，讒媚，馴服，搖頭擺尾，奴氣十足。宦官馮益算是這種人的代表。

馮益，早期在宋徽宗後宮服役，後來任康王府的內侍。宋高宗登基以後，他升任殿頭供奉官，再辦御藥院，兼辦皇城司。馮益爲人，最大的特點是善伺人主顏色，說皇帝愛聽的話，做皇帝喜歡的事，一切以皇帝的意志爲意志，唯唯諾諾，恭敬小心。正因爲如此，宋高宗賞識這樣的奴才，涉及到需要保持秘密的個人私事，通常總愛指派馮益去辦理。

天長日久，馮益變得驕縱起來了。這一年，金兵再次大舉南侵，揚言要橫渡長江，直搗臨安。宋高宗驚慌失措，不思抗敵之策，卻攜帶少數親侍和侍衛，倉皇向海上逃竄。在渡浙江的時候，人多船少，馮益和御前右軍都統制張俊爲爭渡船發生了爭執。馮益恃寵不遜，惡語傷人，破口大罵張俊。張俊怒不可遏，拔出劍來，要殺馮益。幸虧眾人勸解，一場風波才告平息。事後，馮益惡人先告狀，竭力詆毀張俊，並要皇帝治張俊的罪。宋高宗派御史趙鼎查處此事。趙鼎委婉地進諫說：「明受之變，起於內侍，覆轍不可不戒啊！」宋高宗接受了上次兵變的教訓，沒有把張俊怎麼樣。

紹興三年（西元一一三三年），馮益因爲絕對忠誠於皇帝，升任武功大夫和康州防禦使，接著升任宣政使。官職等於權勢，等於利益。馮益懂得這個道理，所以仍不滿足宣政使的職務，經常「自言藩邸舊吏，屢請加恩」。宋高宗出於對「藩邸舊吏」的偏愛，索性「加恩」，提升他爲明州觀察使。這樣，馮益既是朝廷大員，又是地方行政長官，雙重身分，權勢和利益兼得，就更加飛揚跋扈了。

宋高宗生性愛馬，曾經杜撰過一個「泥馬渡康王」的故事。那是他爲康王的時候，一次在黃河北岸被金兵追逼，只剩下他獨自一人，情勢萬分危急。這時，一個叫做李馬的青年，捨生忘死，背著他逃至河邊，並用渡船將他送至黃河南岸。這事本應稱作「李馬渡康王」，可是，他爲了標榜自己是「眞命天子」，關鍵時刻有「天神」相助，故意將「李」字改爲「泥」字，於是就成了「泥馬渡康王」。他擔心李馬會揭穿眞相，先將李馬藥啞，進而將李馬殺害。馮益大概了解這段往事，所以竭力討好皇帝，建議於內廐騏驥院之外，別置御馬院，由他兼任御馬院監。御馬院設在皇城的旁邊，馮益擅自做主，鑿開皇城城垣，開一便門，以利御馬出入。他的做法引起御史趙鼎、沈與求等人的強烈憤慨，但他們懾於馮益的威勢，只能忍氣呑聲，敢怒而不敢言。

北宋滅亡以後，金兵在北方建立了一個傀儡政權，國號曰「齊」，由原濟南府知府劉豫爲「皇帝」。劉豫這時公開了一個事實：馮益曾派人到山東收購飛鴿，並和金兵秘密來往。宰相張浚得知這一情況，立即奏告宋高宗，請求速斬馮益。宋高宗遲遲疑疑，沒有答應。御史趙鼎說：「事關國體，不斬馮益，有失民心。」宋高宗這才有所覺悟，說：「內侍交關外事，此風不可長。」但是，他依然捨不得殺害一個忠心的奴才，只將馮益罷職，放歸民間。張浚嫌這樣的處罰太輕，還要爭辯。趙鼎努力勸解，使得大事化小，小事化無。

馮益放歸民間，十四年沒有動靜。十四年後，朝廷發生了一件怪事：開封尼姑李靜善，自稱是宋徽宗的女兒，宋高宗的妹妹，係王貴妃所生，曾封柔福帝姬（公主），到臨安皇宮認親來了。宋高宗根本記不清還有這樣一個妹妹，他只知道，汴京陷落時，宋徽宗、宋欽宗及皇室成員全部被金兵俘擄，宋徽宗和宋欽宗已死，其他人情況不明，現在突然冒出個柔福帝姬來，到底是眞是假呢？

這時，有人想起了放歸民間的馮益，說他曾經伺候過王貴妃，那麼對王貴妃的女兒必然會有印象，不妨請他前來辨認，以驗眞假。

宋高宗表示同意。於是，馮益被召進皇宮。馮益也許是年老眼花，也許是別有用心，見了李靜善，一口咬定她就是宋徽宗和王貴妃的女兒，曾封柔福帝姬，沒錯！

宋高宗滿心歡喜，抱著李靜善，妹妹長妹妹短地大哭一場。接著，封李靜善爲福國長公主，許嫁永州防禦使高世榮，決心使她長享榮華富貴。馮益呢？因爲辨認皇親有功，獲准遷回臨安，過他逍遙自在的優裕生活。

不想數年後又出現了戲劇性的變化。宋高宗的生母韋太后經金國許可，長途跋涉，回歸臨安。宋高宗又驚又喜，一面恭迎母親，一面告訴母親說，柔福帝姬如何如何。韋太后聽了好生詫異，說：「我們被金兵俘擄後，柔福帝姬一直和我在一起居住，從來沒有分開過，這裡怎麼會又有個柔福帝姬呢？」

至此，眞相大白：原來，前來臨安認親的那個柔福帝姬是假的，屬於冒牌貨。宋高宗大怒，命令審訊柔福帝姬。柔福帝姬受刑不過，供認自己本名叫李靜善，原是開封的一個尼姑。宋高宗氣壞了，命將李靜善斬首。宋高宗又遷恨於馮益，以「驗試不實」罪，將他發配昭州。馮益遭此打擊，再沒有翻過身來，於紹興十九年（西元一一四九年）憂鬱而死。

董宋臣

「大樹」底下的「乘涼客」

南宋經歷高宗趙構、孝宗趙昚（昚，讀作慎）、光宗趙惇、寧宗趙擴，至嘉定十七年（西元一二二四年），趙昀登基，他就是宋理宗。宋理宗朝，出了個宦官叫做董宋臣，以奸巧佞媚著稱。正是此人，加速了南宋的滅亡進程。

宋理宗是宋太祖趙匡胤十世孫、山陰尉趙希盧的兒子。宋寧宗原立趙詢為太子，年幼夭折，再立宗室之子趙竑（竑，讀作宏）為太子。權相史彌遠反對趙竑，將其廢黜，訪得趙昀，由宋寧宗收為養子。趙昀先封沂王，後被立為太子。宋寧宗駕崩，他順理成章地當了皇帝。

宋理宗即位初期，史彌遠掌握著朝政大權，皇帝無所事事，只在後宮裡享樂快活。紹定六年（西元一二三三年），史彌遠死，宋理宗開始親政。他親政後，頗有點改弦更張、拯救時局的決心，聯合新崛起的蒙古，攻滅了宋朝的宿敵金國。接著又任用孟珙（珙，讀作鞏）、余玠（玠，讀作介）等將領，抗擊南侵的蒙古，很想有些作爲。然而，抗蒙戰爭並不順利，大片國土淪陷，朝廷內部紛爭不斷，各種矛盾激化。他面臨的是一種內憂外患、積重難返的局面，不由得心灰意懶，先是厭政怠政，進而恢復了原先的毛病，恣意追求享樂，沉湎於聲色犬馬之中。宦官董宋臣迎合皇帝的心理，積極鼓動和引導皇帝尋歡作樂，從而使得宋理宗在腐化墮落的泥坑裡越陷越深。

董宋臣原先只是個普通的宦官，淳祐年間任睿思殿祗候，寶祐年間辦佑聖觀。他頭腦靈活，最善逢迎，爲了討得宋理宗的歡心，著意修梅堂，建蘭亭，疏浚芙蓉湖，爲皇帝享樂提供了優美的環境。一次，他甚至引領一群娼妓進入皇宮，供皇帝消遣。

侍郎牟子才上書進諫，說：「這都是董宋臣引誘陛下，大傷風化。」

宋理宗說：「小事一件嘛，何必小題大做呢？」

牟子才說：「陛下幽會娼妓，焉是小事？」他氣憤不過，連夜畫了一幅《高力士脫靴圖》，呈獻皇上。董宋臣見畫，又氣又惱，哭著對宋理宗說：「牟子才將陛下比作唐玄宗，將奴才比作高力士，那麼他就是李白了，可恨可惡。」

宋理宗大怒，命將牟子才貶職，放逐外地。從此，宋理宗更加寵信和倚重董宋臣，視他爲最親近最可靠的內侍。

董宋臣依仗皇帝做靠山，狐假虎威，窮凶極惡。他在臨安城外爲皇帝修建離宮別館，侵占了大量農田，被農民罵爲「董閻羅」。同時，他又招權納賄，勾結意氣相投的朝廷官員，朋比爲奸，順者昌，逆者亡。監察御史洪天錫痛恨董宋臣的罪惡行徑，憤然上書予以彈劾，指出：「天下現有三大禍患：宦官、外戚和小人。三大禍患不除，國無寧日，民無寧日。」宋理宗認爲這是危言聳聽，不予理會，但是考慮到洪天錫的特殊身分，決定採取折衷的辦法，要洪天錫收回奏書，改由自己誡飭董宋臣。顯然，「誡飭」是假，庇護是眞。洪天錫脾氣倔強，不僅拒絕收回奏書，反而又上了一份奏書，說：「自古以來，奸人仗勢逞威，無不畏懼人主。人主明知其奸，卻僅僅加以誡飭，那麼奸人肯定越發張狂。」這話有批評皇帝的意思。宋理宗很不高興，乾脆將洪天錫的奏書束之高閣，當然也就無需對董宋臣進行飭了。

董宋臣有恃無恐，更加肆無忌憚。不久，很多農民聯名控告董宋臣，說他侵占民田，致使成千上萬的人流離失所。洪天錫異常憤怒，再次上書彈劾董宋臣，措辭嚴厲而尖刻。書中說：「陛下設置內司（宦官機構），那是爲了幫助內廷進行建築和修繕。近年來，董宋臣之流動輒稱作『御前』，毀民居，奪民田，禍害百姓。貪污的官吏，逃跑的囚犯，紛紛投靠宦官，有司不敢過問，更不敢治罪。狡猾的人爲其獻謀，殘暴的人爲其助虐，而輾轉受苦的人，大多是循規蹈矩的農民。但願陛下不要爲史官提供口實，以致這樣記載：『內司的恣橫從這時開始。』」

洪天錫的奏書連上六十餘次，但都被宋理宗扣壓，沒有絲毫回音。董宋臣指使奸臣盧允升，大告洪天錫的黑狀。宋理宗以此爲由，免去洪天錫的監察御史職務，左遷爲大理少卿。董宋臣的心腹趁機蠱惑說：「洪天錫頻頻上書，背後得到宰相謝方叔和參知政事（副宰相）

徐清叟的支持。」董宋臣和盧允升又使出手段，唆使宋理宗，將謝、徐二人罷官。董宋臣猶不解恨，指使黨羽誣告謝方叔和洪天錫犯有欺罔之罪，理當斬首。只是由於其他的原因，他的陰謀沒有得逞。

宋理宗到了晚年，生活更加腐朽和荒唐。董宋臣竭力慫恿他聚斂錢物，用以「防老養生」。堂堂皇帝還眞聽話，又頒聖旨，又發手諭，蓋上皇帝私人印章，命令各地貢錢貢物。嚴州知州吳槃覺得此事荒唐可笑，有損皇帝體面，上書說：「內庫斂財太急，督促太苛。陛下用龍章鳳篆（御印御書）催索帑藏（帑，讀作倘；帑藏，國庫所藏金帛），那麼黃冊（聖旨）御印與下級官員的公文還有什麼區別？陛下居於萬乘之尊，卻斤斤計較財賄，實屬不雅。懇請陛下爲國家社稷著想，留心朝廷要事，切莫因小失大。」董宋臣嫌吳槃防礙手腳，奏請宋理宗，亦將他罷了官。

國子監主簿徐宗仁接著上書，痛陳時弊，一針見血地指出：「政治黑暗，忠臣受屈，疆土日蹙，國家垂危，首惡就是董宋臣。此人盤固朝廷很久很久，蒙蔽朝廷越來越深，若不誅殺，必然誤國害民！」宋理宗還不覺悟，像對待洪天錫的奏書一樣，將徐宗仁的奏書扣壓，置若罔聞。

開慶元年（西元一二五九年），蒙古鐵騎大舉南下，數十萬剽悍的騎兵幾乎攻占了長江以北，以及西北的廣大地區，並渡過長江，進圍鄂州（今湖北武漢）。南宋京師大震，達官權貴紛紛打點行裝，準備逃命。董宋臣尤爲恐慌，力勸宋理宗放棄臨安，遷都寧海（今浙江寧波），以避蒙古軍銳氣。民族英雄文天祥時任簽判，堅持反對遷都，並請立殺董宋臣，肅清內奸，然後集合全國力量，共擊蒙古軍。宋理宗這一次又來了個折衷的辦法：既不遷都，也不殺董宋臣。蒙古軍因內戰暫時退去，於是，臨安一切照舊，從皇帝到臣屬，依然燈紅酒綠，紙醉金迷。誠如一首《題臨安邸》詩所寫的那樣：「山外青山樓外樓，西湖歌舞幾時休！暖風薰得遊人醉，直把杭州作汴州。」

景定四年（西元一二六三年），董宋臣自保康軍承宣使改任內侍省押班，身兼多職，如太廟、國信所、軍器庫、翰林院、敕令所、顯應觀、太子府等，統統歸他管轄。這時，文天祥以著作佐郎身分，兼任太子府教授。文天祥恥於與董宋臣共事，毅然辭去朝廷官職，請調外任，出知端州（今江西高安）。

宋理宗一味遷就和偏袒董宋臣，使得大批賢才志士感到寒心，他們別無選擇，只能離開京師，避禍自保。秘書少監湯漢心存幻想，堅持上書，說：「董宋臣長期以來聲勢薰灼，其力量能罷免臺諫（諫官），排斥大臣，至結凶渠（凶惡的罪魁），以致大禍。中外惶惑切齒，而陛下萬方爲之祖護，爲之開脫，實在過分！願陛下收回內侍省押班的授命，立斬董宋臣，則宗廟社稷幸甚！」宋理宗執迷不悟，不僅沒有收回授命，反而又給董宋臣增加了新的差事，讓他同時兼管御前馬院和酒庫。

就在這一年，董宋臣病死。宋理宗痛悼不已，追贈他爲特轉節度使。次年，宋理宗亦患病，頒詔徵求天下名醫，若能使其痊癒者，許以高官厚祿，金帛良田。可是，無人應徵，宋理宗只能一命嗚呼。這時，蒙古軍浩浩蕩蕩，直逼江南。風雨飄搖的南宋勉強維持了十餘年，隨即壽終正寢。

董宋臣的一生，非常滑稽有趣。他並沒有眞正的本事，也沒有出色的功績，只因佞媚而發跡，又因佞媚而顯達，時時、處處得到宋理宗的庇護。荒淫的皇帝需要宦官，弄權的宦官需要皇帝，這就是宋理宗和董宋臣關係的全部奧秘。俗話說：「大樹底下好涼機。」董宋臣正是宋理宗這株「大樹」底下的「乘涼客」，雖然作惡多端，卻能活得自在，活得安然。這在中國宦官史上，恐怕是不多見的。

趙安仁

不失為孝子的一片赤心

早在後梁太祖朱全忠（朱溫）登基的西元九〇七年，東北地區的契丹族首領耶律阿保基統一契丹各部，旋即建立了一個契丹國。西元九四七年，契丹國第二個皇帝改國號爲「遼」。遼國日漸強大，不斷發兵南侵，騷擾宋境，給中原人民造成了巨大的痛苦和災難。遼國也有宦官，不過爲數較少，《遼史》記載的僅有王繼恩和趙安仁二人。

宋眞宗景德元年（西元一〇〇四年），也就是遼聖宗統和二十二年，遼聖宗及其母蕭太后（承天太后）發兵二十萬南侵，直逼黃河北岸。宋眞宗在宰相寇準的催促下，起駕北征。雙方交戰，互有勝敗，隨後在澶州（今河南濮陽）訂立了「澶淵之盟」。盟約簽訂後，遼兵北撤，途中大肆劫掠，俘擄了不少漢人。蕭太后在俘擄的漢人中，挑選一百多名十歲以下、容貌清秀的男孩，強行施以宮刑，使之充當宦官，在宮中服役。王繼恩、趙安仁便是這一百多人中的兩個。王繼恩聰明伶俐，很快學會了遼語，且愛讀書，所得賞賜全部用於買書，

「市書至萬卷，載以自隨，誦讀不倦」。遼聖宗親政以後，非常賞識王繼恩，提拔他當了監門衛大將軍、靈州觀察使、內庫都提點。由於他通曉漢語和遼語，所以在宋、遼交聘中發揮了很大作用。每有宋使至遼國，王繼恩必充任宣賜使，負責與宋使進行交涉，盡力做宋、遼和睦友好的工作。

趙安仁的事蹟比王繼恩要豐富得多。趙安仁，字小喜，深州樂壽（今河北獻縣）人。他成爲宦官以後，很快升任黃門令，又授內侍省押班、御院通進。高官厚祿並不能改變他的志節，他隨時隨刻都在嚮往和懷念故國，希望能夠回到自己的家園。開泰八年（西元一〇一九年），趙安仁與一個名叫李勝哥的漢人，密謀了好久，一起逃離遼國，準備越境回宋。可是越境沒有成功，他被遼國的巡邏兵抓獲，送回遼都上京（今內蒙古巴林左旗南）。按說，趙安仁越境潛逃，犯了叛國罪，應當斬首，幸虧遼聖宗寬宏大量，念他思鄉心切，值得同情，故赦免其死罪，讓他繼續在宮中服役。

不久，趙安仁捲入了遼國的宮廷鬥爭。遼聖宗的皇后稱齊天皇后，生了兩個皇子，皆早卒。宮人耨斤生了皇子耶律宗眞，被齊天皇后收養爲子。耶律宗眞漸漸長大，侍奉齊天皇后勝過親娘，使得耨斤非常不快。耨斤是個懷有野心的女人，意欲取代齊天皇后的位置。爲此，她拉攏趙安仁，窺伺齊天皇后的舉動，凡一言一行都要報告。其時，齊天皇后深得皇帝愛幸，寵冠後宮。趙安仁害怕窺伺之事暴露，禍及己身，所以又一次謀劃南逃，回歸故鄉。齊天皇后相當精明，及時發現了趙安仁的計劃，大怒，決意將他斬首。耨斤出面相救，無濟於事，轉而哀求遼聖宗幫忙。遼聖宗再次顯示了寬宏大量，說：「小喜的父母兄弟都在南朝，每一想起，便神魂顚倒。今天因爲思念親人，冒死南逃，不失爲孝子的一片赤心，實可憐憫！」遼聖宗說了話，齊天皇后也就不敢一意孤行，趙安仁又一次獲得赦免。

太平十一年（西元一〇三一年），遼聖宗死，耶律宗眞繼位，就是遼興宗。耨斤自立爲皇太后，攝政，殺死齊天皇后。重熙三年（西元一〇三四年），這個皇太后懷恨遼興宗，密謀廢掉他，另立小兒子耶律重元爲皇帝。耶律重元不想篡奪哥哥的皇位，遂把母親的密謀，一五一十地告訴了遼興宗。遼興宗立即與趙安仁商量，把耨斤遷到慶州（今內蒙古巴林右旗西北）守陵，奪回了旁落的權力。這時，趙安仁極受遼興宗的賞識，任左承宣使、監門衛大將軍，充契丹漢人渤海內侍都知，兼都提點。

幾年以後，遼興宗又想念在慶州守陵的母親，親自去把她接回上京。耨斤見到了趙安仁，責罵道：「你當初犯了死罪，我千方百計救了你，我不期望你報答我，可你爲什麼要離間我們母子的關係？」耨斤責罵趙安仁是沒有道理的，因爲她是擅作威權，私自決定廢立皇帝，從而激起了遼興宗的反感，才被攆出上京的。趙安仁作爲一個宦官，只是參加了商量而已，並不具有決定權，談不上「離間」太后與皇帝的母子關係。趙安仁受了太后的責罵，惶然不能回答，皇家是非事，誰也說不清。面對重新和好了的遼興宗母子，趙安仁又能說些什麼呢？

趙安仁後來死於遼國。

梁琉
閹奴的權力超過丞相

北宋末年，東北地區的女眞族迅速崛起、強大起來。西元一一一五年，女眞族首領完顏阿骨打稱帝，建立金國，定都會寧府（今黑龍江阿城南）。金國前期幾個皇帝比較高明，僅讓宦官掌掖庭宮闈之事，不委以重任。這樣，宦官也就難以干預朝政。到了金廢帝完顏亮的時候，情況有所改變，宦官漸漸涉足於政治領域。

金廢帝是個奸詐、狠毒、荒淫、剛愎的惡棍和淫棍，其貪淫好色、寡廉鮮恥，達到了令人難以想像的程度。因此，《金史》這樣評價說：「海陵（即金廢帝）智足以拒諫，言足以飾非，欲為君則弒其君，欲伐國則弒其母，欲奪人之妻則使人殺其夫。三綱絕矣，何暇他論！至於屠滅宗族、翦刈忠良、婦姑姐妹盡入嬪御。……天下後世稱無道主，以海陵為首。」

金廢帝從追求享樂的目的出發，必然寵信、重用宦官。他對於宦官階層自有一套看法，一次對內府庫使王光道說：「人們都說宦官不可用，朕以爲不然。後唐莊宗讓宦官張承業率領軍隊，竟然立了大功，宦官中難道沒有能幹的人嗎？」

金廢帝寵信、重用的宦官，梁琉（琉，讀作充）算是第一人。梁琉，原是右副元帥撻不野的家奴，後來入宮當了宦官，侍奉金廢帝。由於他生性乖巧，極善逢迎，所以得到金廢帝的器重，升任近侍局使，主管宮廷內部的各項事務。金廢帝非常狂妄，野心很大，妄想消滅南宋，飲馬江南。爲此，他把國都南遷至燕京（今北京），命梁琉和丞相張浩等監修燕京的宮室。所有宮室，務求豪華壯麗，耗費無數，最後經梁琉審定，凡他認爲不中意的，全部毀掉重建。張浩儘管也參與意見，但他說話全不頂用，只能俯首聽命於梁琉。由此可見，這個閹奴的權力實際上已超過丞相。

正隆五年（西元一一六〇年），金廢帝狂妄地籌劃，竟欲吞併江南。他問計於梁琉，梁琉竭力慫恿南侵，並針對金廢帝荒淫好色的心理，鼓動說：「聽說南宋皇帝的劉貴妃，天姿國色，艷美絕倫，陛下何不搶來作妃子呢？」金廢帝聽了這話，樂得哈哈大笑，說：「好！」於是立即發兵四十萬，編爲二十七軍，分四路，浩浩蕩蕩地殺向江南。大軍出發前，他叮囑梁琉，派人準備好最好的宮殿和上等的衾褥，以待俘擄劉貴妃回國後享用。

金廢帝的大軍到達和州（今安徽和縣），軍中盛傳梁琉與南宋通謀，說他之所以慫恿皇帝侵宋，是想以此徵集天下兵員，擴大開支，從而削弱金國的國力。

金廢帝對此將信將疑，不過還是嚴厲警告梁琉，說：「聽說你與宋朝秘密交往，別有用心，朕不希望這是眞的。你本是一個奴隸，朕把你提拔到現在的顯要位置上，你能這樣做嗎？你敢這樣做嗎？你給朕聽著：紙是包不住火的，事實總歸是事實。待朕打下江南，再與你理會，如果證明情況屬實，那時朕就殺了你！」

事情還牽扯到校書郎田與信。金廢帝也警告田與信說：「你的行動也很可疑，想必與梁珫同謀。」說罷，命人把梁珫、田與信綁縛於軍中，嚴加看管，防止逃脫。

金廢帝率領大軍在外，國內空虛，後院突然起了火。正隆六年（西元一一六一年），葛王完顏雍留守東京（今遼寧遼陽），稱帝自立，發表檄文揭露金廢帝的罪狀，布告天下，宣布廢金廢帝爲海陵庶人，並派兵阻斷他的歸路。金廢帝不予理睬，繼續進兵，強渡長江。在采石磯（今安徽馬鞍山西南），金兵被宋軍打敗；在瓜州渡（今江蘇揚州西南），金兵也受到重創。這時，神武軍都總管完顏元宜趁機發動兵變，射殺金廢帝，並焚毀其屍體。梁珫也死於這次兵變之中。

梁珫爲什麼要鼓動金廢帝侵宋？他和南宋有沒有秘密交往？這是一個謎，無人能說清楚。

宋珪

宣、哀之際一孤忠

金廢帝以後五十多年，完顏珣當了金國的皇帝，是爲金宣宗。其時，蒙古高原上蒙古人孛兒只斤鐵木眞建立蒙古國，自稱「成吉思汗」。成吉思汗及其兒孫四出征戰，南下屢敗金國。金宣宗非常害怕，於貞祐二年（西元一二一四年）把國都遷到南京（今河南開封）。這一儒弱的表示大大動搖了軍心和民心，大批官吏、將領、富豪投降了蒙古國。

金國遷都後，金宣宗一面向成吉思汗乞和，進貢財物和美女；一面醉生夢死，過奢靡淫樂的生活。這年元夕（農曆正月十五日）將至，他頒布詔令，要京城居民家家搭彩，戶戶懸燈，以供觀賞。爲此，特任命宦官宋珪爲監作，全面負責元夕節慶事宜。

宋珪，原是宋朝的宦官，後被南侵的金兵擄掠到金國。宋珪爲人正直，做事認眞，因此得到金宣宗的寵信。他被任命爲監作，心中很不痛快，發牢騷說：「這是什麼時候？國家已經喪失半壁河山，風雨飄搖，而今卻要浪費錢財做燈戲，有什麼可看的？」

這話傳到了金宣宗耳朵裡，金宣宗大怒，不問青紅皀白，命把宋珪杖責二十，直把宋珪打得皮開肉綻，死去活來。事後，金宣宗一想，覺得宋珪所言確也在理，並無惡意，歸根到底還是爲了國家和人民。所以他後悔了，專門頒旨，向宋珪賠情道歉。宋珪心安理得，見皇帝有所回心轉意，自認二十大杖沒有白挨。

元光二年（西元一二二三年），金宣宗駕崩，其子完顏守緒繼位，是爲金哀宗。金哀宗論德論才皆不及父親，然其追求享樂生活來，卻遠遠勝過金宣宗。面對北方的蒙古，南方的南宋，西方的西夏，他提不出任何治國方略，只知道整天泡在宮苑，放鷂鷹取樂。一次，鷂鷹飛了，金哀宗非常生氣，責令近侍宦官四處尋訪。宦官來到市中，見一農民臂上站著一隻鷂鷹，頗像宮中飛走的那一隻。宦官向前索要，農民不給，幾經反覆，宦官只得出錢買了鷂鷹。宦官回宮，把鷂鷹復得的經過敘說一遍，金哀宗聽了大怒，大罵那個農民「刁滑」，命人把他抓起來，嚴刑拷打。宋珪同情農民的不幸，跪地進諫說：「陛下這樣貴畜賤人，怎麼可以治理國家呀？」金哀宗以爲宋珪是當眾嘲笑自己，有失皇帝的體面，立命對宋珪處以杖笞。可憐的宋珪像金宣宗時一樣，又被打得皮開肉綻，死去活來。事後，金哀宗思量，自己爲了一隻鷂鷹，抓了農民，打了宋珪，實屬不該；況且，宋珪在國家危難之時，敢於直諫無諱，誠屬難得。所以他也後悔了，作爲補償，他給了宋珪許多賞賜，以表撫慰。

天興二年（西元一二三三年）三月，金哀宗手下的馬軍元帥蒲察宮奴在歸德（今河南商丘南）發動政變，殺了尚書左丞李蹊、參知政事石盞女魯懽、點檢徒單長樂，從官右丞以下共三百餘人皆遇害。金哀宗受蒲察宮奴的威勢所逼，迫不得已地任命他為參知政事，兼左副元帥。從此，朝政大權盡被蒲察宮奴把持，金哀宗等形同軟禁。每當言及此事，金哀宗總是痛心疾首，哭泣著說：「自古以來，無不亡之國，無不死之主，但恨朕不知用人，致為此奴所囚耳。」這時，宋珪待在皇帝身邊，說此寬心話，使得金哀宗多少得到一點安慰。

宋珪時任內局令，經常與金哀宗密謀誅殺蒲察宮奴及其黨羽的方法。他與禁軍頭領吾古孫愛實、納蘭愾答等也有交往，經常給他們帶去金哀宗的秘密指令。不久，蒲察宮奴領兵前往亳州（今安徽亳縣），宋珪暗裡與吾古孫愛實、納蘭愾答等達成默契：合力誅殺蒲察宮奴，奪回權力。他們作了精心的部署和周密的準備，設下圈套，伺機動手。六月，宋珪奏請金哀宗召回蒲察宮奴。這天，金哀宗駕臨臨漪亭，命蒲察宮奴及戶部侍郎張天綱等前來議事。蒲察宮奴沒有防範，貿然入見。早就埋伏在亭內的宋珪、吾古孫愛實、納蘭愾答等率領士兵，一躍而出，刀劍並起，頓時把蒲察宮奴剁為肉泥。蒲察宮奴的黨羽阿里合、白進、習顯等，相繼伏誅。

宋珪幫助金哀宗重新奪回了權力，功勳卓著。可是這時的金國已經日薄西山，瀕臨崩潰。蒙古軍大舉南侵，金哀宗等逃至蔡州（今河南汝南）。蒙古軍聯合宋軍圍攻蔡州，蔡州城裡糧盡矢絕。金哀宗哭喪著臉說：「我為金紫十年，太子十年，人主十年，自知無大過惡，死無恨矣。所恨者祖宗傳祚百年，至我而絕。朕將和歷史上荒淫暴亂的昏君一樣結局，獨此而痛心耳。」他擔心被俘受辱，遂於蔡州城破之時，倉皇傳位於統帥完顏承麟，然後自縊於幽蘭軒。完顏承麟剛繼位，就被亂兵殺害，金國滅亡。

金國滅亡的最後時刻，宋珪是耳聞目睹了的。他感到痛苦和絕望，也自縊而死。死後，人們譽他爲「宣、哀之際（金宣宗和金哀宗時期）一孤忠」。他是忠於金國和金國皇帝的，然而，只是「孤忠」，以身殉節，於事無補。

李邦寧

故宋閹人成了大元勛臣

西元一二〇六年，蒙古族孛兒只斤部首領鐵木眞，以「一代天驕」的雄姿征服了各個部落，自稱「成吉思汗」，奠都和林（今蒙古烏蘭巴托西南），建立了蒙古國。西元一二七一年，忽必烈改國號爲元，八年後滅了南宋，繼遷都燕京（今北京），改稱大都，整個中國第一次置於少數民族統治之下。

南宋最後的三個皇帝依次爲恭帝趙㬎（㬎，讀作顯）、端宗趙昰（昰，讀作正）、衛王趙昺（昺，讀作丙）。西元一二七四年，趙㬎即位，年僅四歲，奸相賈似道專權。元軍統帥伯顏的大軍進至臨安城下，賈似道等匆忙獻了降表。次年，趙㬎降元，被押赴上都（今內蒙古閃電河北）。元世祖忽必烈封他爲瀛國公，開府儀同三司、檢校大司徒。趙㬎的隨從中有個宦官叫做李邦寧，因聰敏機警，被元世祖看中，命其在內廷服役。

李邦寧，字叔固，初名保寧，錢塘（今浙江杭州）人。他從小就被閹割，入宮當宦官，任小黃門，專門負責照料趙㬎的生活起居。趙㬎降元，他得以到元朝，開始了一種做夢也沒有想到的顯貴生活。

元朝疆域廣大，與各國的交往甚多。爲了克服因語言、文字不通而造成的困難，加強各國間的經濟、文化交流，元世祖命李邦寧學習蒙古語言、文字以及其他國家的語言、文字。李邦寧心靈性敏，刻苦學習，很快掌握了好幾種語言、文字。此後，元世祖接見外賓，均由李邦寧充當翻譯，由是大見寵信。李邦寧升任帶庫提點、章佩少監，尋遷禮部尚書，提點太醫院使。故宋的閹人頓時成了大元的勛臣。

元世祖在位三十一年駕崩，皇太孫鐵穆耳繼位，是爲元成宗。李邦寧晉升爲昭文館大學士、太醫院使，主持太醫院事。元成宗一次患病，李邦寧精心侍奉，十餘月不離左右，煎湯熬藥，恭敬之至，因而贏得了更美好的讚譽。

西元一三〇七年，元成宗駕崩，其弟海山立，是爲元武宗。元武宗同樣器重李邦寧，任命他爲江浙行省平章政事。

這是一個肥差，有權有勢有錢。可是李邦寧貴有自知之明，考慮自己是個宦官，不宜充任外官，誠懇地推辭說：「臣以閹腐餘命，無望再生。承蒙先朝恩赦而用之，得爲近臣，高官厚祿，榮寵過甚。現在，陛下欲使置臣於宰輔之列，實不敢當。宰輔者，輔佐天子共治天下者也，這樣的職務豈能委任於閹人？臣知道陛下很抬舉臣，但是天下、後世會怎麼想，會怎麼看？所以誠不敢奉詔。」

元武宗見他不求榮顯，自甘淡泊，表現出誠實和謙虛的品格，非常高興。取消了原先的任命，並把李邦寧的話轉告皇太后和皇太子，以彰其善。

李邦寧仕元多年，熟知元朝的許多風物故事。一次，元武宗奉皇太后在大安閣飲宴，閣中有個舊木箱，眾人不知何用。元武宗特意問李邦寧說：「你知道嗎？這個舊木箱是幹什麼用的？」

李邦寧恭敬地回答說：「這是世祖皇帝貯放裘帶用的。臣聽說世祖皇帝當年曾留下聖訓，說：『把這些東西貯藏於此，傳給子孫，使他們看到我的樸素和節儉，以戒奢華和侈靡。』」

元武宗命人打開舊木箱，發現裡面果眞貯放了好些裘帶，不由感嘆著對李邦寧說：「非卿言，朕安知之？」

當時許多親王在場，他們看了舊木箱裡的裘帶，鄙夷地說：「世祖皇帝雖然神聖，但過於吝嗇，這些破爛的裘帶，當作寶貝似的保存著，値得嗎？」

李邦寧不同意這種說法，反駁說：「不對！世祖皇帝一言一行，堪爲後世效法。他決定的事情，沒有不正確的。試想，天下收入雖然很多，但如果不重節儉，任意揮霍，那麼必然導致錢物匱乏。自先朝以來，歲賦已不足用，又連年發生戰爭，耗費無數，錢物一旦供應不上，必將橫徵暴斂，遭民怨恨。這樣下去，總不算是好事吧？」

李邦寧從元世祖的一個舊木箱，借題發揮，論述了勤儉建國的大道理。元武宗與皇太后等無不贊成他的觀點，說：「對，就是這個道理！治國平天下，不樸素，不節儉，難有作爲。」

李邦寧又升官了，加大司徒，尙服院使，領大司農和太醫院事，兼金紫光祿大夫。接著，李邦寧又爲大禮使，陪侍元武宗彰孝道，祭太廟。禮成，元武宗加恩於李邦寧三代：曾祖李頤，贈銀青光祿大夫、司徒，謚「敬懿」；祖父李德懋，贈儀同三司、大司徒，謚「忠獻」；父親李撝（撝，讀作會），贈太保、開府儀同三司，謚「文穆」。宦官李邦寧在異國他鄉，竟能獲得這樣的殊榮，眞是夠幸運夠顯赫的了。

元武宗爲什麼要這樣做呢？一是因爲李邦寧對元朝絕對忠誠，二是因爲他要樹立榜樣給漢族人看：宦官李邦寧尙且如此，更何況故宋的官員和士大夫呢？只要歸順和忠誠於蒙古人的元朝，那麼必然會得到高官顯爵，必然會有享用不盡的榮華富貴。

元武宗當初之所以能當皇帝，弟弟愛育黎拔力八達立下了巨大的功勞。正因爲如此，元武宗登基後不立自己的兒子，而立愛育黎拔力八達爲皇太子，算是對他的報答。丞相三寶奴等畏懼愛育黎拔力八達聰明英武，認爲他日後爲帝對己不利，所以竭力鼓動元武宗廢弟立子，變易皇嗣。可是三寶奴等不敢直接進諫，暗中唆使李邦寧代言。李邦寧倚老賣老，還眞的向元武宗進諫說：「陛下富於春秋，皇子漸長，父事子繼，古之道也。沒聽說哪個皇帝自己有兒子而立弟弟爲皇太子的，陛下還請三思。」

元武宗雖然寵信李邦寧，但不愛聽他說這樣的話，勃然變色說：「朕志已定，不容改變。你這些話，最好到東宮找皇太子說去！」

李邦寧碰了一鼻子灰，羞慚而退。西元一三一一年，元武宗駕崩，愛育黎拔力八達繼位，是爲元仁宗。元仁宗以爲李邦寧是先朝重臣，賜鈔千錠。李邦寧固辭不受。這時有人向元仁宗報告說，李邦寧當初曾主張廢黜皇太子，另立他人，陛下最好把他殺掉。元仁宗顯得寬宏大量，說：「帝王歷數，自有天命，其言何足介懷？」他不僅沒有殺害李邦寧，反而加其官爲開府儀同三司，並任集賢院大學士。

李邦寧列高官，居尊位，效命朝廷盡心盡力，不敢懈怠。不久發生了一件很丟臉的事情，使他遺恨終生。事情是這樣的：一次，元仁宗命李邦寧主持一個很重要的祭典，祭祀文宣王。一切安排妥當，祭祀儀式開始。誰知就在這時，突然雷電交加，風雨大作，祭堂裡的蠟燭全被吹滅，就連燭臺也被吹落地上，大有一種天塌地陷之勢。李邦寧及眾執事怵息伏地，嚇得頭也不敢抬，渾身哆嗦，牙齒打戰。良久，風停雨住，而祭堂裡卻是狼藉不堪。他們匆忙收拾了一下，焚了幾炷香，磕了幾個頭，祭祀便算了事。

這事完全是一個意外，跟誰都沒有關係。而李邦寧卻不能原諒自己，堂堂開府儀同三司、集賢院大學士，怵息伏地，大出洋相，丟盡臉面。這使李邦寧感到難堪，感到羞恥，慚悔累日，懊惱不已。他終於病倒了，醫治無效，悵然死去。

樸不花

奸邪險惡，為國大蠹

西元一三三三年，孛兒只斤妥懽帖睦爾成爲元朝的皇帝，是爲元順帝，一稱元惠宗。此人昏庸荒淫，在位三十六年，最後斷送了元朝江山。

元順帝非常好色，後宮佳麗如雲。他先後立過三個皇后，即欽察失氏、弘吉剌氏和奇氏。單說這個奇氏，原是高麗（今朝鮮半島古國之一）女子，姿色美艷，性格穎黠。其家在高麗算得上是名門望族，因怙勢驕橫，惹怒了高麗王，以致被滿門抄斬。奇氏倖得逃脫，在閹人樸不花的陪伴下，來到了元朝的京師大都（今北京）。徽政院使禿滿迭兒發現奇氏國色天香，奇貨可居，遂將她收留，進而獻進皇宮，獻給元順帝。元順帝喜愛奇氏的美貌，當即納她爲妃，大加寵幸。

這期間，樸不花始終陪伴在奇氏身邊，既充當奴僕，又充當保護人。樸不花，一名王不花，與奇氏是同鄉。奇氏家族被殺害，他陪伴奇氏出逃，在很大程度上是出於對主子的忠誠和仗義。如今，奇氏成爲元朝皇帝的寵妃，使他激動不已。須知，一個女人攀上了皇帝，那就意味著潑天的榮華富貴，他樸不花能不叨恩沾光嗎？

樸不花積極爲奇氏出謀劃策，教她怎麼使出手段，緊緊拴住皇帝的心，以便出人頭地。一年以後，奇氏生了兒子愛猷識理達臘，母以子貴，因此身價猛增，爭寵奪愛有了更加雄厚的資本。

元統三年（西元一三三五年），欽察氏皇后失寵，繼被殺害。元順帝心愛奇氏，一心想立她爲皇后。可是，丞相伯顏出面干涉，聲稱奇氏是「老外」，不能立爲皇后。元順帝無奈，只好立了弘吉剌氏爲皇后。五年後，伯顏被罷相，新任丞相迎合元順帝的心思，奏請立奇氏爲第二皇后。元順帝龍心大悅，果眞立奇氏爲第二皇后，讓她居興聖宮。奇氏稍吹枕邊風，樸不花立刻平步青雲，先爲長寧寺卿，接著步步高升，當上了榮祿大夫，兼資政院使。

樸不花支持奇氏，奇氏提攜樸不花，二人配合相當默契。轉眼到了至正十八年（西元一三五八年），京師發生大饑疫，死人無數。樸不花及時提醒奇氏，應該抓住這個機會，表現一下國母的仁慈。於是，奇氏和樸不花分別在不同的場合，奏請元順帝，開設粥場，救濟窮人，同時籌措錢財，埋葬死人的屍骨。元順帝一聽，高興地說：「好啊！這是慈善之舉，何樂而不爲？」他立刻賜鈔七千錠，命樸不花全權領理其事。

樸不花領理其事，還眞的做出了名堂。首先，他奏請皇后、嬪妃、皇太子、親王及文武百官等，慷慨捐贈錢物，捐贈的錢物全部用於救死扶困。爲了表現，他自己帶頭捐贈金帶一條、玉帶一條、銀二錠、米三十四斛、麥六斛，以及青貂裘和銀鼠裘各一件。此舉受到很多人的稱讚，因此整個捐贈活動比較成功。其次，他到處張貼告示，宣布凡百姓生病者給以藥，死人無棺者給以棺，送來無主屍體者給以鈔。再次，他雇用人員，從京郊到盧溝橋一帶，挖了很多墓穴，兩年內共埋葬死人遺骸二十萬具，花鈔近三萬錠，用米用麥近千擔。接著，他又主持在萬安寺舉行無遮大會，在大悲寺舉行水陸大會，超度亡靈，以慰生者。

樸不花因此聲名大振，人們普遍認爲他有菩薩心腸，功德無量。翰林學士張翥專門寫了一篇文章，頌揚樸不花的功德。這篇文章被刻石立碑，定名爲《善惠碑》。樸不花恰也謙虛，聲稱自己的所作所爲，均是執行了奇氏皇后的懿旨。這樣一來，人們對奇氏更加敬重，巴不得她成爲第一皇后，以母儀天下。

這時候，元順帝在位日久，怠於政事，軍國要務多由皇太子愛猷識理達臘斷決。奇氏渴望自己的兒子能夠早日成爲皇帝，所以積極活動，想迫使元順帝內禪。奇氏讓樸不花做說客，說服丞相太平出面，勸諫皇帝禪位給皇太子。太平婉言辭絕。奇氏心猶不甘，親自在內宮設宴，招待太平，懇請幫忙。太平處事圓滑，盡說些模稜兩可的話，始終沒有明確的態度。奇氏、愛猷識理達臘、樸不花好生氣惱，大罵太平「頑固」、「迂腐」，「根本不是個東西」。

奇氏母子和樸不花的活動，引起了元順帝的警覺。他一度疏遠奇氏，曾有兩個多月不和她見面。有的朝臣趁機發難，指出奇氏和樸不花來自高麗，心術不正，應予貶黜。奇氏心裡有點發毛，拉攏御史佛家奴，請他出面制止發難者。不想佛家奴素來鄙視樸不花，不僅沒幫奇氏和樸不花說話，反而加入了發難者的行列。奇氏惱羞成怒，派人羅織佛家奴的罪名，很快將他貶遷邊地。

元順帝疏遠奇氏只是一時的衝動，沒過多久，二人又和好如初。奇氏撒嬌弄俏，屢進讒言，致使太平被罷免丞相職務，另一個丞相搠思監恣意攬權。元順帝沉湎酒色，神魂顛倒。樸不花乘間用事，與搠思監勾結在一起，互爲表裡，狼狽爲奸。各地農民起義風起雲湧，四方警報雪片似的飛來。搠思監和樸不花，再加上宣政院使脫歡，三人同惡相濟，嚴密封鎖消息。一頭栽在後宮裡的元順帝，只覺得花好月圓，歌舞升平。

搠思監、樸不花、脫歡透過皇太子愛猷識理達臘，把持朝政，「根株盤固，氣焰薰灼，內外百官趨附之者十九（十分之九）」，偌大的元王朝瀕臨「內外解體」的邊緣。監察御史也先帖木兒、孟也先不花、傅公讓等，聯名上書，奏劾搠思監、樸不花、脫歡奸邪險惡，爲國大蠹，請求予以摒黜。然而，他們的奏書根本到不了元順帝手裡，愛猷識理達臘徵得奇氏的同意，將三個監察御史統統貶官。

此舉激起了眾多朝臣的反對。治書御史陳祖仁幾次上書皇太子，切諫利害關係。大小臺臣甚至集體辭職，以作聲援。愛猷識理達臘控制不了局面，被迫將情況報告元順帝。元順帝終於採取措施，命樸不花和脫歡暫時辭官，居家避風。陳祖仁趁熱打鐵，上書給元順帝，說：「樸不花、脫歡二人，乃禍亂之本，今不殳除，後患無窮。漢、唐末世，其禍皆起於此輩，因而權臣、藩鎮乘隙作亂。千尋之木，呑舟之魚，其腐敗必由於內，務請陛下三思。臣願陛下恭聽眾臣之諫言，徹底擯斥奸佞，不令以辭官爲名，姑息養奸。海內皆知陛下信賞必罰，那麼就請將這二人做個樣子。若此，將士誰不效力？寇賊喪膽，天下可全，祖宗江山，氣象萬千。如果優柔寡斷，彼惡日盈，必將不可制約。屆時，臣寧願餓死家中，誓不與小人同朝，以免牽連遭禍。」

同時，侍御史李國鳳也上書愛猷識理達臘，說：「樸不花驕恣無上，招權納賄，奔競之徒，皆出其門，飛揚跋扈的架勢，酷似秦之趙高，漢之張讓，唐之田令孜，世人共知。自古以來的宦官，近君親上，稍稍得志，沒有不禍害國家的。望殿下牢記履霜臨冰之戒，早賜奏聞，將樸閹人貶徙西夷，以快人心，振興綱紀。綱紀振興，則天下公論平和，朝廷法度有序，那麼必然政治修而百廢舉矣。」

陳祖仁和李國鳳過於天眞，以爲憑幾份奏書就可以說服皇帝和皇太子，改變當時的情況。殊不知元順帝昏庸荒淫已到了不可救藥的地步，奇氏和愛猷識理達臘恰恰是樸不花的堅強靠山。他倆不可能將樸不花「擯斥」或「貶徙」，相反只會給自己招來禍殃。結果，陳祖仁和李國鳳遭到左遷的處罰。

御史大夫老的沙是元順帝的母舅，爲人比較正直，陳祖仁和李國鳳的奏書，都是經過他的手呈送的。奇氏和愛猷識理達臘因此嫌他多管閒事，以一個雍王的頭銜，將他趕出京城。樸不花則升爲集賢院大學士、資政院使，變得更加炙手可熱。

且說老的沙前往封國，不慌不忙，走走停停，停停走走，到達大同（今山西大同），突然不走了，住進了將軍孛羅帖木爾的軍營。孛羅帖木爾的政敵擴廓帖木爾打聽到這一情況，立刻飛奏朝廷，說孛羅帖木爾和老的沙有意違抗聖旨，共謀不軌。元順帝偏聽偏信，糊里糊塗地將孛羅帖木爾免職。孛羅帖木爾怒不奉詔，反過來彈劾擴廓帖木爾，以及搠思監、樸不花、脫歡等人。朝廷大臣分成兩派，有人支持孛羅帖木爾，有人支持擴廓帖木爾，吵吵嚷嚷，亂成了一鍋粥。宗王不顏帖木爾站在孛羅帖木爾一邊，指出此人手下兵強馬壯，若被激反，後果不堪設想。元順帝似乎也意識到了這一點，承認決事倉促，處置不當。他一面申明前旨作廢，恢復孛羅帖木爾的職務；一面假裝懲治搠思監和樸不花，以「互相壅蔽，簧惑主聽」的罪名，將二人流放，一人去嶺北，一人去甘肅。可是，搠思監和樸不花有著後盾，所謂「流放」只是一句空話而已，二人誰也沒有離開京城。

至正二十四年（西元一三六四年），孛羅帖木爾打出「清君側之惡」的旗號，兵犯大都。擴廓帖木爾領兵抵抗，被打得大敗。元順帝慌了手腳，趕忙指派國師達達前去會見孛羅帖木爾，詢問解決問題的方法。

孛羅帖木爾斬釘截鐵地說：「我是爲清君側之惡而來，這個『惡』首先是搠思監、樸不花。皇上將『惡』交出，我可以考慮退兵。」

元順帝、奇氏、愛猷識理達臘寵信搠思監和樸不花，遲遲不想交出。達達往返跑了四趟，希望孛羅帖木爾高抬貴手，予以通融。孛羅帖木爾態度強硬，聲稱不得奸邪，絕不退兵。元順帝考慮再三，覺得還是保住皇位要緊，迫不得已，同意將搠思監、樸不花綁縛，交給孛羅帖木爾。搠思監、樸不花死到臨頭，一把鼻涕一把淚，哀求皇帝饒命。然而，元順帝是泥菩薩過河，自身難保，又怎能救得了他倆呢？

搠思監、樸不花落到孛羅帖木爾手中，結果是可想而知的，腦袋搬家，命喪黃泉。樸不花的主子奇氏並沒有怎麼樣，繼弘吉剌氏之後，晉升爲皇后。

至正二十八年（西元一三六八年）正月，農民出身的朱元璋建立了明朝。閏七月，明朝大將徐達北伐，兵鋒直指大都。八月，元順帝匆忙任命淮王帖木爾不花爲監國，慶童爲丞相，留守大都，自己則攜帶后妃、皇太子等逃往開平（今內蒙多倫北石別蘇木）。至此，元朝滅亡。

鄭和

彪炳史冊的航海家和外交家

西元一三六八年，農民出身、當過和尚的朱元璋奪取了元末農民起義的勝利果實，建立明朝，定都南京（今江蘇南京），建元洪武，他就是明太祖。明朝經過太祖朱元璋、惠帝朱允炆兩朝，至成祖朱棣時，已經變得相當強盛了。這時，出現了一位偉大的航海家和傑出的外交家鄭和，率領一支龐大的航海船隊，七次往返，遠涉重洋，開闢四十二條航線，行程一十萬餘里，到過三十多個國家和地區，在中國和世界航海史上寫下了光輝燦爛的篇章。

然而你知道嗎？這位鄭和竟是一名宦官。

鄭和，本姓馬，名和，小字三寶，雲南昆陽州（今雲南晉寧）人。出生於洪武四年（西元一三七一年）。馬和的先祖是西域人，即元朝的色目人。曾祖父名拜顏，曾祖母爲馬氏。這一家人世代信奉伊斯蘭教（回教）。馬和的祖父和父親都是虔誠的教徒，朝拜過天方聖地麥加（今沙烏地阿拉伯西北麥加）——伊斯蘭教創始人穆罕默德的誕生地，因而被尊稱爲

「哈只」。「哈只」是阿拉伯語，意爲「巡禮人」。

洪武十四年（西元一三八一年），明太祖在平定四川以後，用兵雲南，打敗了盤踞在雲南的梁王。年僅十一歲的馬和，在這次戰爭中被擄掠，帶回南京，經閹割成爲皇宮的內侍。明太祖的第四個兒子朱棣封燕王，鎮守北平（今北京）。大概是明太祖的賞賜，馬和一轉手，又成了燕王的侍童。燕王府裡有書堂，侍從人員必須讀書。馬和正是在這裡，刻苦學習，從而積累了豐富的學識，「才富經緯，交通孔孟」。馬和成人以後，更是精明幹練，志向高遠。史籍曾用近乎完美的文字記述他的情況：「身高七尺，腰大十圍，四岳（額頭）峻而鼻小，眉目分明，耳白過面，齒如編貝，行如虎步，聲如洪鐘，博辯機敏，長於智略，知兵習戰。」

馬和如此出眾，自然是極受燕王賞識。

洪武三十一年（西元一三九八年），明太祖駕崩，遺詔由皇太孫朱允炆繼位，是爲明惠帝。明惠帝擔心皇叔們會和自己爭奪皇位，所以實行削藩，裁撤各個藩王的勢力。燕王朱棣怒不可遏，遂以誅殺皇帝身邊佞臣爲由，起兵反抗朝廷，史稱「靖難之役」。經過三年多的戰爭，朱棣從侄兒手中奪得了皇位，於建文四年（西元一四〇二年）稱帝，是爲明成祖。次年，改北平爲北京，遷都於此。在「靖難之役」中，馬和一直跟隨在燕王身邊，傳達命令，有時還直接參加戰鬥，建立了卓越的功勳。因此，明成祖登基後，賜他姓鄭，擢爲內宮監太監。明朝宦官機構分爲十二監，各監首領稱太監。內宮監太監主要經管營造宮室、陵墓、妝奩（奩，讀作簾，盛放梳妝用品的器具）、器具和冰窖等事項。不久，鄭和升任司禮監掌印太監。

鄭和信奉伊斯蘭教，同時也信奉佛教，曾受過菩薩戒，並有法名叫做福善。明朝人以佛教所謂的佛、法、僧為「三寶」，鄭和因此又有「三寶太監」的美稱。

明成祖是個雄心勃勃的皇帝。他嚮往漢朝和唐朝實行開放外交，以致「萬國來朝」的盛況，決心從海上開闢一條航路，「銳意通四夷」，發展與海外各國的友好關係和商業貿易，藉以宣揚明朝作為「天朝上國」的強大實力和自己作為「宣德沐仁」的天子形象。同時，明成祖還有一個隱憂：那個明惠帝生死不明，有人說他已逃亡海外，因此必須要確切弄清楚此人的下落，否則讓他東山再起，捲土重來，可不是鬧著玩的。

基於這兩個方面的理由，明成祖決定派人出使西洋，執行「耀兵異域，示中國富強」和搜尋明惠帝蹤跡的雙重任務。當時所謂的「西洋」，指蘇門答臘（今印度尼西亞蘇門答臘）西北部以西的洋面。後來，又有人把汶萊（今汶萊）定為東洋和西洋的分界線，那麼中南半島、馬來半島、蘇門答臘島、爪哇島等，也都納入「西洋」的範圍。

明成祖開始選擇能夠完成出使西洋任務的使臣，選來選去，最後選中了鄭和。明成祖以為，鄭和追隨自己多年，絕對忠誠，且有學識，信奉伊斯蘭教和佛教，受其祖父和父親的影響，知道西洋各國的風土人情和商務活動。明成祖把自己的想法告訴大臣袁忠徹，並徵詢意見。袁忠徹回答說：「鄭和的姿貌才智，在內宮裡無人能比。陛下選他出使西洋，他完全可以勝任。」

鄭和接受了任務，心情異常激動。他有志於航海，有志於乘風破浪，去遊歷和認識海外世界。接著就開始進行繁忙而周到的準備工作。明成祖委任王景弘、侯顯等人爲副使，充當鄭和的助手。並從全國各地挑選了一批通曉阿拉伯語的人員如馬歡、費信、鞏珍、哈三、郭崇禮等，先後隨從。另派有都指揮、指揮、千戶、百戶和旗校、勇士、力士等大批將士，負責軍需供應的戶部郎中，處理對外禮儀的鴻臚寺序班，精通天文曆法的陰陽官，管醫管藥的醫官和醫士，以及民梢（船工）、買辦（採購人員）、書手（文書）等，共計二萬七千餘人，集結待命。造船廠更是忙碌，陸續造出了數百艘五種類型的船隻：寶船、馬船、糧船、坐船和戰船。其中，寶船相當於「旗艦」，長四十四丈四尺，寬十八丈，排水量約爲三千一百噸，載重量約爲二千五百噸。各船上都裝備有先進的航海儀器，尤其是用於端正航向的磁性羅盤針十分精確，分作二十四個方位，不論是白天黑夜，還是颳風下雨，它都能準確地指示方向，從而使船隊在浩瀚的大海上不致迷航。

永樂三年（西元一四〇五年）六月，鄭和以欽差總兵太監、正使太監身分，與副使王景弘、侯顯等人，率領一支由六十多艘艦船組成的龐大船隊，從江蘇太倉劉家港（今瀏河入長江處）出發，沿著長江，駛入東海，接著向南，穿越臺灣海峽，進入南海，開始了首次出使西洋的遠航。在此後的漫長歲月裡，鄭和先後七次出使西洋，出發的時間依次爲：永樂三年（西元一四〇五年）六月，永樂五年（西元一四〇七年）九月，永樂七年（西元一四〇九年）

九月，永樂十一年（西元一四一三年）冬，永樂十四年（西元一四一六年）冬，永樂十九年（西元一四二一年）春，宣德六年（西元一四三一年）春。從首次遠航出發，到末次遠航歸來，共歷時二十八年，鄭和把畢生年華和精力獻給了美好的航海事業。

鄭和出使西洋，所到的國家和地區，《明史》開列了一長串名單：占城、爪哇、眞臘、舊港、暹羅、古里、滿剌加、渤泥、蘇門答臘、阿魯、柯枝、大葛蘭、小葛蘭、西洋瑣里、瑣里、加異勒、阿撥把丹、南巫里、甘把里、錫蘭山、喃渤利、彭亨、急蘭丹、忽魯謨斯、比剌、溜山、孫剌、木骨都束、麻林、剌撒、祖法兒、沙里灣泥、竹步、榜葛剌、天方、黎伐、那孤兒，「凡三十餘國」。這些國家，涉及到今天的越南、柬埔寨、泰國、馬來西亞、菲律賓、印度尼西亞、汶萊、印度、斯里蘭卡、孟加拉國、伊朗、葉門民主共和國、沙烏地阿拉伯聯合酋長國，以及非洲東岸的索馬利亞等，覆蓋了東南亞、南亞、西南亞、阿拉伯和非洲東岸的廣大地區。

鄭和作爲明朝的政治使節和商務代表，每到一國，都要向該國國王或酋長贈送珍貴的禮品，宣讀明成祖的敕書，並在雙方的協議下，進行互利貿易，因而有力地促進了明朝和這些國家的友好關係與經貿往來。如滿剌加（今馬來西亞），地處南亞，控制著麻六甲海峽，是太平洋和印度洋之間的交通咽喉。鄭和第一次出使西洋時，便與滿剌加國王建立了親密的關係，獲准在滿剌加建造「官廠」（倉庫），那裡進而發展成爲商業貿易的轉運站。其後，滿剌加的三位國王到過中國訪問，二十六次派遣使臣向明朝皇帝致敬，雙方的交往頻繁而友好。

鄭和第三次出使時途經占城（今越南南部），占城國王親自率領大小官員出城迎接，並在王宮裡舉行盛大的歡迎宴會，按照當地的風俗，賓主共飲麥芽酒，隨後進行物物交易，公平謙讓，氣氛非常融洽。

鄭和出使西洋，擴大了明朝與各國的貿易交往。鄭和船隊輸出的物品有：銷金紵絲、湖絲、刺繡、綢緞、雨傘、瓷器、陶器、漆器、銅器、金銀器、鐵器、麝香、燒珠、樟腦、書籍、紙墨、筆硯、橘、米、穀、豆、琉璃瓦等；輸入的物品有：明珠、金珀、象牙、珊瑚樹、瑪瑙珠、水晶等珍寶，麒麟、駝雞、獅子、金錢豹、馬哈獸等動物，犀角、羚羊角、阿魏、沒藥、丁香、蘆薈、乳香、血竭等藥物，龍涎香、降眞香、紫檀香等香料，糖霜、胡椒、香鹽等食品，西洋布、華布、白華布、薑黃布等紡織品，香木、沉香木、紫檀木、五穀樹、婆羅樹等珍貴木料。貿易交往大多是以物易物，有的也用金銀或銅錢，講究誠信，互惠互利。

鄭和出使西洋，貫徹明成祖制定的「宣德化而柔遠人」的政策，不輕易使用武力，但對海盜以及膽敢挑釁的敵人，「則以武懾之」。舊港（今印度尼西亞巨港）住有很多華僑，廣東人陳祖義曾爲舊港酋長，糾集一群海盜，公然在海上劫掠過往船隻和客商。鄭和首次出使返回途中，陳祖義企圖偷襲船隊，搶掠財物。鄭和得到愛國華僑施進卿的密報，提前做好了準備。所以，當陳祖義一夥靠近船隊，即將有所行動時，鄭和突然下令還擊，火銃怒吼，火光燭天，煙霧彌漫，鐵砂如雨。那些海盜何曾見過這種陣勢？非死即傷，紛紛跳海逃命。陳祖義則被活捉，押解南京，斬首示眾。

鄭和第三次出使西洋到了錫蘭山（今斯里蘭卡）。該國國王亞烈苦奈兒，「不敬佛法，暴虐凶悖，靡恤國人」，而且對鄭和船隊採取極不友好的態度。他故意設計圈套，引誘鄭和上岸，妄圖加以扣押，勒索巨額贖金，同時派出士兵五萬人，搶劫鄭和的寶船。危急時刻，鄭和鎮定自若，足智多謀，避開敵人的偷襲，親率將士三千人，銜枚疾趨，伐木取道，突襲錫蘭山國都，攻陷王宮，生擒了亞烈苦奈兒及其王后等人，迅速扭轉了形勢。後來，鄭和將亞烈苦奈兒押了回來，交由明成祖發落。明成祖出於長遠考慮，派人護送亞烈苦奈兒回國，明朝和錫蘭山重新修好。永樂十四年（西元一四一六年）和十九年（西元一四二一年），錫蘭山新任國王不剌葛麻巴思剌查先後兩次率領使團訪問了中國。

鄭和爲了調解一些國家和地區的矛盾，保證當地人民生活的安寧，有時也會採取必要的軍事行動，懲惡揚善，救危扶困。蘇門答臘和那孤兒兩國接壤，彼此間常有紛爭和磨擦。在一次戰爭中，蘇門答臘國王中箭身亡，國土損失過半。王后痛心疾首，當眾發誓：凡能爲國王報仇、收復國土者，自己願意交出王權，並嫁他爲妻。有個漁夫挺身而出，說：「我能！」於是，漁夫率領部隊進攻那孤兒國，勢如破竹，不僅收復了蘇門答臘的國土，而且擒殺了那孤兒國王。王后恪守誓言，讓漁夫當了蘇門答臘國王，並嫁他爲妻。後來，王后的兒子鎖丹罕難阿必鎮長大成人，發動政變，殺死漁夫國王，奪回了王位。漁夫的兒子蘇干剌也要爲父報仇，發動叛亂，蘇門答臘陷入內戰的局面。鎖丹罕難阿必鎮無力平定蘇干剌，派遣使臣到北京，向明成祖「陳訴請救」。明成祖指示鄭和，幫助鎮丹罕難阿必鎮，解決蘇門答臘的內戰問題。鄭和奉命，發兵攻擊蘇干剌，一舉將蘇干剌擒獲。蘇門答臘內戰結束，當地人民重新過了和平安寧的生活。

寬廣無垠的海洋，既有風和日麗的秀媚，又有驚濤駭浪的凶險。鄭和以及他所率領的航海人員，長年累月地在茫茫大海裡航行，不怕困難，不畏艱險，表現出了驚人的毅力和勇敢。一次，鄭和的船隊在印度洋上遇到了狂風暴雨的襲擊，有一隻坐船被巨浪掀翻，一百多名民梢落水。鄭和臨危不亂，處變不驚，一面命令大力搶救落水者，一面指揮船隊避開風浪前行。經過頑強的拼搏，大多數落水者被救起，整個船隊也轉危爲安。鄭和的隨從馬歡，曾寫過一首長詩，專門描繪出使航行的種種艱辛以及勝利以後的喜悅：

皇華使者承天敕，宣布綸音往夷域。鯨舟吼浪泛滄溟，遠涉洪濤渺無極。洪濤浩浩湧瓊波，群山隱隱浮青螺。占城港口暫停憩，揚帆迅速來闍（闍，讀作都）婆。……闍婆又往西洋去，三佛齊過臨五嶼。蘇門達臘峙中流，海舶番商經此聚。自此分䑸往錫蘭，柯枝古里連諸番。弱水南濱溜山國，去路茫茫更險艱。欲投西域遙凝目，但見波光接天綠。舟人翹首混西東，唯指星辰定南北。忽魯謨斯近海旁，大宛米息通行商。曾聞博望（指西漢張騫，出使西域歸來封博望侯）使絕域，何如當代覃（覃，讀作談，廣布）恩光。書生從役何卑賤，使節叨陪遊覽遍。高山巨浪罕曾觀，異寶奇珍今始見。俯仰堪輿無有垠，際天極地皆王臣。聖明一統混華夏，曠古於今孰可論？使節勤勞恐遲暮，時值南風指歸路。舟行巨浪若遊龍，回首遐荒隔煙霧。歸到京華覲紫宸，龍墀獻納皆奇珍。重瞳一顧天顏喜，爵祿均頒雨露新。

神奇的海洋，驚駭的風浪，英雄的船隊，勇敢的水手，特定的環境特定的人，譜寫了一曲無所畏懼、勇往直前的開拓進取之歌，充滿昂揚的豪邁氣魄和樂觀精神。

鄭和七次下西洋，是人類認識海洋和征服海洋的空前壯舉。此舉最重要的意義，在於從海洋上打開一扇窗口，讓中國了解了海外世界，也讓海外世界了解了中國，從而促進和密切了中外經濟、文化交流。如果說，西漢張騫出使西域，開闢了一條陸上「絲綢之路」，那麼，明朝鄭和七下西洋，則是開闢了一條海上「絲綢之路」。二者都屬於「鑿空」的事業，爲世界文明的發展作出了不朽的貢獻。

鄭和作爲中國和平、友好的使者，在西洋各國人民心中留下了美好的印象，並產生了深遠的影響。東南亞和南亞的許多地方、寺廟、古蹟，至今仍用鄭和「三寶」的名字來命名，如泰國的三寶寺、三寶港，柬埔寨的三寶公廟，馬來西亞的三寶山、三寶城、三寶井，印度尼西亞爪哇島上的三寶洞、三寶墩和蘇門達臘島上的三寶廟等。鄭和的隨行人員馬歡、費信、鞏珍，分別著有《瀛涯勝覽》、《星槎勝覽》、《西洋番國志》等典籍，詳細記載了西洋諸國的山川地理和風土人情，把中國人的視野第一次擴展到印度洋、波斯灣和紅海地區。後人根據鄭和行蹤繪製的《鄭和航海圖》，則是中國也是世界最早的遠洋航海圖。

鄭和第六次出使西洋回國時，明成祖已經駕崩。明宣宗宣德八年（西元一四三三年），鄭和最後一次出使西洋歸來，已是六十三歲的老人了。宣德九年（西元一四三四年），鄭和病逝於南京，葬於南京中華門外的牛首山麓。另有一種說法，鄭和最後一次出使，沒有能夠回到祖國，而是病死於歸國的途中，埋葬在爪哇島，即今印度尼西亞三寶壟市。

鄭和的一生，是戰鬥的一生，光輝的一生。他所從事的事業，他所創造的功績，彪炳史冊，輝映千古，永遠值得世人的敬仰和紀念。

王振

「土木之變」的罪魁禍首

明英宗朱祁鎭是明朝的第六個皇帝，於西元一四三五年繼明宣宗朱瞻基之後登基，年號爲正統。正統十四年（西元一四四九年），北元瓦剌部首領也先率兵南下攻明，明英宗統兵五十萬親征。雙方戰於土木堡（今河北懷來東），結果明軍大敗，明英宗竟被蒙古軍俘擄。這一重大事件，史稱「土木之變」，堂堂大明朝丟盡了臉面。

說起「土木之變」，必須要說宦官王振，因爲王振是導致這場事變的罪魁禍首。

王振，蔚州（今河北蔚縣）人。明宣宗時，他因聰明伶俐，被選入內書堂，充當侍讀太監，伺候皇家子弟讀書。當時，皇子朱祁鎭亦在內書堂讀書，王振傾心巴結朱祁鎭，二人結下了非比尋常的親密關係。接著，朱祁鎭被立爲太子，王振隨太子住進了東宮，二人的關係更進了一層。

明宣宗三十七歲便駕崩，年僅九歲的朱祁鎭登上皇位，就是明英宗。小皇帝年幼貪玩，王振生性狡黠，儘量投其所好，因而極受明英宗的寵信。其時，明英宗的祖母張太后還健在，朝臣中有楊榮、楊士奇、楊溥、張輔、胡濙等人輔政，王振雖受寵信，但還不敢放肆。他很快升任司禮監太監，唆使明英宗濫用刑罰，以防受到欺詐和蒙蔽。一批朝臣無辜獲罪下獄，或怨死，或流放，王振逐漸竊取了一部分權力。

張太后對王振算是有所認識的。一次，王振公開指斥內閣大學士楊士奇，狂妄傲慢，擺出一副盛氣凌人的架勢。楊士奇非常氣惱，跑到張太后那裡去告狀。張太后大怒，命人鞭笞王振，逼其向楊士奇賠罪，並警告說：「若再如此，殺無赦！」王振心裡不服，嘴上還是軟的，說：「奴才不敢再犯前錯。」又一次，王振引逗明英宗玩耍，徹夜不眠。張太后得知情況，喝令將王振推出去斬首。王振嚇得魂飛魄散，幸虧明英宗跪地求情，才使他保住了性命。

正統七年（西元一四四二年），張太后病死，輔政大臣亦相繼亡故或致仕。這時候，王振依仗明英宗的支持和庇護，開始擅權跋扈起來。明太祖朱元璋建國之初，曾在內宮門前樹立鐵牌，鐵牌上鑄有十一個大字：「內臣不得干預政事，預者斬！」明成祖等沿襲其制，內宮門前亦樹此牌。王振嫌鐵牌礙眼，鼓動明英宗，硬是將這個鐵牌拆除了。此舉意味著，王振決心干預政事，而且不會受到任何約束。

王振首先在皇城東側，為自己修建了一處豪華的府邸，又建一座智化寺，窮極奢麗，耗費無數。另將搜括的部分錢財轉移到蔚州，在家鄉購置了莊園、良田等家產。接著著手懲治異己官員，恣逞淫威，窮凶極惡。

侍講劉球上書明英宗，奏陳朝政得失，其中隱約提到宦官專權的隱患。王振大怒，立即將劉球逮捕下獄，用刑致死，隨後又肢解其屍。大理少卿薛瑄、祭酒李時勉為人正直，見了王振從不低三下四。王振懷恨，予以報復，隨便揑了個罪名，便將薛、李二人貶官。御史李鐸一次遇見王振，沒有下跪。王振馬上派人將他捉進錦衣獄，嚴刑拷打，然後謫戍鐵嶺（今遼寧鐵嶺）。駙馬都尉石璟在自己家中責罰奴僕，這個奴僕恰是閹人。王振以為閹人與自己同類，竟然莫名其妙地將石璟下獄拷問，要治他個傷害下人之罪。戶部尚書劉中敷，侍郎吳璽、陳常，私下議論過王振的諸多過惡。王振得到密報，將這三人罰跪長安門外，當眾杖笞，直把他們打得死去活來。內侍張環、顧忠，錦衣衛卒王永，打抱不平，投寄匿名信，揭露王振的罪行。王振查出事情原委，殘酷地將這三人磔（磔，讀作哲，分屍）於鬧市。

當是時，王振一手遮天，為所欲為，凡他所忤恨的人，上自王公大臣，下至役吏平民，任其處治，或殺或貶，或囚或打，順者昌，逆者亡，一片血惺恐怖氣氛。

而明英宗對於這個閹賊卻是十分恭敬。他不直呼王振的名字，專門稱為「先生」，多次發布褒獎敕諭，文字達到令人肉麻的程度。公侯勛戚懾於王振的威勢，一律尊稱他為「翁父」。奸佞小人爭相投機鑽營，拜倒在王振的腳下，極盡逢迎之能事。工部郎中王祐因為善於諂媚，憑王振一句話，立即升任工部侍郎。王振的從子王山、王林，不學無術，卻官任都督指揮。王振更有一批爪牙，如馬順、郭敬、陳官、唐童等人，狗仗人勢，狐假虎威，魚肉百姓，橫行無忌，專門幹殺人放火的勾當，壞事做絕，惡貫滿盈。

當明英宗寵信王振恣意妄爲的時候，北元瓦剌部首領也先征服漠北蒙古各部，成爲明朝北方的強敵。也先原先還向明朝進貢，隨著勢力的增強，反過來向明朝勒索重賞，稍不滿足便挑起事端。也先知道王振在明英宗心目中的地位，多次派人和王振拉關係，提出各種要求。王振用心險惡，總是有求必應。正統十四年（西元一四四九年）春，也先派使臣向明朝「貢馬」，名義上是「貢」，實際上是勒索，以此換取優厚的賞賜。王振嫌馬匹質量低劣，故意壓低馬價。不想此舉激怒了也先，也先遂於七月發動四路大軍，全面寇掠明朝邊境。

警報傳來，明英宗慌了手腳，集合朝臣會議。朝臣分作兩派，一派主戰，一派主和。王振這時首先想到的是他的家鄉蔚州，北元南侵，他蔚州的家產必然蒙受損失。同時，他也小瞧了北元，一心想濫冒軍功，顯示能耐，出出風頭。因此，就在明英宗是戰是和，舉棋不定之時，他卻竭力主戰，而且慫恿明英宗親征，大言不慚地說：「皇上親征，軍民響應，區區北元賊寇，何足道哉？」。

兵部侍郎于謙等人也是主戰，但不同意明英宗親征，說：「兵馬不齊，糧草未備，皇上親征，那會有很大的風險。」

明英宗年輕氣盛，加上王振的鼓動，根本聽不進反對意見，說：「朕重文治，也重武功，親征就親征，難道懼他北元不成？」

輕敵，盲目，草率，倉促，決定了明英宗兵敗被俘的厄運。

七月十六日，明英宗親率五十萬大軍，以王振爲總領，浩浩蕩蕩地離開京師，取道居庸關，向西北方向進發。二十三日到達宣府（今河北宣化），恰遇大風大雨，道路泥濘，行軍艱難。鑒於此，成國公朱勇、兵部尙書鄺林、吏部尙書王直等，果斷地建議回軍。朱勇甚至跪地懇求王振，說：「天時不利，敵情不明，聖駕萬萬不可冒進，還是回軍爲好。」王振凶神惡煞，說：「回軍？朝廷的威儀何在？皇上的體面何在？」他給朱勇等人定了個怠慢軍心的罪名，罰跪於草叢中，大肆加以淩辱。

八月一日，明軍到達大同（今山西大同），鎭守太監郭敬告以前線實情：敵人來勢凶猛，明軍前鋒三萬人，屢戰屢敗，以致全軍覆沒，無一人生還。王振這時方知領兵打仗並非兒戲，隨時都有生命危險。他嚇出一身冷汗，想來想去還是保命要緊，所以奏告明英宗，掉轉方向，回軍北京。明英宗沒有主見，聽任王振擺布，進軍回軍，都是王振說了算。

回軍本應取道紫荊關（今河北易縣紫荊嶺），可是王振卻下令取道蔚州，意在讓皇帝臨幸他的家鄉，藉以炫耀權勢，擺擺威風。大軍已經東行四十里，王振忽然想到兵馬經過，可能踩壞自家田裡的莊稼，故又下令大軍自原路折回，繞道宣府。士兵們被折騰得疲憊不堪，而且貽誤了回軍的時間。大軍行至土木堡，天近黃昏。眾多將領主張繼續前進，紮營懷來（今河北懷來），那裡比較安全。而王振卻考慮他的千車輜重還在後面，武斷地決定，就在土木堡紮營。

土木堡屬於丘陵地帶，缺少水源，駐軍連夜打井，深至兩丈，仍不見水。數十萬兵馬又饑又渴，詛天咒地，罵爹罵娘。次日，也先的鐵騎抵達土木堡，明軍頓時緊張起來。也先實行麻痹計策，一面派人和明軍議和，一面催促後續部隊快速前進。王振表示同意議和，派出通事前去談判，同時下令移營就水。正當明軍移營之時，也先指揮他的部隊向明軍發動攻擊。一方是兵精將勇，一方是人困馬乏；一方是有備而來，一方是倉皇應戰。結果是可想而知的，明軍大敗，屍橫遍野，死傷過半，丟失的騾馬達二十餘萬頭，遺失的衣甲、兵仗、輜重物資不計其數。

明英宗和王振哪裡見過這種陣勢？嚇得膽戰心驚，猶如縮頭烏龜。明軍將士拼死奮戰，無法使他們的皇帝突圍。護衛將軍樊忠一眼看到王振，恨從心頭起，惡向膽邊生，憤怒地斥罵說：「皇上遭此危難，將士傷亡，生靈塗炭，都是你王振一人所致。爲了朝廷，爲了天下，我這就殺了你這個閹賊！」說著，他掄起手中鐵錘，朝著王振砸去。王振躲閃不及，腦袋開裂，腦漿飛濺，一命嗚呼。王振死了，明英宗還是沒能突圍，被也先活活地俘擄了去。

「土木之變」的消息傳到北京，百官慟哭，紛紛要求族滅王振。王振全家老小均被殺害，籍其家，抄出金銀珍寶六十餘庫，其中精美的玉盤就有一百餘只，六十七尺高的珊瑚樹就有二十多株。

王振作爲一個宦官，惹出這樣一次天大的大事變來，實在發人深思。它說明，明英宗之類的皇帝昏庸荒唐，是封建政治黑暗腐敗的根本原因；而王振之類的宦官一旦得勢，則必定會禍害國家和人民。更讓人哭笑不得的是，明英宗八年以後復辟帝位時，仍然懷念著王振，不僅恢復其官爵，而且立祠刻像供人祭祀，這個祠居然被稱作「精忠祠」。王振「精」在哪裡？「忠」在哪裡？除了明英宗以外，恐怕沒有人能說清楚。

曹吉祥
「奪門功臣」成為刀下之鬼

明英宗朱祁鎮在「土木之變」中被北元也先俘擄，對於明朝說來，猶如天塌地陷，朝野惶恐。明英宗的同父異母弟弟、郕（郕，讀作成）王朱祁珏留守監國，任命名將于謙爲兵部尚書，組織北京保衛戰。九月，朱祁珏遙尊明英宗爲太上皇，自己登基即位當了皇帝，他就是明代宗。

也先活捉明英宗，原先以爲奇貨可居，以此可以要挾明朝，獲取最大的利益。不想明朝又有了新皇帝，新皇帝並不關心明英宗的死活。這樣一來，奇貨反成贅疣，也先決定送還明英宗。也先派人與明朝交涉，明代宗私心很重，根本不想讓哥哥回來。于謙等人大力進諫，迫使明代宗轉變了態度，不過有個條件：明英宗回來不能再當皇帝，只能居住南宮，當他的太上皇去。

景泰元年（西元一四五〇年），飽經滄桑的明英宗回到了北京，閒住於南宮。實際上，他是被軟禁了，一舉一動都受到監視。他回想在位期間的無限風光，長吁短嘆，感慨繫之。然而這又怪得了誰呢？一切的一切，不都是他自己造成的嗎？

明代宗坐穩了皇位，私心更加膨脹。他不僅自己當皇帝，而且要兒孫們也當皇帝。因此在景泰三年（西元一四五二年），他廢黜了明英宗所立的皇太子朱見深，改立自己的兒子朱見濟爲皇太子。明英宗看到這種情況，又氣又惱，卻又毫無辦法。他是一個下臺的皇帝，自己的命運尚且難料，哪有力量顧及兒子呢？

明英宗卻也沒閒著。他有一名貼身宦官叫阮浪，他決心利用阮浪，或許能夠改變處境。爲此，他特意贈給阮浪一把鍍金小刀和一條繡帶，說是留作紀念。阮浪得了這兩件御物，本該鄭重收藏，而他卻轉贈給了皇城使王堯。這下子便闖下了大禍，明代宗據此大做文章，聲稱阮浪、王堯私通太上皇，蓄意謀反，斷然地將二人斬首，並要追究太上皇的罪責。大學士商輅等盡力勸阻，這場風波才得以止息。

明英宗心情懊喪，度日如年。景泰四年（西元一四五三年），皇太子朱見濟忽然得病而死。一些大臣又躍躍欲試，主張重立明英宗之子朱見深爲皇太子。明代宗感到十分惱火，對於持有此議者，一律處以廷杖，御史鍾同竟被當場杖死。這時，明代宗意識到：太上皇父子廣有人緣，他們留在京師，終將是個隱患。因此，他暗打主意，準備把明英宗和朱見深遷到外地居住，那樣可能會減少許多麻煩。

這一方案未及實施，明代宗突然患了重病，不能理事。明英宗抓住這個機會，積極活動起來，準備發動政變，奪回失去的皇位。他想到一個關鍵人物，那就是宦官曹吉祥，分掌京軍，握有一定的兵權。此人若能站在自己一邊，那麼事情就會大有轉機。

曹吉祥，灤州（今河北灤縣）人。原是王振的部下，與明英宗的關係相當密切。正統初年，曹吉祥出任過監軍，熟悉軍隊的情況，而且鎮壓過鄧茂七領導的農民起義，以凶狠殘暴出名。曹吉祥每次出征，總要精心挑選一批英勇善戰的年輕士兵充實隊伍，班師後即把他們改編為家丁，並私藏了很多兵器。明代宗朝，曹吉祥分掌京軍，心中還時時牽掛著原先的皇帝明英宗。所以，當明英宗派人和曹吉祥聯絡時，他滿口答應，同意參加政變。應約參加政變的還有總兵管石亨和右副都御史徐友貞等人。他們經過秘密策劃，制定了政變計劃：石亨坐鎮指揮，徐友貞去南宮迎接太上皇，曹吉祥率領京軍千餘人潛入皇宮，裡應外合，奉迎明英宗復位。

明代宗正在病中，對於即將發生的政變一無所知。景泰八年（西元一四五七年）正月十六日夜間，徐友貞前往南宮接出明英宗，由全副武裝的士兵護衛，向皇宮進發。皇宮裡，曹吉祥的京軍早已奪取了各個宮門，嚴陣守衛。明英宗行至東華門，京軍向前盤問。明英宗說：「朕是太上皇！」京軍趕忙放行。明英宗行至奉天門，又有京軍向前盤問。明英宗還是那句話：「朕是太上皇！」京軍立刻放行。這樣，明英宗一路通行無阻，進了皇宮。次日凌晨，曹吉祥、石亨、徐友貞簇擁著明英宗，直入奉天殿，重新登上皇位，明英宗終於實現了復辟的夢想。

明英宗復辟，積恨難平，歷數明代宗的無情和罪狀，將他降為郕王，並很快將他處死。曹吉祥、石亨、徐友貞得到重用，把持了朝政大權。尤其是曹吉祥，被視為「奪門功臣」，升任司禮太監，總督京軍三大營。曹吉祥的養子曹欽，從子曹鉉、曹鐸、曹睿等，均升任都督，其中曹欽還被封為昭武伯。

曹吉祥一夜之間暴發了。他的權勢和石亨不相上下，時人稱為「曹石」。

曹吉祥和石亨很快地勾結起來，狼狽為奸，干權亂政。他倆把全部朝官梳理了一遍，凡異己者統統貶謫，一個不留。御史吳禎等三十六人，同時被驅逐出朝廷，分別貶作州判官和知縣。御史楊瑄指責這種做法。他倆立刻將楊瑄逮捕下獄。就連和他倆一起發動政變的徐友貞，也因為政見不同，照樣被下獄治罪。

曹吉祥和石亨恣意專權，朝野仄目。久之，明英宗逐漸覺察到曹、石心懷叵測，絕非忠臣。天順四年（西元一四六〇年），石亨獲罪，明英宗頒下敕諭，斷然地將他斬首。曹吉祥大有一種兔死狐悲的感覺，且驚且恐。他不想重蹈石亨的覆轍，由此動起了謀反的念頭。他與養子、從子、家丁們反覆商量，覺得明英宗是個忘恩負義的皇帝，今日可以殺石亨，明日就可以殺自己，與其束手待斃，不若鋌而走險。如果謀反成功，那麼不僅可以自保，而且沒準兒還能……

曹吉祥嚮往謀反成功的那一天，心血來潮，激動不已。他的養子曹欽心中沒底，一天悄悄地問門客馮益說：「歷史上有宦官子弟當天子的嗎？」

馮益說：「有啊！魏武帝曹操的祖父曹騰就是宦官。曹騰在後漢桓帝時爲中常侍，曹騰的養子叫曹嵩，曹嵩的兒子叫曹操，曹操的兒子便是魏文帝曹丕。」

曹欽聽了大爲興奮，說：「好！養父謀反若能成功，就當皇帝。養父當了皇帝，我就是太子。太子意味著什麼？他就是日後的皇帝。哈哈，眞是天助我也！」因此，曹欽積極鼓動養父謀反，只有謀反，才有可能當皇帝

天順五年（西元一四六一年）七月，曹欽牽扯到一件搶劫大案。明英宗命錦衣衛指揮逯杲進行調查，並頒下敕諭，告誡群臣。曹欽心慌意亂，說：「上次頒下敕諭，殺了一個石亨；這次又頒下敕諭，難道要殺我不成？」他惶惶不可終日，哭喪著臉央求養父曹吉祥：趕快行動，遲則生變。

曹吉祥恨死了明英宗，當即召來最得力的心腹、太常少卿湯序，選定日期，確定行動方案。屆時，曹欽率兵從外面攻打皇宮，曹吉祥潛入宮內接應，裡應外合，推翻明英宗。

方案既定，曹欽有點得意忘形，夜間在家中設宴，招待黨羽。酒宴上口無遮攔，什麼話都說。家丁馬亮發覺了他們的圖謀，感到事關重大，必須有所表現。可是，如此大事，跟誰去說呢？想來想去，想到了兩個人：吳瑾和孫鏜。

原來，這一年，西北羌人首領孛來很不安分，屢屢入侵河西，被稱作「套寇」。明英宗已任命恭順侯吳瑾和懷寧侯孫鏜爲將軍，率兵西征套寇，部隊尚未出發。馬亮連夜找到吳瑾，報告了曹欽等人酒宴上的談話。吳瑾大驚，迅速把情況轉告孫鏜。當時正是深夜，宮門

關閉，無法見到皇帝。情急之下，吳瑾和孫鏜只能在一張紙條上寫了六個大字：「曹欽反！曹欽反！」然後把紙條塞進宮門，叮囑宮門內侍說：「快！快送給皇上！」

明英宗很快見到了紙條。他很震驚，但並不慌亂。他知道，曹吉祥當夜正在宮中，果斷地命令侍衛先把曹吉祥扣押起來，同時命令加強皇城城門和皇宮宮門的警戒，宣諭吳瑾和孫鏜：利用西征軍，鎮壓叛亂份子。

曹欽發現消息走漏，感到事情不妙，狗急跳牆，立即採取行動。他首先派人殺了錦衣衛指揮逯杲，隨即率領黨羽攻打皇宮。在東朝房，他砍傷大學士李賢；在西朝房，他殺了都御史寇深。然後攻打東、西長樂門，久攻不下，遂令放火，頓時烈焰騰空，火光燭天，京城大亂。

吳瑾、孫鏜的西征軍臨時集結起來，因為時間倉促，沒有形成什麼戰鬥力。曹欽改攻東安門，途中遇到吳瑾，一陣亂刀亂劍，將吳瑾殺死。孫鏜和兩個兒子指揮士兵攻擊曹欽。曹欽原指望曹吉祥能在宮內接應，沒料想天快明時，仍不見接應的動靜。他知道情況發生了變化，曹吉祥不是被殺害，就是被軟禁。他的黨羽畢竟人數有限，早已七零八落。危急時刻，曹欽腳底抹油，溜回家中，以作垂死的掙扎。

天色大亮，突然下起傾盆大雨。孫鏜的士兵攻入曹欽家中。曹欽走投無路，跳進一口深井，溺水而死。孫鏜捉住曹府老小，斬盡殺絕。曹吉祥的從子曹鉉、曹鐸、曹睿等，無一倖免。

明英宗依靠吳瑾、孫鏜的西征軍，總算平定了曹吉祥父子發動的叛亂。三天以後，曹吉祥被磔於市，湯序、馮益亦伏誅。那個馬亮，因揭發曹欽的密謀有功，被破格提拔爲都督。

曹吉祥，昔日的「奪門功臣」，最後成爲刀下之鬼，這是他應得的下場。

汪直
東廠提督，超級特務

明朝的特務政治，在中國歷史上是首屈一指的。當時有所謂的東廠、西廠、內行廠和錦衣衛，它們均是特務機構，專門監視官員和百姓的活動，鎮壓反對派。明太祖朱元璋時已有錦衣衛，明成祖朱棣時已有東廠，明憲宗朱見深時又增設西廠，特務統治層層加碼，壓得廣大臣民喘不過氣來。

西廠成立於成化十三年（西元一四七七年），宦官汪直出任提督。此人是一個窮凶極惡的超級特務，由於他的經營，西廠的權力超過東廠，活動的範圍從京城延伸到全國各地。

汪直，瑤族，大藤峽（今廣西桂平）人。天順八年（西元一四六四年），明英宗駕崩，皇太子朱見深繼位，是爲明憲宗。明憲宗即位的第二年，廣西大藤峽一帶爆發了瑤族農民大起義。明憲宗命大將韓雍率兵十六萬人前往鎮壓，大獲全勝。在這場戰爭中，韓雍俘掠了一個青年，帶回北京，他便是汪直。汪直長相俊美，且有靈性，經閹割成爲宦官，充任容德宮內使。容德宮是明憲宗寵妃萬貴妃的寢宮，汪直伺候萬貴妃，曲意盡心，百依百順。萬貴妃有心提拔汪直，稍稍吹了吹枕邊風。明憲宗立刻將汪直提升為御馬太監，讓他掌管皇家馬匹等事項。汪直由此得以接近皇帝，並逐漸得到了明憲宗的寵信。

成化十二年（西元一四七六年），市井無賴李子龍妖言惑眾，勾結宦官韋舍，秘密潛入皇宮，企圖作亂。事情敗露，李子龍、韋舍等俱被斬首。明憲宗由此感到，自己對於皇宮外面的情況知之太少，孤陋寡聞，難免要遭人算計。因而，他決定派遣一些宦官易服出宮，偵察官民的舉動，包括街談巷議，無不奏聞。汪直是這些宦官中的一員，他化裝私訪，每次都會給明憲宗提供很多極有價值的信息。因此，明憲宗對於這個宦官另眼相看，認為他是一個不可多得的人才。

成化十三年（西元一四七七年），明憲宗決定在東廠以外再增設西廠，而且點名汪直出任提督，偵察到的情況直接向自己報告。汪直且驚且喜，做夢也沒有想到會有這樣的一天，決心肝腦塗地，報答皇帝的知遇之恩。他很快挑選一批能幹的特務，分行京城和全國各地，偵察各類人員的言行舉止，凡有言語出格或行為不規者，立即緝拿拷問，輕則鞭笞，重則處死。一時間，弄得人心惶惶，冤屈致死者不計其數。

受西廠之害首當其衝的是那些中下級官員。南京鎮將覃力朋，販賣過私鹽，毆打過縣吏。西廠特務韋瑛偵察到這一情況，報告汪直。汪直不由分說，便將覃力朋逮捕下獄。建寧衛指揮楊曄被仇家誣告，逃至京城避難。汪直得到報告，逮捕楊曄，施以酷刑。楊曄招認說，逃至京城是為了投靠叔父楊士偉，存放些金銀。楊士偉時任兵部主事，汪直擅自決定，將其逮捕，抄沒家產。結果，楊曄慘死於獄中，楊士偉被貶官，受牽連的還有郎中武清、樂章等人，無辜被收案拷問。

汪直在全國建立了一個人數眾多、消息靈通的特務網路，不用說官員過失，就連民間鬥雞罵狗、打架吵嘴之類的瑣碎小事，也被特務們偵察得清清楚楚。汪直一時成為紅得發紫的大人物，每次外出，隨從數百，前呼後擁，王公為之避道，百官恭敬侍立。兵部尚書項忠一次遇見汪直，沒有避道。汪直大怒，當眾呵斥項忠，使之蒙羞受辱。

汪直權勢薰灼，橫行霸道，激起天怒人怨。大學士商輅聯合朝臣萬安、劉詡、劉吉等，上書明憲宗，揭發汪直的罪惡，指出宦官為非作歹，必亂天下。明憲宗將他們的奏書往桌上一摔，說：「朕用一內監，何足危亂天下？」說著，命司禮太監懷恩去內閣責問說：「奏書出自何人之手？」

商輅當著懷恩的面，重申汪直的四大罪狀，最後說：「我等同心一意，為國除害，奏書出自眾人之手。」劉詡慷慨激昂，痛斥汪直，直至泣下。

懷恩覆命，據實彙報。明憲宗皺著眉頭，無言以對。次日，兵部尚書項忠及諸大臣也上書，陳說西廠的弊端，同時彈劾汪直。明憲宗覺得眾怒難犯，迫不得已，只好同意暫罷西廠，命汪直仍掌御馬監，調韋瑛戍邊，西廠特務劃歸錦衣衛。聖旨頒布，官民歡喜，中外大悅。

但是好景不常。明憲宗仍像先前一樣寵信汪直，經常命他化裝外出，執行一系列的偵察任務。御史戴縉揣摩皇帝的心思，上書大力稱讚汪直的功績，並建議復設西廠。明憲宗求之不得，批准說：「可！」於是，西廠重新開張，汪直仍任提督，千戶吳綬爲鎭撫。這樣一來，汪直的氣焰就更加囂張了。

汪直重掌西廠，所要對付的第一人便是項忠。他唆使特務隨便捏造了一個罪名，獲得明憲宗許可，項忠便進了錦衣衛，接著被罷官，成了平民。大學士商輅，左都御史李賓，尚書董方、薛遠，侍郎滕昭、程萬里等數十人，皆因彈劾過汪直，統統被罷官免職。相反，汪直的狐群狗黨，不管德行如何，俱得升遷。如王越，升任兵部尙書兼左都御史；陳鉞，升任右副都御史，巡撫遼東（今遼寧東部）。

成化十五年（西元一四七九年）秋，汪直奉詔巡邊，一路上耀武揚威，率領飛騎，日行數百里。州官、主事迎拜於馬前，縣令、邊將跪地問候，稍有遲疑，必挨鞭笞。至遼東，陳鉞又是設宴，又是送禮，像敬爺一般，敬候汪直。這一路上，唯河南巡撫秦紘、兵部侍郎馬文升，招待不周，缺少禮數。汪直回京，誣陷秦、馬二人蓄謀不軌。明憲宗不問三七二十一，罷去秦、馬的官職，罰令充軍戍邊。

汪直威震朝廷，勢傾天下。王越、陳鉞竭力討好汪直，建議汪直涉足軍事，掌握兵權。汪直心領神會，幾次出任監軍，鎭壓邊境地區少數民族起義，從而使得地位更加鞏固。時人憎恨王越、陳鉞寡廉鮮恥，爲虎作倀，故而合稱二人爲「二鉞」（「越」、「鉞」同音）。

一天，宮中演戲，滑稽演員阿醜與搭檔插科打諢，以供明憲宗取樂。

阿醜假裝醉酒，東倒西歪，胡言亂語。搭檔說：「喂！宰相來了！」

阿醜依然故我，並不介意。

搭檔又說：「喂！皇上駕到！」

阿醜還是醉眼朦朧，沒有反應。

搭檔再說：「啊哈！太監汪直來啦！」

阿醜裝著嚇得屁滾尿流的樣子，趕緊垂手站立，既畢恭畢敬，又戰戰兢兢。

搭檔說：「你這個人好生奇怪。宰相來了，你不害怕；皇上駕到，你不理睬；怎麼聽到汪直的名字，你就嚇成這樣了呢？」

阿醜以醉鬼的口吻，陰陽怪氣地說：「今人但知有汪太監，不知有宰相和皇上也！」

這種表演可謂獨具匠心，把汪直的顯赫權勢和醜惡嘴臉表現得淋漓盡致。

阿醜繼續表演。他歪著頭，斜著眼，裝作汪直的模樣，操著兩支鉞（兵器），向著明憲宗的座位，忽左忽右，連刺數次。

搭檔手摸額頭，說：「這是什麼意思？」

阿醜模仿汪直的聲音說：「汪某用事，仗此『二鉞』也。」

搭檔說：「何謂『二鉞』？」

阿醜一左一右，輪流高舉兩支鉞，說：「三歲孩童盡知：『二鉞』即王越、陳鉞也。」

明憲宗看了阿醜唯妙唯肖的表演，樂得哈哈大笑，鼓掌說：「好！」事後細想，忽有所悟：阿醜是透過演戲來提醒自己，汪直及其心腹王越、陳鉞居心險惡，早對皇位構成嚴重威脅，奸賊不除，禍患無窮啊！

其時，東廠太監尚銘也很走紅，明裡暗裡得過皇帝的許多賞賜。西廠特務偵察到這一情況，立即報告汪直。汪直勃然大怒，恨恨地說：「看來，東廠想壓過西廠，尚銘想壓過汪某，這還了得？去！你們把尚銘給我盯緊點兒，我要讓他吃不了兜著走！」

這話很快傳到尚銘的耳朵裡，尚銘不免害怕。他思量再三，決定去見明憲宗，把東廠偵察到的汪直、王越、陳鉞沆瀣一氣，禍國殃民的事實，和盤托出。事實無不血跡斑斑，讓人觸目驚心。御史徐鏞又上一書，揭露汪直、王越、陳鉞的種種罪行。明憲宗終於有所醒悟，開始疏遠汪直。

成化十七年（西元一四八一年）秋，北方韃靼族人寇掠宣府（今山西宣化）。明憲宗借著這個機會，派汪直前往宣化禦敵，繼改爲鎮守大同（今山西大同）。汪直離開了京城，權勢和影響大大削弱。汪直在大同還要擺出盛氣凌人的架勢，和總兵許寧產生了尖銳的矛盾。大同巡撫郭鏜把情況報告朝廷，明憲宗遂將汪直調離，讓他到南京（今江蘇南京）去任御馬監。同時，明憲宗決定撤消西廠。這一決定，受到了臣民的歡迎。

汪直掌管西廠，作惡太多，所以汪直每到一地，總有爲數眾多的官員對他提出彈劾。明憲宗迫於輿論的壓力，又將汪直貶爲奉御。汪直的心腹和爪牙王越、戴縉、吳綬等被罷職，陳鉞則致仕，韋瑛伏誅。

流水落花春去也。由西廠提督降為奉御的汪直，再也神氣不起來了，不久憂鬱而死。

劉瑾
儼若一個「劉皇帝」

明朝的宦官之禍，遠遠勝過漢朝和唐朝。明武宗朱厚照朝的宦官劉瑾，不僅承襲了前朝前任宦官的種種惡行，而且還開啓了宦官勾結朝官組成「閹黨」的先河。剖析其人其事，對於認識宦官擅權亂政的規律和特點，很有價値。

劉瑾，興平（今陝西興平）人。本姓淡，明孝宗朱右樘在位期間，他到北京經閹割進了皇宮，拜一個姓劉的宦官爲養父，因而改姓劉。初進皇宮的劉瑾年紀輕，閱歷淺，參與了一起違法活動，論罪當斬，恰遇大赦，僥倖保住了性命。接著，他被派到東宮服役，侍奉太子朱厚照，憑著聰明機巧，獲得了太子的信任。弘治十八年（西元一五〇五年），明孝宗駕崩，朱厚照繼位，即爲明武宗。這給劉瑾飛黃騰達提供了機會。

明武宗登基時十五歲，正處於好動好玩的年齡層。劉瑾被擢爲鐘鼓司太監，掌管禮樂、報時等事項。劉瑾和另外七個年齡相仿的太監馬永成、高鳳、羅祥、魏彬、丘聚、谷大用、張永，很快糾集在一起，組成一個臭氣相投的太監集團，號稱「八虎」，專門引導和唆使明武宗尋歡作樂。「八虎」當中，以劉瑾最爲狡猾和陰狠，他理所當然地成了這個集團的頭領。

劉瑾非常崇拜和羨慕前任宦官王振，王振那樣得到明英宗的絕對信任，那才是一種能耐，一種本事。因此，他時時、事事效法王振，使出渾身解數，千方百計地迎合皇帝，討好皇帝，以換取皇帝的高度寵信。

明武宗以荒淫、荒唐著稱。開始，他只是喜愛歌舞、鷹犬、雜技之類的娛樂活動。劉瑾投其所好，每天都給他進獻這些玩意兒。明武宗陶醉其中，樂不可支。隨著年齡的增長，明武宗迷戀上了女色。劉瑾依然投其所好，鼓動皇帝在千門萬戶的皇宮之外，又在西華門內另築宮院，修建密室，稱作「豹房」，內藏美女，日夜宣淫。一次，乾清宮因玩燈失火，明武宗正在豹房。他看到乾清宮上空烈焰騰騰，火光燭天，不由地戲笑說：「好一棚大焰火啊！」更甚者，劉瑾還經常陪同皇帝，微服出宮，尋花問柳，但見稍有姿色的女子，便直入其家，強逼「侍寢」，若女子姿色出眾，還要將她帶回豹房。

劉瑾忠心於皇帝，皇帝回報於劉瑾。劉瑾很快升任內宮監，總督團營，掌管京軍。「八虎」的其他成員也人人走紅，占據了各個重要部門。

明武宗恣意追求享樂，奢費靡耗巨大，國家財政吃緊。劉瑾慫恿皇帝頒詔，命令朝廷官員和各地鎮守，分別貢納黃金萬兩，同時在京畿地區設置三百多處皇莊，皇莊收入盡歸皇家所有。這樣一來，京畿地區的農民失去了土地，生活沒有著落，叫苦連天，怨聲載道。

大學士劉建、謝遷、李東陽三人，都是明孝宗臨終時委任的輔命大臣。他們看到皇帝被「八虎」包圍和誘惑，不務正業，荒於朝政，頻頻上書，要求皇帝以國事為重，遠避奸佞。然而，明武宗對於他們的奏書不理不睬，置若罔聞。皇帝態度的曖昧，激起了更多朝臣的上書，交章論諫，矛頭一起指向「八虎」。明武宗好生氣惱，憤怒地責問劉建說：「天下事難道都是宦官敗壞的？朕以為你們朝官也好不到哪裡去，敗壞的事情大約有六成或七成，這怎麼說？」

恰逢星變屢現，各地發生旱澇災害。劉建、謝遷、李東陽決心鏟除宦官，挽救朝政，連篇累牘地上書，要求誅殺以劉瑾為首的「八虎」。戶部尚書韓文更聯合各部尚書和公卿大臣，集體上書，言辭激烈而強硬。明武宗面對這種情況，態度有所緩和，派出司禮太監陳寬、李榮、王岳，去內閣和劉建等人商議，看如何處置「八虎」。明武宗的意思是，權且罷去劉瑾等人的官職，安置南京「閒位」。可是，內閣大臣表示反對，堅持要求誅殺。劉建痛哭流涕地說：「先帝孝宗臨終之時，拉著老臣的手，託付說：『太子人很聰明，但是年齡還小，又好逸樂，諸卿要好好地輔佐他，使他擔當起大任，這樣朕死也瞑目了。』現在，先帝陵土未乾，劉瑾一夥閹賊就肆無忌憚，敗壞朝綱。臣等身為輔臣，死後有何面目去見先帝？」

陳寬等往返三次，協調明武宗和內閣大臣的意見，沒能達成一致。王岳雖然也是宦官，但痛恨「八虎」的所作所爲。他把劉建等人所說的話，如實報告明武宗，並表態說：「閣臣們的意見是對的，他們可是爲陛下的江山社稷著想啊！」

明武宗左右爲難，但最終還是答應：次日早朝，即頒旨將劉瑾等人逮捕下獄。

當夜是一個不眠之夜。閣臣和宦官都在進行生死攸關的活動。

劉建、謝遷、李東陽約會韓文及公卿大臣，定於次日早朝時伏闕死諫，務要誅殺「八虎」，斬草除根。吏部尚書焦芳與劉瑾關係密切，得知事情原委後，連夜跑到劉瑾那裡，把皇帝的決定，劉建的計劃，以及王岳對明武宗所說的話，全盤相告。劉瑾聽後，驚恐萬狀，坐立不安，沒了主意。關鍵時刻，還是焦芳獻計說：「燃眉之急，你們必須趕快去見皇上，搶在明日早朝的前頭，取得皇上的諒解。」劉瑾眼睛一亮，說：「是啊！事到臨頭，我怎麼犯糊塗了呢？」於是，劉瑾帶領他的同夥，急匆匆地去見明武宗。

「八虎」一起跪地，一邊磕頭，一邊痛哭，說：「承蒙皇上恩澤，寵信奴才，不然，奴才早被千刀萬剮，餵了狗啦！」

明武宗平時和「八虎」混得爛熟，實在不忍心爲難他們，說：「起來起來，有話起來說。」

劉瑾一把眼淚一把鼻涕，嗚咽著說：「迫害奴才的是王岳。他和幾個閣臣勾結在一起，意欲制約皇上的行動，所以一心要置我等於死地。」

明武宗說：「有這種事？」

劉瑾說：「千眞萬確。劉建說了，殺了我等以後，就讓王岳頂替臣的職務。」明武宗從內心裡是偏愛劉瑾的，聽了劉瑾的話，信以爲眞，說：「那就把王岳抓起來！」

劉瑾說：「狗馬鷹兔，不會損害皇上，問題出在司禮監，陳寬、李榮、王岳都是內閣的人，心目中壓根兒就沒有皇上，以致閣臣才敢這樣放肆。如果司禮監由皇上的人掌管，那麼皇上想怎麼著就怎麼著，誰還敢說半個『不』字？」

這番話說得正中明武宗下懷。明武宗遂逐一將「八虎」扶起，說：「朕明白了。」他當即宣布：劉瑾任司禮監太監，兼督團營；馬永成提督東廠，谷大用提督西廠；高鳳、羅祥、魏彬、丘聚、張永亦分別在司禮監、東廠和西廠任職，服從劉瑾調遣。「八虎」笑逐顏開，連聲說：「皇上聖明！皇上聖明！」

劉建等閣臣對於宮中發生的情況一無所知，依然準備早朝時伏闕死諫。不想天明時根本就沒有舉行早朝，而是由劉瑾出面宣布了明武宗夜間的任命，劉瑾特別引用皇帝的口諭，說：「朕意已決，眾卿不得有異議。」

劉建、謝遷、李東陽等目瞪口呆，萬萬沒想到一夜之間，事情會變成這樣。三位閣臣怒不可遏，當天上書，提出致仕。劉瑾報告明武宗，明武宗批准劉建、謝遷致仕，獨獨留下李東陽，同時任命焦芳爲文淵閣大學士，即日入閣辦事。

明朝自明成祖始，就廢去宰相職務，另設華蓋殿、謹身殿、武英殿、文華殿、文淵閣、東閣大學士，由他們組成內閣，實際掌握宰相權力。從這以後，焦芳等閣臣依附於劉瑾，結成黨羽，從而成爲「閹黨」，閹宦的權力始駕於內閣之上。

劉瑾實際上是「閹黨」的首領。他上任後所做的第一件事是逮捕王岳，處以放逐充軍，接著派人將王岳殺害於充軍途中。

明朝司禮監的權力很大。時制規定：凡重大事情的奏書，先匯總於內閣，閣臣提出處理意見，稱作「票擬」，然後送至司禮監，由太監呈交皇帝用朱筆批覆，稱作「批紅」。明武宗生性頑劣，一味享樂，哪有心思批紅？所以，批紅的大權便落到了劉瑾的手裡。劉瑾開始批紅，還有顧忌，常常選準明武宗遊玩逸樂、開心忘情的時候，向前請示或彙報。明武宗嫌煩，一揮手說：「朕用你們這些人是幹什麼的？大事小事都來尋朕，討厭不討厭？」這樣，劉瑾就又有了自行批紅的權力，隨心所欲地處理文武百官的奏書，無需請示或彙報。這時的劉瑾，儼若一個「劉皇帝」。

劉瑾利用批紅的大權，欺上瞞下，呼風喚雨，飛揚跋扈，權勢達於頂點。焦芳巴結逢迎，竟然肉麻地稱劉瑾爲「千歲」，而自稱「門生」。其他朝臣上書，必稱：「門下小廝某某，上書恩主老公公」。除明武宗以外，幾乎所有的人拜見劉瑾，都要下跪，其中包括明武宗的岳父。當時有人說：「明朝，大臣見汪直跪拜的約有十分之三，見王振跪拜的約有十分之五，而見劉瑾跪拜的達到十分之八。」足見劉瑾的淫威，遠遠超過汪直和王振。

劉瑾竊取高位，不斷地擴展「閹黨」的力量。劉宇，當過兵部尚書和吏部尚書，仰承劉瑾鼻息，十分賣力。劉瑾平時受賄，所希望的是一人數百兩黃金，而劉宇出手大方，一次就送了一萬兩黃金。劉瑾大喜，說：「劉公眞是厚愛我啊！」他大筆一揮，劉宇立刻成了文淵閣大學士。曹元，柔佞奸猾，原先也是尚書。此人常陪劉瑾飲酒，詼諧戲謔。劉瑾一時高興，也提拔他成爲文淵閣大學士。張彩，是劉瑾的同鄉，爲人比較講究，注重穿戴，經常衣冠楚楚，拜訪劉瑾。劉瑾大加讚賞，說：「呀！你眞是神仙一類人物，讓人羨慕。」他一句話，就讓張彩當了吏部右侍郎。劉宇、曹元、張彩，加上焦芳，把持內閣，只聽劉瑾的號令，人稱他們爲劉瑾的「四大金剛」。

劉瑾一夥，大權在握，必然要打擊和迫害異己。戶部尚書韓文當初彈劾過劉瑾，劉瑾實行報復，無緣無故地將韓文革職，有關的數十名官員遭到杖笞。兵部主事王守仁爲韓文說了幾句公道話，被杖笞五十，皮開肉綻，險些喪命。劉瑾別出心裁地發明了一種「罰米法」，即對他認爲犯法的官員，處以罰米，動輒罰米千石，而且是一罰再罰，致使許多官員傾家蕩產，陷入絕境。

正德二年（西元一五〇七年），劉瑾憑空捏造出個所謂的「奸黨」來。三月的一天，他假托聖命，命文武百官跪於金水橋南，聽他宣示「奸黨」名單。結果，劉建、謝遷、李東陽、韓文、楊守隨、張敷華、林翰等五十三人，統統被列入「奸黨」，或罷官，或流放，釀成了明朝一起最大的冤案。

同年七月，有人寫匿名信，揭露劉瑾的種種不法行爲。劉瑾假托聖命，命文武百官跪於奉天門外，追查寫匿名信的人。這天，烈日當空，酷暑炎炎，當場有三人被曬死。太監李榮看不過去，弄來幾個西瓜，供官員消暑。太監黃偉發牢騷說：「匿名信所言，均是事實，爲國爲民。寫信的人出面承認，雖死也不失爲堂堂正正的大丈夫，奈何藏著掖著，累及他人？」直到傍晚，也沒有查出寫匿名信的人。劉瑾命將五品以下官員，全部收進監獄，嚴刑拷問。同時勒令李榮停職，並將黃偉驅逐出京城。

說來好笑，劉瑾雖然掌握了批紅大權，但他識字不多，批答百官奏書，往往無從下筆。乾脆，他把奏書持歸私第，讓妹婿孫聰、落魄文人張文冕代勞。孫聰、張文冕肚裡也沒有多少墨水，批答多是詞不達意，錯誤百出。最後還得由焦芳潤色，使之能像「聖諭」。所有奏書中，不能直接使用劉瑾的大名，非用不可者，通稱「劉太監」或「劉公公」。都察院一份奏書誤用了劉瑾的名諱，劉瑾破口大罵。都御史屠庸趕緊率領全體屬員，跪拜謝罪，才算了事。

劉瑾專權期間，他的疑忌心理極重，信不過任何人。爲此，他奏請明武宗，在東廠、西廠和錦衣衛之外，又設立了新的特務機構內行廠，自任提督。內行廠的權力更大，東廠、西廠和錦衣衛的宦官，都在內行廠的偵察範圍之內。而且，內行廠的特務還遍布民間，觸覺延伸到城鄉的各個角落。江西村民吳登憲等三家人，按照端午節風俗，發起划船比賽活動。內行廠特務偵察到這一情況，扣上一個「擅造龍舟，大逆不道」的罪名，又是捕人，又是抄家，株連一片。《明史》記述：「自是，偏州下邑見華衣怒馬，京師語言，輒相驚告，官司密賄之，人不貼席（不敢安睡）矣。」同時，劉瑾還下令，驅逐京城的全部傭工，所有的寡婦必須改嫁，死人而未葬者一律焚屍，以致「輦下（京城）洶洶，幾致亂」。

劉瑾跟所有專權亂政的宦官一樣，招權納賄，聚斂錢財，極度的貪婪和凶狠。還是正德二年，劉瑾派出科道官盤查各地府庫，凡有存貯的錢物，全部沒收，解送京師。越年，他作出規定：進京朝覲的地方官員，每人納銀二萬兩。這些錢物，理論上是劃歸國庫，實際上多半進了劉瑾家的私庫。給事中周鑰勘事歸來，無錢行賄，被迫自殺。浙江鹽運使楊奇爲了湊足賄款，不得不賣掉孫女。給事中安奎、潘希曾，御史趙時中、阮吉等數十人，皆因無力賄賂劉瑾，有的被免官，有的被下獄枷死。南京工部尙書俞俊，送給劉瑾大量金銀珠寶，所以年過八十，照樣當官，盤剝百姓。軍隊中也是這樣，一些邊將失律犯罪，只要賄賂劉瑾，什麼事情也沒有，有的甚至還能升遷。

劉瑾當政，「閹黨」作祟，整個朝廷綱紀敗壞，道德淪喪，一片烏煙瘴氣。

正直的官員和善良的百姓，從未停止過對劉瑾的反抗。南京監察御史蔣欽憤然上書，力請明武宗「亟誅劉瑾以謝天下，然後殺臣以謝劉瑾」。劉瑾將蔣欽逮捕下獄，處以杖刑。蔣欽堅持不屈，受刑以後依然上書，最後慘死於獄中。北京城郊，曾有千餘人自動集結，持刀殺人。他們說：「反正是個死，死後也要向劉瑾索命。」東北地區還發生過聚眾劫掠事件，以眼還眼，以牙還牙，對抗劉瑾濫置田莊，強占民田的行爲。

宦官集團內部也不是鐵板一塊，「八虎」之間因爭權奪利屢屢出現矛盾。張永原是「八虎」之一，憎恨劉瑾分贓不均，經常口出怨言。劉瑾幾次要殺害張永，張永憑其詭譎伎倆，得以倖免。正德五年（西元一五一〇年），安化王朱寘（寘，讀作治）番在寧夏發動叛亂，發布檄文，聲討劉瑾。劉瑾非常害怕，將檄文藏匿起來。明武宗任用都御史楊一清，並以張永為監軍，率兵平叛。朱寘番起事僅十九天，就一敗塗地，本人則被生擒活捉。捷報傳至北京，明武宗異常高興，詔令楊一清和張永班師，要二人在北京舉行獻俘儀式，以壯國威。

楊一清是個有心計的人。他曾被劉瑾誣陷，下於內行廠大獄，九死一生。他知道張永和劉瑾矛盾很深，所以決定「以毒攻毒」，竭力鼓動張永殺害劉瑾。張永缺乏信心，頗為猶疑。楊一清說：「只要你去做，事情就能做成。關鍵是要說服皇上，讓皇上知道劉瑾的罪行。皇上若是不信，你可以趴在地上磕頭，請求死在皇上跟前，剖心瀝血地說明，你所說的一切，絕非妄言。皇上若被說動，你需請得聖旨。聖旨到手，必須立即行動，不能有半點遲疑，遲疑必生禍殃。」

張永受了楊一清的鼓動和指點，激發出了豪氣，說：「老奴怎能顧惜餘生而辜負皇上呢？」

八月上旬，楊一清和張永回到北京，請求在八月十五日向皇帝獻俘。可是劉瑾不同意，因為這天他要埋葬剛死的哥哥劉景祥，文武百官都要前去參加葬禮的。先前，劉瑾寵信的術士俞日明，曾為劉瑾的從孫劉二漢算命，胡謅說：「劉公公的從孫福大命大，貴不可言，貴不可言哪！」劉瑾信以為眞，從那時起便產生了謀逆之心。兵仗局太監孫和給他製作了很多兵仗，兩廣鎭將潘午、蔡昭給他製作了很多弓弩，他都收藏在家中，以備急用。按照他的如意算盤，八月十五日諸事順利，自當別論；如果出事，那麼便率眾造反，奪取皇位。他不願意因爲獻俘而打亂自己的部署，所以主張獻俘儀式緩期舉行。

張永記著楊一清的忠告，急於要見到皇帝。他設法打通「八虎」之一、東廠提督馬永成的關節，得以在八月十一日進宮，提前舉行了獻俘儀式。明武宗情緒高昂，置酒慰勞張永，劉瑾和馬永成等作陪。夜深，劉瑾因爲家中有事，告辭退出。這時，張永跪地，取出朱寘番聲討劉瑾的檄文，呈給明武宗。同時聲淚俱下，一口氣揭發了劉瑾的十七條罪行。

明武宗已經醉酒，看了檄文，聽了張永的揭發，說：「劉……劉瑾負……負朕。」張永說：「此事不可緩辦，緩辦了臣等必將粉身碎骨，陛下亦無歸宿。」馬永成一心想扳倒劉瑾，趁勢說：「張永所言極是，遲必生變。」明武宗醉眼朦朧，說：「那……那就將劉瑾逮……逮捕吧。」張永奉旨，當夜率兵將劉瑾府第包圍，直入其內，逮捕了劉瑾，囚禁於東廠。劉瑾來不及作出反應，狼狽地成了階下囚。

明武宗下旨逮捕劉瑾，並不想將他誅殺，只是降爲奉御，謫居鳳陽（今安徽鳳陽）。八月十四日，明武宗親自帶人去抄劉瑾的家，這一抄，抄出了大問題。抄出的器物有玉璽一方，袞衣一件，玉帶數條，皇宮通行牌五百個，黃金二十四萬錠共一百五十八萬兩，還有大量的衣甲、兵仗、弓弩、旗幟等。在劉瑾隨身攜帶的扇子裡，還藏有兩把鋒銳的匕首。明武宗傻眼了，說：「奴才果反！」

明武宗抄得劉瑾謀逆的眞憑實據，龍顏大怒，命將劉瑾打入死牢。給事中謝訥、御史賀泰等聯名上書，彈劾劉瑾十九條滔天大罪，要求立即誅殺，安撫民心。明武宗命三法司、錦衣衛會同百官，在午門外審訊劉瑾。開審之日，出現了一個戲劇性的場面：刑部尙書劉璟任主審，面對劉瑾，戰戰兢兢，竟然嚇得說不出話來。劉瑾卻是派頭十足，狂傲地說：「滿朝公卿皆出自我的門下，看誰敢審我？」劉瑾的話鎭住了在場的官員，大家你看我，我看他，不知該如何應對。

駙馬都尉蔡震還算有些膽量，大聲說：「我是皇親國戚，我敢審你！」蔡震命役吏先批劉瑾的兩頰，然後說：「朝廷公卿都是皇上的命官，怎麼說是皆出自你劉瑾的門下？你一個閹賊，難道大過皇上不成？」

劉瑾手捂面頰，支支吾吾。

蔡震又說：「你私藏了那樣多的違禁之物，究竟想幹什麼？」

劉瑾辯解說：「我是爲了護衛皇上。」

蔡震說：「既然是爲了護衛皇上，爲何要藏於私宅？玉璽、袞衣、玉帶等，難道也是爲了護衛皇上嗎？」

劉瑾理屈詞窮，無言以對。

經過審訊，蔡震報告明武宗，判處劉瑾死刑，處以凌遲。據說，凌遲劉瑾共用了兩天時間，千刀萬剮，最後當胸一斧，結束了他的性命。受劉瑾荼毒的官民爭買其肉，一文錢一小片，生啖之。人們用這種超常理的方式，來表達對於劉瑾的切齒痛恨。劉瑾的族人、黨羽全被誅殺，其中包括焦芳、劉宇、曹元、張彩等七十餘人。

劉瑾死了，劉瑾的「閹黨」翦滅殆盡。但是，封建專制主義還存在，宦官賴以孳生的肌體還存在。這就決定了還會出現劉瑾一樣的醜類，他們還會禍害國家，禍害人民。

馮保
奸猾而貪婪的「大伴」

明武宗荒淫、荒唐了一生，於正德十六年（西元一五二一年）死於豹房。明武宗沒有兒子，堂弟朱厚熜（熜，讀作聰）撿了個便宜，當了皇帝，是爲明世宗。明世宗在位四十五年，一心想長生不老，躲在深宮裡煉丹，曾有二十餘年不見朝臣，聽任奸臣嚴嵩專權，整個朝政一塌糊塗。這期間，宦官馮保任司禮秉筆太監，代擬聖旨，宣達聖命，很是受寵。嘉靖四十五年（西元一五六六年），明世宗服用丹藥中毒，駕崩。他的第三個兒子朱載垕（垕，讀作后）成爲皇帝，就是明穆宗。明穆宗朝，馮保升任東廠提督兼御馬監事，這就越發受寵了。

馮保，深州（今河北深縣）人。擅長彈琴和書法，奸猾而又貪婪。明穆宗初即位時，司禮監的大印被人盜走，成爲自古以來少有的大案。馮保憑著提督東廠的權力，發動所有特務，採取各種手段，限期破案。很快，這個大案還眞的破了，大印尋回，完好無損。當然在破案當中，肯定枉殺了許多無辜的好人。明穆宗表現出難得的仁慈，嫌馮保殺人太多，心中不悅。大學士高拱與馮保有隙，趁機上書，薦舉御用監陳洪取代馮保，提督東廠。陳洪提督東廠毫無作爲，被罷職。高拱又薦舉尙膳監孟沖提督東廠。高拱的這兩次薦舉使馮保非常惱火，他發誓要把高拱趕出內閣。

其時，張居正也是內閣成員，存心驅逐高拱，獨掌權柄。馮保看出了張居正的企圖，馬上與之交結，約定二人聯手，共同對付高拱。一次，明穆宗患病，臥倒在床。馮保私下通知張居正，預先代皇帝草擬遺詔，以防不測。不想，這事被高拱發覺了，高拱當面責問張居正說：「我是內閣首輔，皇上立遺詔這樣的大事，怎能不和我商量，而私下與宦官勾勾搭搭，是何居心？」張居正面紅耳赤，支吾其詞，說不出個所以然來。

隆慶六年（西元一五七二年），明穆宗壯年早逝，遺詔由十歲的皇太子朱翊鈞繼承皇位，高拱、張居正、高儀共同輔政。消息傳至內閣，高拱想到朝廷的未來，失聲慟哭，說：「先帝呀！十歲太子，如何治得天下？」

這本來是一句很正常的話，表現了高拱憂國憂民的情懷。不想，馮保偵察到這一情況，飛快地稟告朱翊鈞生母李太后，篡改高拱話的本意，說：「高拱在內閣發火，指斥太子爲十歲小兒，如何能爲人主？」

李太后大驚失色，說：「高拱乃內閣首輔，他若是這個態度，那該如何是好？」

馮保煞有介事地說：「太后別怕，有奴才在，他高拱翻不了天！」馮保轉身去找張居正，秘密謀劃，首先驅逐孟沖，仍由馮保提督東廠；進而在明穆宗遺詔裡加了一句話：「馮保亦參與輔政。」

六月甲子日，朱翊鈞繼位，是為明神宗。在登基典禮上，馮保身穿朝服，堂而皇之地站在小皇帝身旁。滿朝文武無不驚駭：一個宦官怎能出任輔命大臣呢？可是，明穆宗遺詔裡確有「馮保亦參與輔政」這樣一句話，人們儘管驚駭，卻也沒有辦法。

馮保又是輔命大臣，又是司禮監太監，又是東廠提督，兼總內外，權勢烜赫。馮保得勢，高拱心裡最不是滋味。高拱暗中唆使給事中程文、御史劉良弼等分別上書，揭發馮保的種種罪行。奏書呈上，他即代明神宗擬旨，將馮保罷職，並驅逐出朝廷。

高拱完全低估了馮保。馮保掌管司禮監，扣壓了程文、劉良弼等人的奏書，匿而不報。同時和張居正聯手，合力詆毀高拱。明神宗少不更事，任由他們擺布。結果，高拱反被貶了官，張居正出任內閣首輔。馮保心猶不甘，意欲族滅高拱，以洩憤恨。萬曆元年（西元一五七三年），有個歹徒叫王大臣，冒充內侍，潛進皇宮，被馮保抓獲，下於東廠大獄。馮保眼珠子轉了轉，覺得此人大可利用。於是派心腹好酒好菜，熱情招待王大臣，並交給他一把利刃，許以榮華富貴，讓他承認是受了高拱的指使，進宮刺殺皇帝。王大臣不明白事情的利害，滿口答應。

這一天，錦衣都督朱希孝提審王大臣，準備動用大刑。王大臣嚇得魂飛魄散，叫嚷著說：「你們說話不算話！你們許諾給我榮華富貴，為何還要對我用刑？你們讓我承認是受了高拱的指使，進宮刺殺皇帝，其實，我根本不認識高拱，指使從何說起？」

朱希孝見事有蹊蹺，馬上停止審訊。在場的官員義憤填膺，強烈要求刑部進行調查，看看到底是怎麼回事。馮保弄巧成拙，後悔不已，趕緊派人給王大臣灌了毒酒，使之變成啞巴，接著將他處死了事。

經過這件事，人們普遍看清了馮保的嘴臉。而一些奸佞小人卻如蚊蠅趨污，紛紛投靠到馮保的門下。

李太后對待明神宗相當嚴厲，明神宗犯了過失，必罰其長跪。馮保千方百計巴結李太后，依仗李太后的威勢，屢屢教訓明神宗。明神宗討厭這個奴才，討厭中另有幾分畏懼。明神宗年少貪玩，常和小內侍在院子裡跑呀跳呀，大喊大叫。這時，馮保會突然出現，緊繃著臉，訓斥這個，訓斥那個。因此，明神宗每次見到馮保出現的時候，總會招呼他的夥伴們，說：「大伴來矣！」所謂「大伴」，乃明神宗對馮保的蔑稱，相當於「老夥計」、「老奴才」、「老東西」的意思。

明神宗一年年長大，依然好動好玩。他常常夜裡不睡覺，帶著幾個內侍，小衣窄袖，騎馬持刀，到各個宮殿裡遊逛，恣意行樂。馮保把情況報告李太后。李太后大怒，立即召來明神宗，嚴詞斥責，罰其跪地，還讓他作罪己詔。罪己詔由張居正代筆，詞語挹損，把堂堂皇帝說得一無是處。

這時，明神宗已經十八歲，懂得體面和尊嚴了，反對把罪己詔公布於眾。可是，李太后堅持，硬是把罪己詔頒示閣臣。馮保幸災樂禍，趁勢斥去親近明神宗的大臣和內侍。從此，外事歸張居正，內事歸馮保，二人一言九鼎，即使是明神宗，也要退讓三分。

明神宗出於畏懼，屢賜馮保牙章，牙章上刻有「光明正大」、「爾唯鹽梅」、「汝作舟楫」、「魚水相逢」、「風雲際會」等詞語。馮保引以為榮，拿著牙章，到處吹噓和賣弄。明神宗決定賞罰官吏，都要透過馮保之口說出，否則有司不敢執行。明神宗不甘心大權旁落，幾次想斥退馮保。然而，馮保內倚李太后，外倚張居正，地位穩固。明神宗奈何馮保不得，徒有斥退之心，而無斥退之力。

馮保位居顯要，生性貪財，收受賄賂，成千巨萬。他的貼身警衛張爵，任職錦衣指揮，狗仗人勢，飛揚跋扈，成為京城中的一霸。張爵深夜出入宮禁，宮門衛士不敢阻攔，只管放行。張爵還與眾多的朝官相勾結，招權納賄，魚肉百姓，做了數不清的壞事。

萬曆十年（西元一五八二年），張居正病死，其部屬、門生轉而投靠馮保，謀取私利。張泗維因為馮保的提攜，成為內閣大臣。一次，馮保生病，張泗維推薦申時行入閣，獲得明神宗的批准。馮保病癒，斥責張泗維說：「我身體略有不適，你眼中就沒有我了？」馮保進而求封伯爵。張泗維從中作梗，不予支持。馮保大怒，訓斥說：「你因誰才得到今天的地位？怎麼？這麼快就辜負我呀？」

明神宗在大婚後即親政，李太后退歸後宮享清福去了。馮保失去李太后和張居正這兩根支柱，立刻開始走下坡路。

明神宗早對馮保懷恨在心，不能容忍他再在朝中指手畫腳。明神宗原先的內侍張鯨、張誠進言，最好將馮保罷職，令其「閒住」。明神宗心有餘悸，說：「倘若大伴上殿來鬧事，朕該怎麼辦？」

張鯨、張誠說：「聖旨既下，馮保就被罷職，他怎敢再來鬧事？」

適有御史李植、江東之送來奏書，揭露馮保的罪行。明神宗來了膽量，頒旨宣布馮保罷職，謫送南京「安置」，並命錦衣都督劉守有，率兵抄沒馮保的家產，抄出金銀一百餘萬兩，珍玩異寶無數。

李太后得知這一情況，詢問明神宗說：「這是怎麼回事？」

明神宗搪塞著說：「馮保這個老奴才，受了張居正的蠱惑，沒有大的罪過，先安置南京再說，後當召還就是了。」

李太后又說：「你的弟弟潞王即將大婚，珠寶未備，該當如何籌措？」

明神宗說：「近年來，無恥臣僚都將珠寶賄賂張居正和馮保，以致其價昂貴，我也正爲此事犯愁呢。」

李太后說：「你不是抄了馮保的家嗎？朝廷必有所得吧？」

明神宗說：「奴才黠猾，先竊而逃，朝廷未能盡得。」就是說，馮保非常「黠猾」，早將相當多的家產轉移了，所以劉守有抄得的一百餘萬兩金銀和珍玩異寶，只是馮保家產的一部分罷了。

馮保被謫居南京，無權無勢，威風掃地。明神宗雖然說過「後當召還」的話，但那只是敷衍之詞，他實在痛恨這個「大伴」，怎麼會將其「召還」呢？馮保百無聊賴，鬱鬱寡歡，數年後死去。

陳奉——人人喊打的「過街老鼠」

明神宗朱翊鈞親政以後，大興土木，營建宮苑，竭力追求享受。這個皇帝非常愛財，視金錢珠玉爲命根子，派出很多宦官任鹽礦稅使，欺壓地方，搜括百姓。這些宦官中有一人叫陳奉，死心踏地的爲皇帝賣命，榨骨吸髓，凶狠毒辣，引起人民的切齒痛恨。因此，陳奉不論走到哪裡，就像一隻過街老鼠，人人喊打，激起了一次又一次的民變。

陳奉的官職平常，只是個御馬監奉御。萬曆二十七年（西元一五九九年），明神宗派他到荊州（今湖北江陵一帶）去徵稅，兼辦採礦、鑄錢等事宜。陳奉自以爲是受了皇帝的差遣，自稱「千歲」，很是神氣，擅自提高稅額，強徵強索，甚至鞭笞官吏，劫掠商旅。當地的民眾、商人恨死了陳奉，數千人自發集結，要給他一個狠狠的教訓。這天，陳奉大模大樣，外出徵稅。民眾、商人一擁而上，發一聲喊，頓時，磚頭、瓦塊鋪天蓋地地砸向陳奉，直砸得陳奉丟鞋失帽，鼻青臉腫。幸虧有侍衛保護著他，不然，他難免要丟掉性命。

陳奉灰溜溜地回到北京，怪罪於襄陽知府李商畊（畊，讀作耕）、黃州知府趙文煒（煒，讀作偉）、荊州推官華玨、荊門知州高則巽（巽，讀作訓）、黃州經略車仁重等人，說他們「放縱煽亂」，攻襲「欽差」，支持民變。明神宗聽信陳奉的誣告，命將李商畊、黃文煒貶官，其他人下獄拷問，幫陳奉出了一口惡氣。

興國州（今江西興國）農民徐鼎一次犁地時，意外發現一座古墓，經挖掘，掘得一些普通的隨葬品。當地地痞漆有光眼紅，密告官府，說徐鼎挖掘的是唐朝宰相李德裕妻子的墓，掘得黃金數萬兩。官府把情況奏報朝廷。明神宗貪婪那些黃金，立命陳奉前往興國州，將黃金沒收。陳奉照辦，找到徐鼎，要他交出黃金。徐鼎交出的只是陶罐、銅錢之類，說：「小人從古墓中掘得的就這些東西，哪有什麼黃金呀？」陳奉不信，對徐鼎施用酷刑。徐鼎大喊冤枉，說：「古墓裡根本就沒有黃金，你就是把小人剁成碎塊，小人也交不出黃金啊！」陳奉親自帶人抄徐鼎的家，掘地三尺，除了一些破爛物件外，一無所獲。徐鼎的鄰居出面證明，徐鼎的確沒有掘得黃金。陳奉這才把徐鼎釋放，而徐鼎因爲受重刑，已變成殘廢人了。

陳奉心猶不甘，命人挖掘興國州所有的古墓，企圖從中掘得巨額的財富。興國州巡撫王立賢經過考察，確認徐鼎所掘之墓，實是元朝鄉紳呂文德妻子的墓，而非唐朝李德裕妻子的墓。他上書給明神宗，說：「奸人訐（訐，讀作潔，惡意攻擊）奏，語多不實，請罷掘墓之舉。」

明神宗沒有態度。陳奉有恃無恐，依然挖掘不止，甚至把許多新墳也當作古墓挖掘了。其心腹和爪牙更是猖狂，除了掘墓外，還奸淫婦女，搶掠財物，勝過強盜和土匪。

陳奉的做法激起天怒人怨，一場更大規模的民變爆發了。這次民變，參加人數之多，涉及地域之廣，在明朝歷史上是少見的。這從南京吏部主事吳中明的一份奏書中可以看出。吳中明的奏書說：「陳奉嚇詐官民，僭稱千歲。其黨橫衝直撞，直入民家，奸淫婦女，或掠入稅監署中。王生之女，沈生之妻，皆被逼辱。以致士民公憤，萬餘人敢與陳奉拼死。撫按三司護之數日，僅而得全。天下禍亂，如此下去，怎麼得了？」

大學士沈一貫也上書說：「陳奉入楚，始而武昌一變，繼之漢口、黃州、襄陽、武昌、寶慶、德安、湘潭等處，變經十起，幾成大亂。」沈一貫建議，立即召回陳奉，「以收楚民之心」。

然而，陳奉外出，是明神宗派遣去搜括錢物的，怎能輕易召回呢？明神宗對於吳中明、沈一貫的奏書，「皆置不問」。

明神宗轉而派遣陳奉去谷城（今湖北谷城）主持開礦。礦沒有開成，用於開礦的所有庫金全部落進了陳奉的腰包。當地人民忍無可忍，追逐陳奉，索要庫金。陳奉拍拍屁股，逃之夭夭。武昌兵備僉事馮應京就此事上書，奏劾陳奉十大罪狀。誰知陳奉反咬一口，誣陷馮應京貪贓枉法。明神宗當然是聽信陳奉的，立即將馮應京降職，讓他去服雜役。陳奉可不死心，又命逮捕馮應京，處以重刑。馮應京素有惠政，廣得民心，被逮捕之時，數百人結隊，號哭爲之送行。陳奉用心險惡，命人羅列馮應京的所謂罪惡，抄寫張貼於街巷。廣大民眾氣憤不過，自動集結，包圍了陳奉的行署，齊聲高呼：「殺了陳奉！殺了陳奉！殺了閹賊！殺了閹賊！」陳奉嚇得驚慌失措，面如死灰，逃至楚王府藏了起來。民眾滿腔憤恨，捉住陳奉的部屬耿文登等十六人，將他們五花大綁，統統扔進長江淹死。湖北巡撫支可大曾經保護過陳奉。民眾像潮水般地擁至巡撫署前，放一把火，燒毀了撫署的大門。

朝廷收到了湖北方面的緊急奏報。大學士沈一貫和給事中姚文蔚等再次上書，請求明神宗將陳奉撤職查辦。可是明神宗仍然偏袒陳奉，不予理睬。御馬監丞李道方督理南方船稅回京，根據他所掌握的情況，向明神宗彙報說：「陳奉假托聖命，水沮商舟，陸截販賈，徵三解一，病國剝民。」

李道方也是宦官，彙報的情況應該是屬實的。明神宗始有所悟，下詔召回陳奉，將支可大革職。陳奉回京，金銀珠寶車載船裝，價值以巨萬計。那是民脂民膏，車載的船裝的，盡是勞動人民的血和淚！

陳奉回到北京。給事中陳維春、郭如星等又連連上書，極言其罪，希望皇帝能夠嚴加懲治。然而，明神宗面對陳奉敬獻的無數金銀珠寶，樂得眉開眼笑，連聲說：「好！很好！好極啦！」他不僅沒有懲治陳奉，反而將陳維春、郭如星降了職。

陳奉雖然是過街老鼠，人人喊打，因爲有了明神宗的庇護，所以照樣走紅，照樣吃香。萬曆四十八年（西元一六二〇年），明神宗病危之際，命令免除一切礦稅，撤消鹽稅太監。陳奉再不能像以前那樣搜括百姓了，心甚怏怏，鬱悶而死。

魏忠賢

天字第一號閹禍

明朝從某種意義上說，算得上是宦官王朝。明朝的宦官，一個比一個凶惡，一個比一個厲害，一個比一個貪婪，一個比一個狠毒。最後出了個魏忠賢，權勢之大，禍害之烈，讓人難以想像。他，是中國歷史上天字第一號閹禍。

魏忠賢，本姓劉，名進忠，明穆宗隆慶二年（西元一五六八年）生，肅寧（今河北肅寧）人。這個人從少年到青年，不愛讀書和幹活，最愛遊閒逛蕩，尤好賭博，屬於流氓無賴之類的角色。一次賭博，輸得精光，欠了一屁股的賭債，險些被債主打死。他忍受不了生活的困窘，一狠心，一咬牙，自行閹割，到了北京，謀求進宮當宦官的門路。

明神宗萬曆十七年（西元一五八九年），劉進忠如願以償，透過宦官孫暹的推薦，果真進了皇宮，混上了跑腿打雜的差事。萬曆三十三年（西元一六〇五年），明神宗的長孫出生，取名朱由校。劉進忠意識到皇長孫日後的前途，遂放長線釣大魚，尋情鑽眼，打通關節，請求到朱由校生母王才人宮中服役，任典膳太監。

朱由校出生於帝王之家，尊崇嬌貴。他有個乳娘，姓客，人稱客氏。客氏，定興（今河北定興）人，饒有幾分姿色。她初嫁侯二，生有兒子侯興國。她十八歲的那年，侯二得暴病而死，恰遇皇宮為皇孫選擇乳娘，一下子就選中了她。於是，她便進了皇宮，專門負責奶養朱由校。俗話說：「有奶便是娘。」朱由校吃了客氏的奶長大，自然對客氏懷有深厚的感情。

朱由校的身邊還有宦官伺候著，主要是王安及其門生魏朝。劉進忠為了能在宮中站穩腳根，傾心悉力地攀附魏朝，甚至無恥地改姓為魏，和魏朝結拜為兄弟。魏進忠透過魏朝，再巴結王安。這樣，王安、魏朝、魏進忠就結成一夥，成了狗皮褥子——沒反正的酒肉朋友。

客氏年輕守寡，心裡很不是滋味。進宮以後接觸的都是宦官，想要通姦偷情也沒有物件。久之，她看上了長相不錯的魏朝，主動與之接近，進而發展為親熱，乾脆睡到了一起，圖的是得到一種心理的平衡和性欲的滿足。有人趕來湊熱鬧，索性讓他們結成「對食」。所謂「對食」，即宦官和女人組成一個家庭，過名義上的夫妻生活。

別看宦官沒有性交和生殖能力，對於女人，他們也會爭風吃醋的。魏進忠和魏朝結拜為兄弟以後，嫉妒魏朝有個女人，有個家庭，而且那個女人豐乳肥臀，別有風韻。魏進忠天生詭黠，少不了常在客氏面前污言穢語，眉來眼去。客氏水性楊花，心領神會，很快就又和魏進忠偷偷鬼混，苟且作樂。

萬曆四十八年（西元一六二〇年），明神宗駕崩，太子朱常洛繼位，就是明光宗。明光宗在位僅三十八天，服一種紅丸藥而死。朱由校正是明光宗的長子，理所當然地當了皇帝，是爲明熹宗。明熹宗登基時十五歲，破例封乳娘客氏爲「奉聖夫人」，封客氏的弟弟侯光先、兒子侯興國爲錦衣千戶。客氏忘不了「情夫」魏進忠，稍稍暗示，明熹宗立刻重用魏進忠，允許他時時伴駕，並賜名「忠賢」。這年，魏忠賢五十二歲，一發而不可收地走上了飛黃騰達之路。

一天，魏忠賢和魏朝在一起喝酒，酒醉之後爲爭客氏吵鬧了起來，互相辱罵和毆打，驚動了整個皇宮。明熹宗出面過問，魏忠賢和魏朝各執一詞，互不相讓。明熹宗嘻嘻而笑，說：「宦官爭女人，有意思，有意思。」他當即將客氏請來，說：「二魏之中選其一，你倒是選誰呀？」

客氏也就顧不上「羞恥」二字，說：「請皇上賜我和魏忠賢對食。」

明熹宗是偏愛乳娘的，魏朝被驅逐出皇宮。王安爲魏朝打抱不平。客氏一句話，明熹宗把王安降爲南海子淨軍，罰做苦役。魏忠賢買通宦頭目劉朝，悄悄地把王安殺了。

魏忠賢和客氏既然成爲對食，客氏就要想方設法使魏忠賢出人頭地。她讓明熹宗提拔魏忠賢爲司禮監秉筆太監。明熹宗知道，魏忠賢和自己一樣，斗大的字識不了一籮筐，怎麼當秉筆太監呀？怎奈客氏賣弄風騷，死纏硬磨，明熹宗最後還是同意了。這樣一來，魏忠賢和客氏雙雙得寵，把持朝政，呼風喚雨，演出一幕幕丑劇和鬧劇，從而造成了綱紀敗壞，世風腐朽，人民遭殃的嚴重惡果。

天啓元年（西元一六二一年），明熹宗大婚。許多朝臣上書說，皇上大婚後，後宮事務自有皇后主持，客氏不應當再在宮裡居住。明熹宗說：「皇后年幼，賴媪保護，奉聖夫人不能出宮。」朝臣們堅持上書，明熹宗無奈，只好答應，讓客氏遷居至宮外。可是幾天以後，客氏又搬進了皇宮。這是爲何？理由很簡單，明熹宗一直是在客氏的呵護下長大的，他一時一刻也離不開這個「淫而狠」的女人。

一個魏忠賢，一個客氏，成天包圍著皇帝，糊弄著皇帝，排斥異己，網羅羽翼，漸成氣候，「宮中人莫敢忤」。御史周宗建、馬鳴起，侍郎陳邦瞻，給事中倪思輝等人，皆因上書指責魏、客，因而被貶官，遷徙外地。

明熹宗基本上不理朝政。他愛好木工製作，手中經常拿著斧頭、鋸子、刨子、鑿子等工具，砍木頭，鋸木板，忙得不亦樂乎。他曾製作出乾清宮和蹴圓堂的模型，小巧玲瓏，十分精緻。文武大臣見皇帝不務正業，屢屢諫諍，意眞情切。明熹宗說：「怎麼著？朕愛當個木匠，這也有錯嗎？」

魏忠賢陰險狡猾，一面竭力稱讚皇帝技藝蓋世，勝過魯班，一面總是趁皇帝幹活專注的時候，向前奏事。明熹宗很不耐煩，頭也不抬，說：「知道了，你去辦吧！」魏忠賢點頭哈腰，說：「皇上聖明，臣這就去辦。」他去辦什麼呢？無非是根據他的意志，濫行賜賞，大施刑罰。

進而，明熹宗又將「批紅」的大權交給了魏忠賢。魏忠賢由此更加陰狠，竊用一支御筆，隨心所欲地處理軍政大事，不知將多少忠良置於死地。他爲了長久地掌握這個權力，積極鼓動和引導皇帝追求聲色犬馬，甚至出宮嫖娼，去過那種荒淫無恥的生活。

魏忠賢總結歷史上的經驗，以爲宦官專權，必須要有一支忠實於自己的武裝力量，那樣，專權才有資本，才能持久。爲此，他拉攏大學士沈榷，讓沈榷向明熹宗進諫：挑選一些身強力壯的宦官，在皇宮裡進行操練，學習使用火器。這些宦官稱作「武閹」，進行的操練叫做「內操」。天啓三年（西元一六二三年），武閹發展到一萬餘人，操練時煙飛槍響，聲震宮禁。魏忠賢時時騎著高頭大馬，帶領眾多的侍衛，縱橫馳騁，名義上是視察內操的情況，實際上是顯示派頭，顯示威風。他要表明：我，魏忠賢就是你們武閹的統帥。

御史劉之鳳反對建立武閹，上書說：「虎符重兵，怎能倒戈授予宦官之手？當年劉瑾，如果擁有甲士三千人，那麼他還能束手就擒嗎？」

這樣的奏書是到不了明熹宗手裡的，魏忠賢中途就將它扣壓了。刑部主事劉宗周也上書，就武閹和內操之事，對魏忠賢提出彈劾。魏忠賢大怒，將劉宗周逮捕下獄，嚴刑拷打，險些致死。

魏忠賢的內操愈演愈烈，一次他騎馬行至皇帝跟前也沒有下馬。明熹宗好生氣惱，命人將魏忠賢的馬給殺了。魏忠賢嘻皮笑臉，輕描淡寫地說：「臣不知萬歲在此，得罪了。」

這一年，魏忠賢兼領東廠，威權更盛。他的車馬儀衛，顯赫排場，猶如聖駕。他任用親信田爾耕掌衛事，許顯純掌刑獄，派出特務四處偵察，發現他們認爲是犯法的官民，立即抓來，投進大獄，嚴厲審訊。審訊中動用各種刑具，致使無數人慘死，或割舌，或剝皮，令人毛骨悚然。

魏忠賢信奉「物以類聚，人以群分」這句老話。他在北京和全國範圍內蒐羅心腹、爪牙、黨羽，形成了一個以他爲核心的黑色集團。在內宮，各監的太監王體乾、李朝欽、王朝輔、孫進、王國泰、梁棟等三十餘人，都被他收買，死心踏地地爲他服務。在外廷，他和臭氣相投的朝官吹捧拉扯，組成鐵桶似的閹黨。其中，文的有崔呈秀、田杏、吳淳夫、李夔龍、倪文煥，主謀議，號稱「五虎」；武的有田爾耕、許顯純、孫雲鶴、楊寰、崔應元，主殺戮，號稱「五彪」。吏部尚書周應秋、太僕少卿曹欽程等六十人，則分別號稱「十狗」、「十孩兒」、「四十孫」。這幫人又呼朋引類，上下串通，形成各自的關係網，人數無法計算。因此，從宮內到宮外，從內閣、六部到各地衙署，到處都有魏忠賢的人，魏忠賢一聲號令，必然八方呼應，地動山搖。

王體乾是魏忠賢在內宮裡的得力幫凶，升任司禮監秉筆太監，常爲明熹宗宣讀奏書，草擬聖旨。此人柔佞深險，凡奏書中有彈劾魏忠賢的內容，一概略去不念，同時利用秉筆之權，清除異己，炮製了一系列的冤假錯案。

崔呈秀，卑劣齷齪，貪污案發，叩頭乞求於魏忠賢，安然無事。他因此投靠魏忠賢，成爲「五虎」之首，官至左都御史、兵部尚書、太子太傅。他和魏忠賢日夜謀劃，把歸附於魏忠賢的人列入《天鑒錄》，把反對魏忠賢的人列入《同志錄》。然後，羅織莫須有的罪名，將列入《同志錄》的人，全部罷職或左遷，以致朝廷裡再很難找到一位正直賢良的官員。

許顯純為「五彪」首惡。他掌管刑獄，廣布特務，偵察官情民情，發現稍有不滿魏忠賢者，即刻逮捕，嚴刑逼供，經常使用拶（拶，讀作咋，以刑具夾手指）、敲、夾、杠、棍五種酷刑，逼使無辜的官民就範。

「十狗」首腦周應秋，無恥地巴結魏忠賢的侄兒魏良卿，官至太子太師。周應秋拜訪魏忠賢，必獻祖傳的名菜紅燒豬蹄，所以時人稱他為「煨蹄總憲」。

魏忠賢就是依靠和利用這些狐群狗黨，高高在上，作威作福。奸佞不法之徒深知魏忠賢的價值，爭相趨附，醜態百出。崔呈秀、傅魁、阮大鋮、倪文煥等，拜魏忠賢為「義父」。內閣首輔顧秉謙也想效法，但因年齡太大，就叫四個兒子拜魏忠賢為「上祖公爺」。大臣魏廣微託人說情，願做魏忠賢的侄兒。魏忠賢考慮魏廣微比自己年長，且是同姓，破例許以兄弟相稱。魏廣微感激涕零，入閣後事事請教、報告魏忠賢，時人稱他為「外魏公」。

魏忠賢及其黨羽竊弄權柄，以「我」劃線，打擊迫害持不同政見者，殺人無數。血腥鎮壓東林黨人，最能表現他們的歹毒和陰狠。

早在明神宗末年，因政治日益腐敗，社會矛盾激化，吏部郎顧憲成革職還鄉，與高攀龍、錢一本等在無錫（今江蘇無錫）東門外的東林書院講學議政，附從的士大夫甚多，一時風氣極盛，聚為一個政治集團，人稱「東林黨」。明熹宗初年，東林黨人在朝廷中占有舉足輕重的地位，葉向高、韓爌、鄒元標、趙南星、王紀、高攀龍、左光斗、魏大中、黃尊素等，均任要職，握有一定的權力。

天啓四年（西元一六二四年），左副都御史楊漣出於對魏忠賢的憎恨，上書明熹宗，奏劾魏忠賢二十四條罪狀，書中說：「天子之怒易解，（魏）忠賢之怒難調。即使將此閹賊寸寸臠（臠，讀作巒，片肉）割，亦不足以平民憤。」

魏忠賢偵察到這一情況，覺得事態嚴重。他立即與客氏一起，跪在明熹宗面前，哭泣著進行辯解，聲稱冤枉，遭人陷害。明熹宗好言撫慰，反把楊漣訓斥了一頓。楊漣氣憤至極，聯絡百餘人，準備次日早朝集體上書，彈劾魏忠賢。魏忠賢得到密報，讓客氏纏住皇帝，多日不設早朝。楊漣等人手持奏書，無從投遞，乾著急沒辦法。工部尚書萬燝不計後果，貿然將奏書呈上，書中說：「魏忠賢盜竊大權，生殺予奪，一手遮天，以致朝野上下，只知有魏忠賢，而不知有皇上。爲江山社稷著想，懇請皇上斥逐閹豎，振興朝綱。」這份奏書只能落到魏忠賢的手裡。魏忠賢大怒，假傳聖旨，廷杖萬燝，直把他打得皮開肉綻，死去活來。四天後，萬燝死於家中。

魏忠賢廷杖萬燝，只是殺雞給猴看，意在警告東林黨人。這時，顧秉謙和魏廣微合謀，編造出一本《縉紳便覽》的小冊子，把東林黨成員一百多人定爲「邪黨」。魏忠賢根據這本小冊子，逐一圈點，一日之內，貶黜了四五十人。天啓五年（西元一六二五年），許顯純用重刑拷打東林黨人汪文言，並捏造口供，逮捕了楊漣、左光斗、魏大中等二十餘人。很快，楊漣、左光斗、魏大中被處死，同時遇害的還有顧大章、周朝瑞、袁化中。時人稱這六人爲「六君子」。

事情至此還沒有結束。魏忠賢又指使顧秉謙、魏廣微等仿照《水滸》中一百單八將的模式，編了一本《東林點將錄》，列出東林黨一百零八人的名單。然後，根據這個名單，把所有的東林黨人清除出朝廷。其實，這一百零八人中許多人是冤枉的，他們只是因爲不願依附於魏忠賢，因而被列進《東林點將錄》，白白地丟了官職。

魏忠賢爲了把東林黨人斬盡殺絕，不留禍患，又盜用朝廷名義，把東林黨人的姓名、籍貫、年齡等情況，榜示全國，共計三百零九人。凡榜上有名的，生者削職爲民，死者追奪官爵。他們的兒孫亦受到株連，不得入朝爲官。

昏庸的明熹宗受到客氏的控制，百般寵信和尊敬魏忠賢。他稱魏忠賢爲「顧命元臣」，專門賜給他一枚金印。接著又封魏忠賢爲「上公」，准許他佩劍上殿。魏忠賢的黨羽挖空心思地逢迎上司，竟然尊稱他爲「九千歲」，外臣更有尊稱他爲「九千九百歲」的，距離「萬歲」只差一百歲了。魏忠賢上書給明熹宗，從來不署姓名，只署「廠臣」二字。他每外出，侍衛、旌旗、彩車、青蓋，儀仗的規模如同天子。就連客氏外出，也是金童玉女，冠蓋如雲，儀仗的規模等同皇后。客氏的稱呼也變了，「奉聖夫人」已不能顯示她的尊貴，更多的人得尊稱她爲「老祖太太」。魏忠賢有時也會到外地走一走看一看，他每到一地，地方官吏總是遮道跪拜，恭敬虔誠，不敢有絲毫疏忽。魏忠賢最愛過生日，多少天以前就開始「溫壽」，送禮的人絡繹不絕，幾乎踏破門檻。待到正日，拜壽的人摩肩接踵，甚至有擠扭了腰踩爛了腳的，這個磕頭，那個作揖，「福如東海」、「壽比南山」、「千歲千千歲」、「九千九百歲」之類的諛語頌詞響徹大廳。那種奢靡而又污濁的景象，見所未見，聞所未聞。

更滑稽的丑劇和鬧劇還在後頭。天啓六年（西元一六二六年），浙江巡撫潘汝楨大拍魏忠賢的馬屁，第一個奏請在杭州西湖爲魏忠賢建造生祠。明熹宗竟然准奏，並賜祠名爲「普德祠」。魏忠賢視此爲地方官員效忠於自己的標誌，點頭認可。於是，名利之徒爭著搶著爲魏忠賢建造生祠，唯恐落後。孝陵衛指揮李之才、應天巡撫毛一鷺又分別在南京和杭州建造了生祠。此風一開，各地效尤。宣府、大同、密雲、昌平、通州、五臺山、盧溝橋、順天、河間、天津、開封、淮安、武昌、承天、揚州、河東等地，相繼建祠。一時間，魏忠賢的生祠遍及天下。每建一祠，花費白銀少則數萬兩，多則數十萬兩，其規制猶如帝王宗廟。所建生祠，必立魏忠賢滲金塑像，塑像頭戴冕旒，手中執笏。有的地方還用沈香木製作塑像，塑像不僅外表華美，而且用金銀珠寶製作出心、肝、脾、肺、腎五臟，窮極工巧。生祠建成，塑像進祠，必要舉行隆重的儀式，官吏帶頭，豪紳和百姓跟隨，稽首跪拜，如敬神靈。有的地方規定，文武役吏必須定期到魏忠賢生祠祝禱，自報姓名，稱頌魏忠賢「堯天帝德，至聖至神」，懇望能夠得到「九千歲」的「扶植」和「拔擢」。更爲荒唐的是，有的地方竟把魏忠賢的塑像搬進了孔廟，這樣，人們在祭祀孔子的時候，捎帶著也向魏忠賢塑像行了三跪九叩大禮，眞是讓人哭笑不得。

魏忠賢及其黨徒實行黑暗統治，殘酷鎮壓反對建造生祠的官員和百姓。當潘汝禎首倡爲魏忠賢建造生祠的時候，御史劉之待不予理睬，有意壓下他的奏書，結果被削籍。薊州道的胡士容堅持不寫建造生祠的布告，遵化道的耿如杞拒絕跪拜魏忠賢塑像，二人均被處死。建造生祠，侵占民田，伐木掘墓，廣大民眾深受其害。他們編了兩句歌謠，說：「委鬼當朝坐，茄花遍地生。」「委」、「鬼」合起來是「魏」，隱射魏忠賢；「茄花」是蔬菜茄子的花，隱射那些替魏忠賢歌功頌德的丑類。歌謠通俗淺顯，表達了人民對閹賊當朝、群魔亂舞的憎恨和蔑視。

野心和欲望是無止境的。魏忠賢除了重用「五虎」、「五彪」、「十狗」、「十孩兒」、「四十孫」外，又濫封濫賞他的近親。叔父魏志德任都督僉事；侄兒魏良卿、魏希孟世襲錦衣同知，魏撫民爲尙寶卿；外甥傅之琮、馮繼先並爲都督僉事；族侄魏希禮、魏希堯、魏希舜、魏鵬程，姻親董芳名、王選、楊六奇、楊祚昌，分別爲左右都督同知、僉事。族侄魏鵬翼、魏良棟尙在襁褓之中，也分別被封爲安平侯和東平侯，另加太子太師、太子少師、太子少保等職銜。魏良卿甚至替皇帝去祭祀太廟。……

這些現象表明，魏忠賢已經不滿足於「九千歲」或「九千九百歲」。他要進一步施展手段，向著「萬歲」的目標出擊了。

天啓七年（西元一六二七年）八月，正當魏忠賢躊躇滿志的時候，二十二歲的明熹宗突然駕崩，一命嗚呼。明熹宗的弟弟朱由檢繼承皇位，就是明思宗，即崇禎皇帝。明思宗素知魏忠賢群凶煽虐，毒痡（痡，讀作浦，過度疲勞）海內的情況，以及魏忠賢奸佞刁猾，窮凶極惡的本性。所以，他在即位之初，深自儆備，使魏忠賢摸不清底細。明思宗先將客氏遷居至宮外，進而接受各方彈劾魏忠賢的奏書，不動聲色。

不久，嘉興貢生錢嘉征上書，彈劾魏忠賢的十大罪惡：一、摒（屏除）帝；二、蔑后；三、弄兵；四、無二祖（指明太祖、明成祖）列宗；五、克削藩封；六、無聖（指孔子）；七、濫爵；八、掩邊功；九、朘（朘，讀作捐，盤剝）民；十、通關節。

明思宗覺得時機已經成熟，精心作了布置，召來魏忠賢，命內侍宣讀錢嘉征的彈劾奏書。十大罪惡，條條屬實，有根有據。魏忠賢聽著聽著，直流冷汗，說不出一句話來。明思宗說：「你先回家反省吧。」魏忠賢退出，明思宗隨即加強了對他的監視，謹防狗急跳牆，生出什麼變故來。

內宮裡，魏忠賢的親信大有人在。太監徐應元不識好歹，仍然向著魏忠賢說話。明思宗毫不留情，命將這個奴才驅逐出皇宮。

十一月，明思宗頒旨，罷去魏忠賢所有官爵，遷徙鳳陽（今安徽鳳陽）安置，抄沒其家產。三天後，魏忠賢已至阜城（今河北阜城），明思宗又頒旨，逮捕魏忠賢，押解回北京。魏忠賢自知惡貫滿盈，難逃劫數，當夜和乾兒子李朝欽一起，上吊自殺。死後，明思宗命磔其屍，懸首示眾。

明思宗趁勢清洗魏忠賢的死黨。客氏被杖殺於浣衣局，魏志德、魏良卿、侯光先、侯興國等盡伏誅棄市。至於「五虎」、「五彪」、「十狗」、「十孩兒」、「四十孫」之類，或殺頭，或貶黜，或充軍，都受到了嚴厲的懲罰。

魏忠賢專權亂政，時間不算太長，只有七年。這七年，可以說是妖魔鬼怪張牙舞爪的七年，魑魅魍魎瘋狂肆虐的七年。它使明朝的封建政治千瘡百孔，遍體鱗傷，明朝壽終正寢的日子漸漸臨近了。

安德海

慈禧太后的大紅人

早在明神宗萬曆四十四年（西元一六一六年），滿族人愛新覺羅努爾哈赤用武力統一女眞各部，建國稱「汗」，定都赫圖阿拉（今遼寧新賓），史稱「後金」。明熹宗天啓五年（西元一六二五年），努爾哈赤遷都瀋陽（今遼寧瀋陽），越年駕崩，其子皇太極繼位。明思宗崇禎九年（西元一六三六年），皇太極改國號爲「清」，是爲清太宗。崇禎十六年（西元一六四三年），清太宗駕崩，其子福臨繼位，是爲清世祖。次年，李自成領導的農民起義軍推翻了明朝。清軍趁機進入山海關，打敗李自成。清世祖遷都北京，進而統一了中國。清朝是中國歷史上又一個由少數民族建立的全國性的封建王朝。

清朝的前期和中期，各位皇帝總結和記取明朝宦官專權亂政的教訓，制訂了完備的法規和制度，抑制宦官勢力，嚴禁宦官干政，收到了很好的成效。可是到了近代，慈禧太后逐漸登上政治舞臺，重新起用宦官爲她服務，使宦官的個體勢力一度惡性膨脹，先是安德海，繼是李蓮英，狗仗人勢，上躥下跳，做了很多很多的壞事。

安德海，直隸南皮（今河北南皮）人。在自家兄弟中排行老二，所以後來得勢後，人們多稱他爲「安二爺」。安德海自小好逸惡勞，羨慕那些靠投機取巧而財大氣粗的暴發戶。他知道，種莊稼和做生意是不能出人頭地的，因而在剛滿十歲的時候，就斷然自己動手，閹割淨身，去到北京，尋情鑽眼，謀求進宮服役。他果眞進了皇宮，被分配在太監劉多生手下，學禮儀，幹雜活。安德海聰明伶俐，心詭嘴甜，手腳也很俐落，所以頗受劉多生的喜歡。

這時正當清文宗朝。年輕美貌的葉赫那拉氏進入皇宮，得到清文宗的寵愛，劉多生成爲葉赫那拉氏寢宮的太監。安德海精明狡黠，追隨劉多生，千方百計地巴結葉赫那拉氏。葉赫那拉氏著眼於長遠利益，樂意提攜安德海。這樣，主子和奴才之間便建立了一種非同尋常的親密關係。

咸豐六年（西元一八五六年），葉赫那拉氏生了兒子載淳，身價大增，當天由貴嬪升爲貴妃，次年又升爲懿貴妃。安德海跟著沾光，升任御前太監，負責傳達皇帝旨意等事項。懿貴妃和安德海都明白，皇宮裡禁忌重重，危機四伏，自己若想在其中得以生存和發展，那麼必須要有同夥，要有幫手。共同的利害關係，使他們走得更近了。她，需要他幫助刺探情報，傳遞消息；他，需要得到她的庇護，步步高升，飛黃騰達。

清文宗生性荒淫，迷戀女色，整天吃喝玩樂，以致連奏書也懶得批閱。懿貴妃乘虛而入，代替皇帝批閱奏書，逐漸掌握了朝廷的全部機密，同時也學會了爲政之道，萌發了天大的野心。

咸豐十年（西元一八六〇年），英、法等國聯軍攻陷天津，進兵通州（今北京通縣），京師大震。清文宗無力抵抗用洋槍洋炮武裝起來的外國列強，帶領一群后妃、皇子和文武官員，倉皇逃往熱河（今河北承德）。清文宗的弟弟、恭親王奕訢留在北京，「辦理撫局」。英、法聯軍攻進北京，放火焚毀了圓明園。奕訢奉命與外國列強談判，最終簽訂了喪權辱國的《北京條約》。

英、法聯軍暫時退出北京，可是清文宗遲遲不敢「回鑾」，依然在熱河的避暑山莊恣意享樂。越年七月，清文宗沈疴纏身，病入膏肓，詔立載淳爲皇太子，載垣、端華、肅順、景壽、穆廕（廕，讀作陰）、匡源、杜翰、焦祐瀛爲顧命大臣，隨後一命嗚呼。

清文宗寵愛懿貴妃多年，熟知她的爲人。他擔心載淳即位，母以子貴，懿貴妃會干預朝政，所以死前特地作了一項安排，賜予皇后鈕祜祿氏一份密詔，密詔寫道：「朕憂勞國事，致擢痼疾，自知大限將至，不得不棄天下臣民。幸而有子，皇祚不絕，雖沖齡繼位，自有顧命大臣，盡力輔助，朕可無憂。所不能釋然者，懿貴妃既生皇子，異日母以子貴，自不能不尊爲太后。唯朕實不能深信此人。此後如能安分守法則已，否則，著爾出示此詔，命廷臣除之，凡朕臣子，奉此詔如奉朕前，凜遵無違。欽此。」

這份密詔屬於絕密，外人莫知。安德海神通廣大，利用御前太監的身分，居然知道其事，而且偵察到了它的主要內容。安德海把這一情況報告懿貴妃。懿貴妃受到強烈的刺激，更加堅定了擅權干政的決心。

清文宗死後，載淳繼位，是爲清穆宗，改元「祺祥」。清穆宗時年六歲，由八位顧命大臣輔政。按照定例，清文宗的皇后鈕祜祿氏和清穆宗的生母懿貴妃都被尊爲皇太后，前者稱聖母皇太后，後者稱母后皇太后。不久又尊上徽號，前者稱慈安皇太后，後者稱慈禧皇太后。因爲兩位皇太后分別住在東宮和西宮，所以慈安皇太后又稱東太后，慈禧皇太后又稱西太后。

西太后慈禧工於心計，有強烈的權力欲望，一心想利用兒子清穆宗，專斷朝綱。爲達到目的，與慈安太后達成默契，騙使慈安焚燒了清文宗的密詔，開始過問朝政。慈安太后性格軟弱，遇事沒有主見。所以，過問朝政主要是由慈禧出面，直接面對以肅順爲首的顧命大臣。肅順集團絕不放棄既得的權力，動輒搬出「后妃不得干政」的祖制，時時對慈禧進行壓制和威脅。於是，兩宮太后和顧命大臣之間便產生了矛盾。

慈禧心裡清楚，憑自己一介女流，是根本鬥不過肅順的，若要如願以償，必須獲得第三種力量的支持。她權衡利弊，思來想去，猛地想到了恭親王奕訢。

奕訢，是清文宗的同父異母兄弟，排行爲六，人稱「六爺」。這個六爺，論能力和才智，遠遠勝過清文宗。所以，清文宗在位時，對他多有戒備和防範，不敢委以重任。清文宗逃往熱河，奕訢留守北京，主持和外國列強談判，頗受洋人的賞識。即便在內閣和軍隊中，奕訢也廣有人緣，具有相當大的影響。清文宗欽定顧命大臣，名單中沒有奕訢。奕訢極度不快，大有一種被冷落被排斥的感覺。肅順集團掌權，他一個親王還能有好果子吃嗎？

慈禧經過分析，認定奕訢就是她心目中的第三種力量。於是，她徵得慈安太后的同意，密遣絕對忠誠的安德海前往北京，宣召奕訢趕赴熱河，名爲奔喪，實爲商量大計。安德海冒著生命危險，到了北京，傳達懿旨。奕訢心領神會，當即發出奏書，要求赴熱河奔喪。肅順認爲來者不善，遂以「京師重地，留守要緊」爲由，駁回奕訢的奏書，阻撓他前往熱河。慈禧大怒，說：「什麼顧命大臣？竟敢不讓恭親王前來奔喪，簡直反了，反了！」

慈禧是個詭計多端的女人，一計不成，又生一計。她親自擬旨，蓋上兩宮大印，再次密遣安德海前往北京，去召奕訢。這時，肅順早已採取了措施，調兵駐守熱河各地，並嚴密監視慈禧及其身邊的人。安德海無法脫身，自請觸犯宮禁，實施「苦肉計」。慈禧同意，命將安德海處以杖刑，直把他打得皮開肉綻，隨後貶往京城宮中去當差。這樣，安德海得以瞞天過海，到了北京，神不知鬼不覺地將密旨交給了奕訢。

奕訢帶著安德海前往熱河。兩宮太后傳令召見。可是，肅順又以「叔嫂避嫌」爲由，阻止他們見面。安德海鬼點子忒多，明裡不讓見面就暗裡見面。他讓奕訢男扮女裝，趁暮色蒼茫之際，乘坐小轎，慌稱是某官女眷入宮向太后請安，成功地騙過了侍衛耳目，將奕訢引進了內宮。慈安、慈禧、奕訢算是自家人，秘密商定了翦滅肅順集團、發動政變的方案和步驟，情投意合，心照不宣。因此，當奕訢返回北京的時候，他的懷中已揣著慈禧擬定的宣布肅順等謀反的聖旨了。

一切按計劃進行。這年九月二十九日，慈安、慈禧帶著小皇帝清穆宗，先於清文宗靈柩，抄小路回到北京。次日，奕訢逮捕了率先回京的載垣和端華。肅順等人護衛清文宗的靈柩，夜宿密雲（今北京密雲）。醇親王奕譞（譞，讀作宣）奉慈禧和奕訢的命令，前往密雲，突然行動，一舉將肅順等人全部抓獲。

肅順暴跳如雷，說：「我是顧命大臣，誰敢抓我？」

奕譞宣讀慈禧擬定的聖旨，說：「顧命大臣謀反，我是奉旨抓你，有何不敢？」

肅順耷拉著腦袋，無奈地說：「我等讓一個女人算計了，眞是天意。」

沒有審訊，沒有宣判。十月初，慈禧以清穆宗名義下令：肅順凌遲處死，載垣和端華自裁，景壽、穆廕、匡源、杜翰、焦祐瀛革職流放。

接著，清穆宗舉行登基大典，慈安、慈禧太后垂簾聽政，改年號爲「同治」，取兩宮太后同心求治之意。

這就是清朝歷史上著名的「祺祥政變」。慈禧和奕訢緊密合作，政變獲得成功。安德海在政變中穿針引線，起了至關重要的作用。作爲回報，慈禧提拔他當了總管太監，親昵地稱爲「小安子」。其他人則恭敬地稱他爲「安總管」或「安公公」。他，一個二十多歲的宦官，眨眼之間，成了一個威風顯赫的大人物。

據《清稗類鈔》《清朝野史大觀》等典籍記載，安德海升任總管太監以後，「自稱太子伴讀，以比先代名儒」；並籠絡朝臣，「勢焰駸駸（駸，讀作侵，疾速貌），與明季魏忠賢埒（埒，讀作劣，等同）」。他的活動能量很大，只要在慈禧跟前說句話，就能夠決定一個人的生死和榮辱。恭親王奕訢升任議政大臣後，掌管軍機處，成爲百官之首。安德海略進讒言，慈禧便將奕訢罷職，讓其「居家反省」。安德海只忠誠於慈禧一人，就連皇帝清穆宗，他也不放在眼裡。典籍記載說：「穆宗嘗因事斥安德海，旋爲慈禧所責罰，因是恨之益甚」。清穆宗受到慈禧的壓制，不敢公開處治安德海，只能私下用另一種方式發洩仇恨：「以小刀斷泥人首，內監請其故，則曰；『殺小安子！』」

安德海依仗慈禧爲後臺，大紅大紫，炙手可熱。久之，越發有恃無恐，人莫予毒，忘乎所以。同治八年（西元一八六九年）八月，慈禧派他秘密出京，到江浙一帶織辦龍衣。然而，他頭腦發熱，忘了「秘密」二字，更忘了清朝關於「太監不得在外招搖生事」的禁令，乘坐兩艘豪華的太平船，船上插滿龍鳳旗幟，載著歌舞伎人，前有孌（孌，讀作巒，美貌）童，後有妙女，吹吹打打，鋪陳張揚。一路上，他大肆宣稱：「奉旨差遣，織辦龍衣。」地方官員自然視他爲「欽差大臣」，爭相奉承，卑躬屈膝地迎送，明裡暗裡地賄賂。安德海坦然接受，擺出一副欽差的派頭，以訓示下級的口吻說：「恪守本職，好好辦差，我回去給太后言語一聲，包你們有潑天的榮華富貴。」地方官員受寵若驚，連聲說：「感謝安總管盛情！感謝安總管美言！」

安德海進入山東地界，仍然招搖過市，八面威風。山東巡撫丁寶楨聽說其事，十分驚訝，說：「這個安德海是個太監，出京如此張揚，難道不怕違背祖制和禁令嗎？」丁寶楨當然知道，安德海是慈禧太后的大紅人，這次南行必有來頭。他爲慎重起見，親擬奏書，急送北京，詢問緣由。

奕訢經過一段「反省」，已經官復原職，仍掌軍機處。軍機處接到丁寶楨的奏書，奕訢立即奏告慈安太后和清穆宗。慈安太后不便過問這件事，讓皇帝和奕訢酌情處理。清穆宗早就想「殺小安子」，奕訢也因自己被罷職而記恨於安德海。所以，他們二人並不請示慈禧，直接由軍機處覆旨丁寶楨，說：「太監安德海，違背祖制，擅自出京，若不從嚴懲辦，何以肅宮禁而儆效尤？著直隸、山東、江蘇各督撫速派幹員，嚴密拿捕，就地正法，毋庸再行請旨。」

丁寶楨接旨，立命役吏趕赴泰安（今山東泰安），捉住安德海，不問原因，就地斬首。隨後裸屍三日，任人踐踏和唾罵。據說，安德海死前，一心指望慈禧能派人救他，殊不知慈禧被蒙在鼓裡，直到數日後才從奏報中知悉事情的原委。死人無法復生。慈禧只好說：「我讓安德海赴江浙織辦龍衣，可沒讓他張狂呀！死了也好，活該！」其實，她的心裡還是很惋惜的，因爲安德海畢竟是她最忠實最得力的奴才。

安德海死了，這是慈禧的一大損失。不過，慈禧謀略過人，早有安排，太監李蓮英接替了安德海的位置，她照樣垂簾聽政，殺慈安，壓奕訢，變得更加專斷和獨裁，成爲一個只是沒有皇帝名號的「女皇帝」。

李蓮英

集反面宦官所有醜惡於一身

慈禧太后實際統治中國近半個世紀，對內專斷獨裁，對外割地賠款，給國家和人民造成了深重的災難。在慈禧太后統治期間，宦官李蓮英時時伴隨著她，鞍前馬後，助紂爲虐。這個李蓮英，奸詐，佞媚，貪婪，狠毒，集反面宦官所有醜惡於一身，淋漓盡致地表現了宦官的變態心理和詭僞權術。

李蓮英，大城（今河北大城）人。自小父母雙亡，無人管教，成人後好吃懶做，明搶暗偷，是當地有名的流氓無賴。後因販賣違禁的硝磺，獲罪下獄。出獄後以削皮修鞋謀生，外號叫做「皮硝李」。李蓮英和安德海一樣，羡慕暴發顯貴，不甘貧窮困窘，所以自己閹割淨身，到了北京，找到同鄉沈蘭玉。沈蘭玉是皇宮的太監，大力援引。李蓮英於是也進了皇宮，被分在懿嬪的梳頭房，幹些雜活。

當時，懿嬪剛得清文宗的寵幸，特別講究梳妝，愛梳最時髦最引人的髮式。眾多的梳頭太監挖空心思，表演絕活，卻總梳不出什麼新的花樣來。懿嬪很不滿意。李蓮英心地機巧，偷偷出宮，跑到妓院去觀察妓女，琢磨她們頭上那些千姿百態的髮型，並暗自苦練，掌握梳頭的要領。沒過多久，他的技藝大進。一天，他有機會給懿嬪梳頭，輕手輕腳，小心翼翼，梳出一種獨具特色的新型髮式。懿嬪對著鏡子左顧右盼，只覺得自己更加妖冶嫵媚，光彩照人。懿嬪大喜，指定李蓮英以後專爲自己梳頭。從此，李蓮英和懿嬪結下了不解之緣。

清文宗在位時，懿嬪因爲生了兒子載淳，而升爲懿妃、懿貴妃。李蓮英充當他的梳頭太監，幾乎天天和她在一起，把她的脾氣、秉性摸得一清二楚。他極善揣摩主子的心意。主子張口，他知道她要說什麼；主子抬腳，他知道她要做什麼。那怕主子的一個眼神一個手勢，他都知道她的想法她的意圖。他順著主子的想法和意圖去說話辦事，必然得到主子的歡心。

不久發生的一件事，使李蓮英成了懿貴妃的貼己親信。

那是清文宗和大臣肅順討論國事的時候，二人談到懿貴妃日後母以子貴，干預朝政，有可能成爲鉤弋夫人。鉤弋夫人是漢武帝晚年寵幸的愛妃，生子劉弗陵，即漢昭帝。漢武帝確定立劉弗陵爲太子，擔心鉤弋夫人會以太后身分專權，所以便先將她殺害，除掉了隱患。清文宗和肅順討論國事，扯出鉤弋夫人，顯然流露出要廢黜或殺害懿貴妃的意思。

李蓮英無意間聽到了清文宗和肅順的談話，感到事關重大，必須趕快報告懿貴妃。可是當時已是深夜，無法見到懿貴妃。李蓮英靈機一動，只好鑽狗洞爬出宮去，溜到醇親王奕譞府中，把聽到的機密如實告訴了奕譞夫婦。

奕譞的福晉（夫人）正是懿貴妃的妹妹，聽了李蓮英的密告，徹夜未眠，次日一早便匆匆進宮，和懿貴妃商量對策。商量來商量去，最後決定由奕譞夫婦帶著外甥即皇子載淳，去向清文宗請安，借機稱讚懿貴妃的賢惠和載淳的聰明，用夫妻之情、父子之情、母子之情，打動皇帝。這一招還果然有效，以致清文宗生前始終沒有採取措施，除去他心目中的「鈎弋夫人」。

李蓮英用實際行動表明，他是絕對忠誠於懿貴妃的。因此，懿貴妃感激他和器重他，寵信有加。清文宗死後，經過「祺祥政變」，懿貴妃一躍而爲慈禧太后，取得了與慈安太后共同垂簾聽政的權力。這時候的她，地位崇高，野心勃發，手腕強硬，處事果決，別人很難加以制約了。

同治四年（西元一八六五年），慈禧以「行動勤愼，爲人誠實」爲由，提拔李蓮英爲首領太監，賜予六品頂戴花翎。這樣，李蓮英在內宮的地位，僅次於安德海。一個「小安子」，一個「小李子」，成爲慈禧的左膀右臂、哼哈二將，她使用起來既保險又帶勁，眞可謂是得心應手。

同治八年（西元一八六九年），丁寶楨殺了安德海。慈禧恨得咬牙切齒，以爲慈安、奕訢和皇帝串通一氣，「打狗不看主人面」，伺機報復，同時格外注意保護李蓮英，防止殺害安德海之類的事情再次發生。她特地告誡李蓮英說：「小李子！以後咱娘們還得多長個心眼，耳朵放長一點。他們既然敢殺安德海，沒準兒什麼時候，也會把刀子架到你的脖子上。

死了還不明白是怎麼回事，可就慘嘍！」她還說：「小李子！你是我看著長大的，眼下你的本事也不比小安子差多少。以後咱娘們還得靠緊點兒，相依為命才是。我嘛，本想把你晉升為內監大總管，可東邊（指慈安太后）、親王、大臣動不動就搬出祖宗家法來壓我。你呀，就先委屈著，暫且當個副總管。哼！總有一天，我會把祖宗家法全部推翻，看誰敢說半個『不』字！」

慈禧的話就是聖旨，就是法律。李蓮英先當內監副總管，官階從六品升為四品，不久又升為內監大總管，成為慈禧須臾離開不得的太監首領。

李蓮英對於慈禧，奴顏媚骨，阿諛逢迎，弄姿做態，盡現一個奴才的醜陋。一年，北京一帶天旱，數月不雨。按照慣例，慈禧擺設香案，祭天求雨。說來也巧，三天後果眞下雨了。李蓮英跪地磕頭，說：「太后眞了不得，連天上的佛爺都聽您的話。您就像佛爺一樣！」因為這兩句獻媚話，所以慈禧有了一個尊稱：「老佛爺」。

李蓮英當值的房間離慈禧的寢殿很近，慈禧經常到他的房間閒坐說話。他極會投機，把凡是慈禧坐過的椅子，全都用黃色錦緞精心包裹，放於最顯眼的地方。慈禧先後坐過八把椅子，八把椅子均用黃色錦緞包裹。當時，黃色是皇帝專用的顏色，其他人禁止使用。他用這種手段告訴慈禧：老佛爺在他的心目中就是皇帝，或者說勝過皇帝。

慈禧對於這樣忠心的奴才，能不喜歡能不讚賞嗎？

李蓮英巴結慈禧，絞盡腦汁，費盡心機。一次慈禧過生日，文武大臣送的壽禮，無非是金銀珠寶之類。李蓮英偏偏送個鳥籠，鳥籠裡關有兩隻畫眉鳥。他請慈禧打開鳥籠，「放生積德」。畫眉鳥活潑地飛走了，可一會兒又飛了回來，仍舊飛進鳥籠。李蓮英趁勢說：「老佛爺天恩浩蕩，萬民依戀，連鳥兒都捨不得離開啊！」

慈禧樂得心花怒放，說：「這鳥兒也怪，莫不是眞的依戀天恩嗎？」

知情人都明白，那是李蓮英花了無數銀兩，提前派人訓練的，目的在於讓慈禧開心，沽名釣譽，討好邀寵。

李蓮英長期伺候慈禧，十足的奴性使他極善察言觀色，那是超一流的技巧。一次，慈禧乘車去恭親王奕訢家，途中經過李蓮英府門前，但見其府鑲嵌醒目的門牌，門牌上寫著四個大字：「總管李寓」。慈禧不由地皺了一下眉頭，什麼話也沒有說。這個細微的動作沒有逃過李蓮英的眼睛，他陪慈禧到達奕訢家後，藉故脫身，匆匆趕回府中，讓人摘掉門牌，隨後又一陣風似的回到慈禧身邊，跪地說：「奴才侍奉老佛爺，很少回家。家人不懂規矩，搞了個門牌，寫上什麼『總管李寓』。這是一種張揚，丟人得很。奴才發現，讓家人把門牌摘了，還打了家人一頓板子。請老佛爺降罪。」

慈禧大笑，說：「你做得很好嘛！懂得自律，不愛張揚，何罪之有？」

同治十三年（西元一八七四年），清穆宗在慈禧的壓制下，心情抑鬱，染病而死。清穆宗沒有兒子。慈禧一手拍板，立了個年僅四歲的小皇帝載湉（湉，讀作恬）。載湉是醇親王奕譞和慈禧妹妹的兒子，也就是慈禧的外甥。她這樣做，完全是爲了能夠長久地操縱國柄。

慈禧選立載湉，遭到許多大臣的反對，御史吳可讀甚至實行「屍諫」，也沒能動搖慈禧的決定。載湉即位，是爲清德宗，即光緒皇帝。慈安、慈禧垂簾聽政。光緒七年（西元一八八一年），慈安太后不明不白地猝死，兩宮垂簾變成慈禧一人專權。慈禧專權，李蓮英紅得發紫，一主一奴，呼風得風，喚雨得雨。皇宮內外，朝廷上下，他們的威勢和影響無處不在，無時不在。慈禧成了獨裁的「鐵女人」，李蓮英恰是這個「鐵女人」的一隻犬，上咬皇帝，下咬平民，凶惡至極。

鴉片戰爭以後，中國已經淪爲半殖民地半封建社會。光緒年間，帝國主義列強動用洋槍洋炮，加快了瓜分中國的步伐。中法戰爭、中日甲午戰爭等，均以中國被迫簽訂喪權辱國的不平等條約而告一段落。中國的洋務派爲了「求強」「求富」，大力推動洋務運動，李鴻章是這方面的代表人物之一。李鴻章準備強令各省籌款，興建一支海軍，但不明白慈禧的態度，不敢貿然行事。能夠摸透慈禧心思的只有李蓮英，所以李鴻章只好去向李蓮英「討教」。

李蓮英閉口不談李鴻章興建海軍的事，而是說：「太后近年，有意靜居，想造個園子，頤養天年。只是花銷甚大，時常煩躁，所以……」

李鴻章久居官場，精明過人，立即明白了「所以」後面的潛詞。他當下和李蓮英附耳密議，達成一筆交易：李鴻章以興建海軍名目，責成各省歲撥定款，從中取出一半，給慈禧「造個園子」，另一半用於建設海軍。

這一方案上報，慈禧欣然恩准。於是兩三年以後，在原圓明園清漪園的舊址上，造出了一座新的山水相映、豪華奢麗的皇家園林。它，就是中外馳名的頤和園。頤和園是挪用一半海軍經費建成的。它的誕生，李蓮英和李鴻章有著很大的「功勞」。

光緒十三年（西元一八八七年），清德宗親政。其實，他的親政只是個形式，眞正的權力還掌握在慈禧手裡。這一年，李鴻章興建的海軍初具規模，奏請朝廷派重臣前往天津閱兵。清德宗生父、醇親王奕譞奉旨前往。慈禧偏愛李蓮英，竟然也派他前去閱兵。李蓮英是一名宦官，算什麼「重臣」？一時，朝野議論蜂起，指責朝廷處置不當。御史朱一新憤然上書，說：「李蓮英隨醇親王閱兵，恐蹈唐朝宦官監軍之覆轍，萬不可取。」慈禧大怒，立即把朱一新降職，調任補主事。

李蓮英到底還是去閱兵了。這樣一來，他的地位、名望更是扶搖直上。宮中人私下稱他爲「九千歲」，將他比作明朝的魏忠賢。一幫蠅營之徒，上自皇親國戚、軍機大臣，下至各省督撫、知府、縣令，爭相趨附，無不仰承其鼻息。他過四十歲生日，慈禧按照總督、巡撫的規格，賜給蟒緞、如意等禮物，還親筆書寫「福」、「壽」二字相贈。從中央到地方的官員，敬獻金銀珠寶、奇珍異玩等爲壽禮，其價値難以數計。

光緒十五年（西元一八八九年），慈禧強迫清德宗立她的侄女爲皇后，即隆裕皇后。清德宗不愛這個皇后，專寵珍妃。李蓮英用心險惡，無恥地將他的妹妹獻進皇宮，奢望利用妹妹的姿色打動清德宗，以便能當上國舅。李蓮英的妹妹確有幾分姿色，身材苗條，面龐紅潤，唇紅齒白，楚楚可人。她一進宮，慈禧百般疼愛，親昵地稱之爲「大姑娘」，每日進膳，必令她陪侍，且賜旁坐。有時散步、看戲，也要帶著她，說說笑笑，十分親熱。清德宗每天都要向慈禧請安。每當這時，「大姑娘」遵照李蓮英的囑咐，總會使出手段，大獻殷勤，眉挑目逗，引誘皇帝。怎奈清德宗歷來厭惡李蓮英，自然不會對他的妹妹有什麼好感。因此，不管「大姑娘」怎樣賣弄風騷，清德宗根本不予理睬，甚至看也不看她一眼。這使李蓮英兄妹大爲惱火，大罵皇帝有眼無珠，不識抬舉。兄妹二人於是搖唇鼓舌，百端讒構，在慈禧跟前盡力攻擊和詆毀清德宗。慈禧本來就怨恨清德宗的諸多不是，經過李蓮英和「大姑娘」這麼一挑撥，太后和皇帝的關係就更加惡化了。

清德宗親政期間，眼見帝國主義列強給中國帶來的痛苦和羞辱，很想有所作爲，提高中國的國際地位。隨著維新運動的興起，他想利用維新派的支持，眞正掌握政權，因而和慈禧的矛盾進一步加深。康有爲、梁啓超等領導維新變法，一度轟轟烈烈。以慈禧爲首的保守派仇恨維新變法，刻意撲滅這股烈火。李蓮英爲了維護自身的利益，堅定地站在慈禧一邊，充當了密探和打手等多種角色。經過一番激烈的較量，維新派徹底失敗，康有爲、梁啓超逃亡國外，譚嗣同等六人被殺。清德宗被迫寫了退位詔書，把政權全部交給慈禧。慈禧憤恨不已，命將清德宗囚禁於南海中的瀛臺，使之失去了行動自由。清德宗寵愛的珍妃則被關在別處。李蓮英負責送清德宗去瀛臺，幸災樂禍地說：「萬歲爺居此，難道還怕寂寞嗎？」

接著爆發了義和團革命。慈禧先是利用義和團打洋人，後來又利用洋人鎭壓義和團。光緒二十六年（西元一九〇〇年）八月，八國聯軍逼近北京。慈禧嚇破了膽，慌忙帶著清德宗及一些大臣逃亡西安（今陝西西安）。行前，她命李蓮英去殺害珍妃。李蓮英窮凶極惡，硬是將珍妃推入東華門內的一口枯井。

慈禧逃亡西安，照樣過著奢侈淫逸的生活。李蓮英徵得她的同意，公然幹起了賣官的勾當，大發國難財。陝西湫道道員一職，賣給一個浙江人，售價一萬兩白銀。由於李蓮英在慈禧跟前說話具有舉足輕重的作用和影響，所以凡想升官發財的人，無不首先賄賂和結交李蓮英。那個臭名昭著的袁世凱，一次就給李蓮英二十萬兩銀票，因此官運亨通，當上了直隸總督和北洋大臣。再如工部左侍郎孫毓汶，一面賄賂李蓮英，一面和李蓮英結爲異姓兄弟，竟然進了軍機處，兼總理各國事務大臣。

慈禧在西安住了一年零一個月，「回鑾」北京。清德宗仍被囚禁於瀛臺，禁止與外人接觸。轉眼到了光緒三十四年（西元一九〇八年）十月，慈禧和清德宗同時病倒了。清德宗在日記裡寫道：「我現在病得很重，但我心裡覺得老佛爺一定會死在我之前。如果這樣，我要下令斬殺袁世凱和李蓮英。」

李蓮英一直監視著清德宗，發現了日記的內容，立即報告慈禧，說：「皇上是想死在老佛爺之後呢！」

慈禧恨恨地說：「我不能死在他之前！」當天即十月二十一日，慈禧命李蓮英親自負責清德宗的飲食和醫藥事宜。下午，清德宗便死去。清德宗到底是怎麼死的？有人說是病死的，有人說是李蓮英或袁世凱毒死的，史無定論。

事過兩天，即十月二十三日傍晚，慈禧也一命嗚呼。死前留下遺囑，說：「從今以後，不要再讓婦女干預朝政了，這件事要嚴加限制，格外防範。尤其不准讓太監掌握大權，明朝末年太監專權的舊事，應當引爲鑒戒。」

李蓮英自進宮以後，一直陪侍在慈禧身邊，而慈禧嚥氣的時候，他並不在跟前。曾經有人去召李蓮英，而李蓮英狡猾得很，推托說：「我萬分崇拜老佛爺，願意永遠記住她的音容笑貌，不忍心看到他那最後受苦的神情。」他拒絕去見慈禧最後一面，實是害怕慈禧要他的命，讓他到陰間繼續充當她的奴才。

按照慈禧的安排，載灃的兒子溥儀繼位，是爲清遜帝，即宣統皇帝。溥儀時年三歲，隆裕皇后升爲太后垂簾聽政，載灃任攝政王。一朝天子一朝臣，李蓮英失去了內監大總管的職權。其實，李蓮英對於這一天的到來早有準備。還在慈禧活著的時候，他就卑躬屈膝地攀附隆裕皇后，爲自己鋪設了後路。新皇帝登基，隆裕太后並沒有爲難李蓮英，相反倒是時時給他提供保護。載灃對於李蓮英的巨額家產垂涎三尺，意欲將他置於死地，霸占那份家產。可是，隆裕太后一再干預，反對載灃的做法。因此，載灃雖有貪財之心，卻始終沒能如願。

幾年以後，李蓮英平靜地死在家中。像他這樣一個逞凶肆虐數十年的宦官，最後得以善終，也算是個奇蹟。李蓮英一生到底聚斂了多少家產？沒有人能說清楚。據說，他死的時候，家有良田三十頃，四個養子分得的金銀珠寶用麻袋裝大車拉，兩個養女分得的白銀就有三十四萬兩。

張蘭德

「貴敵王侯，富埒天子」

慈禧太后和清德宗同時亡故，這是人們始料所不及的。半個多月後，年僅三歲的溥儀在太和殿即位，是爲清遜帝，亦稱宣統皇帝。隆裕太后垂簾聽政，載灃出任攝政王，維持著風雨飄搖的大清江山。

隆裕太后是慈禧太后的侄女，清德宗的皇后。她成爲皇后是慈禧一手包辦的，慈禧的目的在於將她安插在清德宗身邊，以起一種間細的作用。正因爲如此，清德宗極不喜歡這個皇后，兩人之間只有夫妻的名分，並沒有夫妻的感情。清德宗駕崩，她成爲太后，很想效法慈禧，當一個風風光光的獨裁者。只可惜她庸碌無識，缺才少威，難能如願。她最寵信的宦官張蘭德，也沒能幫她什麼忙。

張蘭德，字雲亭，號祥齋，靜海（今天津靜海）人。他幼年喪父，家境貧困，經常身無換洗衣，家無隔夜糧。他和安德海、李蓮英一樣，渴望暴發顯貴，苦於沒有門路。他的母親說：「窮人家想要發財，只有幹皇差，當公公。」張蘭德說：「什麼叫公公？怎樣才能當上公公？」他的母親把公公的含義和當公公的途徑講述了一遍。說者無心，聽者有意。張蘭德於是取了一把刀，鑽進牲口棚，自己動手，閹割淨身，透過此舉以實現出人頭地的美夢。

光緒十七年（西元一八九一年），皇宮補選太監。張蘭德尋情鑽眼，如願地入選。初進宮的小太監，實際上是小夥計小僕人。他被分派在茶房幹雜活，同時拜哈哈李爲師，學習宮中禮儀。張蘭德長得眉清目秀，聰明伶俐，嘴巴很甜，很快轉移到戲班學戲。這一學戲，使他有了接近上層人物的機會。

張蘭德學戲很是用功，每天天不亮就起床吊嗓子，練拳腳。他的悟性很強，學戲不久，就演上了主角，唱腔悅耳動聽，功夫瀟脫利落。他和其他演員一樣，有了自己的藝名，叫做「小德張」。一次，戲班給慈禧太后演戲。張蘭德使出渾身解數，特別投入，演得生動感人。慈禧興致勃勃，說：「這個小德張不錯嘛！長相好，演技也好。」老佛爺一句話，張蘭德時來運轉，被任命爲御前太監。

光緒二十七年（西元一九〇一年），張蘭德二十四歲。慈禧惦記著小德張，提拔他爲御前膳房掌案，賜予三品頂戴。張蘭德感恩戴德，費盡心機，努力調劑和改善慈禧的飲食。慈禧喜歡吃厚味油膩的食物，如烤肥鴨、爆羊肉之類。張蘭德親自下廚，烹、炒、煎、炸、蒸、煮，盡其所能，製作美味佳肴，最大限度地滿足慈禧的口福。反正慈禧的膳費開支沒有限制，花再多的錢也沒有關係。天長日久，張蘭德幾乎成了慈禧的專職廚師，只有他做的飯菜，慈禧才吃得可口，吃得香甜。

張蘭德的心眼非常靈活。他知道，慈禧太后是國家的主宰，光緒皇帝只是個傀儡而已。慈禧偏愛隆裕皇后，隆裕皇后日後極可能成爲又一個慈禧。因此，他打定主意，在逢迎慈禧時，不忘巴結隆裕皇后。一個太后，一個皇后，攀附這兩個女人，自己才能有遠大的前程。

張蘭德同時得到慈禧太后和隆裕皇后的寵信，身價一天高於一天。他原本就有野心和私欲，這時野心和私欲極度膨脹起來，急於要在政治上有所表現。爲此，他開始結交朝臣，拉幫結派，發展勢力。內務府大臣世續、景豐、增崇，軍機大臣袁世凱等，樂於和他交往，彼此相依，互相利用。這樣，宣統元年（西元一九〇九年），張蘭德就繼李蓮英之後，順順當當地登上了內監大總管的位置，一時之間成了炙手可熱、舉足輕重的新權貴。

張蘭德上臺伊始，首先拿他的同類開刀。當時皇宮中有個太監集團，號稱「三十六友」，以隆裕太后寢宮的總管萬寶齋爲頭領，遇事常在一起嘀嘀咕咕。張蘭德爲了實現內宮大權獨攬，容不得這個集團的存在，所以故意找碴，無事生非，胡亂捏造罪名，殘酷打擊和迫害「三十六友」。他使用的手段異常凶狠，杖擊、鞭笞、砍手、斷足等，以致許多人被折磨致死。僥倖活命的降職降俸，罰做苦役，每月工錢只有二兩銀子。

隆裕太后政治上短視，生活上卻很奢侈，國難當頭之時，仍然大興土木，建佛堂，修宮宇。他沒有幾個可以信賴的人，大小事情只能委託張蘭德全權負責。張蘭德趁機虛報冒領，貪污受賄，侵吞的財物無數。他還鼓動隆裕太后，賣官鬻爵，甚至盜賣國寶，中飽私囊。

張蘭德最走紅的時候，生活待遇和皇帝、太后一樣，都吃御膳房做的飯菜，每餐四十道菜和湯，僅伺候用膳的太監就有二十餘人。高車大馬，錦衣玉食，氣使頤指，擅作威福——這就是張蘭德的眞實寫照。

宣統三年（西元一九一一年）十月，辛亥革命爆發，各省紛紛獨立。隆裕太后只得任命袁世凱爲內閣總理大臣，由他出來收拾搖搖欲墜的局面。袁世凱老奸巨滑，用重金賄賂張蘭德，隨後二人串通一氣，要挾隆裕太后，逼迫清帝退位。張蘭德眼見清朝氣數已盡，樂得大量受賄，置田產，蓋樓房，創辦當鋪和商號。西元一九一二年元旦，孫中山在南京就任臨時大總統，宣告中華民國成立。二月十二日，隆裕太后迫不得已，代宣統皇帝頒布了《退位詔書》，清帝正式退位，標誌著清朝滅亡和中國延續了兩千多年的封建帝制就此結束。

中華民國二年（西元一九一三年），隆裕太后病死。張蘭德內監大總管的職銜已經變成歷史陳跡，沒有任何用場了。他懷著幾多傷感、幾多留戀的心情，離開北京，悄悄地到了天津。天津有他早就安排好了的安樂窩，那裡有富麗堂皇的公館，有成群結隊的奴僕，甚至還有四個年輕貌美的老婆。張蘭德在天津過著地頭蛇式的生活，威震一方，富得流油。多少年以後，那個早就下臺的皇帝溥儀用八個字評說張蘭德：「貴敵王侯，富埒天子」。中國歷史上最後一個內監大總管，能夠如此的「貴」和「富」，說明他很狡猾他很貪婪，他用權術和智謀爲自己安排了一個不錯的結局。

國家圖書館出版品預行編目資料

中國宦官事略／張雲風 著；-- 第一版.
-- 臺北市：大地, 2004〔民93〕
面； 公分-- （History；4）

ISBN 986-7480-13-9（平裝）

1. 宦官

73.515 93113978

History 04

中國宦官事略

作　　者：張雲風
創 辦 人：姚宜瑛
發 行 人：吳錫清
主　　編：陳玟玟
美術編輯：黃雲華
出 版 者：大地出版社
社　　址：台北市內湖區內湖路2段103巷104號1樓
劃撥帳號：0019252－9（戶名：大地出版社）
電　　話：(02)2627－7749
傳　　真：(02)2627－0895
E-mail：vastplai@ms45.hinet.net
印 刷 者：普林特斯資訊有限公司
一版一刷：2004年9月
定　　價：300元